Artificial Intelligence
Revolution and Law

인공지능 혁명과 법

양천수

박영사

머리말

'혁신과 포용'. 코로나 바이러스가 기승을 부리는 요즘 상황에 가장 적절한 개념이자 목표가 아닌가 합니다. '제4차 산업혁명'이 유행어가 되면서 우리 사회 곳곳에서 '혁신'과 '창의성'이 강조되었습니다. 그렇지만 이 개념들이 현실세계에서 직접 와 닿지 않는 경우도 많았습니다. 하지만 코로나 사태로 '사회적 거리두기'가 전면적으로 실시되고 '언택트'가 우리 삶의 일부가 되면서 이제 혁신은 우리가 받아들이고 추구해야만 하는 정언명령이 되고 있습니다. 더불어 포용 역시 그 어느 때보다 우리가 지향해야 하는 규범적 가치로 자리매김하고 있습니다. '거리두기'가 사회 전체적으로 그리고 우리 생활 속에서 강력하게 시행되면서 '포함과 배제'라는 이분법이 우리의 사고와 판단을 지배합니다. 그러지 말아야지 하면서도 코로나에 대한 두려움으로 너무나도 쉽게 타자를 배제하는 자신의 모습을 발견합니다. 타당하지 않은 이유로 어쩔 수 없이 사회 곳곳에서 배제되는 이들이 늘어납니다. 그 때문에 포용은 우리 모두가 지향해야 하는 절박한 목표이자 명령이 되고 있습니다.

이 책은 제4차 산업혁명의 와중에서 가장 관심의 초점이 되는 인공지능을 예로 하여 '혁신과 포용'이라는 어찌 보면 서로 모순되는 키워드가 어떻게 서로 균형을 이루면서 법체계에 녹아들어갈 수 있는지를 모색합니다. 애초에 이 책은 제가 2017년에 출간한 졸저 『제4차 산업혁명과 법』의 제2권으로 기획되었습니다. 그렇지만 이 책은 한편으로는 인공지능 혁명을 지원하면서도 다른 한편으로는 인공지능이 야기하는 위험과 문제에 대응할 수 있는 법적 규제 방안을 모색한다는 점에서 요즘 우리나라의 화두가 되는 '혁신과 포용'에도 잘 들어맞는다고 생각합니다. 이 책에서 저는 머신러닝과 딥러닝을 통해 새로운 차원으로 도약하는 인공지능이 우리 인류에게 혁신과 포용이라는 두 열매를 선사할 수 있는 방안은 무엇인지 고민해 보았습니다. 다만 오늘날 진행되는 과학기술 혁명이 우리 사회와 법체계를 어떻게 바꿀 것인지를 묻고 답하는 저의 여정이 아직 끝나지 않았기에 이 책 역시 미완으로 그치고 있습니다. 그렇지만 덕분에 제가 앞으로 무엇을 더 해야 하는지를 확인할 수 있었습니다.

　이번에도 많은 분들의 도움으로 이 책을 내놓을 수 있었습니다. 그중 몇 분에게는 특별히 감사인사를 드리고 싶습니다. 먼저 정보통신정책연구원이 주관한 "ICT와 법의 미래 포럼"을 이끌어 주신 이성엽 한국데이터법정책학회 회장님에게 감사인사를 드립니다. 회장님께서 이끌어 주신 포럼에서 이 책의 근간이 되는 많은 것을 배울 수 있었습니다. "ICT와 법의 미래 포럼"에 초대해 주신 선지원 교수님과 정보통신정책연구원의 조성은 연구위원님, 이시직 연구원님에게도 감사인사를 드립니다. 이분들 덕분에 여러 좋은 연구를 할 수 있었습니다. 기초법학과 과학기술이 어떻게 연결될 수 있는지를 모범적으로 보여주시는 심우민 교수님에게도 감사를 드립니다. 인공지능에 관해 많은 것을 배울 수 있도록 여러 귀중한 기회를 제공해 주신 "ICT와 법의 미래 포럼", "지능정보사회 법제도 포럼", "AI 법정책 포럼", "인공지능법학회"의 모든 참여자 및 관계자 분들에게 감사를 드립니다. 덕분에 정말 많은 것을 배울 수 있었습니다. 이 책을 출판할 수 있도록 배려해 주신 박영사의 이영조 팀장님과 부족한 원고를 멋진 책으로 편집해 주신 김선민 이사님에게도 진심으로 감사인사를 드립니다. 언제나 귀중한 학문적 격려를 해주시는 대한민국 학술원의 김남진 교수님과 정동윤 교수님께도 진심으로 감사인사를 올립니다. 이 책을 저의 가족에게 바칩니다. 고맙습니다.

2020년 가을에
거리두기가 끝나는 그날을 그리며
양 천 수 배상

차 례

1부 인공지능 혁명과 법

1장 인공지능 혁명과 법체계의 새로운 진화

Ⅰ. 이 책의 목표 ·· 3
1. 사회구조의 변화와 법체계의 진화 / 3
2. 현대사회의 구조변동과 법체계의 진화에 대한 접근 방법 / 6
3. 핵심적인 연구 내용 / 8

Ⅱ. 이 책의 구성 ·· 14
1. 전체 구성 / 14
2. 각 장의 내용 / 14

2부 인공지능 혁명과 법체계의 변화

2장 인공지능 혁명

Ⅰ. 서 론 ··· 29

Ⅱ. 인공지능의 개념 ·· 30

Ⅲ. 인공지능의 유형 ·· 32
1. 강한 인공지능 / 32
2. 약한 인공지능 / 33
3. 인공지능과 로봇 / 34

Ⅳ. 인공지능의 발전과정 ··· 35

    1. 추론과 탐색의 시대 / 35

    2. 전문가 시스템의 시대 / 36

    3. 기계학습과 딥러닝의 시대 / 36

    4. 분석 / 37

3장   탈인간중심적 법학의 가능성

Ⅰ. 서 론 ·· 39

Ⅱ. 과학기술의 발전에 대한 법체계의 대응 ···························· 40

    1. 규제갈등 / 40

    2. 법체계의 진화 / 42

Ⅲ. 인간중심적 법사상과 탈인간중심적 사상 ·························· 43

    1. 인간중심적 법사상 / 43

    2. 탈인간중심적 사상 / 47

Ⅳ. 탈인간중심적 행정법학의 가능성 ····································· 55

    1. 서 론 / 55

    2. 체계 관념을 수용한 행정법학 / 56

    3. 소통 관념을 수용한 행정법학 / 56

    4. 집단적 권리 / 59

    5. 기능적 분화 / 60

Ⅴ. 맺음말 ·· 61

4장   법인과 인격권

Ⅰ. 서 론 ·· 63

Ⅱ. 법인의 인격권 인정에 관한 논의 상황 ····························· 64

    1. 헌법상 논의 / 64

    2. 개별법상 논의 / 66

    3. 문제점 / 67

Ⅲ. 인격권의 의의와 특성 ·· 68
　1. 인격권의 의의 / 68
　2. 인격권의 특성 / 69
Ⅳ. 인격의 의의와 특성 ··· 73
　1. 논의 필요성 / 73
　2. 인격의 의의와 기능 / 73
　3. 인격의 특성 / 76
Ⅴ. 탈인간중심적 인격 개념의 가능성 ·· 79
　1. 논의 필요성 / 79
　2. 의의 / 80
　3. 인격 개념의 요건 / 82
Ⅵ. 법인의 인격권 인정 가능성과 범위 ···································· 83
　1. 인격으로서 법인 / 83
　2. 법인의 일반적 인격권 인정 가능성 / 84
　3. 법인의 개별적 인격권 인정범위 / 85
Ⅶ. 맺음말 ·· 86

3부　인공지능 혁명의 윤리적·법적 문제

5장　인공지능과 윤리

Ⅰ. 서 론 ·· 89
Ⅱ. 인공지능과 윤리의 논의 필요성 ·· 90
　1. 문제제기 / 90
　2. 인공지능에 대한 법적 규제의 불충분성 / 91
　3. 윤리를 통한 자율적 규제 / 91
Ⅲ. 인공지능 윤리 개념의 의의와 문제 ···································· 93
　1. 윤리의 개념 / 93
　2. 구별 개념 / 95
　3. 인공지능 윤리의 수범주체 / 97

Ⅳ. 인공지능 윤리의 기본 방향 ·· 99

1. 방법론 / 99
2. 인공지능 윤리 분석 / 100
3. 인공지능 윤리의 기본 구상 / 109

Ⅴ. 인공지능 윤리의 이행 방안 ·· 114

1. 자율규제 / 114
2. 절차주의 / 115
3. 설명가능한 인공지능 / 117

Ⅵ. 맺음말 ··· 121

6장 인공지능과 법적 인격성

Ⅰ. 서 론 ··· 122

Ⅱ. 법체계에서 인격의 의의와 기능 ·· 124

1. 인격의 의의와 특성 / 124
2. 법체계에서 인격 개념이 수행하는 기능 / 126

Ⅲ. 인격 개념의 확장 ·· 128

1. 인간과 인격의 개념적 분리에 관한 이론 / 128
2. 인격 개념의 상대성과 가변성 / 133
3. 인격 개념의 확장 / 134

Ⅳ. 인공지능 로봇의 법적 인격 인정 문제 ···························· 138

1. 논의 필요성 / 138
2. 인격의 인정기준에 관한 논의 / 138
3. 인공지능 로봇에 대한 법적 인격 부여 가능성 / 144
4. 인공지능 로봇에 대한 법적 인격 부여 필요성 / 147

Ⅴ. 맺음말 ··· 151

7장 인공지능의 법적 문제 및 대응

Ⅰ. 서 론 ··· 152

Ⅱ. 약한 인공지능과 형사사법 ·· 152

   1. 논의방법 / 152

   2. 형사사법의 도구로서 약한 인공지능 / 153

   3. 범죄의 도구로서 약한 인공지능 / 157

Ⅲ. 강한 인공지능과 형사사법 ·· 159

   1. 강한 인공지능에 대한 형사처벌 가능성 / 159

   2. 탈인간중심적 형사사법의 가능성 / 161

   3. 강한 인공지능에 대한 형사책임 부과의 필요성 / 165

   4. 형사사법의 구성원으로서 강한 인공지능 / 166

Ⅳ. 맺음말 ··· 167

4부 법적 규제의 진화와 방향

8장 현대사회와 규제형식의 진화

Ⅰ. 서 론 ··· 171

Ⅱ. 규제 개념 분석 ··· 172

   1. 일반적인 규제 개념 / 173

   2. 규제의 이중적 성격 / 173

   3. 규제와 법의 관계 / 175

Ⅲ. 전통적인 규제형식 ·· 176

   1. 법적 규제의 삼단계 진화모델 / 176

   2. 전통적인 규제의 특징 / 177

   3. 규제형식 / 179

Ⅳ. 규제형식의 진화 ··· 181

   1. 사회구조의 변화 / 181

   2. 규제형식의 진화 / 181

   3. 사회국가적 실질법 규제의 한계 / 184

Ⅴ. 제4차 산업혁명과 새로운 규제형식의 진화 ····································· 185

   1. 제4차 산업혁명과 사회구조의 변화 / 185

   2. 규제형식의 탈국가화 / 186

   3. 제4차 산업혁명과 규제형식의 새로운 진화 / 188

Ⅵ. 규제형식의 진화와 관련한 문제 ·································· 193

　1. 사회현실에 응답하는 규제 / 193

　2. 규제를 통한 제한과 형성의 동시 추구 문제 / 194

　3. 사회적 갈등 해소 문제 / 195

　4. 알고리즘 규제에 대한 법적 규제 / 196

9장　현대 빅데이터 사회와 새로운 인권 구상

Ⅰ. 서 론 ··· 197

Ⅱ. 빅데이터와 위험 ··· 198

　1. 제4차 산업혁명과 빅데이터 / 198

　2. 빅데이터의 의의 / 199

　3. 빅데이터의 절차 / 201

　4. 빅데이터의 방법론적 특징 / 202

　5. 빅데이터와 사회적 공리 / 205

　6. 빅데이터와 위험 / 206

Ⅲ. 빅데이터 위험에 대한 대응방안으로서 인권 ············· 209

　1. 권리중심적 대응방안과 의무중심적 대응방안 / 209

　2. 대응방안으로서 인권 / 210

Ⅳ. 현대 빅데이터 사회와 새로운 인권 구상 ················· 211

　1. 정보인권에서 빅데이터 인권으로 / 211

　2. 빅데이터 인권 구상의 기본원칙 / 212

　3. 빅데이터 인권의 구체적인 내용 / 213

Ⅴ. 맺음말 ·· 218

10장　근대 인권 구상의 한계와 탈인간중심적 인권의 가능성

Ⅰ. 서 론 ··· 220

Ⅱ. 근대 인권의 이념적 기초 ······································ 222

　1. 인권의 의의 / 222

　2. 인권의 이념적 기초 / 222

Ⅲ. 근대 인권 구상에 대한 도전 ·································· 226

　1. 인권의 보편주의에 대한 도전 / 226

　2. 권리중심주의에 대한 도전 / 228

　3. 인간중심주의에 대한 비판 / 231

　4. 주체중심주의에 대한 도전 / 233

Ⅳ. 새로운 인권 구상의 가능성 ································· 234

　1. 보편주의 도전에 대한 이론적 대응 / 235

　2. 권리중심주의 도전에 대한 이론적 대응 / 236

　3. 인간중심주의 도전에 대한 이론적 대응 / 237

Ⅴ. 맺음말 ··· 245

11장　새로운 규제형식으로서 아키텍처 규제

Ⅰ. 서 론 ·· 246

Ⅱ. 아키텍처 규제의 의의 ·· 247

　1. 아키텍처 / 247

　2. 아키텍처 규제 / 249

　3. 법적 규제와 아키텍처 규제의 차이 / 250

Ⅲ. 아키텍처 규제 논의 및 현황 ·································· 251

　1. 국내 논의 / 251

　2. 현황 / 256

Ⅳ. 민사집행법의 시각에서 본 아키텍처 규제 ············ 257

　1. 쟁점 / 257

　2. 민사법적 행위의 구조 / 258

　3. 강제집행행위의 성격 / 259

　4. 민사집행법의 필요성 / 260

　5. 사적 자치와 법제화의 확장 / 261

　6. 민사집행법의 시각에서 본 아키텍처 규제의 성격 / 262

Ⅴ. 맺음말 ··· 264

12장 합리적인 법정책의 방향

Ⅰ. 서 론 ·· 265

Ⅱ. 전략물자의 의의 ·· 267

   1. 전략물자수출에 대한 국제법적 규율 / 267

   2. 전략물자 개념 확정 / 268

Ⅲ. 전략물자수출 통제의 필요성과 가능성 ···················· 270

   1. 필요성 / 270

   2. 통제 가능성 / 272

Ⅳ. 전략물자수출에 대한 법적 통제의 방향 및 기준 ·········· 273

   1. 기본 방향 / 274

   2. 법정책의 기준 / 284

Ⅴ. 맺음말 ··· 287

13장 정보통신안전을 위한 입법정책

Ⅰ. 서 론 ·· 289

Ⅱ. 현대사회와 정보통신재난 ·· 290

   1. 현대사회의 특징 / 290

   2. 현대사회와 정보통신재난 및 사이버 침해사고 / 292

   3. 통합적인 정보통신안전의 필요성 / 296

Ⅲ. 「정보통신안전법」의 제정 필요성 ······························ 296

   1. 정보통신재난 관리의 일원화 필요성 / 297

   2. 정보통신재난에 대한 체계적·종합적 대응 필요성 / 299

Ⅳ. 「정보통신안전법」 제정에 관한 기본 구상 ··················· 301

   1. 제정 방법 / 301

   2. 「정보통신안전법」의 기본 모델과 「재난안전법」 / 303

   3. 「정보통신안전법」의 구성 내용 / 305

Ⅴ. 맺음말 ··· 310

사항색인 ·· 311

인공지능 혁명과 법

1장 인공지능 혁명과 법체계의
새로운 진화

인공지능 혁명과 법체계의 새로운 진화

Ⅰ. 이 책의 목표

1. 사회구조의 변화와 법체계의 진화

(1) 목표

이 책은 오늘날 진행되는 인공지능 혁명이 법체계에 어떤 변화를 야기하는지를 다룬다. 이는 현대사회의 구조변동에 발맞추어 법체계가 어떻게 변화하고 진화하는지를 장기적인 관점에서 규명하고자 하는 필자의 연구 기획 가운데 한 부분을 이룬다. 필자는 이러한 연구 기획의 일환으로 지난 2017년에 『제4차 산업혁명과 법』을 내놓은 바 있다.[1] 그 점에서 이 책은 『제4차 산업혁명과 법』 제2부라고 말할 수 있다. 그리고 이러한 작업들은 필자가 거시적인 관점에서 구상하는 '법진화론'의 일부분을 구성한다.[2]

'제4차 산업혁명'이라는 유행어가 시사하는 것처럼 현대사회는 급격한 구조변동을 겪고 있다. 이전에는 경험하지 못했던 새로운 사회 현상 및 패러다임이 등장하고 있다. 그 배후에는 현대 과학기술이 있다. 급속도로 발전하는 ICT, 인공지능 기술, 생명공학과 같은 과학기술은 현대사회의 구조를 근본적으로 바꾸고 있다. 이

---

[1] 양천수, 『제4차 산업혁명과 법』(박영사, 2017).

[2] 법진화론에 관해서는 양천수, "새로운 법진화론의 가능성", 『법철학연구』 제15권 제2호(2012. 8), 163－202쪽 참조.

로 인해 초연결사회나 빅데이터 사회, 지능정보사회와 같은 새로운 사회 패러다임이 출현한다.[3] 이에 따라 현대사회를 구성하는 가치관·문화와 같은 각종 '의미론'(Semantik)이나 행위방식, 사회구조 등 많은 것이 변화를 맞고 있다. 법질서 역시 예외는 아니다. 급격하게 발전하는 과학기술 및 이로 인해 진행되는 사회구조의 변화는 사회를 규율하는 법질서 자체에 중대한 도전이 된다. 그중에서도 과학기술은 오늘날 법질서가 새로운 진화를 하게끔 하는 중대한 '도전'이자 '자극'이 된다. 현대 과학기술이 야기하는 새로운 사회 패러다임과 문제는 물리적 공간과 시간에 기반을 두어 형성된 근대 법질서가 규율하기에는 곤혹스러운 모습을 곳곳에서 보여주기 때문이다.

사실 역사적으로 볼 때 과학기술이 법질서에 던지는 도전과 자극이 완전히 새로운 것은 아니다. 법질서와 이를 다루는 법학은 이미 19세기에 비슷한 경험을 한적이 있기 때문이다. 당시 자연과학이 급속도로 발전하면서 이는 당시의 법질서 및 법학에 중대한 도전으로 다가왔다. 이에 대한 반응으로 프로이센의 법률가 키르히만(Julius von Kirchmann)은 '법학의 학문적 무가치성'을 역설하기도 하였다.[4] 그러나 법학자를 포함하는 당시의 정신과학자들은 자연과학의 도전으로부터 법질서 및 법학의 규범적 독자성을 지키기 위해 칸트로 거슬러 올라가는 '방법이원론'을 주창하였다. 이를 통해 자연과학의 방법론이 적용되지 않는 규범학의 방법론적·학문적 독자성을 논증하였다.[5]

그렇지만 이렇게 방법이원론에 따라 사실과 규범을 엄격하게 구별하는 학문적 방법론이 오늘날에도 여전히 유효한지 의문이 제기된다. 오늘날 최신 과학기술에서 내놓는 성과, 특히 인공지능 과학에서 신출하는 성과를 고려하면 방법이원론이라는 전제 자체에 의문을 표할 수 있기 때문이다. 이를테면 방법이원론은 규범적 사고를 자연과학적 사고로 환원할 수 없다고 하는데, 인공지능 영역에서 최근 획득하고 있는 성과를 감안하면 이러한 주장에 비판적인 시선을 던질 수밖에 없다.

---

3 양천수, 앞의 책, 제2장 참조.

4 이에 관해서는 율리우스 헤르만 폰 키르히만, 윤재왕 (옮김), 『법학의 학문으로서의 무가치성』 (박영사, 2019) 참조.

5 이를 보여주는 하인리히 리케르트, 이상엽 (옮김), 『자연과학과 문화과학』(책세상, 2004) 참조.

(2) 필요성

이러한 상황에서 볼 때 기본적으로 근대 법질서에 연원을 두는 현대 법질서가 사회의 거의 모든 분야에서 진행되는 과학기술의 발전과 적용에 여전히 타당성을 주장하기는 쉽지 않다. 달리 말해 이제는 법질서가 새로운 진화의 계기를 맞고 있다고 할 수 있다. 근대 법질서가 상정했던 물리적인 사회와는 완전히 다른 모습의 사회가 펼쳐지고 있는 이상, 법질서 역시 새로운 패러다임에서 체계와 이론, 의미론을 구축할 필요가 있는 것이다.

이 같은 배경에서 필자는 현대 과학기술이 법질서에 어떤 영향을 미치고 있는지, 이로 인해 법질서가 어떻게 진화하고 있는지 또는 진화해야 하는지를 장기간의 연구 대상으로 설정하고 있다. 필자가 구상하는 연구는 크게 두 가지 목표를 추구한다. 첫째는 현대 과학기술로 인해 법질서가 실제로 어떻게 진화하고 있는지를 '관찰'하는 것이다. 이는 '분석적·기술적 목표'에 해당한다. 둘째는 현대 과학기술이 야기하는 사회변화에 적절하게 대응할 수 있도록 법질서가 어떻게 진화해야 하는지를 '당위적으로 주장'하는 것이다. 이는 '규범적 목표'에 해당한다. 이 책은 인공지능 혁명을 예로 하여 이러한 두 가지 목표를 비록 불완전하기는 하지만 추구해 보았다.

최근 몇 년간 '제4차 산업혁명'은 법학에서도 큰 관심을 받는 주제가 되었다. 이로 인해 제4차 산업혁명 또는 이와 관련되는 과학기술의 법적 문제를 다루는 연구가 다양하게 이루어지고 있다. 초연결사회, 빅데이터, 인공지능, 알고리즘, 개인정보보호 등에 관한 법적 연구가 이러한 예에 속한다. 그런데 그동안 진행된 연구는 주로 개별적인 차원에서 그리고 기존의 법체계 및 법적 사고의 틀 안에서 이루어졌다. 요컨대 기존 법질서의 틀을 유지하면서 이러한 틀 안에서 제4차 산업혁명이 유발하는 새로운 문제를 다루었던 것이다. 이에 반해 근원적인 차원에서, 즉 기초법학을 포함하는 다양한 이론적 바탕 위에서 현대 과학기술이 현행 법질서를 어떻게 변모시킬 것인지, 다시 말해 현대 과학기술에 의해 법질서가 어떻게 진화할 것인지를 총체적으로 규명한 연구는 아직 이루어지지 않았다. 필자는 바로 이러한 연구를 수행하고자 하는 것이다. 이 책 및 이미 출간한 『제4차 산업혁명과 법』은 이러한 문제의식에서 출발한다.

물론 필자가 기획하는 연구, 즉 현대 과학기술로 인해 법질서가 어떤 방향으로 진화하는가를 다루는 연구는 단기간에 수행하기 어렵다. 그 이유를 다음과 같이 말할 수 있다. 우선 이 연구는 '법질서의 진화'를 연구 대상으로 삼는다는 점에 주목할 필요가 있다. 이때 '법질서'는 그 외연이 상당히 넓은 포괄적인 개념이다. 체계이론을 활용하여 '법질서'를 분석하면, 이는 크게 '법체계' 및 '법학' 그리고 '법적 사고방식'으로 구분할 수 있다. 여기서 법체계는 사회적 체계에 해당하는 법체계를, 법학은 학문체계의 한 영역을, 법적 사고방식은 법적 의미론으로 바꾸어 말할 수 있다.[6] 이렇게 법질서는 다층적인 의미를 담고 있다. 따라서 '법질서의 진화'를 다루기 위해서는 법체계, 법학 및 법적 의미론이 어떻게 진화하는지를 다층적으로 규명해야 한다. 이를테면 현대 과학기술에 의해 법체계가 어떻게 변모하고 있는지, 현대 과학기술이 던지는 도전에 학문체계에 속하는 법학은 어떻게 대응하고 있는지, 현대 과학기술에 의해 법적 사고방식이나 문화 등이 어떻게 바뀌고 있는지를 밝혀야 한다. 이러한 작업은 단기간에 이루어지기 어렵다.

또한 이러한 연구가 성공적으로 수행될 수 있으려면 "현대 과학기술에 따른 법질서의 새로운 진화"라는 주제를 추상적인 차원과 구체적인 차원, 이론적인 차원과 제도적인 차원, 기초법학적 차원과 실정법적 차원에서 중층적으로 살펴보아야 한다. 예를 들어 법질서의 진화를 한편으로는 법진화론이라는 이론적인 차원에서 접근하면서도, 다른 한편으로는 개별 실정법이 실제로 구체적으로 진화하는지를 검토해야 한다. 이러한 분석은 많은 시간과 노력을 필요로 하는 것이기에 단기간에 실행할 수 없다. 이러한 이유에서 필자는 이러한 연구를 장기 과제로 설정한다. 이러한 일환에서 이 책의 후속작, 더 나아가서는 법진화론 일반을 다루는 연구서 역시 기획히고 있다.

2. 현대사회의 구조변동과 법체계의 진화에 대한 접근 방법

여기서 필자가 기획하는 연구의 기본 방법을 간략하게 언급한다. 필자가 구상하는 연구는 장기간 수행하는 것을 목표로 한다. 따라서 이를 수행하는 데 필요한 유기적이고 실현 가능한 접근 방법을 구축해야 한다. 이에 필자는 다음과 같은 접근 방법을 구축하고자 한다.

---

6 사고방식이나 문화 등을 '의미론'으로 파악하는 경우로는 N. Luhmann, *Gesellschaftsstruktur und Semantik: Studien zur Wissenssoziologie der modernen Gesellschaft*, Band 1 (Berlin, 2010) 참조.

(1) 현대 과학기술과 새로운 법적 현상 관찰

과학기술이 법질서의 진화를 유발한다는 주장을 논증하기 위해서는 첫 번째 단계로서 현대 과학기술로 사회구조가 바뀌고 있는지, 이로 인해 새로운 법적 현상이나 문제가 출현하고 있는지 관찰할 필요가 있다. 이는 다음과 같이 구체화된다. 첫째, 현행 법질서의 기본 구조를 파악한다. 둘째, 현대 과학기술로 새롭게 출현한 법적 문제를 찾아 분석한다. 이러한 법적 문제로 다음을 언급할 수 있다. '인공지능의 법적 주체성 문제', '블록체인과 행위 개념의 변화', '법적 객체의 탈유체물화·디지털화'가 그것이다.

(2) 법진화론 검토

두 번째 단계는 법진화론을 검토하는 것이다. 현대 과학기술에 의해 법질서가 새롭게 진화한다는 주장을 정당화하기 위해서는 마치 생명체가 진화하는 것처럼 법질서 역시 진화할 수 있다는 주장을 논증해야 한다. 이러한 맥락에서 법진화론에 관한 이론적·제도적 측면을 다룰 필요가 있다. 구체적으로 보면, 먼저 법진화론 자체에 관한 이론적 논의를 검토하고, 법진화론의 구체적인 예를 분석할 필요가 있다. 필자는 이론적 논의로는 루만(Niklas Luhmann)과 토이브너(Gunther Teubner)의 법진화론을 주로 염두에 둔다. 실제적·제도적인 논의로는 주로 20세기 초반에 독일 및 일본의 민사법학자들이 전개한 주장을 연구하고자 한다.[7]

(3) 새로운 법질서의 구조 분석

세 번째 단계에서는 현대 과학기술이 초래한 사회구조의 변화에 적절하게 대응하기 위해서는 법질서가 어떻게 진화해야 하는지, 만약 그렇다면 그 구조는 어떻게 구성되어야 하는지를 다룬다. 필자가 기획하는 연구에서 가장 핵심이 되면서도 어려운 부분이다. 현재 필자는 다음과 같은 테제를 주장한다. 새롭게 진화하는 법질서는 '탈인간중심적 법적 사고'에 기반을 두어야 한다는 것이

---

7 N. Luhmann, "Evolution des Rechts", in: ders., *Ausdifferenzierung des Rechts: Beiträge zur Rechtssoziologie und Rechtstheorie* (Frankfurt/M., 1981), 11쪽 아래; G. Teubner, *Recht als autopoietisches System* (Frankfurt/M., 1989), 61쪽 아래 등 참조. 그중에서 토이브너의 법진화론에 관해서는 양천수, 앞의 논문(주2), 163-202쪽 참조.

다.[8] 이러한 맥락에서 이 단계에서는 주체의 측면, 객체의 측면, 행위의 측면, 규제형식의 측면, 법원리의 측면 등에서 새로운 법질서 모델을 제시한다.

3. 핵심적인 연구 내용

이러한 연구의 접근 방법에 따라 연구의 핵심 내용을 제시하면 다음과 같다.

(1) 현대 과학기술과 새로운 법적 현상

1) 현행 법질서의 기본 구조

우선 현행 법질서가 어떤 구조를 갖추고 있는지 규명할 필요가 있다. 그렇게 해야만 법질서가 진화를 하고 있는지 또는 진화를 해야 하는지를 판단할 수 있기 때문이다. 필자는 현행 법질서는 기본적으로 근대사회에서 형성된 근대 법질서에 바탕을 두고 있다고 본다. 이러한 근대 법질서가 갖추고 있는 특징으로 두 가지를 꼽을 수 있다. '인간중심적 법적 사고'와 ≪주체-객체-행위 구조≫가 그것이다. 이를 '법질서의 근대성'이라고 지칭할 수 있을 것이다.[9]

2) 인공지능의 법적 주체성 문제

다음으로 근대 법질서에 기반을 둔 현행 법질서가 과학기술에 의해 변화를 맞고 있는지를 관찰하기 위한 첫 번째 일환으로 ≪주체-객체-행위 구조≫ 중에서 '주체'에 변화가 일어나고 있는지 살펴본다. 이에 대한 예로 최근 관심의 초점이 되는 인공지능의 법적 주체성 문제를 다룬다. 인공지능에게 인격성을 인정할 수 있는지, 인공지능을 독자적인 법적 주체로 볼 수 있는지에 관해서는 이미 다양한 연구가 진행되었다. 이들 연구에서 공통적으로 확인할 수 있는 것은 전통적인 인격성이나 법적 주체성을 인공지능에게도 인정한다는 점인데, 이를 통해 근대 법질서의 인간중심적 주체 개념이 변화하고 있음을 발견할 수 있다. 필자는 이들 논의

---

8 이에 관해서는 양천수, "탈인간중심적 법학의 가능성: 과학기술의 도전에 대한 행정법학의 대응", 『행정법연구』 제46호(2016. 8), 1-24쪽 및 이 책 제3장 참조.

9 이러한 법질서의 근대성에 관해서는 이상돈, 『형법의 근대성과 대화이론』(홍문사, 1994); 양천수, "법의 근대성과 탈근대성: 하버마스와 투렌의 기획을 중심으로 하여", 『법학연구』(부산대) 제50권 제1호(2009. 6), 161-191쪽 등 참조.

를 분석하면서 현행 법질서에서 '인격'이나 '법적 주체'가 무엇을 뜻하는지를 이론적인 차원에서 심도 깊게 규명하고자 한다.[10]

3) 객체의 탈유체화 · 디지털화

이어서 ≪주체-객체-행위 구조≫에서 객체에 관한 부분을 다룬다. 근대 법질서는 '객체'를 어떻게 파악하고 있는지의 문제에서 출발하여 이러한 객체가 오늘날 과학기술에 의해 어떻게 변모하고 있는지 규명한다. 필자는 형법이 규정하는 '문서'나 '재물' 개념 및 오늘날 매우 중요한 지위를 차지하는 '정보' 개념을 예로 하여 객체가 점점 탈유체화 · 디지털화된다는 주장을 하고자 한다.

4) 블록체인과 행위 개념의 변화

마지막으로 ≪주체-객체-행위 구조≫에서 행위 구조가 어떻게 변하고 있는지 관찰한다. 이를 위해 '블록체인'을 예로 분석한다. '비트코인'으로 대변되는 암호화폐 열풍으로 사회적 관심의 초점이 된 블록체인은 우리에게 새로운 규범적 문제를 제기한다. 블록체인은 단순히 암호화폐를 위해서만 기능하는 것은 아니다. 블록체인을 통해 새로운 형태의 규범적 거래가 가능해지기 때문이다. 이른바 '스마트계약'(smart contract)이 대표적인 경우이다.[11] 스마트계약은 여러 면에서 전통적인 계약과 차이가 있다. '의사표시'와 '행위'에 바탕을 둔 전통적인 계약이론은 의사표시와 행위를 필수적으로 요구하지 않는 스마트계약의 규범적 문제를 해결하는 데 한계가 있다. 스마트계약에 관한 규범적 문제를 적절하게 해결하기 위해서는 새로운 규범적 사고와 법질서가 요청된다. 이른바 '의사중심주의'와 '행위중심주의'를 넘어서는 법질서가 말이다.

(2) 법진화론

1) 법진화론에 관한 이론적 논의

두 번째 단계에서는 법진화론을 다룬다. 그중 먼저 법진화론에 관한 이론적

---

10 이에 관해서는 이 책 제6장 참조.

11 이에 관해서는 정경영 · 백명훈, 『블록체인 기반의 스마트계약 관련 법제 연구』(한국법제연구원, 2017) 참조.

논의를 다룬다. 법진화론에 관해 그동안 제시된 이론을 분석 및 정리하고, 법체계가 구체적으로 어떤 메커니즘을 통해 진화하는지 규명한다. 이를 위해 필자가 이론적 기초로 삼는 루만과 토이브너가 제시한 법진화론을 상세하게 분석하고자 한다. 루만에 의하면, 법체계는 ≪변이 ⇒ 선택 ⇒ 재안정화≫라는 과정을 거쳐 진화를 하는데 필자는 이러한 과정을 더욱 섬세하게 분석할 것이다.[12]

2) 민사법체계의 진화

그 다음에는 이론적인 차원에서 논의한 법진화론을 구체적인 예로 검증한다. 이러한 예로 민사법체계의 진화를 분석한다. 이미 20세기 초반에 그 당시 발전하고 있던 자본주의에 대응하여 민사법이 어떻게 발전해 왔는지를 분석한 다수의 연구가 있기 때문이다. 이를테면 헤데만(J. W. Hedemann)이나 렌너(Karl Renner), 와가츠마 사카에(我妻榮) 등은 자본주의 발전에 부응하여 민사법이 어떻게 발전해 왔는지를 규명하였는데 필자는 이들 연구를 선별 및 분석하고자 한다.[13]

(3) 새로운 법질서의 구조 규명

1) 탈인간중심적 법질서 정립

연구의 마지막 단계는 현대 과학기술의 발전에 적응하여 진화한 새로운 법질서가 무엇인지를 규명하는 것이다. 필자는 가설로서 현행 법질서가 진화한 새로운 법질서는 '탈인간중심적 법질서'가 되어야 한다고 주장한다. 현행 법질서가 바탕으로 삼는 근대 법질서는 '인간중심적 사고'에 기반을 두어 ≪주체-객체-행위 구조≫의 실질적인 내용을 채웠다. 이에 반해 새로운 탈인간중심적 법질서는 인간중심적으로 설계된 ≪주체-객체-행위 구조≫에 대별되는 새로운 구조를 갖게 될 것이다. 이때 말하는 구조는 ≪체계-환경-소통 구조≫를 말한다. 필자는 이러한 주장을 논증하기 위해 루만이 정립한 체계이론을 원용한다. 필자는 체계이론을 활

---

12 이를 분석하는 G. Teubner, "Reflexives Recht: Entwicklungsmodelle des Rechts in vergleichender Perspektive", in: *ARSP* (1982), 18쪽 아래 참조.

13 Karl Diehl, *Die rechtliche Grundlagen des Kapitalismus* (Jena, 1929); J. W. Hedemann, *Die Fortschritte des Zivilrechts im XIX. Jahrhundert*, 1. Teil (Berlin, 1910), 2. Teil, 1. Hbbd. (Berlin, 1930), 2. Hbbd. (Berlin, 1935); Karl Renner, *Die Rechtsinstitute des Privatrechts und ihre soziale Funktion* (Tübingen, 1929); 我妻榮, 『近代法における債權の優越的地位』(有斐閣, 1954) 등 참조.

용하여 탈인간중심적 법질서가 어떤 구조를 갖추어야 하는지를 구체화할 것이다. 이때 주의해야 할 점은, 탈인간중심적 법질서가 인간을 완전히 배제하는 것은 아니라는 점이다. 탈인간중심적 법질서는 여전히 인간의 존엄성을 인정한다. 다만 기존의 인간중심적 법질서로는 해소할 수 없는 규범적 문제를 해결하기 위해 인간중심적 법질서를 보완한다는 측면에서 탈인간중심적 법질서를 제안하는 것이다.

2) 주체에서 참여자로

이러한 탈인간중심적 법질서를 구성하는 요소를 구체화하면 다음과 같다. 먼저 인간을 중심으로 하여 설정된 주체는 새로운 개념으로, 이를테면 '참여자'로 대체될 필요가 있다. 현행 법질서에서 사용하는 '인격'이나 '주체'는 인간을 전제로 형성된 개념이기에 인공지능과 같은 새로운 존재를 법질서 안으로 포섭하는 데 한계가 있다. 이에 관해 가령 라투르(Bruno Latour) 같은 경우에는 '행위자'(agent) 개념을 제안하여 주체의 인정범위를 광범위하게 확장한다(이른바 ANT).[14] 필자가 기획하는 연구에서는 기존의 주체 개념을 대신하는 것으로 행위자 또는 참여자 개념을 검토한다. 현재로서는 행위자보다 참여자 개념을 더 선호하는 편이다. 그러나 이는 이론적으로 검증되어야 한다.

3) 자유의지에서 자율성으로

탈인간중심적 법질서에서는 인간중심적 법질서의 근간을 이루는 자유의지 역시 새롭게 파악한다. 최근 뇌과학이 비약적으로 발전하면서 인간이 과연 자유의지를 갖는지가 비판에 직면한다. 극단적으로는 자유의지는 인간의 진화가 만들어낸 환상이라고 말하기도 한다.[15] 이러한 상황에서 필자는 현대 과학기술이 만들어내는 새로운 사회적 환경 안에서 자유의지를 어떻게 파악할 수 있는지 살펴보고자 한다. 일단 필자는 자유의지를 이보다는 약한 '자율성' 개념으로 재해석하고자 한다.

4) 생명 및 인간 개념 확장

필자는 생명 및 인간 개념 역시 새롭게 규정하고자 한다. 지능정보사회가 도

---

14 브루노 라투르, 홍성욱 (옮김), 『인간 사물 동맹: 행위자네트워크 이론과 테크노사이언스』(이음, 2018) 참조.
15 프란츠 M. 부케티츠, 원석영 (옮김), 『자유의지 그 환상의 진화』(열음사, 2009) 참조.

래하고 생명과학이 급속하게 발전하면서 인간과 기계의 결합이 촉진되고 있다. 더불어 인공지능 로봇처럼 생명과 유사하게 자기생산적으로 작동하는 체계도 늘어난다. 이러한 상황에서 새로운 법질서에서는 생명과 인간을 어떻게 규정해야 하는지 살펴보고자 한다.

5) 객체의 확장

현행 법질서의 근간을 이루는 근대 법질서는 '객체'를 물리적 개념인 유체물로 한정하여 법적 사고를 전개한다. 이로 인해 현행 법질서는 여전히 정보나 전자문서와 같은 비유체물을 객체로 파악하는 데 애를 먹고 있다. 예를 들어 현행 형법학은 전자문서를 형법상 문서로 파악하지 않거나 정보를 장물죄의 객체로 파악하지 않는다. 그러나 사이버 공간의 비중이 점점 높아지고 전자문서나 정보와 같은 비유체물의 법적 의미가 제고되고 있는 요즘 상황을 고려할 때 객체를 유체물로 한정하는 사고방식은 재고할 필요가 있다. 이 점을 감안하여 필자는 새로운 사회적 상황에 걸맞게 객체 개념을 확장적으로 모색할 것이다.

6) 행위에서 소통으로

탈인간중심적 규범질서에서는 행위보다 소통을 더욱 근본적인 개념으로 설정한다. 이는 소통을 통해 사회적 체계가 구성된다는 체계이론의 주장을 수용한 것이면서, 지능정보사회에서 인공지능 로봇에 의해 이루어지는 법적 거래나 블록체인에서 체결되는 스마트계약을 설명하기 위한 이론적 시도이기도 하다.

7) 새로운 권리 개념 모색

우리의 규범질서, 그중에서도 법체계는 기본적으로 권리 및 이에 대응하는 의무를 중심으로 하여 구성된다. 그러나 이러한 권리중심적 법질서가 과학기술이 야기하는 새로운 사회적 환경에 적절하게 대응할 수 있을지 의문이 든다. 이에 따라 새로운 법질서는 새로운 권리 개념을 모색해야 한다. 사실 기존의 권리만으로는 제4차 산업혁명이 야기하는 새로운 규범적 문제에 적절하게 대응하기 어렵다. 예를 들어 빅데이터가 가져다주는 사회적 공리를 누리면서도 빅데이터가 야기할 수 있는 위험을 최소화하기 위해서는 '빅데이터 알고리즘 공개에 관한 권리'나 '자기 프로파일링 결정권' 등과 같은 새로운 권리 개념이 요청된다.

8) 새로운 규제방식 모색

새로운 규범적 문제를 풀어내기 위해서는 새로운 규제방식도 모색해야 한다. 예를 들어 과학기술이 발전하면서 알고리즘 자체, 즉 기술적·물리적 규제나 블록체인 등이 새로운 규제수단으로 사용된다.[16] 그러나 법적 규제수단과는 달리, 이러한 규제수단은 간접적·우회적으로 은밀하게 사용된다. 이로 인해 우리가 미처 예측하지 못한 권리침해가 발생할 수 있다. 따라서 이러한 알고리즘 규제가 제대로 작동하도록 하기 위해서는 이를 다시 법적 통제 안으로 포섭해야 한다. 말하자면 알고리즘 규제를 새로운 규범적 규제로 재설계하는 것이다.

9) 규범적 원리 재검토

기존의 규범적 원리 역시 재검토하면서 새롭게 설계할 필요가 있다. 예를 들어 공적 영역을 규율하는 원리인 민주주의와 법치주의를 새로운 사회구조에 걸맞게 재해석해야 한다. 이를테면 토이브너는 인터넷 공간에 적용할 수 있는 '디지털 헌법'을 구상하고, 이를 위해 민주주의와 법치주의를 새롭게 해석하였다.[17] 이에 관한 예로서 민주주의를 '대화적 원리'로 재구상하거나 주권 개념을 소통적 권력으로 재해석하는 것을 들 수 있다. 법치주의 역시 절차주의적 차원으로 해석하는 것도 고려할 수 있다. 아울러 사적 영역을 규율하는 사적자치 역시 가령 블록체인이 지배하는 사회에 걸맞게 새롭게 이해할 필요가 있다. '의사'나 '행위'가 아닌 '소통'을 중심으로 하여 사적자치를 재설계하는 것이다. 이뿐만 아니라 새로운 규범적 원리를 정립하는 것도 모색해야 한다. 예를 들면 현대 초연결사회에서 발생하는 각종 정보침해에 효과적으로 대응할 수 있도록 '정보공유원리'를 새로운 규범적 원리로 내세우는 것도 생각할 수 있다.

---

16 이에 관해서는 심우민, "인공지능의 발전과 알고리즘의 규제적 속성", 『법과 사회』 제53호(2016), 41–70쪽 참조.

17 G. Teubner, "Globale Zivilverfassungen: Alternativen zur staatszentrierten Verfassungstheorie", in: *ZaöRV* 63 (2003), 1–28쪽 참조.

Ⅱ. 이 책의 구성

1. 전체 구성

이 책은 4개의 부와 13개의 장으로 구성된다. 제1부 "인공지능 혁명과 법"은 이 책의 서론에 해당한다. 제1부는 1개의 장으로 구성된다. 제2부 "인공지능 혁명과 법체계의 변화"는 이 책이 바탕으로 삼는 기초 이론을 다룬다. 인공지능 혁명이란 무엇인지, 인공지능 혁명에 대응해야 하는 법학은 어떤 관점과 이론을 바탕으로 삼아야 하는지, 법인의 인격권 논의가 어떻게 인공지능 혁명에 대한 법의 대응 문제와 관련을 맺을 수 있는지를 다룬다. 제2부는 이를 내용으로 삼는 3개의 장으로 구성된다. 제3부 "인공지능 혁명의 윤리적·법적 문제"는 인공지능 혁명이 야기하는 윤리적·법적 문제가 무엇인지, 이에 어떻게 대응할 수 있는지를 다룬다. 제3부는 이에 관한 3개의 장으로 구성된다. 제4부 "법적 규제의 진화와 방향"은 인공지능 혁명에 적절하게 대응하기 위해서는 법적 규제가 어떻게 진화를 해야 하는지, 합리적인 법정책이란 무엇인지를 다룬다. 제4부는 6개의 장으로 구성된다.

2. 각 장의 내용

이 책은 모두 13개의 장으로 구성된다. 각 장의 내용을 간략하게 소개하면 다음과 같다.

(1) 인공지능 혁명과 법체계의 새로운 진화

제1장은 "인공지능 혁명과 법체계의 새로운 진화"를 주제로 한다. 제1장은 이 책의 서장에 해당한다. 제1장에서는 이 책이 무엇을 목표로 하는지, 이 책이 어떻게 구성되는지를 보여준다. 요컨대 제1장이 대상으로 하는 주제는 이 책을 일관되게 관통하는 전체 주제라 말할 수 있다. 이 책이 다루는 "인공지능 혁명과 법체계의 새로운 진화"는 필자가 거시적·장기적인 관점에서 구상하는 법진화론의 일부분을 구성한다.

(2) 인공지능 혁명

제2장은 "인공지능 혁명"을 주제로 한다.[18] 제2장에서는 인공지능이란 무엇인지, 인공지능이 어떻게 발전하여 오늘날의 인공지능 혁명에 이르게 되었는지를 개관한다. 인공지능이란 무엇인지, 인공지능은 어떻게 유형화할 수 있는지에 관해서는 여러 견해가 제시된다. 이 책은 인공지능을 다음과 같이 정의한다. 인공지능은 인간의 심리체계를 인위적으로 구현한 체계라는 것이다. 이러한 맥락에서 이 책은 인공지능과 로봇을 구별한다. 로봇은 인간의 생명체계를 인공적으로 구현한 것이라고 볼 수 있기 때문이다. 다만 오늘날 인공지능과 로봇은 서로 결합되어 사용되는 경우가 대다수여서 이 책은 인공지능과 로봇을 엄격하게 구별하지 않고 거의 같은 의미로 사용한다. 나아가 이 책은 인공지능을 '약한 인공지능'과 '강한 인공지능' 및 '초인공지능'으로 구별한다. 약한 인공지능은 인간의 심리체계와 동일한 수준에는 이르지 못한 인공지능을, 강한 인공지능은 인간의 심리체계와 동일한 수준에 이른 인공지능을 그리고 초인공지능은 인간의 심리체계 수준을 초월한 인공지능을 말한다. 그중에서 이 책이 주로 문제 삼는 인공지능은 약한 인공지능이다.

(3) 탈인간중심적 법학의 가능성

제3장은 "탈인간중심적 법학의 가능성"을 주제로 한다.[19] 제3장에서는 우리 법체계 및 법학이 인공지능 혁명에 적절하게 대응하기 위해서는 인간중심적 사고에서 벗어나 탈인간중심적 사고를 수용할 필요가 있다고 주장한다. 이때 탈인간중심적 사고는 루만의 체계이론에 바탕을 두는 사고를 말한다. 제3장은 우리 법체계 및 법학이 여전히 인간중심적 사고에서 출발하는 인간중심적 법사상에 바탕을 둔다고 본다. 인간중심적 법사상은 인간을 중심으로 하여 전체 법체계를 설계한다. 이 책은 이러한 인간중심적 법사상이 《주체-객체 모델》, 자유의지, 행위중심적 사상, 인간중심적 생명 개념으로 구성된다고 주장한다. 이와 달리 탈인간중심적 사고에서 출발하는 탈인간중심적 법사상은 주체 개념을 해체하여 인간적 주체 대신

---

[18] 제2장은 양천수, "인공지능과 법체계의 변화: 형사사법을 예로 하여", 『법철학연구』 제20권 제2호(2017. 8), 45-76쪽을 바탕으로 하여 이를 수정 및 보완한 것이다.

[19] 제3장은 양천수, "탈인간중심적 법학의 가능성: 과학기술의 도전에 대한 행정법학의 대응", 『행정법연구』 제46호(2016. 8), 1-24쪽을 바탕으로 하여 이를 수정 및 보완한 것이다.

체계를 법체계의 중심으로 이해하고 행위 대신 소통으로 법체계를 설계한다. 또한 자유의지는 허상이라고 비판하고 인간중심적 생명 개념을 해체한다. 그러면 이러한 탈인간중심적 사고는 법학에 어떤 의미가 있는가? 이 책은 행정법학을 예로 하여 이러한 탈인간중심적 사고가 행정법학에 어떻게 수용될 수 있는지를 살펴본다. 제3장에 따르면, 우리 행정법학은 이미 탈인간중심적 사고를 상당 부분 수용하고 있다. 이 책은 행정법학이 체계 관념과 소통 관념을 상당 부분 수용하고 있음을 논증한다. 국가로 대변되는 법인 개념과 행정계획, 권력적 사실행위의 처분성이 이를 잘 예증한다. 물론 여전히 미흡한 부분도 있는데 이 책은 그 예로 집단적 권리를 언급한다. 또한 체계이론이 강조하는 '기능적 분화'를 법정책적인 측면에서 행정법학에 수용할 필요가 있다고 주장한다.

(4) 법인과 인격권

제4장은 "법인과 인격권"을 주제로 한다.[20] 이는 언뜻 보면 인공지능과 무관해 보인다. 그렇지만 좀 더 살펴보면, 법인의 인격권 문제는 인공지능의 인격권 문제와 밀접한 관련을 맺는다는 점을 알 수 있다. 인공지능과 마찬가지로 법인 역시 자연적 인간과는 구별되는 사회적 체계이기 때문이다. 다만 법인은 자연적 인간을 구성원 또는 기관으로 삼는다는 점에서는 인공지능과 차이가 있다. 그렇지만 자연적 인간이 아닌 법인이 인격권의 주체가 될 수 있는가의 문제는 인공지능 역시 인격권의 주체가 될 수 있는지의 문제를 해결하는 데 중요한 실마리가 된다. 법인이 인격권을 갖는가에 관해 학설에서는 견해가 대립한다. 이에 반해 판례는 일관되게 법인은 인격권의 주체가 된다고 말한다. 하지만 어떤 이론적 근거에서 법인이 인격권을 갖는가에 관해 판례는 설득력 있는 논증을 제시하지는 않는다. 학설 중에서 법인의 인격권을 긍정하는 견해 역시 주로 비교법적 논증을 원용한다. 그러나 비교법적 논증 역시 과연 어떤 이유에서 법인이 인격권의 주체가 되는지를 명확하게 해명하지 않는다. 이러한 문제의식에서 제4장은 어떤 이론적 근거에서 법인이 인격권을 지닐 수 있는지를 다룬다. 제4장에서는 지금까지 우리 법체계를 지배해온 인격 개념을 '인간중심적 인격 개념'으로 규정하면서 새롭게 '탈인간중심적 인격 개념'을 제안한다. 이러한 인격 개념은 최근 문제가 되는 인공지능의 인격권 문

---

20 제4장은 양천수, "법인의 인격권 재검토: 법철학의 관점에서", 『법학연구』(전북대) 제58집(2018. 12), 163－191쪽을 바탕으로 하여 이를 수정 및 보완한 것이다.

제를 해결하는 데 유익한 시사점을 제공한다.

(5) 인공지능과 윤리

제5장은 "인공지능과 윤리"를 주제로 한다.[21] '인공지능과 윤리' 문제는 자율주행차의 윤리를 기점으로 하여 최근 활발하게 논의되는 현실적인 문제이다. 이러한 맥락에서 제5장은 인공지능과 윤리에 관해 네 가지 문제를 검토한다. 첫째, 인공지능과 윤리를 논의해야 할 필요는 무엇인가? 둘째, 인공지능 윤리가 뜻하는 바는 무엇이고 이는 구체적으로 누구를 위한 윤리인가? 셋째, 인공지능 윤리의 기본 방향을 어떻게 설정할 수 있는가? 넷째, 인공지능 윤리를 이행하도록 하는 방안에는 무엇이 있는가? 먼저 이 책은 우리가 인공지능과 윤리 문제를 다루어야 하는 이유를 다음과 같이 말한다. 법적 규제의 불완전성과 자율규제가 그것이다. 다음으로 이 책은 인공지능 윤리에서 말하는 윤리는 자유주의에 기반을 두는 '도덕'을 뜻한다고 주장한다. 더불어 인공지능 윤리의 수범자는 실제로는 인공지능 자체라기보다는 인공지능 개발자로 본다. 나아가 이 책은 인공지능에게 적용되어야 할 윤리로서 일곱 가지 원칙을 제안한다. 인간의 존엄성 존중, 권리침해 금지, 실정법 위반 금지, 이용자의 명령 복종, 투명성, 설명가능성, 책임이 그것이다. 그러나 이들 원칙은 여전히 추상적인 수준에 머물러 있다. 이들 원칙을 실제 인공지능을 개발하는 과정에 적용할 수 있도록 하려면 현재 도달한 기술 수준에 적합하게 이를 구체화해야 한다. 마지막으로 이 책은 인공지능 윤리 이행 방안으로 자율규제와 절차주의 그리고 설명가능한 인공지능을 제안한다.

(6) 인공지능과 법적 인격성

제6장은 "인공지능과 법적 인격성"을 주제로 다룬다.[22] 인공지능에 관한 법적 문제가 본격적으로 논의되면서 인공지능이 법적 책임을 질 수 있는지가 문제된다. 그리고 그 전제로서 인공지능이 법적 인격성을 취득할 수 있는지가 논란이 된다.

---

21 제5장은 양천수, "인공지능과 윤리: 법철학의 관점에서", 『법학논총』(조선대) 제27집 제1호(2020. 4), 73–114쪽을 바탕으로 하여 이를 수정 및 보완한 것이다.

22 제6장은 양천수·우세나, "인공지능 로봇의 법적 인격성: 새로운 인권 개념 모색을 위한 전제적 시론", 『인권이론과 실천』 제25호(2019. 6), 59–92쪽을 바탕으로 하여 이를 수정 및 보완한 것이다.

이러한 맥락에서 제6장은 인공지능에게 법적 인격을 인정할 수 있는지, 만약 가능하다면 그렇게 할 필요가 있는지를 다룬다. 이를 위해 먼저 인격이란 무엇이고, 이러한 인격이 법체계에서 수행하는 기능은 무엇인지 살펴본다. 이어서 그동안 인격 개념이 어떻게 변해 왔는지를 검토한다. 이에 따르면 인격 개념은 법체계가 발전하면서 지속적으로 그 외연이 확장되었다. 자연인 이외에도 법인이 인격 개념에 포함되고 있다는 점이 이를 보여준다. 동물권 논의 역시 인격 개념이 자연적 인간을 넘어서고 있음을 간접적으로 시사한다. 그러면 인공지능 혁명으로 이슈가 되는 인공지능은 법적 인격을 취득할 수 있는가? 이를 판단하려면, 인격에 대한 판단기준은 무엇인지 검토해야 한다. 인격 기준에 관해서는 인간중심적 모델, 불완전한 탈인간중심적 모델, 완전한 탈인간중심적 모델을 제시할 수 있다. 그중에서 인간중심적 모델과 불완전한 탈인간중심적 모델에 따르면, 인공지능은 법적 인격을 획득할 수 없다. 그러나 완전한 탈인간중심적 모델에 따르면, 인공지능은 다음과 같은 요건을 충족한 경우 법적 인격을 취득한다. 첫째, 인공지능은 자신이 아닌 것과 구별될 수 있어야 한다. 둘째, 인공지능은 자율적으로 법적 판단을 할 수 있어야 한다. 셋째, 인공지능은 법체계와 같은 사회적 체계에 참여할 수 있어야 한다. 그러면 지금 시점에서 인공지능에게 법적 인격을 부여할 필요가 있는가? 인공지능에게 법적 인격을 부여하는 것은 인공지능을 권리주체로 보아 그 자신을 보호하는 데 도움이 된다. 그렇지만 책임귀속 기능이나 법체계의 안정화 기능에는 크게 도움이 되지 않는다. 따라서 이 책은 현재로서는 굳이 인공지능에게 법적 인격을 부여해야 할 필요가 없다고 판단한다. 다만 현행 법체계는 이미 불완전한 탈인간중심적 모델을 수용하고 있기에 인공지능을 법적 인격으로 승인하는 것은 그다지 어려운 일은 아니다. 그만큼 현행 법체계는 이미 우리가 생각하는 것보다 상당한 수준까지 탈인간중심적 사회에 대응할 수 있는 역량을 갖추고 있다.

(7) 인공지능의 법적 문제 및 대응

제7장은 "인공지능의 법적 문제 및 대응"을 주제로 한다.[23] 그중에서도 제7장은 형사사법을 예로 하여 인공지능 혁명이 형사사법에 어떤 영향을 미칠 것인지를 분석한다. 이 책은 인공지능을 '약한 인공지능'과 '강한 인공지능'으로 구분하여 논

---

[23] 제7장은 양천수, "인공지능과 법체계의 변화: 형사사법을 예로 하여", 『법철학연구』 제20권 제2호(2017. 8), 45-76쪽을 바탕으로 하여 이를 수정한 것이다.

의를 전개한다. 현 시점에서 우리가 갖고 있는 인공지능은 여전히 약한 인공지능에 머물러 있다. 약한 인공지능은 형사사법의 도구로서 유용하게 활용될 수 있다. 이를테면 사실인정을 하거나 죄책을 판단할 때 그리고 양형을 할 때 약한 인공지능은 유용한 도구로 활용될 수 있다. 심지어 약한 인공지능은 형사법관이 수행하는 업무를 상당 부분 대체할 수도 있을 것이다. 반대로 약한 인공지능은 범죄의 도구로 활용될 수 있다. 다만 이 경우 형법이론적으로 특별히 어려운 문제가 등장하지는 않을 것이다. 이와 달리 강한 인공지능은 우리 형사사법에 중대한 이론적·실천적 도전이 될 것이다. 왜냐하면 강한 인공지능이 독자적으로 범죄를 저지른 경우 강한 인공지능에 형사처벌을 할 수 있는지가 문제가 될 것이기 때문이다. 이는 우리 형사사법이 인간중심적 형사사법을 넘어서 탈인간중심적 형사사법을 받아들일 것인가의 문제와도 관련을 맺는다. 이 책은 강한 인공지능에 형사처벌을 하는 것이 이론적으로 정당화될 수 있다고 주장한다. 그 근거로서 우리 법체계는 이미 일정 부분 탈인간중심적 법사상을 수용하고 있다는 점을 든다. 그러면서도 이 책은 과연 강한 인공지능을 형법으로 규율할 필요가 있는지에 의문을 제기한다.

(8) 현대사회와 규제형식의 진화

제8장은 "현대사회와 규제형식의 진화"를 주제로 한다.[24] 오늘날 제4차 산업혁명 및 인공지능 혁명이 진행되면서 현대사회의 많은 것들이 변화를 맞고 있다. 과거에는 경험하지 못하였던 새로운 사회 패러다임이 출현하고 있다. '초연결사회'나 '빅데이터 사회', '지능정보사회' 등이 대표적인 예라 할 수 있다. 이러한 변화는 사회적 차원에서만 이루어지는 것은 아니다. 법 영역에서도 새로운 변화가 진행된다. 그에 대한 예로 '규제형식의 진화'를 언급할 수 있다. 제4차 산업혁명으로 사회구조가 변하면서 이에 발맞추어 규제형식 역시 진화를 하고 있는 것이다. 제8장은 바로 이 점을 분석하고 논증하는 것을 목표로 한다. 법으로 대변되는 규제는 독자적인 규제형식을 갖추고 있다. 가장 대표적인 규제형식으로 《조건－결과》로 구성되는 '조건 프로그램'을 들 수 있다. 이때 주의해야 할 점은 이러한 규제형식은 고정된 것이 아니라는 점이다. 사회적 환경의 변화에 대응하여 법체계가 진화하는 것처럼, 규제형식 역시 사회변화에 대응하여 변화한다. 말하자면 규제형식 역시 진

---

24 제8장은 양천수, "제4차 산업혁명과 규제형식의 진화", 『경제규제와 법』 제12권 제2호(2019. 11), 154－172쪽을 바탕으로 하여 이를 수정 및 보완한 것이다.

화하는 것이다. 제8장에서는 이러한 시각을 전제로 하여 제4차 산업혁명이 진행되는 오늘날 규제형식이 어떻게 진화하고 있는지, 오늘날 어떤 규제형식이 새롭게 출현하고 있는지를 살펴본다. 이를 위해 우선 규제란 무엇인지, 규제는 어떤 특성을 지니고 있는지, 규제는 법과 어떤 관계를 맺는지 살펴본다. 이어서 규제형식이 어떻게 진화해 왔는지 검토한다. 이를 위해 이 책은 분석의 출발점을 근대법으로 설정한다. 근대법이 취하는 규제형식을 전통적인 규제형식으로 설정한다. 이러한 전통적인 규제형식에서 가장 눈에 띄는 것은 규제의 형식성·중립성·외부성과 조건 프로그램이라 할 수 있다. 규제는 실질보다는 형식을 우선해야 하고, 각 당사자에 대해 중립을 지켜야 하며, 행위자의 내면보다는 외부로 야기한 결과에 초점을 맞추어야 한다는 것이다. 그러나 사회구조가 변하고 근대법을 대신하여 사회국가적 규제가 등장하면서 규제형식 역시 변하였다. 가장 눈에 띄는 것으로 목적 프로그램을 들 수 있다. 목적 프로그램이 규제형식으로 전면적으로 수용되면서 근대법이 사용하였던 조건 프로그램이 약화된다. 동시에 규제의 실질화 역시 심화된다. 그런데 이러한 규제형식의 진화는 오늘날 새로운 전환점을 맞고 있다. 이른바 제4차 산업혁명이 진행되면서 새로운 규제형식이 출현하고 있는 것이다. 가장 대표적인 예로서 '포괄적 네거티브 전환'과 '규제 샌드박스'를 들 수 있다. 이러한 규제형식은 급격하게 발전하는 과학기술경제에 대응하기 위한 것이라고 말할 수 있다. 다만 새로운 규제형식이 오늘날 사회에 제대로 응답할 수 있는지, 여기에 어떤 문제와 한계가 있는지는 여전히 지켜보아야 할 쟁점이라 말할 수 있다.

(9) 현대 빅데이터 사회와 새로운 인권 구상

제9장은 "현대 빅데이터 사회와 새로운 인권 구상"을 주제로 한다.[25] 오늘날 제4차 산업혁명 및 인공지능 혁명이 진행되면서 새로운 법적 문제가 등장한다. 이러한 예로 '빅데이터'(big data)와 관련된 문제를 들 수 있다. 빅데이터는 이전에는 가능하지 않았던 새로운 사회적 공리를 제공한다. 그러나 동시에 빅데이터는 우리에게 새로운 위험을 안겨준다. 가장 먼저 언급할 만한 것으로 빅데이터에 의해 우리의 내밀한 개인정보가 심각하게 침해될 수 있다는 것이다. 이외에도 빅데이터는 다양한 사회적 위험을 야기한다. 그러면 이렇게 빅데이터가 야기하는 위험에는 어

---

25 제9장은 양천수·우세나, "현대 빅데이터 사회와 새로운 인권 구상", 『안암법학』 제57호(2018. 9), 1-33쪽을 바탕으로 하여 이를 수정 및 보완한 것이다.

떻게 대응해야 하는가? 어떻게 하면 빅데이터가 가져다주는 사회적 혜택을 누리면 서도 빅데이터가 초래하는 위험을 억제할 수 있을까? 제9장은 '빅데이터와 인권'이 라는 견지에서 이 문제에 접근한다.

빅데이터는 두 가지 의미를 지닌다. 형식적 의미와 실질적 의미가 그것이다. 형식적인 의미로 볼 때, 빅데이터란 거대한 데이터를 말한다. 실질적인 의미로 볼 때, 빅데이터란 수학적 알고리즘으로 빅데이터를 분석함으로써 과거에는 알지 못 했던 새로운 정보나 통찰을 발견하고 이로써 미래를 예측할 수 있도록 하는 것을 말한다. 빅데이터는 현대사회의 새로운 성장동력으로서 사회의 다양한 영역에서 활용될 수 있고, 이를 통해 다양한 사회적 공리를 창출한다. 빅데이터는 새로운 정 보나 통찰을 얻는 데 기여한다. 그러나 빅데이터 역시 부정적인 역기능 역시 수행 할 수 있다. 말하자면 빅데이터 그 자체가 새로운 사회적 위험이 될 수 있는 것이 다. 빅데이터가 초래하는 위험은 크게 세 가지 단계에서 찾아볼 수 있다. 첫째, 빅 데이터를 수집하는 단계에서 빅데이터는 개인정보를 침해할 수 있다. 둘째, 빅데이 터를 분석하는 과정에서 '편향성'이라는 위험이 발생할 수 있다. 셋째, 빅데이터를 이용하는 과정에서 '새로운 차별'이라는 위험이 발생할 수 있다.

그러면 이렇게 빅데이터가 야기하는 위험에 우리는 어떻게 대응해야 하는가? 이러한 위험에 대응하는 방안으로는 크게 권리중심적 대응방안과 의무중심적 대응 방안을 고려할 수 있다. 권리중심적 대응방안은 각 개인에게 권리를 부여함으로써 위험에 대처하는 방안을 말한다. 이에 대해 의무중심적 대응방안은 개인적·사회 적 위험을 야기할 수 있는 행위주체에게 특정한 의무를 부과함으로써 그 상대방이 나 사회 전체를 보호하는 대응방안을 말한다. 오늘날에는 이러한 두 가지 방안 중 에서 기본적으로 권리중심적 대응방안을 선택하는 것이 타당하다. 권리중심적 대 응방안 중에서도 인권으로 빅데이터가 야기하는 위험에 대응하는 방안이 가장 바 람직한 방안이라고 말할 수 있다. 왜냐하면 인권이야말로 가장 포괄적이면서 보편 적인 권리이기 때문이다. 이렇게 빅데이터가 야기하는 위험에 대응하는 방안으로 인권을 선택한다면, 빅데이터 위험에 효과적으로 대응할 수 있도록 인권을 구체화 할 필요가 있다. 이에 관해 제9장에서는 기존의 '정보인권'을 보완하는 인권으로서 '빅데이터 인권'을 제안한다.

(10) 근대 인권 구상의 한계와 탈인간중심적 인권의 가능성

제10장은 "근대 인권 구상의 한계와 탈인간중심적 인권의 가능성"을 주제로 한다.[26] 인공지능 혁명이 시사하는 것처럼, 현대 과학기술은 사회구조 및 사고방식을 새롭게 바꾸고 있다. 이에 따라 '탈인간중심주의'라는 새로운 사고방식이 출현한다. 학문체계에서도 다양한 이론적 자원을 활용하여 탈인간중심주의를 논의한다. 일부에서는 이를 과감하게 수용하기도 한다. 이러한 상황에서 제10장은 인공지능 혁명의 시대에서 인권 구상을 새롭게 설정할 수 있는지 살펴본다. 현대 인권의 토대가 되는 근대 인권은 다음과 같은 이념을 바탕으로 한다. 보편주의, 권리중심주의, 인간중심주의 및 주체중심주의가 그것이다. 제10장에서는 이러한 이념적 배경이 현대사회에서 어떤 도전에 직면하는지, 이에 대해서는 어떻게 대응할 수 있는지 검토한다. 특히 이 책은 인공지능 혁명이 촉발하는 탈인간중심주의에 인권 구상이 어떻게 대응할 수 있는지에 초점을 맞춘다. 이 책은 탈인간중심주의의 도전에 대응하기 위해 루만의 체계이론에서 연원하는 탈인간중심적 사고를 수용한다. 더불어 새로운 인권 구상의 가능성을 보여준 토이브너의 시도를 참고하여 인권 개념을 새롭게 설정한다. 인권을 인간의 권리가 아닌 인격의 권리로 파악하는 것이다. 이때 인격은 인간에서 출발하지만 이보다 그 범위가 더욱 확장될 수 있다. 가령 조직이나 인공지능 역시 인격을 부여받을 수 있다. 그러나 모든 존재가 인격으로 인정될 수 있는 것은 아니다. 특정한 요건을 충족해야만 인격으로 인정될 수 있다. 제10장에서는 인격으로 인정될 수 있기 위한 요건을 세 가지로 제시한다. 소통의 귀속 가능성, 자율성, 소통의 참여 가능성이 그것이다. 이러한 세 가지 요건을 충족하는 존재는 인격으로 인정될 수 있고, 따라서 인권의 귀속 지점이 될 수 있다.

(11) 새로운 규제형식으로서 아키텍처 규제

제11장은 "새로운 규제형식으로서 아키텍처 규제"를 주제로 한다.[27] 최근 ICT와 정보법학 영역에서 '아키텍처 규제'라는 새로운 규제 개념이 언급된다. 제11장

---

26 제10장은 양천수, "근대 인권 구상의 한계와 새로운 인권 구상의 가능성", 『공법학연구』 제21권 제3호(2020. 8), 131－158쪽을 바탕으로 하여 이를 수정 및 보완한 것이다.

27 제11장은 양천수·우세나, "민사집행과 아키텍처 규제: 아키텍처 규제의 성격과 관련하여", 『민사집행법연구』 제16권(2020. 2), 47－75쪽을 바탕으로 하여 이를 수정 및 보완한 것이다.

에서는 이러한 아키텍처 규제가 무엇인지 소개하면서 이에 관한 이론적 쟁점을 다룬다. 먼저 아키텍처 규제란 무엇을 뜻하는지 알아본다. 이에 따르면 아키텍처 규제에서 말하는 아키텍처는 '물리적인 아키텍처'를 뜻하는 것이 아니라 ICT 영역에서 사용하는 '논리적인 아키텍처'를 뜻한다. 그리고 아키텍처 규제란 아키텍처가 규제로서 기능을 수행하는 것을 말한다. 이때 아키텍처 규제가 수행하는 기능은 ≪포함-배제≫ 기능이다. 다음으로 이에 관한 이론적 논의 및 실제 현황을 살펴본다. 국내에서는 아키텍처 규제에 관한 이론적 논의가 상대적으로 적은 편이지만, 실제 ICT 규제 영역에서는 이미 아키텍처 규제가 활발하게 사용되고 있다. 이어서 아키텍처 규제를 둘러싼 쟁점을 풀어본다. 아키텍처 규제에 관해서는 크게 세 가지 쟁점이 제기된다. 첫째, 아키텍처는 규제인가? 둘째, 아키텍처 규제는 새로운 형식의 규제인가? 요컨대 규제형식이 새롭게 진화하여 출현한 것이 아키텍처 규제인가? 셋째, 아키텍처 규제는 법적 규제와는 구별되는 독자적인 규제인가? 이를 위해 이 책은 민사집행법의 관점을 활용한다. 제11장은 다음과 같은 결론을 제시한다. 먼저 아키텍처는 '규제'의 일종에 속한다. 다음으로 아키텍처 규제는 ICT가 발전하면서 새롭게 등장한 규제형식이라 말할 수 있다. 규제형식이 진화하여 새롭게 출현한 규제형식이 바로 아키텍처 규제인 것이다. 그렇지만 이 책은 아키텍처 규제가 법적 규제와 동등한 지위를 누리는 독자적인 규제인지에는 부정적인 견해를 제시한다. 아키텍처는 규제의 일종이자 새로운 규제형식이기는 하지만, 법적 규제와 병존하는 독자적인 규제수단이라기보다는 오히려 법적 규제를 사실적으로 집행하는 수단으로 보는 것이 적절하다고 주장한다.

(12) 합리적인 법정책의 방향

제12장은 "합리적인 법정책의 방향"을 주제로 한다.[28] 현재 진행되는 인공지능 혁명에 법이 적절하게 대응하기 위해서는 입법, 더욱 넓게 말해 법정책이 합리적으로 마련 및 추진되어야 한다. 이때 법정책이 합리적으로 추진된다는 것, 달리 말해 합리적인 법정책이란 무엇인지, 이는 구체적으로 어떻게 실행될 수 있는지에 관해 의문이 제기된다. 합리성 개념 자체가 다양한 스펙트럼을 지니기 때문이다.[29]

---

[28] 제12장은 양천수, "합리적인 법정책의 방향과 기준: 전략물자에 대한 법적 통제를 예로 하여", 『영남법학』 제24호(2007. 4), 69-94쪽을 바탕으로 하여 이를 수정 및 보완한 것이다.

[29] 이를 지적하는 양천수, "합리성 개념의 분화와 충돌: 독일의 논의를 중심으로 하여", 『법과 사회』

이러한 문제의식에서 제12장에서는 전략물자에 대한 법정책을 예로 하여 합리적인 법정책이란 무엇인지, 합리적인 법정책은 어떤 방향과 기준을 추구해야 하는지를 살펴본다. 이 책은 잠정적으로 다음과 같은 결론을 제시한다. 전략물자수출을 통제하기 위한 법정책이 성공하려면 '간접적이고 다원적인 법정책'을 추구해야 한다는 것이다.

(13) 정보통신안전을 위한 입법정책

제13장은 "정보통신안전을 위한 입법정책"을 주제로 한다.[30] 인공지능 혁명이 진행되는 오늘날에는 사회 각 영역에서 다양한 융합 현상을 관찰할 수 있다. 이러한 이유에서 다양한 융합적 위험 및 재난, 피해 등도 속출한다. 그 때문에 오늘날 법체계는 인공지능 혁명이 야기하는 융합적 위험과 피해 등에 적절하게 대응할 수 있어야 한다. 이를 위해서는 법체계 자체가 융합적 위험 및 피해를 규제할 수 있는 역량을 갖추어야 한다. 이러한 문제의식에서 제13장은 「정보통신안전법」 제정 필요성을 예로 하여 오늘날 입법정책이 추구해야 하는 방향이 무엇인지를 검토한다. 제13장에서는 우선 어떤 이유에서 「정보통신안전법」이 필요한지, 이를 제정한다면 그 내용은 어떻게 구성되어야 하는지 살펴본다. 현재 우리 법체계는 물리적 재난과 사이버 침해를 규율하는 법제를 별도로 마련하고 있다. 이른바 정보통신재난에 관해 '이원적인 대응'을 하고 있는 것이다. 전자의 예로서 「재난안전법」을, 후자의 예로서 「정보통신기반 보호법」과 「정보통신망법」 등을 들 수 있다. 그러나 2018년에 발생한 KT 아현국사 화재사건이 보여주는 것처럼, 이러한 이원적 대응에는 한계가 있다. 무엇보다도 사물인터넷(IoT) 등으로 현대사회가 초연결사회로 변모하면서 이러한 대응방식은 한계에 부딪힌다. 왜냐하면 현대 초연결사회에서는 물리적 재난과 사이버 재난이 서로 융합하는 '융합적 재난'이 증가하고 있기 때문이다. 이로 인해 정보통신재난을 규율하는 현행 법체계는 거버넌스나 규제 수단의 측면에서 문제가 등장한다. 이러한 문제를 해결하기 위해서는 이원적 법제를 통합한 새로운 「정보통신안전법」을 제정할 필요가 있다. 제13장에서는 이를 다음과 같이 논증한다. 먼저 현대사회의 특징을 살펴본다. 여기에서는 초연결사회와 안전사회가

제31호(2006. 12), 211−234쪽 참조.

30 제13장은 양천수, "「정보통신안전법」의 제정 필요성: 필요성 및 기본 구상", 『법제』 제686호(2019. 9), 12−40쪽을 바탕으로 하여 이를 수정 및 보완한 것이다.

검토된다. 다음으로 어떤 근거에서 「정보통신안전법」이 필요한지 검토한다. 여기에서는 이원적 법제의 한계, 체계화의 필요성, 거버넌스 문제가 논의된다. 나아가 「정보통신안전법」이 어떤 내용을 담아야 하는지 살펴본다. 이는 규범목적, 정보통신재난의 개념, 거버넌스, 규제 수단이라는 측면에서 이루어진다. 이때 「재난안전법」이 입법 모델이 된다.

인공지능 혁명과
법체계의 변화

2장 인공지능 혁명
3장 탈인간중심적 법학의 가능성
4장 법인과 인격권

인공지능 혁명

Ⅰ. 서 론

2016년은 우리나라 인공지능의 역사에서 아주 중요한 한 해가 되었다. 지난 2016년 3월에 구글(Google) 딥마인드(DeepMind)의 인공지능 알파고(AlphaGo)와 프로바둑기사 이세돌 사이에서 진행된 세기의 바둑대국을 통해 인공지능이 이제 더 이상 공상과학소설이나 영화의 소재만이 아니라 엄연한 현실이 되고 있다는 점을 보여주었기 때문이다.[1] 세기의 대국 이후 인공지능에 대한 관심과 논의가 활발하게 이루어지고 있다. 이는 법학영역에서도 마찬가지로 관찰할 수 있다. 2016년 한 해 동안 인공지능을 둘러싼 법적 논의가 법학영역에서 활발하게 이루어지기 시작하였다. 이를테면 다수의 학회들이 자율주행차나 인공지능을 주제로 하여 학술대회를 개최하였다.[2] 이처럼 법학을 포함하는 학문체계의 각 영역에서 인공지능에 관심을 기울이는 이유는 인공지능이 경제 및 산업의 새로운 성장동력이라는 차원을 넘어 사회구조를 근본적으로 변혁할 수 있는 잠재력을 갖기 때문이다. 인공지능이 '제4차 산업혁명'을 촉발할 것이라는 주장이 이를 예증한다.[3] 그러나 대부분

---

1 그 사이 알파고는 더욱 개선되어 이제는 인간이 바둑으로는 이길 수 없는 존재가 되고 말았다. 이를테면 지난 2017년 5월 23일과 25일에 알파고와 중국 바둑기사이자 현재 인간 최고수인 커제 9단 사이에서 열린 바둑대국에서 알파고는 커제 9단에게 2연승을 거두면서 우승을 하였기 때문이다.

2 이를테면 국회입법조사처나 법과사회이론학회, 한국법학회 등이 인공지능을 주제로 하여 학술대회를 개최하였다.

3 제4차 산업혁명에 관해서는 우선 클라우스 슈밥, 송경진 (옮김), 『제4차 산업혁명』(새로운현재, 2016) 참조.

의 새로운 현상들이 양날의 칼처럼 이중적인 성격을 갖는 것처럼, 인공지능은 한편으로는 우리에게 새로운 사회적 공리를 제공하면서도, 다른 한편으로는 새로운 사회적 위험을 야기한다. 인공지능으로 인해 이제는 '인간이 필요 없는 사회'가 도래할 것이라는 진단이나 인간종인 사피엔스는 조만간 멸종할 것이라는 비관적인 주장이 이를 보여준다.[4] 이러한 인공지능은 우리 법학 및 법체계에도 중대한 변화를 야기할 수 있다. 어쩌면 기존의 인간중심적 법체계를 넘어서는 새로운 탈인간중심적 법체계가 도래하는 데 결정적인 전환점이 될 수도 있다.[5] 이 때문에 인공지능은 우리 법학에도 크나큰 도전이 될 것이다. 이에 제2장에서는 인공지능이란 무엇인지, 인공지능 혁명이란 무엇인지 개관한다.

Ⅱ. 인공지능의 개념

'인공지능'(Artificial Intelligence: AI)이란 단순하게 정의하면 '인간의 사고능력을 인공적으로 구현한 기계'라고 말할 수 있다. 인공지능이라는 용어는 1956년 여름 미국 동부의 다트머스대학교에서 열린 워크숍에서 시작한다. 현대 인공지능의 아버지라 불리는 4명의 학자, 즉 존 매카시(John McCarthy), 마빈 민스키(Marvin Minsky), 앨런 뉴웰(Allen Newell), 허버트 사이먼(Herbert Simon)이 참여한 전설적인 다트머스대학교 여름 워크숍에서 인공지능이라는 용어가 처음 사용되었다.[6] 그런데 이러한 인공지능이란 정확하게 무엇인지 정의하는 것은 쉽지 않다. 왜냐하면 이에 관해서는 다양한 개념정의가 존재하기 때문이다.[7] 그 이유는 무엇 때문인가? 일단 인공지능이 목표로 하는 '지능' 개념이 의미하는 바가 명확하지는 않다. 전통적으로 지능은 지성, 즉 '이해력' 혹은 '오성'(Verstand)을 뜻하였다. IQ 테스트가 이

---

4 이에 관해서는 제리 카플란, 신동숙 (옮김), 『인간은 필요 없다: 인공지능 시대의 부와 노동의 미래』(한스미디어, 2016); 유발 하라리, 조현욱 (옮김), 『사피엔스: 유인원에서 사이보그까지 인간 역사의 대담하고 위대한 질문』(김영사, 2015) 등 참조.

5 탈인간중심적 법체계에 관해서는 우선 양천수, "탈인간중심적 법학의 가능성: 과학기술의 도전에 대한 행정법학의 대응", 『행정법연구』 제46호(2016. 8), 1-24쪽 및 이 책 제3장 참조.

6 마쓰오 유타카, 박기원 (옮김), 『인공지능과 딥러닝: 인공지능이 불러올 산업구조의 변화와 혁신』(동아엠엔비, 2016), 65-67쪽.

7 마쓰오 유타카, 위의 책, 54쪽 아래 참조.

를 잘 보여준다. 전통적인 지능 개념에서는 언어적·논리적·수리적 사고능력이 중심적인 지위를 차지하였다. 그렇지만 이후 미국 하버드대학교의 심리학자 가드너 (H. Gardner)가 '다중지능' 개념을 제안하면서 지능이 포괄하는 개념적 외연은 더욱 확장된다.[8] 단순히 논리적·수리적 사고능력만이 인간의 지능을 대변하지는 않게 된 것이다. 전통적인 논리·수학지능, 언어지능뿐만 아니라 음악지능, 신체운동지능, 공간지능, 대인관계지능, 자기이해지능, 자연이해지능, 영성지능 등이 새롭게 지능 개념에 포섭되었다. 이러한 맥락에서 최근에는 IQ 테스트를 대신하는 EQ 테스트가 새로운 정신능력 테스트 척도로 대두하기도 하였다. 이처럼 언어적·논리적·수리적 사고를 염두에 두었던 인간의 지능 개념은 지속적으로 그 외연이 확장되었다. 이로 인해 인공지능이 목표로 하는 사고능력의 범위 역시 확장되었다. 그 때문에 현재 이른바 '강한 인공지능'(strong AI) 개발을 목표로 하는 과학자들은 인간처럼 생각할 뿐만 아니라 인간과 감정적으로 소통할 수 있는 인공지능을 개발하는 것을 목표로 삼고 있다. 영화 "Her"나 "Ex Machina"에서 묘사하는 여성 인공지능이 이를 예증한다. 이들 영화에서 그리고 있는 여성 인공지능들은 실제 남성 인간들과 사랑을 나누면서 자신의 욕망을 채우려 하기 때문이다. 이렇게 보면, 인공지능이 목표로 하는 지능 개념을 종전의 IQ 테스트처럼 언어적·논리적·수학적 사고능력에 한정하는 것은 타당하지 않다. 오히려 현대 인공지능 과학이 목표로 하는 지능 개념은 인간처럼 사고하고 느끼며 소통할 수 능력, 칸트 식으로 말하면 순수이성, 실천이성, 판단력을 모두 포괄하는 능력이라고 말할 수 있다. 이러한 맥락에서 보면, 결국 인공지능은 다음과 같이 정의하는 것이 바람직하다. 인공지능이란 인간이 수행하는 일체의 정신능력을 인공적으로 구현한 기계를 뜻한다. 현대 체계이론의 견지에서 다시 말하면, 인공지능이란 인간의 심리체계를 인공적으로 구현한 기계적 체계라고 정의내릴 수 있다.[9]

---

8 다중지능 이론에 관해서는 하워드 가드너, 김동일 (옮김), 『지능이란 무엇인가?: 인지과학이 밝혀낸 마음의 구조』(사회평론, 2016) 참조.

9 현대 체계이론과 심리체계에 관해서는 N. Luhmann, *Soziale Systeme: Grundriß einer allgemeinen Theorie* (Frankfurt/M., 1984), 15쪽 아래 참조.

Ⅲ. 인공지능의 유형

인공지능은 흔히 다음 두 가지 유형으로 구분된다. '강한 인공지능'(strong AI) 과 '약한 인공지능'(weak AI)이 그것이다.[10]

1. 강한 인공지능

강한 인공지능은 인간과 모든 면에서 동일한 정신능력을 갖춘 인공지능을 말한다. 다중지능이론의 견지에서 말하면, 인간이 갖고 있는 아홉 가지 지능을 모두 갖춘 인공지능이 강한 인공지능에 해당한다. 쉽게 말해, 인간처럼 사고하고 판단할 뿐만 아니라 다른 인간들과 감정적으로 소통하고 자율성과 반성적 사고능력을 갖춘 인공지능이 강한 인공지능인 셈이다. 특히 법학과 관련해 중요한 점은 강한 인공지능은 인간처럼 규범적 판단능력도 갖추고 있어야 한다는 것이다. 이러한 강한 인공지능은 더욱 엄밀하게 말하면 다시 두 가지로 구분할 수 있다. '강한 인공지능' 과 '초인공지능'(Artificial Super Intelligence: ASI)이 그것이다. 강한 인공지능이 인간의 능력을 목표로 하는 것이라면, 초인공지능은 강한 인공지능이 '특이점'(singularity)을 맞아 자기 진화를 거쳐 인간의 능력을 초월하게 된 인공지능을 말한다. 머지않아 특이점이 도래할 것이라고 주장하는 인공지능의 권위자 커즈와일(R. Kurzweil)은 특이점을 기점으로 하여 등장하는 초인공지능의 능력은 인간의 상상을 초월할 것이라고 예견한다.[11] 그러나 아직 대다수의 인공지능 학자들은 조만간 강한 인공지능이 실현될 수 있을지, 실제로 강한 인공지능이 가능할 수 있는지에 대해 회의적인 반응을 보인다.

---

10 '강한 인공지능'과 '약한 인공지능'은 '강인공지능'과 '약인공지능'으로 불리기도 한다.
11 레이 커즈와일, 김명남·장시형 (옮김), 『특이점이 온다: 기술이 인간을 초월하는 순간』(김영사, 2007) 참조.

2. 약한 인공지능

(1) 개념

약한 인공지능이란 아직 인간과 동등한 정신능력을 갖추지 못한 인공지능을 말한다. 현재 우리가 구현하고 있는 인공지능은 이러한 약한 인공지능의 단계에 머물러 있다. 현재의 인공지능은 인간처럼 자율적으로 사고할 수 없다. 예를 들어, 세기의 바둑대결에서 이세돌 9단과 커제 9단을 모두 이긴 알파고는 이제 바둑기술이라는 측면에서는 인간을 능가한 존재가 됐지만, 여전히 알파고는 기존에 정해진 (중국식) 바둑의 규칙 안에서만 작동할 수 있을 뿐이다. 더 나아가 알파고는 바둑이 과연 유용한 게임인지에 관해 반성적 · 비판적으로 사고할 수 있는 능력도 갖추고 있지 않다. 이 점에서 알파고는 정신능력이라는 측면에서는 여전히 인간보다 약한 인공지능이라고 말할 수 있다.

(2) 약한 인공지능의 네 단계

약한 인공지능은 발전단계에 따라 크게 네 단계로 구분되기도 한다.[12] 제1단계의 인공지능은 아직 본격적인 인공지능이라고 말할 수 없는 단순한 '제어 프로그램'을 말한다. 제어공학이나 시스템공학에서 연구되는 제어 프로그램은 우리가 일상생활에서 사용하는 각종 전자제품에서 흔히 발견할 수 있다. 에어컨이나 청소기, 세탁기 등에서 사용되는 제어 프로그램이 바로 이러한 제1단계의 인공지능에 해당한다.[13]

제2단계의 인공지능은 고전적인 인공지능을 말한다. 본격적인 인공지능이라고 말할 수 있다. 전통적인 각종 바둑프로그램이나 청소로봇 등이 이러한 제2단계 인공지능에 해당한다. 공학적인 견지에서 말하면, "입력과 출력 관계를 맺는 방법이 세련되어 입력과 출력의 조합수가 극단적으로 많은 경우"를 뜻한다.[14]

제3단계의 인공지능은 제2단계의 인공지능과는 달리 기계학습을 통해 스스로 학습할 수 있는 인공지능을 말한다. 수학적 알고리즘을 통해 다량의 데이터 속에서

---

12 마쓰오 유타카, 앞의 책, 54쪽 아래 참조.
13 물론 이를 인공지능이라고 부를 수 있을지에 관해서는 논란이 있다.
14 마쓰오 유타카, 앞의 책, 54쪽.

일정한 패턴을 찾아내는 빅데이터 과학을 수용한 인공지능이라고 말할 수 있다.[15]

마지막으로 제4단계의 인공지능은 '딥러닝'(deep learning)을 수용한 인공지능을 뜻한다. 여기서 딥러닝이란 기계학습을 한 차원 더욱 발전시킨 학습방법으로 다량의 데이터 속에서 일반적 개념이나 특징을 추상화할 수 있는 능력을 학습시키는 방법을 말한다.[16] 요컨대, 제4단계의 인공지능은 경험적인 데이터 속에서 일반적인 개념이나 규칙, 특징 등을 추상화할 수 있는 인공지능인 것이다. 구글 딥마인드의 알파고가 가장 대표적인 제4단계 인공지능에 해당한다.

3. 인공지능과 로봇

인공지능과 구별해야 할 것으로 로봇이 있다. 인공지능과 로봇은 개념, 실체, 기능의 면에서 서로 구별되지만 겹치는 부분도 많이 있다. 그 때문에 인공지능의 법적 문제를 다룬 연구 가운데는 양자를 혼용하는 경우도 종종 발견된다.[17] 그러나 개념적으로는 양자를 분명히 구분하는 것이 바람직하다.[18] 왜냐하면 인공지능이 인간의 정신능력을 인공적으로 구현한 기계라면, 로봇은 인간의 육체를 인공적으로 구현한 기계이기 때문이다. 체계이론의 용어로 바꿔 말하면, 인공지능이 인간의 심리체계를 인공적으로 모방한 기계적 체계라면, 로봇은 인간의 생명체계를 기계적으로 구현한 체계인 것이다. 물론 로봇 중에는 인공지능을 탑재한 경우도 있지만 오히려 우리에게 친숙한 로봇, 가령 '로봇태권V'나 '마징가Z' 등은 인공지능을 갖추지 않아 인간이 직접 조종해야만 하는 로봇이라는 점을 상기할 필요가 있다. 그런데 양자를 구별해야 할 필요가 있는 것은, 법적인 쟁점과 관련하여 문제가 되는 영역은 인공지능이지 로봇은 아니기 때문이다. 물론 인공지능을 갖춘 로봇은 어느 정도 스스로 판단할 수 있는 능력을 갖추고 있다는 점에서 법적 주체성이나 책임능력과 같은 법적 쟁점의 대상이 될 수는 있다. 이와 달리 정교한 인공지능을 갖추지 않은 단순한 로봇은 여느 기계처럼 수단에 지나지 않는다는 점에서 법적

---

15 빅데이터에 관해서는 양천수, 『빅데이터와 인권: 빅데이터와 인권의 실제적 조화를 위한 법정책적 방안』(영남대학교출판부, 2016), 26쪽 아래 참조.

16 딥러닝에 관해서는 마쓰오 유타카, 앞의 책, 148쪽 아래 참조.

17 이를테면 김영환, "로봇 형법(Strafrecht für Roboter)?", 『법철학연구』 제19권 제3호(2016. 12), 143쪽 아래 참조.

18 마쓰오 유타카, 앞의 책, 49쪽 아래 참조.

쟁점의 대상이 될 수는 없다. 이러한 근거에서 인공지능이나 로봇에 대한 법적 문제를 다루고자 할 때는 양자를 분명하게 구별하면서 과연 어느 쪽과 관련이 있는지를 명확하게 밝힐 필요가 있다. 이러한 맥락에서 보면, 최근 인공지능 혹은 로봇에 관해 법적으로 이슈가 되는 부분은 로봇보다는 인공지능과 더욱 관련을 맺는다고 말할 수 있다. 마치 자율성이 인간이 수행하는 법적 행위의 핵심이 되는 것처럼 말이다. 이 점에서 최근 독일에서 논의되는 '로봇형법'이라는 개념보다는 '인공지능형법'이라는 개념이 더욱 적절한 것이 아닌가 한다.[19]

IV. 인공지능의 발전과정

인공지능에 관한 일반론의 마지막으로서 인공지능이 그동안 어떻게 발전해 왔는지를 간략하게 조감하도록 한다.[20] 대개의 지적 발전이 그런 것처럼, 인공지능 역시 선형적·비례적으로 발전해 온 것은 아니었다. 일본의 인공지능 학자인 마쓰오 유타카는 그동안 인공지능은 세 번의 붐과 두 번의 겨울을 경험했다고 한다. 세 번의 붐이란 인공지능에 대한 관심이 비약적으로 발전하던 때를 말하고, 두 번의 겨울이란 인공지능에 대한 관심이 침체기에 머물러 있던 때를 말한다. 여기서 첫 번째 붐은 '추론과 탐색의 시대'를 말하고, 두 번째 붐은 '전문가 시스템'의 시대를 말하며, 세 번째 붐은 '기계학습'과 '딥러닝'이 각광을 받고 있는 지금 시기를 말한다. 그리고 첫 번째 겨울은 첫 번째 붐과 두 번째 붐 사이의 시기를, 두 번째 겨울은 두 번째 붐과 세 번째 붐 사이의 시기를 말한다.

1. 추론과 탐색의 시대

인공지능에 대한 첫 번째 붐이 일어나던 시대는 '추론과 탐색의 시대'라고 말할 수 있다. 대략 1950년대 후반부터 1960년대까지가 이 시기에 해당한다. 인공지

---

19 독일의 논의에 관해서는 우선 E. Hilgendorf/J.−Ph. Günther (Hrsg.), *Robotik und Gesetzgebung* (Baden−Baden, 2013) 참조.

20 이는 약한 인공지능의 네 단계와 겹친다. 이에 관한 상세한 내용은 마쓰오 유타카, 앞의 책, 62쪽 아래 참조.

능이 태동하던 이 시기에는 인공지능에게 논리적 추론능력과 탐색능력을 가르쳐 주면 인공지능이 인간처럼 사고하고 판단할 수 있을 것이라고 생각하였다. 이를 위해 인공지능 학자들은 인공지능에게 미로를 탐색할 수 있는 능력이나 다양한 퍼즐을 풀 수 있는 방법을 가르쳤다. 그렇지만 제1세대 인공지능은 복잡한 퍼즐은 풀 수 있었지만, 현실적인 문제는 간단한 것도 해결할 수 없었다.

2. 전문가 시스템의 시대

제1차 인공지능의 겨울이 지나간 이후 1980년대에 제2차 인공지능의 붐이 일어난다. 이 시기는 '전문가 시스템의 시대'라고 말할 수 있다. 이 시기에는 인공지능에게 특정 전문분야의 방대한 지식을 학습시킴으로써 해당 전문분야의 현실 문제를 해결할 수 있도록 하였다. 이를테면 인공지능에 의학에 관한 방대한 정보를 입력함으로써 인공지능이 현실의 의학적 문제를 해결할 수 있도록 한 것이다. 그렇지만 이러한 전문가 시스템이 제대로 작동하기 위해서는 인공지능에 지식을 입력할 때 이를 정확하게 개념화·유형화하여 입력해야 한다는 문제가 있었다. 법학방법론의 견지에서 다시 말하면, 현실의 복잡한 법적 문제를 해결할 수 있도록 법규범 자체를 이에 맞게 복잡하고 방대하게 개념화·체계화해야 한다는 것이다. 또한 전문가 시스템은 종전에 지식으로 입력해 놓지 않은 새로운 문제를 만나게 되면, 이를 해결할 수 없다는 문제도 갖고 있었다. 이를테면 유추능력을 갖지 못한 것이다. 결국 전문가 시스템 역시 현실의 복잡하고 다양한 문제를 해결할 수 없었던 것이다. 이 때문에 1980년대 이후에 제2차 인공지능의 겨울이 찾아온다.

3. 기계학습과 딥러닝의 시대

제2차 인공지능의 겨울이 지나고 2000년대에 접어들면서 제3차 인공지능의 붐이 일어난다. 이른바 '기계학습과 딥러닝의 시대'가 시작된 것이다. 특히 2012년부터 본격화된 딥러닝은 인공지능 역사에서 일종의 혁명으로 평가된다.[21] 앞에서 언급한 것처럼, 기계학습은 인공지능이 스스로 학습할 수 있도록 하는 방법을 말

---

[21] 마쓰오 유타카, 앞의 책, 151쪽.

한다. 이전의 인공지능은 스스로 학습할 수 있는 능력을 갖추지 못하였다. 그 때문에 데이터를 입력할 때 인간 전문가가 매번 개념과 기준 등을 설정해 주어야만 했다. 이와 달리 기계학습을 한 인공지능은 기존의 데이터를 분석함으로써 스스로 새로운 지식을 획득할 수 있게 되었다. 이렇게 기계학습이 가능해진 것은 2000년을 전후로 하여 새롭게 빅데이터 시대가 개막된 것과 무관하지 않다. 나아가 딥러닝이 개발되면서 이제 인공지능은 스스로 학습할 수 있을 뿐만 아니라 다양한 데이터에서 일반적인 개념이나 규칙 등을 추론할 수 있는, 달리 말해 구체적인 현상을 추상화할 수 있는 능력까지 갖추게 되었다. 이를테면 이전의 인공지능은 사람이면 쉽게 알아볼 수 있는 다양한 손글씨를 인식할 수 없었다. 그래서 지금도 각종 인터넷 등에서 회원가입을 하거나 로그인을 할 때 일그러진 문자를 입력하도록 하는 것이다. 종전의 인공지능은 이를 알아볼 수 없었다. 그런데 이제는 딥러닝을 함으로써 인공지능도 이렇게 손글씨로 쓴 것처럼 일그러진 문자를 인식할 수 있게 된 것이다. 이렇게 딥러닝이 개발되면서 이제는 강한 인공지능이 그리 멀지 않았다는 주장도 증가하고 있다.

4. 분석

지금까지 진행된 인공지능의 발전과정을 보면, 이러한 과정이 철학적·법적 사유방식과 상당히 닮았다는 인상을 받는다. 이를테면 추론과 탐색을 강조한 제1세대 인공지능은 일반원리를 통해 문제를 해결하고자 한 합리주의 전통과 유사하다. 법적 사유방식이라는 측면에서 보면, 제1세대 인공지능은 보편적인 개념과 체계를 정립함으로써 모든 법적 문제를 해결하고자 했던 19세기 독일의 판덱텐 법학의 사유방식과 유사하다.[22]

이에 대해 제2세대 인공지능은 경험이 지식을 만든다는 경험주의 전통을 따른다. 경험주의 전통처럼 전문적인 영역에 대한 지식을 입력함으로써 인공지능이 해당 전문영역의 문제를 풀 수 있다고 본 것이다. 이는 기존에 축적된 판례를 통해 법적 문제를 해결하고자 하는 영미법학의 방법론적 전통과 유사하다. 제1세대 인공지능이 논리적 규칙을 습득하는 데 중점을 두었다면, 제2세대 인공지능은 경험

---

[22] 판덱텐 법학에 관해서는 양천수, "개념법학: 형성, 철학적·정치적 기초, 영향", 『법철학연구』 제10권 제1호(2007. 5), 233-258쪽 참조.

적 지식을 학습하는 데 초점을 맞춘 것이다.

　마지막으로 제3세대 인공지능은 방법론적인 측면에서 볼 때 합리주의의 전통과 경험주의의 전통을 종합하고 있는 것으로 보인다. 왜냐하면 제3세대 인공지능은 알고리즘이라는 수학적 논리로 각종 빅데이터를 분석한 후, 이러한 경험적 데이터에서 새로운 개념이나 논리 등을 획득하기 때문이다. 여기서 알 수 있듯이, 제3세대 인공지능에서는 ≪논리 ⇒ 경험 ⇒ 논리≫가 마치 법해석학이 강조하는 해석학적 순환처럼 순환적으로 이루어진다.[23] 이러한 인공지능의 발전과정은 우리의 법체계나 법적 사고가 어떤 방향으로 발전해야 하는지에 유익한 시사점을 제공한다.

---

[23] 해석학적 순환에 관해서는 우선 H.−G. Gadamer, *Wahrheit und Methode* (Tübingen, 1975), 275쪽 아래 참조.

3장

탈인간중심적 법학의 가능성

I. 서 론

현대사회는 과학기술의 시대라고 할 수 있을 만큼 과학기술 전 분야에 걸쳐 엄청난, 상상을 초월할 정도의 발전이 이루어지고 있다. 이러한 과학기술의 진보 덕분에 매일매일 새로운 정보와 지식이 놀라운 수준으로 축적되고 있다.[1] 현대사회의 특징으로 언급되는 '정보화사회'나 '지식기반사회'는 이러한 과학기술의 놀라운 진보, 그중에서도 이른바 정보통신기술(ICT)의 발전에 힘입은 바가 크다. 그런데 이렇게 급속하게 진행되는 과학기술의 발전은 법학에 대해서도 중대한 도전이 되고 있다. 이는 크게 두 가지로 말할 수 있다. 우선 과학기술이 발전하면서 기존에 존재하지 않았던 새로운 규제영역이 등장하고 있다. 최근 이슈가 되는 인공지능의 법적 문제가 이를 극명하게 예증한다.[2] 현재는 법체계에 포섭이 되었지만 초상권이나 각종 영상물에 대한 지식재산권, 자동차에 대한 법적 규율, 의료와 생명공학에 관한 법제 역시 과학기술이 발전하면서 새롭게 등장한 규율영역에 해당한다. 그런데 과학기술은 이를 넘어서 기존의 법학이나 법체계가 알지 못했던 새로운 사고방식을 던져주기도 한다. 이러한 새로운 사고방식은 기존의 규범적 사고와 갈등을 빚기도 하고, 경우에 따라서는 법체계에 수용되어 법체계가 새롭게 진화하는 데 기여하기도 한다.[3] 필자는 이러한 사고방식 가운데 가장 심중하게 눈여겨보

---

1 이에 관해서는 빅토르 마이어 쇤베르거·케네스 쿠키어, 이지연 (옮김), 『빅데이터가 만드는 세상』(21세기북스, 2013), 21쪽.

2 이에 관해서는 우선 양종모, "전체적 감시체제의 법률적 규율방안 고찰: 인공지능과 모자이크 이론의 적용", 『홍익법학』 제17권 제2호(2016. 6); 양종모, "인공지능을 이용한 법률전문가 시스템의 동향 및 구상", 『법학연구』(인하대) 제19권 제2호(2016. 6) 등 참조.

아야 할 것으로서 이른바 '탈인간중심적 사상'을 언급하고자 한다. 무엇보다도 이 세돌과 알파고의 바둑대국이 시사하는 것처럼, 인공지능의 시대가 그리 멀지 않게 되면서 어느덧 '탈인간중심적 사상'은 법체계의 현실로 자리매김하고 있는 것처럼 보인다. 만약 사실이 그렇다면, '탈인간중심적 사상'은 우리 법체계와 법학에 어떤 의미를 던지는 것일까? 이에 대해 법체계와 법학은 어떻게 대응해야 하는가? 이는 기존의 법학에 위기가 되는 것일까, 아니면 새로운 기회일까? 제3장에서는 행정법 학의 견지에서 이러한 문제들을 다루고자 한다. 이를 위해 '탈인간중심적 사상'이 무엇인지 살펴본 후, 이러한 탈인간중심적 사상이 행정법학에 수용될 수 있는지, 이를 통해 이른바 '탈인간중심적 행정법학'을 모색하는 것이 가능할 수 있는지 논 의해 보고자 한다.

Ⅱ. 과학기술의 발전에 대한 법체계의 대응

우선 논의의 출발점으로서 현대사회에서 과학기술이 급속하게 발전하면서 법 체계에 어떤 영향을 미치는지, 이에 대해 법체계는 어떻게 대응하게 되는지를 간 략하게 검토하도록 한다. 이에 관해서는 크게 두 가지를 언급할 수 있다. 규제갈등 과 법체계의 진화가 그것이다.

1. 규제갈등

현대사회에서 급속하게 진행되는 과학기술의 발전은 한편으로는 사회의 유용 성, 즉 공리를 증진시키기도 하지만, 다른 한편으로는 사회적 갈등을 유발하기도 한다. 그중에서도 규제갈등은 가장 대표적인 사회적 갈등이라 할 수 있다. 이러한 규제갈등은 다음과 같이 유형화할 수 있다.

(1) 법적 규제의 흠결

먼저 새롭게 등장한 과학기술에 대한 법적 규제가 흠결되어 있는 경우를 들

---

3 법적 진화에 관해서는 김혜경 외, 『법과 진화론』(법문사, 2016) 참조.

수 있다. 물론 이 경우는 진정한 의미의 규제갈등이라고 부르기는 어려울 것이다. 그렇지만 법적 규제가 흠결되어 새로운 과학기술을 적절한 방향으로 규제할 수 없다는 점도 법체계의 입장에서 보면 규제갈등이라고 말할 수 있을 것이다. 이러한 예로는 인공지능에 대한 법적 규제가 아직 제대로 마련되어 있지 않은 경우를 들 수 있다.

(2) 과학기술의 발전속도를 고려하지 못한 법적 규제

다음으로 법적 규제가 존재하기는 하지만, 해당 법적 규제가 마련한 규제내용이 과학기술의 발전속도를 적절하게 따라가지 못해 규제갈등이 발생하는 경우를 들 수 있다. 이른바 과학기술의 발전과 법적 규제 사이에 '시간적 격차'가 존재하는 경우이다. 이러한 예로서 법적 규제로 인해 사이드미러가 없는 차량을 제조하지 못하는 경우나 초소형 전기차를 도로에서 운행하지 못하는 경우를 들 수 있다.[4]

(3) 과학기술의 최신 성과를 법적 규제가 정확하게 포착하지 못한 경우

나아가 법적 규제가 과학기술의 최신 성과를 정확하게 포착하지 못해 규제갈등이 발생하는 경우를 들 수 있다. 과학기술은 대부분의 경우 아주 전문적인 내용을 담고 있어 법적 규제가 이를 적절하게 포착하지 못하는 경우가 종종 발생한다. 이는 특히 정보통신 관련 법제에서 자주 등장한다. 이는 과학기술의 발전과 법적 규제 사이에 '내용적 격차'가 발생하는 경우라고 말할 수 있다.[5]

(4) 과학기술의 가치 또는 사고방식과 법적 규제의 규범성이 충돌하는 경우

마지막으로 아주 근본적인 문제로서 과학기술이 추구하는 가치나 사고방식이 법적 규제가 그동안 축적한 규범성 혹은 규범적 사고방식과 충돌하는 경우를 들

---

4 다만 최근 정부는 이러한 규제를 개정하여 사이드미러가 장착되지 않은 차량이나 초소형 전기차를 허용하기로 하였다. 이에 관해서는 오로라, "정부, 내년부터 '사이드미러 없는 자동차' 운행 허가…중복규제 개혁 나선다", 『조선닷컴』(2016. 4. 27. 16:18) (http://news.chosun.com/site/data/html_dir/2016/04/27/2016042702468.html); 이재영, "7월부터 드론택배 허용…초소형 전기차 트 위지도 다닌다", 『연합뉴스』(2016. 6. 2. 11:00) (http://www.yonhapnews.co.kr/bulletin/2016/06/02/0200000000AKR20160602063100003.HTML) 등 참조.

5 이렇게 보면, 과학기술의 발전과 법적 규제 사이에 발생하는 격차는 '시간적 격차'와 '내용적 격차'로 나누어 바라볼 수 있다.

수 있다. 예를 들어, 요즘 새롭게 각광을 받고 있는 빅데이터(big data)를 적극 활용하려면, 가능한 한 대규모의 개인정보를 수집 및 분석할 수 있어야 한다. 하지만 그렇게 되면 현행 개인정보보호법이 보장하는 정보적 자기결정권을 침해할 수 있다.6 바로 이 같은 이유에서 빅데이터 과학과 개인정보보호법은 충돌할 수밖에 없다.7 이를 가치론의 측면에서 바꿔 말하면, 빅데이터 과학이 추구하는 공리주의와 개인정보보호법이 추구하는 자유주의가 충돌하는 경우라고 할 수 있다. 이러한 규제갈등은 과학기술과 법적 규제가 각각 전제로 하는 사고방식이 서로 다른 경우에도 발생한다. 이를테면 이 책에서 다루고자 하는 것처럼, 과학기술은 이미 탈인간중심적 사상에 바탕을 두고 있는데, 법적 규제는 여전히 인간중심적 사상에 머물러 있는 경우에 양자가 사고방식의 차이로 규제갈등을 일으킬 수 있다. 특히 이처럼 탈인간중심적 사상과 인간중심적 사상이 충돌하는 경우는 기존의 법체계가 근간으로 삼고 있던 법적 사고방식에 대한 중대한 도전이 될 수 있다는 점에서 이를 정면에서 다룰 필요가 있다.

2. 법체계의 진화

이렇게 과학기술과 법적 규제 사이에 규제갈등이 발생하게 되면, 법적 규제를 담당하는 법체계는 이에 대해 두 가지 상반된 대응을 하게 된다. 첫 번째 대응은 이러한 규제갈등에 반발하는 것이다. 규제갈등의 원인을 과학기술 쪽에서 찾으면서 이를 위법한 것으로 평가하는 것이다. 이는 달리 말해 과학기술이 추구하는 가치나 사고방식, 최신 성과 등을 기존의 규범적 틀로 평가하고 제재하겠다는 것을 뜻한다. 요컨대, 법체계의 측면에서 보수적인 방식으로 과학기술의 발전에 대응하는 것이다. 그러나 달리 보면, 이러한 대응방식은 법체계가 과학기술영역에서 이루어지는 변화를 제대로 포착하지 못하는 것으로서 시대에 뒤떨어진 것이라고 평가할 수도 있다.

두 번째 대응방식은 이러한 규제갈등의 원인을 법체계 쪽에서 찾고 법체계를 변화시킴으로써 규제갈등을 해소하고자 하는 것이다. 이를테면 과학기술이 추구하

---

6 개인정보보호법 제15조 제1항 제1호 참조.

7 이 문제에 관해서는 양천수, 『빅데이터와 인권』(영남대학교출판부, 2016), 125쪽 아래 참조.

는 가치나 사고방식 또는 최신 성과 등을 법체계 안으로 끌어들여 이를 법체계의 새로운 규범적 논리로 재편하는 것이다. 현대 체계이론의 용어로 바꿔 말하면, 과학기술의 변화를 환경의 변화로 파악하고, 이러한 환경에 적응할 수 있도록 법체계를 진화시키는 것이다. 이러한 대응방식은 두 가지 측면에서 긍정적인 결과를 낳는다. 우선 직접적으로는 과학기술과 법적 규제 사이에서 발생하는 규제갈등을 해소한다. 나아가 이를 통해 법체계 전체의 진화를 유도한다.

필자는 이러한 방식 중에서 두 번째 방식이 더욱 바람직하다고 생각한다. 법체계는 그 자체 고정되고 완결된 것이 아니라 끊임없이 사회변화에 대응해야 하는 유동적인 것이기 때문이다.[8] 달리 말해, 법체계는 사회변화에 대해 인지적인 측면에서 개방되어야 한다.[9] 바로 이러한 맥락에서 필자는 현대 과학기술이 내포하고 있는 탈인간중심적 사상을 모색하고자 하는 것이다.

Ⅲ. 인간중심적 법사상과 탈인간중심적 사상

탈인간중심적 사상이란 무엇을 뜻하는가? 이를 밝히려면 그 전에 우리 법체계의 근간을 이루는 인간중심적 법사상이 무엇인지 살펴볼 필요가 있다.

1. 인간중심적 법사상

인간중심적 법사상은 말 그대로 인간을 법체계의 중심모델로 설정하는 사고방식을 말한다. 잘 알려진 것처럼, 인간중심적 법사상은 르네상스와 그 이후에 전개된 일련의 세속주의 운동, 즉 종교개혁이나 계몽주의, 시민혁명 등을 통해 규범적 질서의 중심이 신으로부터 인간으로 넘어오면서 확립된 사고방식이다. 물론 법사학의 성과가 잘 보여주듯이, 인간중심적 법사상이 전적으로 근대에 의해 창조된 것은 아니다. 왜냐하면 중세 이전에 서구를 지배했던 그리스-로마의 지적 전통에

---

8 이러한 개방된 체계 관념에 관해서는 C.-W. Canaris, *Systemdenken und Systembegriff in der Jurisprudenz: entwickelt am Beispiel des deutschen Privatrechts*, 2. Aufl. (Berlin, 1983), 61쪽 아래.
9 이를 체계이론에서는 '인지적 개방성'(kognitive Offenheit)이라고 한다. 이에 관해서는 N. Luhmann, *Einführung in die Systemtheorie*, 2. Aufl. (Heidelberg, 2004), 91쪽 아래.

서도 이러한 인간중심적 법사상을 발견할 수 있기 때문이다.[10] 그러면 이러한 인간 중심적 법사상은 구체적으로 무엇을 뜻하는가? 어떤 요소들이 인간중심적 법사상을 구성하는가? 이에 대해 필자는 ≪주체-객체 모델≫, 자유의지, 행위중심적 사상, 인간중심적 생명 개념을 대답으로 내놓고자 한다.

(1) ≪주체-객체 모델≫

우리 법체계가 인간중심적 법사상에 기반을 두고 있음을 보여주는 가장 대표적인 근거로서 ≪주체-객체 모델≫을 언급할 수 있다. 일단 ≪주체-객체 모델≫은 주체와 객체를 개념적·존재론적·인식론적으로 구별하는 모델이라고 정의내릴 수 있다. 그렇지만 ≪주체-객체 모델≫이 주체와 객체의 분리만을 주장하는 것은 아니다. 왜냐하면 ≪주체-객체 모델≫은 더 나아가 주체와 주체 간의 분리도 전제하기 때문이다. 이에 따르면, 각 주체는 모두가 자율적이고 독립된 주체로서 서로 분리된다. 달리 말해, 각자가 개성적이고 독립된 '무연고적 자아'(unencumbered self)로 존재한다.[11] 이렇게 ≪주체-객체 모델≫은 한편으로는 주체와 객체의 엄격한 분리를 주장한다는 점에서, 주체와 객체 사이의 해석학적 순환을 강조하는 '해석학적 모델'과는 구별된다.[12] 다른 한편으로 ≪주체-객체 모델≫은 주체와 주체 간의 단절을 전제로 한다는 점에서 이른바 '상호주관적 모델' 혹은 '연고적 자아(encumbered self) 모델'과도 구별된다.[13]

≪주체-객체 모델≫에서는 당연히 주체가 중심적인 지위를 차지한다. 객체는 주체의 수단 혹은 도구로 자리매김한다. 이를테면 객체는 주체의 소유 또는 욕망의 대상이 된다. 물건이나 급부, 권리나 의무, 법익 등이 이러한 객체에 해당한다. 주체는 당연히 인간만이 될 수 있다. 물론 최근에 들어서는 비인간적인 존재에 대해서도 주체성을 부여하고자 하는 시도가 이루어지고 있지만,[14] 전통적인 ≪주체

---

10 이를 보여주는 현승종·조규창, 『로마법』(법문사, 1996) 참조.

11 '무연고적 자아' 개념에 관해서는 Michael J. Sandel, "The Procedural Republic and the Unencumbered Self", *Political Theory*, Vol. 12, No. 1. (Feb., 1984), 81-96쪽 참조.

12 '해석학적 모델'에 관해서는 H.-G. Gadamer, *Wahrheit und Methode* (Tübingen, 1975), 250쪽 아래.

13 '연고적 자아' 모델을 강조하는 Michael J. Sandel, *Liberalism and the Limits of Justice*, second edition (Cambridge: Cambridge University Press, 1998) 참조.

14 이에 관해서는 민윤영, "법의 새로운 기초로서 동물권 담론", 『법과 사회』 제41호(2011. 12),

－객체 모델≫에서 보면 이렇게 주체성을 확장하려는 시도는 타당하지 않다. 이와 반대로 인간은 객체가 될 수 없다. 칸트가 정언명령으로서 강조한 것처럼, 인간은 다른 인간의 욕망에 복종하는 수단이 될 수는 없는 것이다.

이러한 ≪주체－객체 모델≫은 우리 법체계 전반에서 쉽게 찾아볼 수 있다. 가령 가장 대표적인 기본법이자 근대법의 전형을 이루는 민법은 총칙에서 이러한 ≪주체－객체 모델≫을 고스란히 보여준다. 왜냐하면 민법총칙은 법원을 규정하는 제1조, 신의칙을 규정하는 제2조에 이어 주체에 관한 규정, 이를테면 권리능력이나 행위능력, 법인에 관한 규정을 집중적으로 마련하고 있기 때문이다. 이러한 사고방식은 민법을 넘어 다른 기본법에서도 찾아볼 수 있다. 예를 들어, 헌법에서는 기본권주체가, 행정법에서는 행정청과 사인이,[15] 형법에서는 범죄주체가, 소송법에서는 소송주체가 우선적으로 언급된다. 물론 이러한 모든 법영역에서 법적 주체는 당연히 인간이 된다.[16] 인간이 아닌 존재, 가령 도롱뇽에게 법적 주체성을 인정하고자 하는 시도는 거부된다.[17]

(2) 자유의지

현대 법체계의 바탕을 이루는 근대 법체계에서는 인간을 전제로 하는 ≪주체－객체 모델≫이 중심적인 자리를 차지한다. 그런데 여기서 주의해야 할 점은, ≪주체－객체 모델≫에서 염두에 두는 주체는 단순히 수동적인 존재는 아니라는 것이다. 오히려 여기서 말하는 주체는 '의사의 자유', 즉 '자유의지'(Willensfreiheit)를 지닌 자율적인 인간을 뜻한다. 여기서 자율적인 인간이란 자신이 추구하는 바를 자율적으로 선택 및 결정하고, 이에 대해 책임을 질 수 있는 인간을 말한다. 칸트의 실천철학이 잘 보여주는 것처럼, 인간이 존엄한 주체가 될 수 있는 이유는 인간이 실천이성을 지닌 자율적인 존재이기 때문이다.[18] 자율적인 존재이기에 인간은 민사법

307－336쪽 참조.

15 이를 보여주는 김현준, 『행정법관계에서의 사인의 권리와 의무』(법문사, 2012) 참조. 한편 학설 가운데는 사인을 행정법상 주체가 아닌 객체로 파악하기도 한다. 가령 박균성, 『행정법론(상)』 제14판(박영사, 2015), 98쪽; 그러나 사인은 행정법관계에서 분명 권리와 의무의 주체가 되므로, 이를 '객체'로 파악하는 것은 적절하지 않다. 이러한 이유에서 사인을 '객체'가 아닌 '상대방'으로 파악하는 견해로는 홍정선, 『행정법원론(상)』 제18판(박영사, 2010), 115쪽 참조.

16 물론 현행 법체계는 이러한 인간의 범위에 법인 역시 포함시킨다.

17 대법원 2006. 6. 2.자 2004마1148·1149 결정 참조.

상 혹은 형사법상 책임을 부담할 수 있다. 이는 과책주의 또는 책임원칙으로 표현된다. 아울러 민사법을 지배하는 사적자치 역시 민사법이 추구하는 주체모델이 바로 자율적인 주체라는 점을 극명하게 예증한다.

(3) 행위중심적 사상

행위중심적 사상 역시 우리 법체계가 인간중심적 법사상에 바탕을 두고 있다는 점을 잘 보여준다. 왜냐하면 행위야말로 인간이라는 주체가 자신이 원하는 객체를 획득하기 위해 사용할 수 있는 수단이기 때문이다. 이를 ≪주체−객체 모델≫에 결부시켜 말하면, 개념적·존재론적·인식론적으로 서로 분리된 주체와 객체를 연결해 주는 것이 바로 행위인 것이다. 그 점에서 행위중심적 사상은 인간중심적 사상의 전형을 이룬다. 이러한 행위중심적 사상은 모든 법체계와 법학에서 중심적인 역할을 수행하는데, 특히 행정법학에서는 행위중심적 사상이 어찌 보면 ≪주체−객체 모델≫보다 더욱 비중을 차지하고 또 그만큼 논란이 되고 있다고 말할 수 있다. 민법을 중심으로 하는 이른바 근대법은 주체와 더불어 행위 개념을 기본단위로 하여 전체 법체계를 설계하였다. 역시 민법총칙이 이를 잘 예증한다. 개념법학으로도 불렸던 독일 판덱텐법학의 성과가 집약된 민법총칙은 주체, 객체와 더불어 주체와 객체를 연결하는 '행위'를 중심으로 하여 체계화되었다. 민법총칙에서 가장 비중 있게 다루어지는 '법률행위'(Rechtsgeschäft) 개념이 이를 보여준다. 사실 민사법은 '법률행위의 법'이라고 말할 수 있을 정도로 법률행위 개념은 민사법 전체에서 중심적인 지위를 차지한다. 민사법적 분쟁을 해결하는 방법은 바로 해당 분쟁에서 문제되는 행위가 법률행위인지, 만약 그렇다면 어떤 법률행위인지를 밝히는 것에서 출발할 정도이다.

이렇게 행위를 중시하는 태도는 다른 법영역에서도 발견할 수 있다. 이를테면 행정법학에서는, 물론 학문적 개념이기는 하지만, 법률행위에 대응하는 행정행위(Verwaltungsakt) 개념을 기본단위로 하여 행정법학, 그중에서도 이른바 행정법 총론을 체계화하였다. 마치 판덱텐 법학이 민사법에서 그랬던 것처럼, 오토 마이어(O. Mayer)를 중심으로 한 독일 행정법학은 행정행위를 중심으로 하여 행정법학을 개념화·체계화한 것이다.[19] 또한 행위론 논쟁이 시사하는 것처럼, 형법학에서도

---

18 이를 논증하는 고전적인 문헌으로 심재우, "인간의 존엄과 법질서: 특히 칸트의 질서사상을 중심으로", 『법률행정논집』(고려대) 제12집(1974. 10), 103−136쪽 참조.

오랫동안 행위 개념은 형법학의 중요한 논쟁거리가 되었다.[20] 형법학자들은 범죄행위의 기초이자 출발점이 되는 행위 개념이란 도대체 무엇인지를 밝히기 위해 오랜 시간 논쟁을 거듭해 왔다. 행위 개념은 소송법에서도 중요한 역할을 한다. 소송법학자들은 소송행위가 무엇인지, 소송행위가 어떤 특성을 지니고 있는지를 밝히는 데 관심을 기울였다.[21]

(4) 인간중심적 생명 개념

마지막으로 인간중심적 생명 개념을 인간중심적 법사상의 구성요소로 제시할 수 있다. 물론 인간중심적 생명 개념이 전체 법체계에서 중심적인 역할을 하는 것은 아니다. 왜냐하면 이미 근대법체계에서도 법적 주체로서 '생물학적인 인간'(Mensch)을 상정하기보다는, 생물학적인 인간과는 구별되는 '사회적 인격'(Person) 개념을 상정하고 있었기 때문이다. 생명 그 자체로서 의미 있는 인간은 주로 인권법이나 최근 새롭게 부각되는 생명공학법에서 논의의 초점이 된다. 그렇다 하더라도 인간중심적 생명 개념은 인간중심적 주체 개념과 결합되어 오랫동안 인간중심적 법사상을 지탱하는 바탕이 되어 왔다.

2. 탈인간중심적 사상

앞에서도 언급한 것처럼, 이러한 인간중심적 법사상에 바탕을 둔 기존의 법체계는 과학기술이 급속하게 발전하면서 새로운 사고방식의 도전을 받고 있다. 탈인간중심적 사상이 그것이다. 탈인간중심적 사상은 말 그대로 인간을 중심적인 지위로 삼지 않는 사고를 말한다. 그리고 이러한 탈인간중심적 사상이 법체계에 스며들어 정착한 것이 바로 탈인간중심적 법사상에 해당한다. 탈인간중심적 사상은 법체계 외부에 존재하는 것으로서 최근 급속하게 성장하는 과학기술이 내재하고 있

---

19 오토 마이어의 행정법학에 관해서는 박정훈, "독일 공법학과 오토 마이어(Otto Mayer)", 한국행정판례연구회 (편), 『공법학의 형성과 개척자』(박영사, 2007), 1쪽 아래 참조.

20 이에 관해서는 C. Roxin, *Strafrecht Allgemeiner Teil*, Band I, 4. Aufl. (München, 2006), 236쪽 아래 참조.

21 특히 소송행위가 착오나 사기·강박을 이유로 하여 취소될 수 있는지가 논의되었다. 이에 관해서는 노갑영, 『민사소송에 있어서 당사자의 소송행위에 관한 연구: 의사의 하자를 중심으로』(전남대 법학박사 학위논문, 1995) 참조.

는 것이라면, 탈인간중심적 법사상은 법체계 내부에 존재하는 것으로서 법을 개념
화·체계화하는 데 바탕이 되는 것을 말한다. 이러한 탈인간중심적 사상은 현대사
회에서 급속하게 발전하고 있는 정보통신기술(ICT), 생명과학, 진화론에 힘입어
성장하고 있다. 특히 정보통신기술 가운데 오늘날 각광을 받고 있는 인공지능과학
이나 빅데이터 과학은 인간중심적 법사상이 바탕으로 삼고 있던 자율적인 인간중
심적 주체성 및 행위 개념을 해체하고 있다. 그러면 탈인간중심적 사상은 구체적
으로 무엇을 뜻하는지 아래에서 살펴보도록 한다.

(1) 주체의 확장

탈인간중심적 사상의 출발점은 인간중심적인 주체 개념이 지속적으로 확장되
고 있다는 점에서 찾을 수 있다. ≪주체-객체 모델≫에서 중심적인 지위를 차지하
는 주체 개념은 크게 두 가지 측면에서 확장되었다. 첫째는 생물학적인 인간의 범
위가 확장되었다는 점이고, 둘째는 사회적인 인격의 범위가 확장되었다는 것이다.
달리 말해 '인간'(Mensch)의 범위와 '인격'(Person)의 범위가 모두 확장된 것이다.

우선 무엇보다도 생명공학을 통해 생물학적인 인간의 범위가 지속적으로 확장
되고 있다. 처음에는 태아가 인간의 범위에 포섭되었고, 물론 논란이 계속되고 있
기는 하지만, 이제는 배아가 인간의 범주에 포함된다는 견해도 주장되고 있다.[22]

나아가 인격의 개념도 확장되고 있다. 그런데 이러한 인격의 확장은 현대 과
학기술이 급속하게 성장하기 이전에 이미 법체계 안에서 진행되었다. 법인 개념이
이를 잘 보여준다. 사실 '법인'(juristische Person)은 생물학적인 인간은 아니다. 어
찌 보면 이는 사회적으로 구성된 산물이다. 이 때문에 법인의제설에서는 법인을
사회적으로 의제된 '허구'(Fiktion)라고 주장하기도 한다.[23] 그런데도 현행 법체계는
이러한, 어찌 보면 사회적으로 허구에 지나지 않는 법인에게 법적인 인격성을 부
여한다. 생물학적인 인간이 아닌 사회적 존재가 법적 주체로 편입된 것이다. 그리
고 이러한 법인은 특히 공법에서 생물학적인 인간보다 더욱 중요한 비중을 차지하
고 있다.[24]

---

[22] 이에 관해서는 C. Geyer (Hrsg.), *Biopolitik: Die Positionen* (Frankfurt/M., 2001) 참조.
[23] 법인의 본질에 관해서는 우선 송호영, "법인의 활동과 귀속의 문제: 법인본질논쟁의 극복을 위한
하나의 시론", 『민사법학』 제31호(2006. 3), 3-46쪽 참조.
[24] 국가야말로 가장 대표적인 법인이라는 점을 염두에 둘 필요가 있다.

이외에도 오늘날에는 비인간적인 존재, 가령 동물이나 심지어 물건에 대해서도 법적 주체성을 부여해야 한다는 주장이 제기된다.[25] 특히 '알파고'가 상징적으로 보여주듯이, 인공지능과학이 급속하게 발전하면서 이제는 알파고와 같은 인공지능이나 사이보그에 대해서도 법적 주체성을 인정해야 한다는 논의가 이루어지고 있다.[26]

(2) 인간적 주체에서 체계로

주체 개념이 확장되면서 이제는 주체를 대신하는 새로운 개념이 주체의 지위를 차지해야 한다는 논의가 이루어지고 있다. '체계'(System)가 바로 그것이다.[27] 무엇보다도 독일의 사회학자 루만(Niklas Luhmann)이 정립한 체계이론은 인간중심적 사고와 작별하고 그 자리에 체계를 내세운다.[28] 이를 통해 탈인간중심적 사상이 사회이론으로서 자리 잡는다. 이렇게 탈인간중심적 사상을 정면으로 내세우는 체계이론은 현대 과학의 성과, 그중에서도 사이버네틱스, 생물학, 진화론을 수용해 성장하였다.[29]

이렇게 체계를 강조하는 태도는 체계이론에서만 발견할 수 있는 것은 아니다. 알파고로 대변되는 인공지능과학에서도 탈인간중심적인 체계사고를 찾아볼 수 있다.[30] 흔히 인공지능과 로봇 또는 사이보그를 같은 것으로 이해하는 경향이 있기도

---

25 이에 관해서는 B. Latour, *Das Parlament der Dinge: Für eine politische Ökologie* (Frankfurt/M., 2001) 참조.

26 이를테면 G. Teubner, "Elektronische Agenten und große Menschenaffen: Zur Ausweitung des Akteurstatus in Recht und Politik", in: *Zeitschrift für Rechtssoziologie* 27 (2006), 5–30쪽 참조.

27 이때 말하는 체계는 우리에게 익숙한 체계, 즉 사고형식으로서 의미를 갖는 체계가 아니라, 사회적으로 '실재'하는 체계를 말한다. 전자의 체계는 사물현상을 이해하는 방식의 한 가지로서 그 자체가 사회적으로 실재하지는 않지만, 후자의 체계는 우리 눈에 보이지는 않지만 엄연히 사회적으로 실재하는 그 무엇이다. 전통적인 법학에서 말하는 체계는 대부분 전자의 체계 개념을 뜻하는 데 반해, 체계이론에서 말하는 체계는 후자의 체계 개념을 지칭한다. 전자의 체계 개념에 관해서는 C.–W. Canaris, 앞의 책, 19쪽 아래.

28 이에 관해서는 정성훈, "인간적 사회와의 작별: 니클라스 루만의 사회관을 통한 새로운 사회 비판의 출발점 모색", 『시대와 철학』 제18권 제2호(2007. 여름), 81–116쪽 참조.

29 이를 소개하는 게오르그 크네어·아민 낫세이, 정성훈 (옮김), 『니클라스 루만으로의 초대』(갈무리, 2008), 41쪽 아래 참조.

30 인공지능과학을 소개하는 입문서로는 김대식, 『김대식의 인간 vs 기계』(동아시아, 2016); 마쓰오 유타카, 박기원 (역), 『인공지능과 딥러닝: 인공지능이 불러올 산업 구조의 변화와 혁신』(동아 엠앤비, 2015); 웬델 월러치·콜린 알렌, 노태복 (역), 『왜 로봇의 도덕인가: 스스로 판단하는 인공

하지만, 엄밀히 말하면 양자는 다른 것이다.[31] 로봇 또는 사이보그가 인간의 몸을 인공적으로 흉내낸 것이라면, 인공지능은 인간의 정신을 흉내낸 것이기 때문이다. 이를 체계이론적 언어로 다시 말하면, 로봇이나 사이보그는 인간의 생명체계를 모사한 것이라면, 인공지능은 인간의 심리체계를 모사한 것이라고 할 수 있다. 물론 우리가 구현하고자 하는 완전한 인공지능은 인간과 동일한 몸과 마음을 갖고 있는 인공지능이라 할 수 있으므로, 이러한 한에서 인공지능과 로봇은 다시 결합될 수 있다. 그런데 여기서 인공지능과 로봇의 차이를 강조한 것은, 인공지능이야말로 체계의 특성을 잘 보여주기 때문이다. 이는 이세돌과 행한 세기의 바둑대결로 유명세를 탄 알파고에서 극명하게 확인할 수 있다. 세기의 바둑대결에서 이세돌을 4대 1로 이긴 알파고는 우리가 언뜻 생각하는 것처럼 단일한 몸, 더욱 정확하게 말해 단일한 컴퓨터로 구성되어 있는 인공지능이 아니다. 구글 딥마인드가 잘 밝히고 있는 것처럼, 알파고는 수백 개의 서버가 연결되어 작동하는 이른바 '네트워크 복합체'라고 할 수 있다.[32] 알파고는 우리 인간처럼 단일한 몸을 지니고 있는 실체가 아닌 것이다. 오히려 알파고는 수백 개의 서버 사이에서 형성되는 네트워크망을 통해 이루어지는 전자적 소통 속에서 구성적으로 존재하는 것이다. 그런 알파고가 컴퓨터 모니터 및 인간 대리인에 의지하여 인간 이세돌과 대국을 한 것이다. 요컨대, 단일한 실체가 아닌 네트워크 복합체가 바로 알파고라는 인공지능의 본질인 것이다. 이처럼 알파고는 한편으로는 인간의 몸을 지니고 있지 않다는 점에서 탈인간적이다. 그렇지만 다른 한편으로는 인간과 유사하게 고도의 두뇌게임인 바둑을 둘 수 있다는 점에서 인간적이다. 그런데 우리는 이러한 성격을 법인에서도 찾을 수 있다. 왜냐하면 법인 역시 한편으로는 인간의 몸을 갖고 있지 않지만, 다른 한편으로는 인간의 법적 상대가 되기 때문이다. 이처럼 인간의 몸을 갖지 않으면서도 인간처럼 소통할 수 있는 것을 바로 체계이론에서는 체계라고 부르는 것이다.

사실 체계이론에 따르면, 알파고와 마찬가지로 법인 역시 가공된 인간이라기보

지능 시대에 필요한 컴퓨터 윤리의 모든 것』(메디치, 2014) 등 참조.

31 이를 지적하는 마쓰오 유타카, 위의 책, 제2장 참조.

32 물론 정확하게 말하면, 알파고는 단일버전과 분산버전으로 개발되었다. 단일버전은 한 개의 서버로 구성된 반면, 분산버전은 다수의 서버로 구성된다. 이세돌과 대국한 알파고는 분산버전이다. 이에 관해서는 이대영, "알파고란 무엇인가: 알고리즘과 학습 방법으로 이해하는 알파고", 『ITWorld』(2016. 3. 17)(http://www.itworld.co.kr/news/98391) 참조.

다는 오히려 체계에 해당한다. 더욱 정확하게 말하면, 법인은 '사회적 체계'(soziales System)에 속한다.[33] 인간 역시 체계로 구성된다. 체계이론에 따르면, 인간은 정신을 반영하는 심리체계와 몸을 반영하는 생명체계가 구조적으로 결합되어 있는 체계복합체인 것이다. 따라서 체계이론에 따르면, 모든 법적 관계의 중심은 인간적 주체가 아닌 체계가 된다. 그런데 이러한 체계이론의 주장은 그동안 인간중심적 사상에 익숙했던 우리가 보기에는 상당히 이질적이고 낯선 것이다. 그 때문에 체계이론은 반인본주의적인 사상으로 치부되어 거부되는 경향이 강하다.[34] 그렇지만 최근 비약적으로 성장하고 있는 인공지능과학은 이러한 체계이론의 주장이 오히려 현실을 정확하게 지적하고 있다고 보여준다. 그렇지 않고서는 새롭게 등장하고 있는 과학기술의 현실을 정확하게 설명하기 어렵다.

(3) 행위에서 소통으로

인간적 주체를 대신하여 체계가 사회질서의 중심으로 자리매김하면서 인간적 주체와 결부되어 있는 행위 개념 역시 '소통'(Kommunikation) 개념으로 대체된다. 사실 행위야말로 인간주체의 고유한 작용이라고 말할 수 있다. 그 때문에 인간을 중심적인 자리에 설정한 인간중심적 법사상은 법률행위나, 행정행위, 범죄행위, 소송행위와 같은 행위 개념을 기본단위로 하여 법적 관계를 파악한 것이다. 그러나 인간중심적 법체계에서 기본단위가 되는 행위가 구체적으로 무엇인지, 무엇을 기준으로 하여 행위 개념을 설정할 것인지가 그리 명확한 것만은 아니었다. 이를 잘 보여주는 것이 바로 형법학에서 전개된 행위론 논쟁이다. 독일과 우리의 형법학자들은 형법상 범죄의 기초가 되는 행위가 도대체 무엇을 뜻하는지에 관해 오랫동안 치열한 논쟁을 거듭하였다.[35] 인과적 행위론, 목적적 행위론, 사회적 행위론, 인격적 행위론은 이러한 행위론 논쟁이 내놓은 이론들이다. 이러한 치열한 논쟁 끝에 오늘날 다수의 형법학자들은 행위 개념은 인과적으로, 다시 말해 자연적·물리적

---

33 이에 관해서는 N. Luhmann, *Soziale Systeme: Grundriß einer allgemeinen Theorie*, 3. Aufl. (Frankfurt/M., 1988), 15쪽 아래.

34 이를 보여주는 J. Habermas/N. Luhmann, *Theorie der Gesellschaft oder Sozialtechnologie – Was leistet die Systemforschung?* (Frankfurt/M., 1971), 142쪽 아래.

35 이를테면 김종원, 『형법에 있어서의 목적적 행위론』(서울대 법학석사 학위논문, 1957); 심재우, "목적적 행위론 비판: 사회적 행위론의 입장에서", 『법률행정논집』(고려대) 제13집(1976. 4), 175–222쪽 참조.

으로 판단되는 것이 아니라, 사회적 의미를 통해 판단된다는 결론에 이르고 있다. 인식론의 관점에서 이를 다시 말하면, 행위 개념은 자연적·물리적으로 확정되어 있는 것이 아니라, 사회적 맥락 속에서 구성된다는 것이다. 사실이 그렇다면, 행위가 사회적 질서의 기본단위가 된다기보다는 오히려 행위를 구성하는 사회적 맥락, 더욱 정확하게 말해 사회 안에서 이루어지는 소통이 기본단위가 된다고 말할 수 있다.

이렇게 자연적·물리적인 행위가 아니라 소통이 사회질서의 기본단위가 된다는 관념은 사실 민법상 기본개념인 법률행위에서도 찾아볼 수 있다. 왜냐하면 법률행위는 의사표시, 가령 계약당사자의 청약 및 승낙과 같은 의사표시를 핵심요소로 하는데, 엄밀히 말하면 이러한 의사표시는 행위라기보다는 소통에 가깝기 때문이다. 특히 오늘날 사회 여러 영역에서 사용되는 전자적 의사표시를 염두에 두면, 의사표시의 탈행위적 성격은 더욱 강화된다. 물론 독일의 사회철학자 하버마스(J. Habermas)처럼 소통과 행위를 결합한 '의사소통행위'(kommunikatives Handeln) 개념을 사용한다면,[36] 의사표시 역시 여전히 행위 개념으로 파악할 수는 있다. 그렇지만 설사 의사소통행위 개념을 수용한다 하더라도, 이러한 의사소통행위가 전통적인 행위와 차별화된다는 점은 분명하다. 이처럼 법률행위가 이른바 '탈행위화'되면서 최근에는 '관계적 계약이론'이 등장하기도 한다.[37] 관계적 계약이론은 전통적인 행위 개념을 통해 계약의 성립여부나 성격을 파악하기보다는 사회적 소통방식을 통해 계약의 성립여부 등을 판단하겠다는 이론을 말한다. 사실적 계약관계론이 관계적 계약이론의 한 예라고 말할 수 있다.[38]

이처럼 이미 법학에서도 행위 개념이 점점 소통적 개념으로 바뀌고 있는데, 체계이론은 아예 행위 대신 소통을 사회이론의 중심 개념으로 설정한다. 이는 막스 베버(M. Weber)로 거슬러 올라가는 행위중심적 사회이론을 뒤집는 것이다. 루만의 체계이론은 세계를 체계와 환경으로 구별하는 것에서 출발한다.[39] 이때 체계

---

36 이를 보여주는 J. Habermas, *Theorie des kommunikativen Handelns*, 2 Bände (Frankfurt/M., 1981) 참조.

37 이에 관해서는 변용완, 『계약구속력의 근거로서 관계적 계약이론에 관한 연구』(중앙대 법학박사 학위논문, 2013) 참조.

38 사실적 계약관계론에 관해서는 우선 곽윤직, "계약없이 성립하는 계약관계: 이른바 사실적 계약관계론", 『사법행정』 제10권 제1호(1969. 1), 16−19쪽 참조.

39 N. Luhmann, *Soziale Systeme: Grundriß einer allgemeinen Theorie*, 3. Aufl. (Frankfurt/M., 1988),

는 기계적 체계, 심리체계, 생명체계, 사회적 체계로 구분된다.[40] 기계적 체계는 우리가 잘 아는 기계를 말한다. 인공지능이나 로봇 역시 기본적으로는 기계적 체계에 속한다. 심리체계는 인간의 정신이나 심리를, 생명체계는 인간의 육체를 대변한다. 생명체계는 다시 소화체계, 면역체계, 신경체계 등으로 분화된다. 그리고 사회적 체계는 우리의 사회 속에서 실재하는 체계를 말하는데, 상호작용이나 조직체 그리고 사회가 바로 이러한 사회적 체계에 해당한다. 여기서 '상호작용'(Interaktion)이란 강의나 세미나, 계약 등을 말하고, '조직체'(Organisation)는 법인을 말한다. '사회'(Gesellschaft)는 상호작용이나 조직체를 포함하는 전체 사회를 뜻한다. 그리고 사회적 체계로서 사회는, 루만에 따르면, 다양한 기능적 부분체계로 분화된다. 정치나 경제, 법, 학문, 교육, 종교, 의료 등이 이러한 기능적 부분체계에 속한다. 그런데 우리의 논의맥락에서 중요한 것은, 이러한 사회적 체계는 바로 소통으로 구성된다는 것이다. 우리가 사회적으로 펼치는 소통이 사회적 체계를 구성하고, 사회적 체계는 소통을 통해 내적으로 작동할 뿐만 아니라, 다른 사회적 체계들과도 상호작용한다. 한편 이미 살펴본 것처럼, 체계이론에서는 인간이 아닌 사회적 체계가 바로 사회질서의 중심이 되는데, 이러한 사회적 체계는 행위가 아닌 소통으로 스스로 작동하고 다른 사회적 체계를 포함하는 환경과도 상호작용을 하는 것이다. 이처럼 체계이론에서는 행위가 아닌 소통이 전면에 등장한다.

이 같은 소통중심적 사상은 인공지능과학을 포함하는 정보통신기술에서도 찾아볼 수 있다. 이를테면 인간과 같은 몸을 갖지 않은 알파고는 오직 소통을 통해서만 외부세계, 즉 환경과 상호작용할 수 있을 뿐이다. 인간인 이세돌과 바둑을 둘 때도 오직 소통으로써만 바둑을 둘 수 있었을 뿐이다. 물론 인간형 로봇이나 자율주행차처럼 특정한 행동을 할 수 있는 인공지능도 있지만, 여전히 행동보다는 이진법에 기초를 둔 전자적 소통이 이러한 인공지능에서는 중심적인 작동방식이 된다. 사물인터넷 역시 인터넷에 기반을 둔 소통으로써 정보를 서로 교환한다. 이처럼 현대 과학기술에서는 인간중심적인 행위가 아닌 체계중심적인 소통이 중요한 작동방식으로 자리 잡는다.

35쪽 아래.
40 N. Luhmann, 위의 책, 15쪽 아래.

(4) 자유의지에 대한 도전

법적 행위를 수행하는 주체는 자율적인 인간이라는 주장, 즉 인간은 자유의지를 지니고 있다는 명제 역시 최근 뇌과학이 비약적으로 발전하면서 도전을 받고 있다.[41] 일련의 뇌과학자들은 인간은 자유의지를 지닌 존재가 아니라, 오히려 인간의 모든 행동은 이미 결정되어 있다고 말한다.[42] 이와 유사한 맥락에서 인간은 습관의 지배를 받는다는 주장이 뇌과학이나 심리학, 빅데이터 과학 등에서 주장된다.[43] 그런데 이러한 주장은 현행 법체계의 책임을 해명하는 데 중대한 도전이 된다. 왜냐하면 민사책임의 기본원리인 과책주의나 형사책임의 기본원칙인 책임원칙 모두 행위주체인 인간에게 자유의지가 있을 것을 전제로 하기 때문이다.[44] 따라서 만약 현대 뇌과학이 말하는 것처럼 인간에게 자유의지가 없다면, 현행 법체계가 바탕으로 삼고 있는 각종 책임을 설명하기 어렵게 된다. 이러한 근거에서 이를테면 형사책임을 자유의지가 아닌 다른 근거로써, 가령 인간이 외부적 자유를 지니고 있다는 점을 통해 해명하려는 시도가 이루어지기도 한다.[45]

(5) 생명 개념의 확장

현대 과학기술에 의해 주체 개념이 확장되면서 덩달아 인간중심적인 생명 개념도 확장되고 있다. 물론 아직까지는 인간과 거의 같은 로봇이나 사이보그가 출현하지 않아 인간중심적인 생명 개념이 해체되지는 않았다. 그러나 생명공학과 의학이 비약적으로 발전하면서 생명을 둘러싼 자연적인 것과 인공적인 것의 경계가

---

41 이에 관해서는 양천수, "의사의 자유와 인권: 형사책임을 중심으로 한 시론", 『영남법학』 제29호 (2009. 10), 1-22쪽 참조.

42 가령 G. Roth, "Wir sind determiniert. Die Hirnforschung befreit von Illusionen", in: C. Geyer (Hrsg.), *Hirnforschung und Willensfreiheit: Zur Deutung der neuesten Experimente* (Frankfurt/M., 2004), 218-222쪽; W. Singer, "Verschaltungen legen uns fest: Wir sollten aufhören, von Freiheit zu sprechen", in: C. Geyer (Hrsg.), *Hirnforschung und Willensfreiheit: Zur Deutung der neuesten Experimente* (Frankfurt/M., 2004), 30-65쪽 등 참조.

43 이를 분석하는 찰스 두히그, 강주헌 (옮김), 『습관의 힘: 반복되는 행동이 만드는 극적인 변화』 (갤리온, 2012) 참조.

44 이에 관해서는 M. Pauen/G. Roth, *Freiheit, Schuld und Verantwortung. Grundzüge einer naturalistischen Theorie der Willensfreiheit* (Frankfurt/M., 2008) 참조.

45 이를 분석하는 K. Günther, *Schuld und kommunikative Freiheit* (Frankfurt/M., 2005) 참조.

점차 허물어지고 있다. 이를테면 의학을 통해 인간적 생명의 시기와 종기가 확장되었고, 각종 인공장기가 개발되면서 순수한 자연적인 생명이라는 개념도 점차 약화되고 있다. 앞으로 생명공학과 로봇과학이 비약적으로 성장하면, 인간중심적 생명을 대신하는 새로운 생명 개념이 출현할지도 모른다. 이를 통해 어쩌면 유발 하라리(Yuval Noah Harari)가 예측하는 것처럼, 인간적 몸을 지니고 있는 호모 사피엔스는 종말을 고할지도 모른다.[46] 여하간 생명현상의 본질적인 특성은 탄소중심의 생명 개념에서 찾을 수 있기보다는 오히려 '자기생산성'(autopoiesis)에서 찾을 수 있다는 점을 고려하면, 어쩌면 영화 "트랜스포머"가 시사하는 것처럼 스스로 자기생산이 가능하면서 인간적 생명 개념보다 더욱 진화한 기계적 생명이 출현할지도 모른다.

Ⅳ. 탈인간중심적 행정법학의 가능성

1. 서 론

현대사회에서 급속하게 발전하는 과학기술은 전통적인 인간중심적 사고방식에서 벗어난 새로운 사고방식을 담고 있다. 이는 사이버네틱스, 생물학, 진화론의 성과를 수용한 루만의 체계이론이 지향하는 사고방식과 유사한 것이기도 하다. 그러면 현대 법학, 그중에서도 행정법학은 이 같은 과학기술의 도전에 대해 어떻게 대응해야 하는가? 이미 언급한 것처럼, 행정법학이 이에 대응하는 방식에는 두 가지가 있다. 첫째는 이를 무시하는 것이고, 둘째는 이를 수용하는 것이다. 이에 관해 필자는 법체계와 법학 역시 사회의 부분체계인 이상 현대사회에서 이루어지는 구조변동에 적절하게 대응할 필요가 있다고 생각한다. 이를 위해서는 구조변동에 내재하는 욕망이나 가치, 사고방식을 법학 내부로 끌어들여 이를 적절한 법적 개념이나 체계로 전환시킬 필요가 있다. 그러므로 행정법학 역시 현대 과학기술이 추구하는 사고방식을 법학 내부로 끌어들일 필요가 있다. 그런데 이러한 방식이 행정법학에 전혀 새롭거나 낯선 것은 아니다. 왜냐하면 이미 지적한 것처럼 현대

---

[46] 이를 보여주는 유발 하라리, 조현욱 (옮김), 『사피엔스: 유인원에서 사이보그까지, 인간 역사의 대담하고 위대한 질문』(김영사, 2015) 참조.

과학기술이 추구하는 사고방식은 현대 체계이론의 그것과 상당히 유사한데, 행정법학은 체계이론의 사고방식을 이미 곳곳에서 수용하고 있기 때문이다. 체계이론을 정초한 루만이 행정공무원으로서 자신의 경력을 시작했다는 점도 행정법학에 시사하는 바가 크다. 따라서 아래에서는 행정법학이 어떤 측면에서 탈인간중심적 사고방식을 수용했는지를 밝힘으로써 탈인간중심적 행정법학이 이미 진행 중에 있다는 점을 논증하고자 한다.

2. 체계 관념을 수용한 행정법학

인간중심적 사상에 익숙한 법학자에게는 여전히 체계 관념이 낯설 것이다. 그렇지만 우리 법학은 이미 체계 관념을 법적 개념으로 수용하고 있다. 법인이 바로 그것이다. 법인은 법적 인격으로서 인간과 유사하게 취급되고 있지만, 엄밀히 말하면 법인은 육체와 정신을 갖고 있는 인간과 같지 않다. 법인은 사회적 소통으로 구성된 조직체로서 가장 대표적인 사회적 체계에 속한다. 이러한 사회적 체계인 법인은 행정법학에서 비인간적인 법적 주체로서 중심적인 지위를 차지한다. 국가로 대표되는 공법인이 바로 그것이다. 공법관계는 대부분 사인과 공법인 사이에서 형성된다. 특히 공법인인 국가의 기관인 행정청과 사인 사이에서 형성되는 공법관계가 행정법학에서 주로 문제된다.[47] 이 점에서 행정법학은 이미 오래 전부터 체계 관념을 수용하고 있었다고 말할 수 있다.

3. 소통 관념을 수용한 행정법학

체계 관념과 더불어 행정법학은 소통 관념 역시 행정법학 내부에 수용하고 있다. 이를 잘 보여주는 개념이 바로 행정행위와는 구별되는 행정처분이라고 말할 수 있다. 주지하다시피 행정법학에서는 학문적 개념인 행정행위와 행정소송법상 개념인 행정처분이 과연 같은 것인가에 관해 견해가 대립한다.[48] 이에 관해서는 양자가 같은 것이라는 일원설과 양자가 다른 것이라는 이원설이 대립한다. 그중에서

---

[47] 다른 한편 행정청을 포함하는 집행권력은 체계이론의 관점에서 보면 정치체계에 속한다.
[48] 박균성, 앞의 책, 1094－1096쪽 참조.

이원설은 행정소송법이 규정하는 행정처분은 행정행위 개념을 포함할 뿐만 아니라 그 밖에 행정소송의 대상으로 삼아야 할 행정작용까지 포함하는 개념이라고 파악한다. 학설상으로는 이러한 두 견해가 팽팽하게 대립하는데, 판례상으로는 이원설이 더 힘을 얻고 있는 것처럼 보인다.[49] 왜냐하면 판례는 행정행위를 넘어서 처분성을 점점 확장하고 있기 때문이다. 그러한 예로서 행정계획과 권력적 사실행위를 들 수 있다.

행정계획은 개념 그대로 계획의 일종으로서 개별적·구체적인 행위와는 구별된다. 물론 행위 개념을 확장하면 행정계획행위라는 용어를 사용할 수도 있을 것이다. 그렇지만 이렇게 행위 개념을 확장하면, 행위가 본래 갖고 있던 의미는 퇴색하고 말 것이다. 따라서 행정계획을 행위의 일종으로 파악하기보다는 이는 행위가 아니라고 인정하는 것이 더욱 솔직하다. 오히려 행정계획은 여러 소통의 복합체라고 보는 것이 적절하다. 왜냐하면 오늘날 방대한 행정계획은 책이나 논문처럼 텍스트 행태로 존재하는 경우가 많기 때문이다. 이렇게 텍스트 형태로 존재하는 행정계획을 개별성과 구체성을 갖는 행위라고 규정하는 것은 적절하지 않을 것이다. 오히려 이는 책이나 논문처럼 소통의 복합체라고 파악하는 것이 정확하다. 이렇게 보면, 행정계획은 분명 행정행위와는 구별된다. 그런데도 우리 판례는 특정한 경우에 행정계획에 대해서도 처분성을 인정한다.[50] 이는 학설상 이원설이나 판례가 행정처분을 매개로 하여 행위가 아닌 소통 역시 행정법학 안으로 끌고 들어왔음을 보여준다.

권력적 사실행위 역시 행정법학이 행정행위를 넘어서 소통 관념까지 수용하고 있음을 보여주는 예라고 할 수 있다. 행정행위와는 달리 권력적 사실행위는 행정법관계를 창설하지 않는다. 이를테면 행정청의 상대방인 사인에게 권리나 의무를 부여하지는 않는다. 그 점에서 이는 법적 행위가 아닌 '사실행위'이다. 그렇지만 사인이 특정한 행위를 하도록 유도한다는 점에서는 '권력적'이다. 그중에서 '사실행위'에 초점을 맞추면 권력적 사실행위는 (최협의의) 행정행위가 아니므로 행정행위를 행정소송의 대상으로 보는 한 그 대상이 될 수 없다. 그렇지만 '권력적'인 부분에 초점을 맞추면 권력적 사실행위 역시 행정소송법상 '처분' 개념에 포함되어 행

---

49 박균성, 앞의 책, 1096–1097쪽 참조.

50 예를 들어, 대법원 1982. 3. 9. 선고 80누105 판결 등 참조.

정소송의 대상이 될 수 있다고 본다. 그런데 특정한 사실행위가 권력적인지, 아니면 비권력적인지를 판단하는 것은 생각 만큼 쉽지 않다. 예를 들어 과거 유신체제 아래에서 박정희 정부는 주로 행정지도를 통해 새마을운동을 추진하였는데, 이 과정에서 사실행위인 행정지도가 권력적이었는지, 아니면 주민의 자발적 참여를 유도한 비권력적이었는지가 여전히 논쟁대상이 되고 있다.[51] 이러한 문제가 발생하는 이유는, 행정지도와 같은 사실행위는 사회적으로 이루어지는 소통의 맥락에 따라 그 성격이 결정되기 때문이다. 그 때문에 사실행위의 성격을 규명하기 위해서는 사실행위 그 자체만을 놓고 판단하는 것으로는 부족하고, 이러한 사실행위가 이루어지는 상황 및 맥락, 사회적 관계 등을 총체적으로 판단해야 한다. 이는 행정지도와 같은 사실행위들이 개별적이고 구체적인 행위라기보다는 오히려 사회적 맥락에 의존하는 소통의 일부분이라는 점을 시사한다. 행위주체의 의도나 행위태양 등을 중심으로 판단되는 행위 개념과는 달리, 소통에서는 표시자의 의도뿐만 아니라 수신자의 의도나 이해, 태도 등도 중요하기 때문이다. 달리 말해 행위와 달리 소통은 상호주관적이고 관계적이다. 그 때문에 소통의 성격을 일의적으로 판단하는 것은 쉽지 않은데, 행정지도와 같은 권력적·비권력적 사실행위가 이를 잘 보여준다. 그런데 이러한 사실행위를 특정한 경우에는 행정소송의 대상으로 삼고 있다는 점은 이미 우리 행정법학이 소통 관념을 수용하고 있음을 시사하는 것이라고 생각한다.

한편 이러한 사고방식을 더욱 밀고 나가면, 대부분의 행정행위를 '행위'라고 말할 수 있을지 의문이 든다. 왜냐하면 상당수의 행정행위들은 강행법규에 기반을 두고 이루어지는 개별적·구체적인 소통행위라고 말할 수 있기 때문이다. 물론 여기서 언급한 것처럼 '소통행위'라는 개념을 쓴다면, 대다수의 행정행위를 여전히 행위 개념으로 포섭할 수는 있다. 그렇지만 이렇게 행위 개념을 확장하는 것은 바람직하지 않다. 본래 행위란 주체가 움직인다는 것을 지칭하는데, 공법인인 국가가 움직인다고 말할 수는 없기 때문이다.

---

51 기존의 일반적인 견해와는 달리 새마을운동의 자발적인 측면을 강조하는 이양수·최외출, "1970년대 상향식 지역사회발전 전략으로서 새마을운동의 추진동력", 『대한정치학회보』제21집 제1호 (2013. 5), 125-146쪽 참조.

4. 집단적 권리

행정법학은 이미 부분적으로 소통 관념을 수용하고 있다. 이는 여전히 인간중심적 주체 개념과 행위중심적 사고방식을 고수하는 형법학과는 차이가 있는 부분이다.[52] 그만큼 행정법은 아마도 공법관계의 대부분을 규율하는 법이기에 사회구조의 변화나 과학기술의 발전에 재빠르게 대응하는 법이라고 말할 수 있다. 루만이 행정공무원으로서 체계이론적 사유를 발전시키기 시작한 영역이 행정법학이었다는 점도 이를 잘 예증한다.[53]

그렇지만 이러한 행정법학이 수용하지 않고 있는 소통적 법 개념이 여전히 존재한다. 집단적 권리 개념이 바로 여기에 속한다. 인권법학이나 기초법학, 심지어 헌법학에서도 집단적 권리는 이론적 개념으로 자리매김하고 있다. 예를 들어 인권법학에서는 소수민족의 자결권을 집단적 인권의 일종으로 인정한다.[54] 또한 헌법학에서는 비록 논란이 되고 있지만 집단적 권리의 성격이 강한 '안전에 관한 권리'를 독자적인 기본권으로 긍정한다. 그런데 권리이론의 측면에서 보면, 집단적 권리라는 관념은 전통적인 권리 개념에 비추어볼 때 상당히 이질적인 것이다. 왜냐하면 전통적으로 권리는 권리주체에게 명확히 배분되고 귀속될 수 있는 것을 전제로 하기 때문이다. 개별적이고 단일한 권리주체가 전제가 되어야만 비로소 권리 개념이 성립할 수 있는 것이다. 이러한 연유에서 본래 절대군주의 권력으로 상정되었던 주권이 국민주권으로 변모하면서 이를 설명하는 것이 상당히 어렵게 되고 있는 것이다.[55] 이렇게 보면, 집단적 권리는 전통적인 주체중심적 권리 개념을 전제로 해서는 수용하기 어렵다. 오히려 이는 다수라는 집단, 즉 조직체라는 사회적 체계를 권리보유자로 상정해야만 비로소 성립할 수 있다. 요컨대, 집단적 권리는 집단적 조직체라는 사회적 체계가 보유하는 권리로서 이는 엄밀히 말하면 사회적 소통

---

52 이러한 근거에서 형법학의 지배적인 견해는 여전히 법인의 범죄능력을 부정한다. 가령 배종대, 『형법총론』 제8전정판(홍문사, 2006), 205쪽 등 참조.

53 이를 보여주는 N. Luhmann, *Funktionen und Folgen formaler Organisation* (Berlin, 1964) 참조.

54 집단적 권리에 관해서는 James Crawford, "The Rights of Peoples: "Peoples" or "Government"?", James Crawford (ed.), *The Rights of Peoples* (Oxford: Clarendon Press, 1988), 55−67쪽; Will Kymlicka, "The Good, the Bad, and the Intolerable: Minority Group Rights", *Dissent* (Summer, 1996), 22−30쪽 등 참조.

55 이 문제를 분석하는 양천수, "오늘날 우리에게 필요한 주권 개념 모색: 결단과 토론 사이에 선 주권 개념", 『법과 사회』 제46호(2014. 6), 67−106쪽 참조.

망 속에서 존재하는 권리라고 할 수 있다. 왜냐하면 조직체라는 사회적 체계는 사회적 소통을 통해 존속하는 것이기 때문이다. 그러므로 집단적 권리를 인정한다는 것은 소통 관념을 권리까지 확장하여 받아들이는 것이라고 말할 수 있다.

그렇지만 행정법학의 다수 학설은 여전히 이러한 집단적 권리를 행정소송의 법률상 이익으로 수용하지는 않고 있다. 필자가 볼 때 환경권이야말로 가장 대표적인 집단적 권리라고 할 수 있는데, 판례는 행정소송에서 이러한 환경권을 법률상 이익으로 직접 원용할 수는 없다고 본다. 판례는 문제되는 환경상 이익이 자기와 직접 관련이 되어야만 행정소송을 제기할 수 있다는 태도를 취하고 있다.[56] 이러한 근거에서 자기관련성이 없는 환경단체에 대해서는 행정소송의 청구인적격을 인정하지 않는다. 그렇지만 행정법학이 소통 관념을 이미 수용하고 있다는 점을 고려하면, 이러한 태도는 지양하고 집단적 권리를 행정소송의 법률상 이익으로 인정할 수 있도록 하는 것이 바람직하다.

5. 기능적 분화

기능적 분화는 탈인간중심적 법사상과 직접적인 관련성은 적지만, 체계이론이 강조하는 부분이고 행정법학의 법정책적 방향과도 관련이 있으므로 아래에서 간략하게 짚고 넘어가도록 한다. 체계이론에 따르면, 그 자체 사회적 체계에 해당하는 현대사회는 다양한 기능적 부분체계로 분화된다. 사회체계가 내적으로 분화되는 것이다. 이를 '기능적 분화'라고 부른다. 이를 통해 정치, 경제, 법, 학문, 교육, 종교, 의료 등은 그 자체 독자적인 사회적 체계가 된다. 이러한 사회의 부분체계들은 독자적인 프로그램과 코드로 작동한다. 이를테면 정치체계를 지배하는 프로그램 및 코드와 법체계를 지배하는 프로그램 및 코드는 다르다. 따라서 정치체계와 법체계는 기능적으로 독립되어 작동한다. 정치체계 내부에서 통용되는 논리를 그대로 법체계 내부로 끌어올 수는 없는 것이다. 그러므로 각각 다른 프로그램과 코드로 작동하는 기능체계들이 이를 무시하고 서로 간섭하는 것은 적절하지 않다.

그러면 이러한 기능적 분화가 행정법학에서는 어떤 의미를 지니는가? 이는 다음과 같이 말할 수 있다. 체계이론에 따르면, 행정작용과 사법작용은 각기 다른 사

---

56 가령 대법원 2006. 3. 16. 선고 2006두330 전원합의체 판결 참조.

회적 체계의 작동에 속한다. 이를테면 행정작용은 정치체계의 부분영역이 수행하는 작동에 속하는 반면, 사법작용은 법체계의 작동에 해당한다. 그 때문에 행정작용과 사법작용에 대해서는 각각 다른 프로그램과 코드가 적용된다. 예를 들어 행정청은 목적 프로그램에 따라 행정작용의 합목적성을 주로 문제삼는다. 물론 법치행정의 원리에 따라 행정청 역시 행정작용을 할 때 법규범을 준수해야 하지만, 광범위하게 주어지는 행정재량의 범위 안에서는 주로 합목적성에 따라 행정적 판단을 한다. 이와 달리 법원은 조건 프로그램에 따라 주로 행정작용의 합법성을 판단한다. 물론 법원도 합목적성에 따라 행정청이 수행한 행정작용을 판단해야 하는 경우도 있지만, 이 경우에도 법원은 규범적 원칙에 따라 재해석된 합목적성 판단, 즉 비례성 판단을 할 수 있을 뿐이다.[57] 특히 법전문가인 법관이 비법적인 전문지식에 바탕을 둔 행정작용을 전적으로 판단하는 것은 바람직하지 않다. 바로 이 지점에서 기능적 분화의 관점이 요청된다. 법관이 전지전능한 신이 아닌 이상, 법관으로 구성된 법원은 법체계의 논리, 즉 규범적 프로그램과 코드에 따라 행정작용을 판단하는 것이 적절하다. 이는 특히 행정청이 과학기술정책을 추진할 때 강도 높게 요청된다. 물론 그렇다고 해서 법원이 이러한 행정작용에 대해 전적으로 판단을 포기해야 하는 것은 아니다. 재판청구권이라는 측면에서 볼 때, 가능한 한 많은 행정작용이 사법적 판단의 대상이 되는 것이 바람직하다. 다만 이러한 행정작용을 판단할 때 법원은 가능한 한 사법적 판단에 집중해야 한다는 것이다. 전문적인 지식과 경험이 부족한 영역에 대해 사법적 판단 이외의 판단을 하는 것은 기능적 분화의 요청을 넘어서는 것으로서 바람직하지 않다고 말할 수 있다.

V. 맺음말

지금까지 탈인간중심적 행정법학의 가능성이라는 측면에서 현대 과학기술의 도전에 대해 행정법학이 어떻게 대응할 수 있는지를 검토해 보았다. 필자는 현대 과학기술이 담고 있는 탈인간중심적 사상의 핵심으로서 체계중심적·소통중심적 사고방식을 제시하였다. 이는 분명 자율적인 인간을 기초로 한 주체중심적·행위

---

57 이에 관해서는 안동인, "비례원칙과 사법판단권의 범위: 행정재량권의 통제원리로서의 비례원칙을 중심으로", 『행정법연구』 제34호(2012. 12), 1–26쪽 참조.

중심적 사고를 넘어서는 것이다. 그렇지만 이 책은 이러한 탈인간중심적 사상을 이미 행정법학이 상당 부분 수용하고 있다는 점을 보여주었다. 이미 우리 행정법학은 급속하게 진행되는 사회변화 및 과학기술의 발전에 적절하게 대응하고 있었던 것이다. 물론 행정법학은 부분적으로는 여전히 주체중심적·행위중심적 사고방식을 고수하고 있다. 다만 이러한 태도가 시대착오적인 것인지, 따라서 체계이론이 그랬던 것처럼 주체 및 행위 개념과 작별을 고해야 하는 것인지, 그게 아니면 이는 시대변화에도 상관없이 행정법학이 고수해야 하는 '처분불가능한' 영역인지는 앞으로 더욱 고민해야 할 의문이라고 말할 수 있다. 아쉽지만 이 책에서 이 의문은 앞으로 풀어야 할 과제로 남겨두기로 한다.

4장

법인과 인격권

I. 서 론

　법인이 과연 인격권의 주체가 되는가에 관해서는 논란이 없지 않다. 판례는 법인 역시 인격권의 주체가 된다고 말하고 있지만, 학설 중에는 이에 반대하는 견해도 많다. 판례도 과연 어떤 근거에서 법인이 인격권을 갖는가에 관해 상세하고 설득력 있는 논증을 하는 것은 아니다. 법인이 과연 인격권의 주체가 될 수 있는지가 논란이 되는 이유는, '인격'권이라는 개념 자체가 시사하는 것처럼 인격권이 인격을 지닌 자연적 인간만을 염두에 두는 것처럼 보이기 때문이다. 이는 오랫동안 우리 법체계를 지배해온 '인간중심적 사고'에 비추어 보면 당연한 것이라 할 수 있다. 오직 인간만이 존엄한 존재일 수 있고, 따라서 오직 인간만이 인격체로서 인격권의 주체가 될 수 있다는 것이다. 바로 이러한 근거에서 판례는 한편으로는 현대사회에서 법인이 수행하는 사회적 기능을 의식하여 법인을 인격권의 주체로 인정할 필요가 있다는 점을 직관적으로 인식하면서도, 다른 한편으로는 이러한 판단을 분석적이면서도 설득력 있는 법적 언어로 논증하는 데 어려움을 겪는 것이다. 법인의 인격권을 다루는 연구도 살펴보면, 주로 비교법적 차원에서 이 문제를 다루고 있을 뿐이다.[1] 물론 비교법적 방법이야말로 실정법학에서 활용할 수 있는 가장 중요한 법적 방법이 된다는 점에서 이를 문제삼을 수는 없을 것이다.[2] 그러나 특히

---

[1] 법인의 인격권 문제를 다루는 최근의 진지한 연구로는 김현귀,『법인의 인격권』(헌법재판연구원, 2015); 송진호, "법인의 인격권에 관한 검토: 최근의 논의들을 중심으로",『법조』제716호(2016), 122-165쪽 참조.

[2] 이를 보여주는 양천수·이동형, "문화와 법체계 그리고 비교법학: 민법상 거래안전의무를 예로 하여",『민족문화논총』제36집(2007), 121-152쪽 참조.

법인의 인격권을 긍정하고자 할 때는 외국의 법적 태도가 이에 대한 결정적인 논거가 되기에는 부족함이 없지 않다. 이를 위해서는 비교법적 방법을 넘어서는 새로운 논증방식이 필요하다. 이러한 문제의식에서 제4장에서는 법철학적 사고를 원용하여 법인의 인격권 인정 가능성 문제를 다루고자 한다. 이를 통해 탈인간중심적 인격 개념의 가능성을 제시하고자 한다.

II. 법인의 인격권 인정에 관한 논의 상황

논의의 출발점으로서 국내 법학 및 실무가 법인의 인격권 문제를 어떻게 다루고 있는지 살펴보도록 한다. 이는 헌법적인 차원과 개별법적인 차원으로 구분하여 살펴볼 수 있다.

1. 헌법상 논의

먼저 헌법에서는 법인의 인격권 인정 문제에 관해 어떤 논의가 이루어지는지 검토한다. 법인에게 인격권을 인정할 수 있는가 하는 문제는 크게 두 단계의 규범적 사고를 거쳐야 한다. 첫째는 법인은 기본권의 주체가 될 수 있는가 하는 문제이고, 둘째는 만약 그렇다면 법인은 기본권 중에서도 인격권의 주체가 될 수 있는가 하는 문제이다.[3] 그중에서 첫 번째 문제, 즉 법인은 기본권의 주체가 될 수 있는가에 관해서는 오늘날 지배적인 견해뿐만 아니라 판례 역시 이를 인정하고 있으므로 이는 별도로 검토할 필요는 없어 보인다.[4] 따라서 아래에서는 두 번째 문제, 즉 법인은 인격권의 주체가 될 수 있는지를 다루도록 한다.

---

[3] 물론 두 번째 문제를 다룰 때는 인격권이 과연 헌법상 기본권인가 하는 문제 역시 검토해야 한다. 인격권이 처음 등장했을 때는 인격권이 법률상 권리인지, 아니면 이를 넘어서 헌법상 권리인지가 문제가 되었다. 그렇지만 오늘날에는 인격권이 헌법상 권리, 즉 기본권이라는 점에 관해서는 문제가 없어 보인다.

[4] 예를 들어 김철수, 『한국헌법론』(박영사, 2010), 327쪽; 성낙인, 『헌법학』(법문사, 2015), 920-921쪽; 이준일, 『헌법학강의』(홍문사, 2013), 319쪽; 장영수, 『헌법학』(홍문사, 2014), 472쪽; 정종섭, 『헌법학원론』(박영사, 2015), 327쪽; 허영, 『한국헌법론』(박영사, 2015), 257쪽 등 참조.

(1) 학설

학설에서는 법인이 인격권의 주체가 될 수 있는지에 관해 견해가 대립한다. 긍정설은 법인 역시 인격의 자유로운 발현이나 정보자기결정권, 명예나 성명에 대한 권리와 같은 인격권을 지닐 수 있다고 말한다.5 다만 어떤 근거에서 법인이 인격권을 갖는가에 관해서는 논증방식이 달라진다. 이를테면 독일 헌법학에서 말하는 '투시이론'(Durchgriffsprinzip)처럼 법인의 구성원인 자연인의 인격권을 보호할 필요가 있는 경우에 법인의 인격권을 인정하기도 하고, 법인의 정관에서 정한 목적을 통해 법인의 인격권을 근거 짓기도 한다.6 이와 달리 부정설은 다음과 같은 근거에서 법인의 인격권을 부정한다. 인격권이 전제로 하는 인격은 자연인만이 취득할 수 있다거나, 인격권은 헌법 제10조가 규정하는 인간의 존엄에 바탕을 두는데 인간의 존엄은 오직 자연적 인간만이 누릴 수 있다는 점에서 법인은 인격권을 지닐 수 없다는 것이다.7

(2) 판례

견해가 대립하는 학설과는 달리 헌법재판소는 일찍부터 법인의 인격권을 긍정하였다. 예를 들어, 법인에게 사죄광고를 강제하는 것이 법인의 양심의 자유 및 인격권을 침해하는지를 다룬 유명한 헌재 1991. 4. 1. 선고 89헌마160 결정에서 헌법재판소는 다음과 같이 사죄광고 강제가 법인의 인격권을 침해할 수 있다고 하였다.8

"사죄광고 과정에서는 자연인이든 법인이든 인격의 자유로운 발현을 위해

---

5 대표적으로 윤진수, "사죄광고제도와 민법 제764조의 위헌 여부", 『헌법재판자료: 헌법재판제도의 발전』 제5집(1992), 312−313쪽; 권형준, "기본권의 주체에 관한 고찰", 『경남법학』 제26집(2010), 24쪽; 김학성 외, 『기본권의 주체』(헌법재판소, 2009), 219쪽; 한수웅, 『헌법학』(법문사, 2011), 379쪽 등 참조.

6 '투시이론' 및 이에 대비되는 '분리이론'(Trennungsprinzip)에 관해서는 김학성 외, 위의 책, 179−193쪽 참조.

7 김현귀, 앞의 책, 60쪽.

8 이에 반해 법인에게 사죄광고를 강제하는 것이 법인의 인격권을 침해하는 것은 아니라는 주장으로는 조소영, "법인의 양심에 대한 헌법적 논의", 『법학연구』 제19권 제1호(2009), 155−184쪽 참조.

보호받아야 할 인격권이 무시되고 국가에 의한 인격의 외형적 변형이 초래되어 인격형성에 분열이 필연적으로 수반되게 된다. 이러한 의미에서 사죄광고제도는 헌법에서 보장된 인격의 존엄과 가치 및 그를 바탕으로 하는 인격권에 큰 위해도 된다고 볼 것이다."

이러한 헌법재판소의 태도는 이후 헌재 2012. 8. 23. 선고 2009헌가27 결정, 헌재 2015. 7. 30. 선고 2013헌가8 결정에서 일관되게 유지된다. 우리 헌법재판소는 확고하게 법인의 인격권을 긍정하고 있는 것이다. 다만 어떤 근거에서 법인에게 인격권이 인정되는지가 명확하게 제시되는 것은 아니다.

2. 개별법상 논의

헌법이 아닌 개별법, 즉 민법이나 형법 등에서는 법인의 인격권에 관해 어떤 논의가 진행되고 있는가? 이는 헌법에서 이루어지는 논의와 큰 차이가 없다. 학설에서는 법인의 인격권을 인정할 수 있는가에 관해 여전히 견해가 대립하지만, 판례는 명예권과 같은 법인의 개별적 인격권을 긍정한다.

(1) 학설

학설에서는 법인의 인격권을 인정할 수 있는가에 관해 견해가 대립한다.[9] 이는 특히 형법학에서 분명하게 드러난다. 법인의 인격권 문제는 형법학에서는 주로 법인에 대한 명예훼손죄가 성립할 수 있는지의 문제로 대두하는데, 이에 관해 견해가 대립한다. 다수 견해는 법인에 대한 명예훼손죄도 성립할 수 있다고 보는 반면, 일부 견해는 이에 반대한다. 가령 형법학자인 배종대 교수는 다음과 같이 법인에 대한 명예훼손죄에 반대한다.[10]

"이와 같은 통설의 견해는 찬성할 수 없다(**부정설**). 개인을 초월하는 일정한 단체의 명예주체성을 법률이 아닌 도그마틱이론으로 인정하여 명예에 관한 죄의

---

9 민법학의 논의상황에 관해서는 성재현, 『법인의 인격권: 비방광고로 인한 침해와 구제수단』(서울대 법학석사 학위논문, 2014) 참조.
10 배종대, 『형법각론』(홍문사, 2006), 269쪽. 강조는 원문에 의한 것이다.

적용범위를 확대하는 것에 반대한다. 인간존엄으로부터 나오는 개인의 명예와 동등한 가치를 부여할 수 있는 단체의 명예는 법률이 정해야 할 문제이다. 나아가서 이러한 단체의 명예보호가 필요한 것도 아니다. 문제가 되는 경우는 대부분 개인명예의 보호차원에서 해결될 수 있을 것이기 때문이다(**부정설 타당**)."

이러한 반대주장은 법인은 자연적 인간이 아니기에 범죄능력이 없다는 주장과도 맥을 같이 한다. 예를 들어, 법인에 대한 명예훼손을 부정하는 배종대 교수는 같은 맥락에서 법인은 범죄능력이 없다고 말한다.[11]

"법인은 범죄능력이 없다. 법인은 형법의 '사람'이 아니기 때문에 형법의 행위능력이 없고 따라서 책임능력과 형벌능력도 인정될 수 없다(**부정설 타당**). '민법의 사람', 법인은 그를 만든 민법에서 해결해야 할 문제이다."

(2) 판례

학설에서 전개되는 견해대립과는 달리 판례는 민법이나 형법에서도 법인의 인격권을 인정한다. 예를 들어 법인의 인격권 침해에 따른 불법행위를 인정할 뿐만 아니라, 법인에 대한 명예훼손 역시 긍정한다. 이를테면 대법원 1996. 6. 28 선고 96다12696 판결에서 대법원은 "법인의 목적사업 수행에 영향을 미칠 정도로 법인의 사회적 명성, 신용을 훼손하여 법인의 사회적 평가가 침해된 경우에는 그 법인에 대하여 불법행위를 구성한다고 할 것이다."라고 함으로써 법인의 명예훼손으로 인한 불법행위가 성립할 수 있음을 밝히고 있다.[12]

3. 문제점

헌법 및 개별법에서 논의되는 상황을 보면, 학설에서는 법인의 인격권을 인정할 수 있는지에 관해 견해가 대립하는 반면, 헌법재판소나 대법원 판례는 일관되

---

11 배종대, 『형법총론』(홍문사, 2006), 212쪽.
12 이는 대법원 1965. 11. 30. 선고 65다1707 판결, 대법원 1988. 6. 14. 선고 87다카1450 판결 등에서 확립된 판례를 확인한 것이다.

게 법인의 인격권을 인정한다. 다만 앞에서도 지적한 것처럼, 판례는 과연 어떤 근거에서 법인의 인격권을 인정할 수 있는지를 명확하게 논증하는 것은 아니다. 현실적으로 법인의 인격권을 인정할 필요가 있다는 '선이해'(Vorverständnis)에 기반을 두어 이를 긍정하는 결론을 도출하는 것으로 보인다. 따라서 법인의 인격권을 긍정하는 판례의 태도가 더욱 설득력을 획득하기 위해서는 이러한 결론을 정당화할 수 있는 별도의 이론적 논증이 필요하다. 이에 관해 실정법학에서는 주로 비교법적 논증을 원용한다. 그동안 법인의 인격권 문제에 이루어진 연구를 일별해 보면, 주로 비교법적 분석 및 논증을 활용해 이 문제를 다룬다. 비교법적 논증이 실정법학에서 차지하는 비중이나 유용성을 고려하면, 이러한 논증방법에 대해 설득력을 인정할 수 있을 것이다.[13] 그러나 이 책은 다른 논증방식, 즉 인격권과 인격 개념을 법철학적으로 분석하는 법철학적 논증을 활용하여 법인의 인격권 문제를 아래에서 다루고자 한다.

Ⅲ. 인격권의 의의와 특성

1. 인격권의 의의

법인에게 인격권이 인정되는지를 다루기 위해서는 먼저 인격권이란 무엇을 뜻하는지 살펴볼 필요가 있다. '인격권'(Persönlichkeitsrecht)이란 명예, 성명, 초상, 사적 영역 및 개인정보와 같이 인격과 관련을 맺는 모든 이익에 대한 권리를 뜻한다.[14] 한 마디로 말해, 인간이 아닌, 인격에 관한 권리가 바로 인격권인 것이다. 이처럼 인격권은 인격에 관한 권리라는 점에서 인간에 관한 권리, 달리 말해 인간이면 그 누구나 평등하게 누리는 '인권'(human rights; Menschenrechte)과는 구별된다.[15] 이러한 인격권은 크게 '일반적 인격권'과 '개별적 인격권'으로 구분된다. 일반

---

13 이를 보여주는 K. Zweigert/H. Kötz, *Einführung in die Rechtsvergleichung*, 3. Aufl. (Tübingen, 1996) 참조.

14 이와 유사한 개념정의로는 박도희, "인격권으로서 프라이버시권과 퍼블리시티권의 법리(I)", 『한양법학』 제18집(2005), 187쪽.

15 물론 인격권은 넓은 의미의 인권에 포함된다. 오늘날 인권은 그 외연이 아주 광범위하기 때문이다.

적 인격권이 인격에 관한 권리 일반을 뜻한다면, 개별적 인격권은 이러한 일반적 인격권을 구성하는 명예권, 성명권, 초상권, 프라이버시권, 퍼블리시티권, 개인정보 자기결정권 등을 뜻한다.

2. 인격권의 특성

(1) 포괄성

인격권, 그중에서도 일반적 인격권은 그 외연이 아주 포괄적인 권리이다.[16] 인격에 관한 일체의 이익에 대한 권리가 인격권이기에 이러한 개념을 놓고 보면 세상에 존재하는 거의 모든 권리가 인격권에 포함될 수 있기 때문이다. 인격과 관련을 맺지 않는 이익을 생각하기는 쉽지 않기 때문이다. 바로 이 점에서 인격권은 그 경계가 명확하지 않은 애매한 권리이기도 하다. 포괄적인 권리이기 때문에 동시에 애매한 권리인 것이다. 바로 이러한 이유에서 인격권은 그 독자적인 권리성이 부정되기도 하였다.[17]

(2) 탈대상화된 권리

인격권이 애매한 권리라는 점은 인격권이 전통적인 권리와는 달리 탈대상화된 권리라는 점에서도 그 이유를 찾을 수 있다. 전통적인 권리는 실체적인 보호대상을 지닌다. 이를테면 생명권은 생명이라는 보호대상을, 신체의 자유에 대한 권리는 신체라는 대상을, 재산권은 재산이라는 실체적 대상을 갖는다.[18] 이에 반해 인격권은 인간이라는 실체를 보호대상으로 하는 인권과는 달리 실체적인 보호대상을 갖지 않는다. 예를 들어, 개별적 인격권에 속하는 명예나 성명, 초상에 대한 권리가 보호하고자 하는 명예나 성명, 초상은 실체적인 대상이 아니다. 이들은 물건처럼, 프랑스의 철학자 데카르트(R. Descartes)의 용어로 말하면 '연장'(Extension)으로서

---

16 인격권의 특성에 관해서는 양천수, "인격권의 법철학적 기초: 인격권의 구조·성장·분화", 『법과 정책연구』 제11집 제3호(2011), 1139-1165쪽 참조.

17 아래 Ⅲ.2.(5) 참조.

18 다만 오늘날 재산 역시 점점 관념화되고 있다는 점을 언급할 필요가 있다. '비트코인'으로 대변되는 전자화폐가 이를 극명하게 보여준다.

존재하는 것이 아니라 '규범적 의미'나 '이미지'로서 존재할 뿐이다.[19] 이는 인격권의 보호대상인 인격 그 자체가 인간과는 달리 사회적 관계 속에서 '의미'로서 존재한다는 점과 무관하지 않다.[20]

(3) 가변성

인격권은 탈대상화된 권리이기에 그 내용이 고정되어 있지 않고 사회 변화에 맞게 변하는 가변적인 특성도 지닌다. 달리 말해 인격권은 고정된 권리가 아니라 가변적인 권리인 것이다. 그런데 이때 주의해야 할 점은, 인격권이 지닌 가변성은 방향성이 없는 것이 아니라는 점이다. 인격권은 일정한 방향을 지향하면서 변화되어 왔다. 바로 '인격권의 지속적인 확장'이 그것이다. 19세기 이전만 하더라도 인격권의 독자적인 권리성을 부정하는 것이 지배적인 견해였다. 그렇지만 사진이나 영화와 같은 새로운 소통매체가 등장하면서 인격권을 독자적인 권리로 승인해야 할 필요성이 증대하였고 이에 따라 그 이후 인격권은 독자적인 권리로 자리매김하게 되었다. 뿐만 아니라, 인격권은 독자적인 권리로 승인된 이후에도 지속적으로 그 내용이 확장되었다. 예를 들어, '개인정보 자기결정권'이나 '잊힐 권리'와 같은 새로운 권리가 개별적 인격권으로 등장하였다.

(4) 사회적 소통 의존성

인격권이 가변적인 이유는 한편으로는 인격권이 탈대상화된 권리이기도 하지만, 다른 한편으로는 인격권이 사회적 소통에 의존하는 권리라는 점에서도 찾을 수 있다. 인격권, 특히 일반적 인격권을 구성하는 명예나 성명, 초상 등과 같은 인격적 정보는 이에 관해 사회에서 어떠한 소통이 진행되는가에 따라 그 내용이나 방향성이 달라진다. 예를 들어, 19세기 이전만 하더라도 독일 사회의 구성원들은 인격권을 불필요한 것으로 보거나 아주 제한적으로만 인정하고자 하였다. 사회에서 진행되는 소통이 인격권의 독자성에 대해 부정적이었던 것이다. 이를 반영하듯 독일 민법의 입법자들은 개별 인격권 중에서 성명권만을 실정법상 권리로 제도화하였다.[21] 그렇지만 인터넷 등으로 구현되는 사이버세계가 현실세계와 동등한 지

---

19 데카르트의 연장 개념에 관해서는 김성환, "근대 자연 철학의 모험 Ⅰ: 데카르트와 홉스의 운동학적 기계론", 『시대와 철학』 제14권 제2호(2003), 313-332쪽 참조.

20 이에 관해서는 아래 Ⅳ.3.(1) 참조.

위를 누리고 있는 오늘날에는 사이버세계에서 사용 또는 노출되는 개인정보의 중요성이 그 어느 때보다 높아졌고, 이로 인해 개인정보 침해행위도 강력하게 규제해야 한다는 사회적 소통이 지배적인 것으로 이루어진다. 이에 따라 인격권의 중요성 역시 덩달아 높아진다. 그런데 이렇게 인격권이 사회적 소통에 의존한다는 것은 인격권이 보호하고자 하는 인격 그 자체가 사회적 소통에 의존하는 관계적인 개념이라는 점과도 관련을 맺는다.

(5) 확장되는 권리

이미 앞에서 지적한 것처럼, 인격권은 가변적인 권리이면서 동시에 그 외연이 지속적으로 확장되는 권리이다. 인격권의 확장과정을 도식화하면 다음과 같다. ≪인격권의 부정 ⇒ 인격권의 승인 ⇒ 인격권의 확장 및 내적 분화≫가 그것이다.[22] 애초에 인격권은 독자적인 권리로 인정되지 않았다. 그 이유를 크게 세 가지로 언급할 수 있다.

첫째, 인격권은 그 외연이 포괄적이고 애매한 권리여서 독자적인 권리로 인정하기 어렵다는 것이다.[23]

둘째, 인격권이 보호하고자 하는 내용은 이미 개별 권리가 보호하고 있기에 이를 독자적으로 인정할 필요가 없다는 것이다. 이러한 견해는 16세기에 활동했던 인문주의 법학자 도넬루스(Hugo Donellus: 1527-1591)에게서 발견할 수 있다. 인격권에 관해 선구적인 견해를 제시했던 도넬루스는 인격권을 '자기 인격에 대한 권리'(Recht an der eigenen Person)로 구상한다. 이에 따르면 생명, 신체의 불가침, 자유, 명예 등에 대한 권리가 자기 인격에 대한 권리를 구성한다.[24] 따라서 굳이 자기 인격에 대한 권리를 독자적으로 인정해 이를 보호하지 않아도 생명, 신체의 불가침, 자유, 명예 등에 대한 권리를 개별적으로 보호함으로써 인격을 보호할 수 있다는 것이다.[25]

---

21 독일 민법 제12조.

22 이에 관해서는 양천수, 앞의 논문(주16), 1139-1165쪽 참조.

23 이와 유사한 논의를 행복추구권에서도 발견할 수 있다. 일부 견해는 행복 개념이 모호하다는 점에서 행복추구권을 독자적인 권리로 인정하지 않는다. 이에 관해서는 허영, 앞의 책(주4) 참조.

24 이러한 견해는 '인간에 대한 권리'와 '인격에 대한 권리'를 명확하게 구분하지 않은 것이라고 말할 수 있다. 도넬루스에 따르면, 인간 개념이 인격 개념에 포함되고 있는 것이다.

25 H. Coing, *Das subjektive Recht und der Rechtsschutz der Persönlichkeit* (Frankfurt/M., 1959), 17쪽.

셋째, 인격권을 독자적으로 인정하면 권리주체인 인격 그 자체가 객체, 즉 대상으로 전락하므로 이를 인정할 수 없다는 것이다. 이는 독일 민법학의 초석을 쌓은 로마법학자 사비니(F.C.v. Savigny)에게서 발견할 수 있다. 주지하다시피 사비니는 인격을 권리주체로 설정한다. 이때 사비니는 칸트(I. Kant) 철학을 원용한다. 자율성을 인격의 핵심적 표지로 파악한 칸트처럼, 사비니 역시 인격을 자율적인 의지를 지닌 존재로 설정한다. 이에 따르면, 자율적인 인격체는 이러한 자율적인 의지를 외부로 표시하는 '의사표시'(Willenserklärung)를 통해 '법률행위'(Rechtsgeschäft)를 형성하고, 이러한 법률행위에 의해 자신의 의지를 법적으로 관철할 수 있는 '권리'를 만들어 낸다. 바로 이 점에서 자율적인 의지를 지닌 인격이 권리주체가 된다.[26] 그런데 만약 인격권을 독자적인 권리로 승인하면, 권리주체인 인격이 동시에 권리객체가 되고 이로 인해 권리주체와 권리객체의 구분이 해체되므로 문제가 된다고 한다.[27]

그러나 앞에서 언급한 것처럼, 현대 과학기술의 발전으로 다양한 소통매체가 등장하고, 인격권의 보호필요성이 증대하면서 인격권 부정론보다 긍정론이 더욱 힘을 얻게 된다. 사회적 소통이 이를 부정하는 쪽에서 긍정하는 쪽으로 바뀐 것이다. 이에 따라 미국에서는 웨렌(S.D. Warren)과 브랜다이스(L.D. Brandeis)에 의해, 독일에서는 코잉(H. Coing)과 훕만(H. Hubmann) 등에 의해 인격권은 독자적인 권리로 자리매김한다.[28]

이후 인격권은 시대 및 사회적 소통의 변화에 발맞추어 지속적으로 확장된다. 동시에 내부적으로 분화되면서 새로운 인격권이 출현한다. 예를 들어, 영미법학에서는 프라이버시권에 대비되는 퍼블리시티권이, 독일에서는 개인정보 자기결정권이 새로운 인격권으로 승인되었다. 그리고 최근에는 인터넷 등에서 잊힐 권리가 새로운 인격권으로 주장된다. 이렇게 오늘날 인격권은 사회변화에 발맞추어 그 외연을 지속적으로 확대하고 있다.

---

26 이에 관해서는 임미원, "칸트와 역사법학", 『법사학연구』 제38호(2008), 49-71쪽 참조.

27 임미원, "인격권 개념의 기초적 고찰", 한국민사법학회 (편), 『우리 민법학은 지금 어디에 서 있는가?: 한국 민사법학 60년 회고와 전망』(박영사, 2006), 73쪽.

28 인격권의 역사적 전개과정에 관해서는 제철웅, "민사법에 의한 인격보호의 역사적 전개: 특히 독일법을 중심으로", 『법학논문집』 제24권 제1호(2000), 247-289쪽 참조.

Ⅳ. 인격의 의의와 특성

1. 논의 필요성

인격권이 지속적으로 확장되고 있다는 점을 고려하면 인격권의 주체를 확대하는 것도 같은 맥락에서 긍정적으로 인정할 수 있을지 모른다. 그러나 엄밀하게 보면 양자는 구별해야 한다. 인격권이 확장된다는 것은 인격권의 보호영역, 즉 인격권의 '객관적 측면'이 확장된다는 것을 뜻하는 반면, 법인에게도 인격권을 인정한다는 것은 인격권의 주체영역, 즉 인격권의 '주관적 측면'이 확장된다는 것을 뜻하기 때문이다. 인격권의 객관적 측면이 확장된다고 해서 곧바로 인격권의 주관적 측면 역시 확장된다고 말할 수는 없다. 이는 별도로 논증할 필요가 있다. 바로 이 점에서 인격권의 보호대상이 되는 인격 그 자체를 분석할 필요가 있다.

2. 인격의 의의와 기능

(1) 개념

먼저 '인격'(person)이란 무엇인지 살펴본다.[29] 인격은 다양한 영역에서 사용되는 개념이다. 우리 일상생활에서도 인격은 자주 사용된다. 그 때문에 인격은 다양한 의미를 지닌다. 예를 들어, 인격은 성격이나 캐릭터의 의미로 사용된다. 또한 인격은 도덕성의 의미로도 사용된다. 이를테면 우리는 도덕적으로 훌륭한 사람을 '인격자'라고 표현한다. 이에 대해 법에서 인격은 법적 주체 또는 권리주체가 될 수 있는 자격을 뜻한다. 이는 법에서 아주 중요한 의미를 지닌다. 왜냐하면 법적 주체가 되어야만 비로소 '법률행위'와 같이 법적으로 의미 있는 행위를 할 수 있고, 법이 보호하는 각종 권리를 누리거나 반대로 법이 부과하는 의무를 이행할 수 있기 때문이다. 법적 주체가 되어야만 비로소 민사책임이나 형사책임을 부담할 수

---

[29] 인격 개념에 관해서는 R. Spaemann, *Personen: Versuche über den Unterschied zwischen 'etwas' und 'jemand'*, 3. Aufl. (Stuttgart, 2006); 임미원, "＜인격성＞의 개념사적 고찰", 『법철학연구』 제8권 제2호(2005), 171-192쪽 등 참조.

있다. 우리 법, 특히 모든 법의 근간이 되는 민법은 법적 주체로서 인간이라는 개념 대신 인격 개념을 사용한다.[30] 민법은 이를 한자어로 '인(人)'이라고 표시한다. 인격을 중심으로 하여 모든 민사법적 관계를 규율한다. 이 때문에 특정한 주체가 인격으로 인정될 수 있는가 하는 점은 이러한 주체가 법이 보호하는 세계로 들어갈 수 있는지를 결정하는 아주 중요한 문제가 된다.

(2) 인간과 인격의 분리

물론 우리 법이 '인간'(human) 개념을 완전히 배격하는 것은 아니다. 인간 개념은 '인권법'(human rights law) 영역에서 인권의 주체로서 사용된다. 인권법에 따르면, 그 누구나 인간으로 인정되면 보편적 권리인 인권을 누릴 수 있다. 또한 우리 법이 상정하는 인격은 인간에서 출발한다. 따라서 인격을 지닌 주체, 즉 '인격체'는 흔히 인간을 지칭하는 경우가 많다. 그렇지만 앞에서 지적한 것처럼, 우리 법에 따르면 인간과 인격은 개념적으로 구분된다. 인간은 자연적·생물학적 존재를 말한다. 인간은 우리가 눈으로 볼 수 있는 경험적인 대상이다. 이에 대해 인격은 법이 법적 주체로서 인정하는 자격 또는 존재를 말한다. 인격은 우리가 눈으로 볼 수 있는 대상이라기보다는 우리에게 '의미'로서 존재하는 관념적인 것이다. 그 점에서 인간과 인격은 구분된다. 물론 자연적 인간은 법 안에서 당연히 인격을 취득한다. 이를테면 모든 인간은 생존하는 동안 인격으로서 권리능력을 갖는다(민법 제3조). 그 점에서 인간과 인격은 일치한다. 다만 우리 법에서는 자연적 인간이 아닌 데도 인격을 취득하는 경우가 있다. 주식회사와 같은 '법인'(juristische Person)이 바로 그런 경우이다. 법인은 엄밀하게 말해 우리 눈에 보이지 않는 인공적인 주체이지만, 우리 법은 법인에게 법적 인격을 부여한다(민법 제34조).[31]

(3) 인격의 기능

법이 자연인 또는 법인에게 인격을 부여하는 이유는 무엇인가? 그 이유는 인

---

30 이는 우리 민법의 모태가 된 독일 민법전을 살펴보면 금방 확인된다. 왜냐하면 독일 민법전은 권리주체로서 'Person'이라는 개념을 사용하기 때문이다.

31 인격과 마찬가지로 법인 역시 '실체'(Substanz)로서 존재하는 것이 아니라, 우리의 관념 속에서 '의미'로서 존재한다. 바로 이러한 이유에서 법인의 본질, 즉 법인의 존재방식에 관해 논쟁이 벌어지는 것이다.

격이 법체계 안에서 특정한 기능을 수행하기 때문이다. 먼저 인격은 인격을 부여받은 주체, 즉 인격체를 보호하는 기능을 수행한다. 특정한 주체를 인격체로 인정한다는 것은 그가 권리주체가 된다는 점을 인정하는 것이기 때문이다. 특정한 주체가 권리주체가 된다는 것은 그가 자신을 보호할 수 있는 권리를 향유할 수 있다는 것을 뜻한다. 예를 들어, 우리 인간은 인격으로 인정됨으로써 우리 법이 규정하는 다양한 권리들, 가령 생명권이나 자유권, 재산권을 주장할 수 있다. 이러한 권리를 사용하여 국가 또는 제3자에 의해 자행되는 위협이나 침해를 막을 수 있다. 법인 역시 인격에게 부여되는 각종 권리들, 이를테면 인격권을 행사하여 자신에 대한 인격권 침해행위를 막을 수 있다. 이 점에서 인격은 인격체를 보호하는 기능을 수행한다. 바로 이러한 이유에서 동물을 보호하고자 하는 사람들은 동물을 독자적인 권리주체로 인정하고 동물권을 부여함으로써 동물을 더욱 효과적으로 보호하려 하는 것이다.[32]

다음으로 인격은 인격체와 법적 관계를 맺은 상대방을 보호하는 기능도 수행한다. 이를테면 인격체가 법적으로 잘못된 행위를 저지른 경우 이에 대한 책임을 질 수 있도록 함으로써 이러한 행위로 피해를 입은 상대방을 보호하는 것이다. 이를 '책임귀속기능'이라고 한다. 예를 들어, 우리 인간이 고의나 과실에 의한 위법행위로 타인에게 손해를 가한 경우 우리는 이러한 손해를 배상해야 한다(민법 제750조). 또한 우리 인간이 타인에게 범죄를 저지른 경우 우리는 이에 상응하는 형사책임을 져야 한다. 마찬가지로 법인 역시 자신의 직무에 관해 타인에게 손해를 가한 경우에는 그 손해를 배상해야 한다(민법 제35조). 이렇게 법적으로 잘못을 저지른 인격체가 그에 대한 책임을 지도록 함으로써 피해를 입은 상대방을 보호할 수 있는 것이다.

나아가 인격은 법적 관계를 명확하게 하는 기능도 수행한다. 특정한 주체나 단체에 인격을 부여함으로써 이러한 주체나 단체가 행사할 수 있는 권리의 범위나 부담해야 하는 의무의 범위를 명확하게 확정할 수 있다. 이는 전체 법체계를 안정화하는 데도 기여한다. 인격을 통해 누가 법적 주체가 되는지, 누가 어떤 권리를 갖고 또 어떤 책임을 질 수 있는지를 명확하게 함으로써 법적 관계에 대한 신뢰를 강화하는 것이다. 이는 법체계 전체를 안정적으로 만드는 데 기여한다. 달리 말해,

---

32 동물권에 관해서는 김중길, "전 인권적 관점에서 본 동물권", 『인권이론과 실천』 제19호(2016), 71-93쪽 참조.

인격은 '법적 안정성'을 높이는 데 기여하는 것이다.

3. 인격의 특성

(1) 관계적 존재로서 인격

앞에서 인격은 자연적 인간 개념과는 달리 우리의 관념 속에서 '의미'로서 존재한다고 말하였다. 이는 인격이 인간처럼 '실체적 존재'가 아니라 사회적 관계 속에서 형성되는 존재, 즉 '관계적 존재'라는 점을 시사한다. '의미'는 즉자적으로 부여되기보다는 사회적 관계 속에서 비로소 부여되는 것이기 때문이다. 이를 아래에서 논증하도록 한다.

인격 개념은 어떻게 존재하는가? 이는 '실체'로서 고정되어 있는 것인가, 아니면 '의미'로서 유동적인 것인가? 만약 인격이 의미로서 존재하는 것이라면, 이는 구체적으로 무엇을 뜻하는가? 이러한 질문은 특정한 개념이 어떻게 존재하는가를 묻는 철학적인 질문이다. 일정한 개념에 대응하는 존재가 우리의 몸이나 물건처럼 '실체'로서 존재하는가, 아니면 우리의 사회적 관계 속에서 단지 '의미'로서만 존재하는가에 관한 문제이다. 이를 철학에서는 '존재에 관한 물음'이라고 말한다.[33] 그리고 이를 다루는 학문을 '존재론'(Ontologie)이라고 말한다. 존재론에서는 특정한 존재가 우리의 몸이나 물건처럼 '실체'로서 존재하는 경우 이를 '실체존재'라고 부른다. 이에 대해 특정한 존재가 사회적 관계 속에서 단지 의미로서만 존재하는 경우 이를 '관계존재'라고 부른다. 그리고 전자를 주장하는 이론을 '실체존재론', 후자를 주장하는 이론을 '관계존재론'이라고 부른다.[34] 실체존재론을 대표적인 경우로 전통적인 자연법이론을 거론할 수 있다.[35] 전통적인 자연법이론은 이 세계에 보편적인 자연법이 규범적 실체로서 존재한다고 보았기 때문이다. 이러한 실체존재론에 따라 인격 개념을 파악하면, 인격 개념에 대응하는 고유한 실체가 존재한다. 이는 바로 실천이성을 지닌 자율적인 인간을 뜻한다. 그리고 이렇게 실체로서 존재

---

[33] 이를 정면에서 다루는 문헌으로 M. Heidegger, *Sein und Zeit* (Tübingen, 1927) 참조.

[34] 관계존재론의 대표적인 예로서 W. Maihofer, *Recht und Sein* (Frankfurt/M., 1954). 이에 대한 우리말 번역으로는 베르너 마이호퍼, 심재우 (역), 『법과 존재』(삼영사, 1996) 참조.

[35] 자연법이론에 관해서는 박은정, 『자연법사상』(민음사, 1987) 참조.

하는 인격의 내용은 변하지 않는다. 이와 달리 관계존재론에 따르면, 인격 개념에 대응하는 고유한 실체는 존재하지 않는다. 그 대신 '의미'만이 존재할 뿐이다. 이러한 의미는 사회적 관계 안에서 만들어진다. 그리고 사회가 변하면 그 의미 역시 변한다. 따라서 이러한 관계존재론에 따르면, 인격 개념에 대응하는 의미는 고정된 것이 아니라 사회와 함께 변하는 가변적인 것이다.

그러면 인격은 그중에서 어떤 것으로 파악할 수 있는가? 인격 개념은 관계존재론에 따라 판단하는 것이 타당하다. 앞에서 언급한 것처럼, 인격은 실체가 아닌 의미인데, 이러한 의미는 사회적 관계에서 비로소 주어지고 유지되는 것이기 때문이다. 달리 말해, 인격은 사회에서 전개되는 소통을 통해 형성되고 유지되며 변화하는 관계적이며 가변적인 개념인 것이다. 이는 앞에서 살펴본 인격권의 성격과도 유사하다.[36] 인격권 자체가 이러한 인격 개념에 바탕을 둔 권리이기 때문이다. 이러한 인격 개념의 성격은 인격과 인간을 개념적으로 비교할 때 분명해진다. 인간 개념에 대응하는 자연적 인간은 생물학적 존재로서 이 세계에 실체로서 존재한다. 자연적 인간은 분명 우리가 감각적으로 경험할 수 있다. 그렇지만 인격은 자연적 인간과는 달리 우리가 감각적으로 경험할 수 있는 것은 아니다. 인격은 우리가 사회 안에서 형성하는 관계 및 소통을 통해 우리에게 의미로서 부여된다. 요컨대, 인격은 사회적 관계 안에서 의미로서 존재하는 것이다. 그 점에서 인격은 그 내용이 고정되어 있지 않다. 인격 개념이 지칭하는 의미내용은 사회와 함께 변한다.

(2) 확장되는 개념으로서 인격

인격은 관계적 존재로서 사회에서 전개되는 소통에 의존한다. 이 때문에 인격의 내용은 고정되어 있지 않다. 이는 가변적인 개념이다. 그렇다면 인격의 의미내용은 어떻게 변하고 있는가? 이는 다음과 같이 말할 수 있다. 인격의 의미내용은 지속적으로 확장되고 있다는 것이다. 인격 개념은 우리 인류와 사회 그리고 법이 진보하면서 그 내용이 지속적으로 확장되어왔다. 예전에는 인격으로 인정받지 못했던 존재들이 사회가 발전하면서 인격으로 인정되고 있는 것이다. 이는 법의 역사가 잘 보여준다.

오랫동안 인격은 자연적인 인간을 기반으로 하여 설정되었다. 이른바 '인간중

---

36 앞의 Ⅲ.2.(4) 참조.

심적 인격 개념'이 오랫동안 우리 법체계를 지배한 것이다. 그렇지만 법이 자연적인 인간을 그대로 인격으로 포섭한 것은 아니었다. 오히려 인격은 자연적 인간보다 좁게 설정되었다. 이는 근대법이 형성되기 이전의 법체계에서 쉽게 찾아볼 수 있다. 예를 들어, 근대법이 등장하기 이전에 가장 진보한 법체계였던 로마법에서도 모든 인간이 인격에 포섭되지는 못하였다. 오직 성인 남자인 로마 시민만이 완전한 인격으로서 권리주체가 될 수 있었다. 여성이나 미성년자, 노예는 법적 인격이 제한되었다.

이러한 불일치는 종교개혁, 시민혁명 등에 힘입어 근대법이 등장하면서 해소된다. 예를 들어, 프랑스 민법전이나 독일 민법전과 같은 근대 민법전은 법적 인격으로서 시민 개념을 도입하고, 원칙적으로 모든 인간은 시민이 될 수 있도록 함으로써 인간과 인격 사이의 개념적 불일치를 해소한다. 물론 이는 형식적인 것에 불과했다. 예를 들어, 여성이 실질적으로 남성과 동등한 지위를 누리기 위해서는 한참 더 기다려야 했다.[37]

한편 산업혁명으로 자본주의가 성장하면서 인격 개념은 새로운 전환점을 맞는다. 법인이 새롭게 법적 인격에 편입된 것이다.[38] 이는 그동안 강고하게 유지되었던 인간중심적 인격 개념이 조금씩 해체되고 있음을 보여준다. 왜냐하면 법인은 여러모로 자연인과는 차이가 있기 때문이다. 자연적 인간에 바탕을 둔 자연인과는 달리, 법인은 법적 필요성 때문에 법이 인공적으로 만들어낸 인격이기 때문이다. 이러한 법인은, 마치 인격 개념의 특성에 충실하듯이, 우리 눈에 보이는 실체적 존재가 아니다. 법인은 법적 관계 속에서 그 의미와 존재, 지위가 규정되는 관념적인 것이다. 바로 이 점에서 민사법학에서는 법인의 본질에 관해 '법인의제설'과 '법인실재설' 사이의 논쟁이 펼쳐진다.[39] 물론 법인은 자연인을 기관으로 활용함으로써 여전히 자연적 인간과 관련성을 유지한다. 그렇지만 자연적 인간에 바탕을 둔 자연적 인격 개념과 비교하면, 법인은 분명 인간중심적 사고에서 한 걸음 벗어나고 있다. 바로 이러한 근거에서 형법학에서는 법인에게 형사책임을 인정하는 것에 주

---

37 이를 보여주는 예로서 양현아, 『한국 가족법 읽기: 전통, 식민지성, 젠더의 교차로에서』(창비, 2011) 참조.

38 이 문제에 관해서는 신유철, "Die ausservertragliche Schadenshaftung der juristischen Personen", 『법학연구』 제14권 제1호(2003), 163–194쪽 참조.

39 이에 관해서는 이흥민, "법인의 본질", 『법과 정책』 제22집 제3호(2016), 263–297쪽 참조.

저하는 것이다. 자연적 인간과는 달리, 법인은 독자적인 책임의식을 갖지 못하기 때문이라는 것이다.[40] 이는 법인이 자연적 인격과는 비교되는 이른바 '탈인간중심적 인격'이라는 점을 시사한다.

제4차 산업혁명이 진행되는 오늘날 이제 인격 개념은 새로운 전환점을 맞고 있다. 인공지능 로봇이 새로운 법적 주체로 거론되면서, 인공지능 로봇에게 인격을 인정할 수 있는지가 논의되고 있는 것이다.[41] 인격 개념이 새롭게 확장될 수 있는 계기가 찾아온 것이다. 이는 동시에 우리가 여전히 인간중심적 인격 개념을 고수해야 하는지, 그게 아니면 인간중심적인 '인격' 개념을 포기하거나 인격 개념을 '탈인간중심적인 개념'으로 새롭게 설정해야 하는지를 고민해야 하는 시기를 맞이했다는 점을 보여준다.

V. 탈인간중심적 인격 개념의 가능성

1. 논의 필요성

앞에서 살펴본 것처럼, 인격 개념은 사회적 소통에 의존하는 관계적인 것이면서 그 내용이 변하는 가변적인 개념이다. 이때 말하는 가변성이란 인격의 내용이 지속적으로 확장된다는 것을 뜻한다. 이로 인해 우리 법은 법인을 새로운 법적 인격으로 승인하였고, 이제는 인공지능 로봇이나 심지어 동물에게도 인격성을 인정할 수 있는지가 문제되고 있다. 이러한 상황에서 이 책은 이렇게 인격 개념에 관해 새롭게 등장하는 문제를 해결하기 위해서는 그동안 우리가 굳건하게 고수하였던 인간중심적 인격 개념을 바꿀 필요가 있다고 주장하고자 한다. 자연적 인간뿐만 아니라 법인, 동물, 인공지능 로봇까지 모두 특정한 요건이 충족되면 인격으로 포섭할 수 있는 새로운 인격 개념을 모색할 필요가 있다는 것이다. 이를 필자는 '탈인간중심적 인격 개념'으로 제안하고자 한다.[42] 필자는 이러한 탈인간중심적 인격

---

40 예를 들어 G. Jakobs, "Strafbarkeit juristischer Personen?", in: *Festschrift für Klaus Lüderssen* (Baden-Baden, 2002), 559-575쪽.

41 이 문제에 관해서는 목광수, "인공지능 시대에 적합한 인격 개념: 인정에 근거한 모델을 중심으로", 『철학논총』 제90집(2017), 192쪽 아래 참조.

개념을 설정하고 구체화함으로써 법인, 동물, 인공지능 로봇에 관한 법적 문제를 해결할 수 있는 기반을 확보할 수 있다고 생각한다. 다만 여기서 주의해야 할 점은, 탈인간중심적 인격 개념을 수용한다고 해서 곧바로 동물이나 인공지능 로봇에 대해 인격을 인정할 수 있는 것은 아니라는 것이다. 탈인간중심적 인격 개념은 일종의 '가능성'만을 보여줄 뿐이다. 바꿔 말해, 탈인간중심적 인격 개념은 동물이나 인공지능 로봇이 인격 개념으로 포섭될 수 있는 가능성을 열어줄 뿐이다. 이들이 최종적으로 인격을 취득하려면, 별도로 요구되는 '구체적인 요건'을 충족해야 한다. 이는 아래에서 살펴볼 것이다.

2. 의의

탈인간중심적 인격 개념이란 무엇인가? 이는 종전의 인간중심적 인격 개념에서 벗어나고자 하는 인격 개념이다. 인간중심적 인격 개념에 따르면, 자연적 인간이면 그가 생존하는 동안 자연스럽게 인격을 취득한다. 물론 여기에는 다음과 같은 전제가 따른다. 인격을 취득하는 인간은 실천이성을 지닌 자율적인 인간이어야 한다는 것이다. 물론 이는 규범적인 당위성이자 지향점을 의미한다. 칸트의 용어로 바꾸어 말하면, 이는 계몽으로써 달성해야 하는 규범적 목표인 것이다. 따라서 현실적으로는 설사 실천이성이 부족한 인간이라 할지라도 인격을 취득하는 데 문제는 없다. 다만 현행 민법은 권리능력과는 구분되는 행위능력을 도입함으로써 이렇게 현실적으로 실천이성이 부족한 자연적 인격의 법적 행위능력을 제한한다.

그런데 이러한 인간중심적 인격 개념에 따르면, 법인의 인격성을 해명하기 쉽지 않다. 기껏해야 법인의 인격성은 의제에 불과하다거나(법인의제설), 그게 아니면 법인은 이미 우리 사회에서 인격체로 실재하고 있다는 설명(법인실재설)만을 할 수 있을 뿐이다. 더군다나 인간중심적 인격 개념에 따르면, 동물이나 인공지능 로봇의 인격성 문제도 현실에 적합하게 풀어낼 수 없다. 그러면 탈인간중심적 인격 개념은 어떻게 인격을 파악하겠다는 것인가? 이 문제를 해결하기 위해 이 책은 독일의 사회학자 루만이 정립한 체계이론을 활용한다.[43]

---

42 이에 관한 착안점은 양천수, "탈인간중심적 법학의 가능성: 과학기술의 도전에 대한 행정법학의 대응", 『행정법연구』 제46호(2016), 1-24쪽 및 이 책 제3장; 양천수, "현대 지능정보사회와 인격성의 확장", 『동북아법연구』 제12권 제1호(2018), 1-26쪽에서 끌어왔다.

체계이론은 세계는 '체계'(System)와 '환경'(Umwelt)으로 구성된다고 말한다. 이때 체계는 기계, 생명체계, 심리체계, 사회적 체계로 구분된다. 여기서 사회와 관련해 중요한 것이 바로 '사회적 체계'(soziales System)이다. 루만에 따르면, '상호작용'(Interaktion)과 '조직'(Organizationen) 그리고 '사회'(Gesellschaft)가 사회적 체계의 예들이기 때문이다. 이에 따르면, 현대사회 그 자체가 바로 사회적 체계에 속한다.

이러한 체계이론에 따르면, 인간과 인격은 당연히 구분된다. 자연적·생물학적 존재인 인간은 체계이론의 시각에서 보면 생명체계와 심리체계로 구성되는 체계복합체이다. 이러한 인간은 사회적 체계의 기준에서 보면, 체계 내부가 아닌 외부에 속하는 존재이다. 달리 말해, 인간은 사회적 체계의 경계 밖에 있는 환경에 속한다. 소통으로 구성되는 사회적 체계와 구별되는 존재이기 때문이다. 이러한 인간이 사회적 체계 안에 포함되기 위해서는 사회적 체계를 구성하는 '소통'(Kommunikation)에 참여할 수 있어야 한다. 이때 인간은 인격을 활용한다. 인간은 인격으로서 사회적 체계 안에서 진행되는 소통에 참여할 수 있는 것이다. 이에 따르면, 인격은 사회적 체계 안에서 이루어지는 소통이 귀속되는 지점이다. 예를 들어, 사회적 체계인 정치체계에서 인간은 정치인 또는 유권자라는 인격으로서, 경제체계에서는 기업인 또는 노동자라는 인격으로서, 의료체계에서는 의사 또는 환자라는 인격으로서 그리고 법체계에서는 권리주체라는 인격으로서 각각의 소통에 참여하는 것이다. 이러한 근거에서 법적 인격체는 권리주체로서 법적 소통의 귀속주체가 되는 것이다.

그런데 체계이론은 자연적 인격만을 소통의 귀속지점으로 파악하지는 않는다. 소통의 귀속지점은 이보다 더욱 확장된다. 사회적 체계에 속하는 상호작용, 조직, 사회는 모두 소통의 귀속지점이 된다. 다만 법체계는 여러 사정상 이러한 다양한 사회적 체계 중에서 조직, 그중에서도 법인 또는 법인과 유사한 사단에게 인격을 부여함으로써 법적 소통을 안정화한다.[44]

---

43 이에 관해서는 N. Luhmann, *Soziale Systeme: Grundriß einer allgemeinen Theorie* (Frankfurt/M., 1984); N. Luhmann, *Einführung in die Systemtheorie* (Heidelberg, 2017); 니클라스 루만, 윤재왕 (옮김), 『체계이론입문』(새물결, 2014) 등 참조.

44 모든 사회적 체계가 법적 인격이 되는 것은 아니다. 일단 상호작용은 일시적으로 존재하는 사회적 체계이므로 인격으로 인정하기 어렵다. 그리고 사회는 현재 우리 법체계가 사회가 부담해야 하는 법적 책임을 인정하지 않는다는 점에서 독자적인 인격으로 보기 어렵다. 달리 말해, 현행 법체계는 사회에 대한 법적 책임귀속을 인정하지 않고 있는 것이다. 물론 현행 행정법이나 국제

이처럼 체계이론은 자연적 인격을 넘어서 사회적 체계에 속하는 법인까지 인격을 확장한다. 여기서 필자는 탈인간중심적 인격 개념에 관해 의미 있는 시사점을 획득할 수 있다고 생각한다. 사회적 체계인 법인이 시사하듯이, 설사 자연적 인간이 아닌 존재라 할지라도 독자적인 사회적 체계 또는 체계로서 사회적 소통에 참여할 수 있고, 그 경계가 구분될 수 있으며, 지속적으로 존속할 수 있는 자율적인 존재라면 인격을 인정할 수 있다는 것이다.

3. 인격 개념의 요건

위에서 전개한 논의를 고려하면, 탈인간중심적 인격 개념에서는 다음과 같은 요건을 충족하는 경우 독자적인 인격으로 인정한다.

(1) 소통이 귀속될 수 있는 주체

소통이 귀속될 수 있는 지점으로서, 달리 말해 소통이 귀속되는 주체로서 인정될 수 있어야 한다. 이를 위해서는 다시 다음 두 가지 요건을 충족해야 한다. 우선 그 경계가 명확하게 확정될 수 있어야 한다. 달리 말해 주체의 내부와 외부가 구별될 수 있어야 한다. 나아가 지속가능하게 존속해야 한다. 일시적으로 존재하는 것에 불과한 경우에는 인격을 부여받을 수 있는 소통 주체가 될 수 없다. 이러한 두 가지 요건을 충족하는 주체로서 자연적 인간과 사회적 체계인 조직, 그중에서도 법인으로 인정할 만한 조직을 들 수 있다. 상호작용의 경우에는 그 자체 사회적 체계에 속하기는 하지만 지속가능하게 존속하는 것은 아니어서 여기서 말하는 소통의 주체가 될 수 없다.

(2) 자율적인 존재

자율성을 갖춘 존재여야 한다. 이때 말하는 자율성이란 형법학에서 말하는 엄격한 의미의 '자유의지'(Willensfreiheit)를 뜻하는 것은 아니다. 스스로 목적을 설정하고 이러한 목적을 달성하기 위해 스스로 수단을 선택하며, 자신이 선택한 수단으로 획득한 결과를 반성적으로 성찰할 수 있을 정도의 자율성을 말한다. 일단 자

법은 국가의 배상책임을 인정하기는 하지만, 이는 국가를 독자적인 공법인으로 파악함으로써 해결될 수 있다. 따라서 현재로서는 사회를 독자적인 법적 인격으로 인정할 필요는 없어 보인다.

연적 인간은 기본적으로 자율적인 존재로 인정되므로 이러한 요건을 충족한다. 아울러 법인 역시 사회적 체계에 해당하고, 체계이론에 따르면 사회적 체계는 자기생산적 체계로서 자율성을 획득하므로 이러한 요건을 충족한다.[45]

(3) 소통 참여 가능성

소통에 참여할 수 있어야 한다. 체계이론에 따르면, 소통은 ≪정보⇒통지⇒이해≫로 구성되므로, 소통에 참여한다는 것은 그 스스로가 정보를 통지하거나 이해할 수 있어야 한다는 점을 뜻한다. 자연적 인간은 기본적으로 소통능력을 갖고 있기에 이 요건을 충족한다. 나아가 법인 역시 자연인을 기관으로 활용하여 소통에 참여할 수 있으므로 이러한 요건을 충족한다.

특정한 존재가 이러한 세 가지 요건을 충족하면 설사 그 존재가 자연적 인간이 아니라 할지라도 법적 인격을 취득할 수 있다. 이러한 근거에서 사단이나 재단과 같은 사회적 체계가 법인격을 획득할 수 있는 것이다. 또한 만약 인공지능 로봇이 이러한 세 가지 요건을 충족하면 역시 법적 인격으로 인정할 수 있을 것이다. 물론 그렇게 되기 위해서는 이른바 '강한 인공지능'(strong AI)이 출현해야 할 것이다.

VI. 법인의 인격권 인정 가능성과 범위

1. 인격으로서 법인

지금까지 전개한 인격권 및 인격 개념 분석에 비추어 보면 법인, 더욱 정확하게 말해 사회적 체계에 속하는 사단이나 재단에게 법적 인격을 인정하는 것은 자연스러운 것으로 보인다. 법인은 인격체인 것이다. 물론 지금까지 우리 법체계를 지배해 온 인간중심적 인격 개념에 따라 법인을 보면, 과연 어떤 근거에서 법인이 인격을 취득할 수 있는지 설명하기 쉽지 않다. 하지만 위에서 살펴본 '탈인간중심적 인격 개념'이 제시한 요건에 따라 법인을 판단하면 법인은 인격을 취득한다. 이

---

45 '자기생산적 체계'의 의미에 관해서는 우선 G. Teubner, *Recht als autopoietisches System* (Frankfurt/M., 1989) 참조.

를 구체적으로 검토하면 다음과 같다.

첫째, 법인은 사회적 체계로서 소통의 귀속지점이 될 수 있다. 또한 체계의 작동을 통해 법인의 경계가 명확하게 구분된다. 이는 보통 법인설립등기에 의해 이루어진다. 이뿐만 아니라 법인은 또 다른 사회적 체계인 '상호작용'과는 달리 법인설립등기에 의해 지속가능하게 존속한다. 둘째, 법인은 사회적 체계로서 자기생산적인 성격을 갖는다. 법인 정관에서 정한 목적을 실현하기 위해 법인이 제대로 작동하고 있는지를 스스로 평가한다. 예를 들어 주식회사와 같은 상사회사는 주주의 이익을 극대화하기 위해 작동한다. 이를 가능하도록 하기 위해 스스로 규범을 설정하고 이를 적용한다. 이익을 내지 못하는 경우에는 경영진을 교체하기도 한다. 셋째, 법인은 사회적 소통에 참여할 수 있다. 법적 행위를 할 수 있고, 경우에 따라서는 손해를 배상하기도 한다.

이처럼 법인은 탈인간중심적 인격 개념이 설정하는 요건을 모두 충족한다. 따라서 법인은 사회적 체계이자 동시에 인격, 더욱 정확하게 말해 법적 인격으로 승인된다. 법인은 자연적 인격과는 구분되는 독자적인 인격체인 것이다.

2. 법인의 일반적 인격권 인정 가능성

사회적 체계인 법인은 비록 자연인은 아니지만 탈인간중심적 인격 개념에 따라 인격을 취득한다. 법인은 우리 사회 안에서 독자적인 인격체로서 자율적으로 소통에 참여하고 이를 수용할 수 있다. 법인은 단순히 우리 인간이 필요해서 법으로 의제한 허구의 존재가 아니라, 우리 사회 속에서 사회적 체계로서 그리고 독자적인 인격체로서 실재하고 있는 것이다. 따라서 이러한 법인에게 인격권을 인정하는 것도 논리적·규범적으로 인정된다. 법인이 독자적인 인격체인 이상 자신의 인격을 보호하기 위해 인격권을 인정할 필요가 있는 것이다. 이 점에서 법인의 인격권 논의에 관해서는 일단 '투시이론'이 아닌 '분리이론'이 더욱 설득력을 지닌다. 법인은 그 구성원인 자연인과는 구분되는 독자적인 인격이기 때문이다. 달리 말해, 법인은 단순히 자연인들이 결합되어 만들어진 집합체가 아니라, 자연인들의 소통적 결합으로부터 '창발'된 독자적인 기능적 인격인 것이다. 이러한 법인에게 독자적인 인격권을 인정하는 것은 자연스러운 결론이다.

다만 이때 말하는 인격권은 '일반적 인격권'을 뜻한다. 그리고 이는 단순히 민법이나 형법 등과 같은 개별법에서 인정하는 인격권이 아니라, 헌법에서 인정하는 헌법상 권리라고 말할 수 있다. 물론 헌법상 인격권은 헌법 제10조가 규정하는 '인간의 존엄'에 바탕을 두는 것이고, 법인은 인간에 해당하지 않으므로 이는 인정할 수 없다는 반론도 가능하다.[46] 그러나 인간 존엄성의 본질을 단순히 자연적 인간 그 자체에서 찾기보다는 실천이성을 지닌 자율적인 존재에서 찾는다면, 인간의 존엄 규정을 법인에게 확장하는 것도 생각해 볼 수 있다.[47] '인간의 존엄'을 '인격의 존엄'으로 재해석하는 것이다. 물론 이는 헌법 제10조가 규정하는 법문언에 반하는 해석이기는 하지만, 헌법 제10조의 적용영역을 목적론적으로 확장한다는 견지에서 보면 이러한 해석이 불가능한 것은 아니다.[48] 심지어 헌법학에서는 '헌법변천' 역시 허용되고 있다는 점을 고려하면, 인간의 존엄을 인격의 존엄으로 확장하는 해석 역시 허용될 수 있다.[49]

3. 법인의 개별적 인격권 인정범위

여기서 한 가지 주의해야 할 점이 있다. 법인에게 일반적 인격권을 인정할 수 있다고 해서 곧바로 모든 개별적 인격권을 인정할 수 있는 것은 아니라는 점이다. 개별적 인격권 중에는 자연적 인격을 염두에 두고 구체화된 경우도 있기 때문이다. 사죄광고를 강제함으로써 법인의 양심을 침해하는 경우를 예로 볼 수 있다. 자연적 인격에게는 사죄광고를 강제하는 것이 자신의 양심을 침해하는 것이 될 수 있다. 그렇지만 법인에게 사죄광고를 강제한다고 해서 과연 법인의 양심 혹은 인격이 침해되는 것인지 의문을 제기할 수 있다.[50] 과연 사죄광고를 강제함으로써 침해될 수 있는 양심이라는 것이 법인에게 있는지 문제가 될 수 있는 것이다. 오히려

---

46 김현귀, 앞의 책, 60쪽.

47 인간의 존엄에 관한 논의에 대해서는 이부하, "인간의 존엄 개념에 관한 헌법이론적 고찰: 독일 헌법학이론을 분석하며", 『성균관법학』 제26권 제2호(2014), 1 – 22쪽 참조.

48 앞에서 인용한 헌재 1991. 4. 1. 선고 89헌마160 결정 역시 "인격의 존엄과 가치"라는 개념을 사용한다. 사죄광고를 법인에게 강제하는 것은 법인이 지닌 "인격의 존엄과 가치"를 훼손한다는 것이다.

49 헌법변천에 관해서는 정극원, "헌법변천에 관한 일고찰", 『유럽헌법연구』 제20호(2016), 279 – 305쪽 참조.

50 같은 문제제기로서 조소영, 앞의 논문, 155쪽 아래.

법인의 명예와 신용을 회복한다는 차원에서는 이러한 사죄광고가 도움이 되지 않을까도 생각할 수 있다. 따라서 설사 법인에게 일반적 인격권을 인정할 수 있다 하더라도, 개별적·구체적인 상황에서 문제되는 개별적 인격권을 법인에게 인정할 수 있는지를 판단하기 위해서는 지금 여기서 문제되는 인격권이 자연적 인격만을 염두에 둔 것인지, 그게 아니면 탈인간중심적 인격인 법인에게도 인정될 만한 것인지를 검토해야 한다. 여기에서는 'top-down' 형식의 공리론적 논증이 적용되는 것이 아니라, 'bottom-up' 형식의 문제중심적 논증이 적용되는 것이다.[51]

VII. 맺음말

지금까지 어떤 근거에서 법인이 인격권의 주체가 될 수 있는지를 살펴보았다. 이 책은 '법인은 인격권의 주체가 될 수 있다.'는 주장을 논증하기 위해 '탈인간중심적 인격 개념'을 원용하였다. 실정법학 연구가 주로 활용하는 비교법적 논증 대신에 법철학적 논증을 사용한 것이다. 다만 이 책에서 원용하는 '탈인간중심적 인격 개념'은 이론적으로 아직 정착되지 않은 시론에 불과하다. 따라서 이론적인 측면에서 볼 때 여러 허점이 보일 수 있다. 애초에 이러한 '탈인간중심적 인격 개념'이 가능할 수 있을지에 근본적인 문제제기를 할 수도 있다. 이러한 여러 이론적 문제들은 필자가 앞으로 계속해서 다루어야 할 연구과제이다.

---

[51] 문제중심적 논증에 관해서는 이계일, "법학의 문제변증적 성격을 둘러싼 법철학적 논의와 법학교육의 방향에 대한 소고", 『법학논총』 제23집(2010), 1-31쪽 참조.

인공지능 혁명의
윤리적 · 법적 문제

5장 인공지능과 윤리
6장 인공지능과 법적 인격성
7장 인공지능의 법적 문제 및 대응

인공지능과 윤리

Ⅰ. 서 론

이세돌 9단과 구글 인공지능 알파고 사이에 세기적인 바둑 대국이 이루어진 이후 이제 인공지능은 먼 미래만의 일이 아니라 '지금 여기의 현실'이 되고 있다. 이에 따라 인공지능을 향한 사회적 관심 역시 증폭되고 있다. 덩달아 인공지능이 야기하는 사회적·규범적 문제에 어떻게 대처해야 하는지의 논의도 활발하게 진행된다. 이에 관해서는 크게 두 가지 방향에서 논의가 전개된다. 첫째는 법적 대처에 관한 논의이고, 둘째는 윤리적 대처에 관한 논의이다. 여기서 법적 대처에 관한 논의는 주로 법학자들에 의해, 윤리적 대처에 관한 논의는 주로 윤리학자 및 철학자들에 의해 주도된다.[1] 이는 인공지능이 야기하는 규범적 문제가 단지 법학 및 법체계만의 문제가 아니라는 점을 보여준다. 이러한 상황에서 이 책은 '인공지능과 윤리'에 관한 문제를 법철학의 견지에서 포괄적으로 다루고자 한다.[2] 인공지능에 관

---

[1] 법적 논의에 관해서는 많은 문헌을 대신하여 우선 조성은 외,『인공지능시대 법제 대응과 사회적 수용성』(정보통신정책연구원, 2018); 전북대학교 동북아법연구소,『지능정보사회에서 법과 윤리』(이웃사람들, 2019); 양천수,『제4차 산업혁명과 법』(박영사, 2017) 등 참조.

[2] 인공지능 윤리에 관해서는 Nick Bostrom/Eliezer Yudkowsky, "The Ethics of Artificial Intelligence", Keith Frankish/William Ramsey (ed.), *Cambridge Handbook of Artificial Intelligence* (Cambridge University Press, 2014); Paula Boddington, *Towards a Code of Ethics for Artificial Intelligence* (Springer, 2017); 웬델 월러치·콜린 알렌, 노태복 (옮김),『왜 로봇의 도덕인가』(메디치미디어, 2016); 변순용 외, "로봇윤리헌장의 내용과 필요성에 관한 연구",『윤리연구』제112호(2017); 이원태 외,『4차산업혁명시대 산업별 인공지능 윤리의 이슈 분석 및 정책적 대응방안 연구』(4차산업혁명위원회, 2018); 한국정보화진흥원,『지능정보사회 윤리 가이드라인』(2018); 한국인공지능법학회,『인공지능과 법』(박영사, 2019), 54-77쪽; 변순용 (편),『윤리적 AI로봇 프로젝트』(어문학사, 2019); 정채연, "지능정보사회에서 지능로봇의 윤리화 과제와 전망", 전북대학교 동북아법

해 어떤 윤리적 문제가 제기될 수 있는지, 이는 어떻게 해결할 수 있는지를 논의의 강약을 조절하면서 다루어 보고자 한다. 제5장에서는 구체적으로 다음과 같은 문제를 다룬다.

- 인공지능과 윤리를 논의해야 할 필요는 무엇인가(II)?
- 인공지능 윤리가 뜻하는 바가 무엇이고 이는 구체적으로 누구를 위한 윤리인가(III)?
- 인공지능 윤리의 기본 방향을 어떻게 설정할 수 있는가(IV)?
- 인공지능 윤리를 이행하도록 하는 방안에는 무엇이 있는가(V)?

II. 인공지능과 윤리의 논의 필요성

1. 문제제기

먼저 논의의 출발점으로 왜 인공지능 윤리를 논의해야 하는지 검토할 필요가 있다. 이러한 문제제기가 의미가 있는 이유는 인공지능이 야기하는 규범적 문제에 법으로 대응하고자 하는 논의, 즉 인공지능에 대한 법적 규제 논의가 이미 활발하게 이루어지고 있고, 또한 그동안 상당한 연구가 축적되었기 때문이다. 윤리보다 더 강력하고 실효성 있는 제재수단이라 할 수 있는 법적 규제로 인공지능이 야기하는 규범적 문제를 충분히 다룰 수 있다면, 굳이 인공지능 윤리를 논의할 필요가 있을지 의문을 제기할 수 있다. 특히 법 개념에 비해 그 의미가 명확하지 않은 윤리 개념을 규제수단으로 원용하고자 한다는 점에서 의문이 증폭될 수 있다.[3] 그런데도 인공지능 윤리에 관한 논의에 그 의미를 부여할 수 있다면, 다음 두 가지 근거에서 그 이유를 찾을 수 있을 것이다.

연구소, 『지능정보사회에서 법과 윤리』(이웃사람들, 2019), 125쪽 아래; 이중원 외, 『인공지능의 윤리학』(한울아카데미, 2019) 등 참조.

3 인공지능 윤리와 인공지능 법학의 관계에 관해서는 김건우, "로봇윤리 vs. 로봇법학: 따로 또 같이", 『법철학연구』 제20권 제2호(2017. 8), 7-44쪽 참조.

2. 인공지능에 대한 법적 규제의 불충분성

인공지능에 대한 법적 규제가 여러모로 충분하지 않다는 점을 들 수 있다. 달리 말해, 인공지능이 야기하는 규범적 문제에 대응하는 데 법적 규제는 완전하지 않다는 것이다. 이는 법적 규제가 갖고 있는 규범적 특징과 무관하지 않다. 독일의 법철학자 클라우스 귄터(Klaus Günther)가 적절하게 지적한 것처럼 법, 특히 현대법의 바탕이 되는 '근대법'(modernes Recht)은 '외부성'이라는 특징을 지닌다.[4] 내면적 동기까지 문제삼는 윤리나 도덕과는 달리, 법은 기본적으로 외부적으로 발생한 결과를 문제삼는다는 것이다. 이는 무엇보다도 도덕과 법을 구별하는 칸트에서 근거를 찾을 수 있다. 칸트는 도덕과 법을 개념적·내용적으로 구분하면서, 내면적 동기와 자율성을 특징으로 하는 도덕과는 달리 법은 외부적 결과와 강제가능성을 특징으로 한다고 말한다.[5] 이렇게 법은 기본적으로 수범자 또는 행위자가 외부적으로 야기한 결과를 문제삼는다는 특징은 지금도 여전히 유지되고 있다. 물론 형법학의 논의가 보여주는 것처럼 행위자의 내면적 측면, 이를테면 고의 등도 이제는 행위가 불법인지 여부를 판단할 때 중요한 역할을 한다.[6] 그렇지만 법은 행위자에 의해 특정한 외부적 결과가 발생해야 비로소 이를 문제삼는다는 특성은 여전히 유지된다. 이러한 까닭에 법적 규제가 인공지능이 유발하는 규범적 문제를 완전하게 커버하기는 어렵다. 이를테면 시민들은 자율주행자동차가 특정한 결과를 일으키기 전에도 이러한 자율주행자동차에 적용되는 알고리즘이 윤리적으로 볼 때 타당한지를 문제삼을 수 있다. 바로 이러한 근거에서 인공지능에 대한 윤리 문제를 논의할 필요가 있는 것이다.

3. 윤리를 통한 자율적 규제

인공지능 윤리를 논의하는 이유는 인공지능이 유발하는 규범적 문제를 윤리라

---

4 K. Günther, 김나경 (역), "형법의 대화윤리적 근거지음의 가능성", 이상돈 (엮음), 『대화이론과 법』(법문사, 2002), 152 – 154쪽 참조. 근대법에 관해서는 양천수, "법의 근대성과 탈근대성: 하버마스와 투렌의 기획을 중심으로 하여", 『법학연구』 제50권 제1호(2009. 6), 161 – 191쪽 참조.

5 I. Kant, *Metaphysik der Sitten* (1797), *Einleitung in die Rechtslehre*, §B, 337쪽.

6 이는 독일의 형법학자 벨첼(Hans Welzel)이 정립한 목적적 행위론에서 극명하게 드러난다. 이를 보여주는 H. Welzel, 황산덕 (역), 『형법체계의 신형상: 목적적 행위론 입문』(박영사, 1957) 참조.

는 법보다는 강도가 약한 규제수단을 이용하여 규제하겠다는 의도에서 찾을 수 있다. 다시 말해, 인공지능에 관한 규범적 문제에 윤리를 활용하는 자율적 규제로 대응하겠다는 것이다. 이는 법적 규제가 갖고 있는 '강제성'이라는 특징과 관련을 맺는다. 법적 규제는 외부적으로 발생한 결과를 규제의 출발점으로 삼는 동시에 강제적인 집행방식을 갖춘 직접적 규제방식이라는 특징을 지닌다. 이로 인해 규범적 분쟁에 효과적으로 대응할 수 있다. 시간이라는 측면에서 보면, 법적 규제는 단기간에 목표로 하는 효과를 거둘 수 있다. 그렇지만 법적 규제는 규제의 강제성이라는 특징으로 인해 예기치 못한 부작용을 낳기도 한다. 이를 규제이론가들은 '규제의 역설'이라고 표현한다.[7] 독일의 법사회학자 토이브너(Gunther Teubner)는 이를 '조종의 트릴레마'(regulatorisches Trilemma)라고 지칭한다.[8] 그 때문에 법적 규제는 민법상 불법행위나 형법상 범죄와 같은 규범적 문제를 규제하기에는 적합하지만, 인공지능 개발과 같이 고도의 창의성을 요구하면서 과학기술 수준이 급격하게 발전하는 영역을 규제하기에는 적합하지 않다는 비판이 제기된다. 이렇게 많은 것이 매순간 변하고 발전하는 영역에 대해서는 법적 규제를 철폐하거나 피규제자의 자율성을 전제로 하는 '약한 규제'(soft law)를 투입해야 한다는 것이다. 이러한 주장을 예증하는 것이 바로 요즘 화제가 되는 '포괄적 네거티브 규제 전환'이나 '규제 샌드박스'(regulatory sandbox)라 할 수 있다.

인공지능 윤리 논의는 바로 이러한 맥락에서 이해할 수 있다. 인공지능처럼 현재 급속하게 발전하는 영역에 강력한 강제수단을 갖춘 법적 규제를 광범위하게 투입하는 것은 적절하지 않다는 것이다. 따라서 한편으로는 인공지능 과학기술이 원활하고 창의적으로 발전할 수 있도록 하면서도, 다른 한편으로 인공지능이 유발하는 규범적 문제에 적절하게 대처하기 위해서는 법적 규제보다 직접성이나 강도가 약한 윤리적 규제를 고려할 필요가 있다는 것이다. 바로 이러한 맥락에서 인공지능과 윤리 문제를 논의할 필요가 있다.

---

7 이에 관해서는 김영평·최병선·신도철 (편저), 『규제의 역설』(삼성경제연구소, 2006) 참조.

8 G. Teubner, "Verrechtlichung: Begriffe, Merkmale, Grenzen, Auswege", in: F. Kübler (Hrsg.), *Verrechtlichung von Wirtschaft, Arbeit und sozialer Solidarität* (Frankfurt/M., 1984), 312쪽 아래.

Ⅲ. 인공지능 윤리 개념의 의의와 문제

1. 윤리의 개념

(1) 문제점

인공지능 윤리에서 말하는 '윤리'란 정확하게 무엇을 뜻하는지 문제된다. 물론 윤리는 우리가 일상적으로 흔히 사용하는 개념이고, 그 핵심 내용에 관해서는 각자가 어느 정도 구체적인 윤곽을 지니고 있다는 점에서 왜 이 개념을 문제 삼아야 하는지 의문을 제기할 수 있다.[9] 그렇지만 도덕철학, 특히 영미 철학에서 전개된 '자유주의−공동체주의 논쟁'에서는 '윤리'(ethics)와 '도덕'(moral)이 개념적으로 구별되면서 그 관계를 어떻게 설정해야 하는지가 논쟁 대상이 되었기에 여기에서도 이 문제를 짚고 넘어가야 할 필요가 있다.[10]

(2) 윤리와 도덕의 관계

윤리 개념은 역시 우리가 일상적으로 흔히 사용하는 도덕 개념과 어떤 관계를 맺는지, 양자는 같은 개념인지, 아니면 서로 구별되는 별개의 개념인지에 따라 그 의미 내용이 달라진다. 이는 철학적으로 자유주의를 취하는가, 아니면 공동체주의를 취하는가에 따라 달라진다. 이를테면 개인과 공동체의 관계에서 개인의 '자유'를 공동체의 '미덕'보다 우선하는 자유주의는 철학적으로 볼 때 다음과 같은 전제에서 출발한다. '무연고적 자아'(unencumbered self), '좋음(the good)에 대한 옳음(the right)의 우선성'이 그것이다.[11] 먼저 자유주의는 공동체 또는 사회적 관계로부터 자유로운 선험적 주체, 즉 무연고적 자아 개념을 인정한다. 자아는 공동체가 성립하기 이전에도, 사회적 관계가 형성되기 이전에도 존재한다는 것이다. 다음으로

---

9 이와 유사한 지적으로는 빈프리트 하세머, 배종대 · 윤재왕 (옮김), 『범죄와 형벌: 올바른 형법을 위한 변론』(나남, 2011), 45쪽 아래.

10 이에 관해서는 우선 M. Sandel, *Liberalism and the Limits of Justice*, second edition (Cambridge University Press, 1998) 참조.

11 이에 관해서는 양천수, "자유주의적 공동체주의의 가능성: 마이클 샌델의 정치철학을 중심으로 하여", 『법철학연구』 제17권 제2호(2014. 8), 205−242쪽 참조.

자유주의는 좋음에 대해 옳음이 우선한다고 본다. 이러한 주장은 다음과 같은 주장도 포함한다. 좋음과 옳음은 개념적·내용적으로 구별된다는 것이다. 그 이유는 좋음은 공동체의 '미덕'(virtue)과 관련되는 것인 반면, 옳음은 무연고적 자아인 개인과 개인의 관계에서 문제된다고 보기 때문이다. 이러한 맥락에서 자유주의는 윤리와 도덕을 개념적·내용적으로 구분한다. 윤리가 좋음 및 공동체의 미덕과 관련된다면, 도덕은 옳음 및 자아와 타자 사이의 관계설정 문제와 관련되기 때문이다.[12] 그러면서 도덕이 윤리보다 우선한다고 말한다.

이에 반해 개인을 공동체를 넘어서는 존재로 보기보다는 공동체 안에 있는 존재로 파악하는 공동체주의는 철학적인 면에서 자유주의와 대립되는 주장을 한다. 자아에 관해서는 '연고적 자아'(encumbered self)를, 좋음과 옳음의 관계에 대해서는 좋음이 옳음에 우선한다고 말한다. 먼저 공동체주의는 자유주의와는 달리 자아는 공동체 또는 사회적 관계와 무관하게 존재할 수 없다고 말한다. 모든 자아는 '연고'로 대변되는 사회적 관계에서 자유로울 수 없다는 것이다. 다음으로 공동체주의는 좋음과 옳음을 구별하면서 옳음에 우선권을 부여하는 자유주의에 반대한다. 일단 공동체주의는 좋음과 옳음을 내용적으로 구별할 수 없다고 말한다. 옳음의 배후에는 좋음이 놓여 있기 때문이다. 한 마디로 말해, 옳음 그 자체도 좋음의 한 유형에 불과하다는 것이다. 이는 곧 좋음이 옳음에 우선한다는 것을 의미한다. 같은 맥락에서 공동체주의는 도덕과 윤리를 내용적으로 구분하는 것에 반대한다. 개인적 도덕의 배후에는 공동체적 윤리가 있다는 것이다. 이러한 공동체주의의 견지에서 보면, 윤리는 (이보다 그 외연이 좁은) 도덕 개념을 포괄하는 개념으로서 옳음뿐만 아니라 좋음까지 담아내는 규범들의 총체라 할 수 있다.

(3) 인공지능 윤리에서 말하는 윤리 개념

인공지능 윤리에서 말하는 윤리 개념은 어떤 개념이어야 하는가? 이때 말하는 윤리는 공동체주의가 말하는 것처럼 도덕 개념까지 포괄하는 넓은 의미의 규범적 개념이 되어야 하는가? 그게 아니면 자유주의가 말하는 것처럼 좁은 의미의 도덕 개념에 한정되어야 하는가? 이를 본격적으로 다루려면 많은 지면이 필요하고, 이

---

12 이러한 맥락에서 독일의 사회철학자 하버마스(Jürgen Habermas)는 실천이성의 '도덕적 사용'과 '윤리적 사용'을 구분한다. 위르겐 하버마스, 이진우 (역),『담론윤리의 해명』(문예출판사, 1997) 참조.

러한 논의가 이 책에서 중심이 되는 것은 아니기에 여기에서는 결론을 중심으로 하여 이를 간략하게 언급한다. 일단 결론부터 말하면, 인공지능 윤리에서 말하는 윤리는 자유주의가 강조하는 도덕 개념으로 한정하여 이해하는 것이 적절하다. 그 이유는 다음과 같다.

현재 우리에게 현실적으로 다가온 인공지능은 이른바 '약한 인공지능'(weak AI)이다.[13] 약한 인공지능은 아직 인간과 동등한 수준의 정신능력을 갖추지는 못한 인공지능을 말한다. 이러한 약한 인공지능은 인간과 같은 수준의 자율성을 행사할 수 없을 뿐만 아니라, 무엇이 좋은 것인지를 판단할 수 있는 능력도 갖추고 있지 않다. 이 점에서 약한 인공지능은 수단적인 존재는 될 수 있지만, 독자적인 존재는 될 수 없다. 무엇이 자신에게 좋은 것인지, 무엇이 자신을 행복하게 하는 것인지를 지각하거나 판단할 수 없다. 그러므로 이러한 약한 인공지능에게 포괄적인 의미의 윤리를 요구하는 것은 필요하지도, 바람직하지도 않다. 오히려 약한 인공지능에게 요청되는 것은 인간에 대한 관계에서 옳음을 준수하는 것, 이를테면 인간의 권리나 이익을 침해하지 않는 것이라 할 수 있다. 이러한 점을 고려하면, 현 시점에서 인공지능에게 요구해야 하는 윤리는 그 의미내용이 포괄적이면서도 모호한 윤리보다는 외연이 좁으면서도 그 의미내용이 구체적인 도덕으로 보아야 한다. 이 점에서 '인공지능 윤리'라는 표현보다는 '인공지능 도덕'이라는 표현이 더욱 정확하다. 다만 이 책에서는 인공지능 윤리라는 개념이 이미 널리 통용되고 있다는 점을 고려하여 인공지능 윤리라는 표현을 계속 사용하고자 한다. 하지만 이때 말하는 윤리는 도덕 개념을 지칭한다는 점에 주의할 필요가 있다.

2. 구별 개념

인공지능 윤리와 구별해야 할 개념이 있다. 사실 공학 영역에서 보면, 인공지능 윤리가 완전히 새로운 것은 아니다. 왜냐하면 그 이전부터 인공지능 윤리와 유사한 논의가 공학, 더 나아가 과학기술 영역에서 전개되었기 때문이다. 이러한 예로 공학윤리를 들 수 있다.[14] 이외에도 인공지능 윤리와 유사한 논의로서 로봇윤리

---

13 인공지능 개념에 관해서는 마쓰오 유타카, 박기원 (옮김), 『인공지능과 딥러닝: 인공지능이 불러올 산업구조의 변화와 혁신』(동아엠엔비, 2016), 65쪽 아래 참조.

14 이에 관해서는 웬델 월러치·콜린 알렌, 앞의 책, 49쪽 아래 참조.

를 언급할 수 있다. 따라서 이러한 공학윤리나 로봇윤리가 인공지능 윤리와 어떤 점에서 비교되는지 검토할 필요가 있다.

(1) 공학윤리

공학윤리와 인공지능 윤리를 비교한다. 시야를 넓게 보면, 인공지능 윤리 역시 공학윤리에 포함된다. 공학윤리는 공학 영역에서 공학적 설계를 수행하는 공학자에게 적용되는 윤리를 말하는데, 인공지능 윤리 역시 인공지능을 설계하고 적용하는 개발자에게 적용되는 윤리라고 규정할 수 있기 때문이다.[15] 말하자면 인공지능 윤리는 공학윤리 가운데 인공지능을 대상으로 하여 전문적으로 특화된 영역이라고 할 수 있는 것이다.

다만 다음과 같은 점에서 양자는 차이가 있다. 공학윤리에서는 공학설계자를 윤리를 준수해야 하는 의무주체로 설정한다. 이때 공학설계자에 의해 설계되고 만들어지며 운용되는 대상은 독자적인 주체라기보다는 철저한 수단으로 규정된다. 따라서 이러한 수단이 독자적으로 준수해야 하는 윤리는 생각하기 어렵다. 이와 달리 현재 진행되는 인공지능 윤리 논의는 인공지능을 설계하는 설계자에게 적용되는 윤리뿐만 아니라 인공지능 자체가 준수해야 하는 윤리, 다시 말해 인공지능 자신을 위한 윤리까지 논의대상에 포함한다.[16] 이 점에서 인공지능을 마치 사람처럼 윤리적 주체로 설정하고 있는 것이다. 이러한 측면에서 공학윤리와 인공지능 윤리는 구별된다.

(2) 로봇윤리

로봇윤리와 인공지능 윤리를 비교한다. 사실 양자는 현실적으로 크게 구분되지 않은 채 논의되는 편이다. 로봇윤리와 인공지능 윤리가 개념적인 측면에서 엄밀하게 구별되지 않은 채 거의 같은 의미로 다루어지고 있는 것이다. 이는 로봇과 인공지능이 개념적·내용적으로 엄밀하게 구별되지 않은 채 논의되는 것과 맥락을 같이한다. 인공지능과 로봇이 거의 같은 의미로 사용되고 있는 것이다. 이 점에서 아예 '인공지능 로봇'이라는 개념을 사용하여 논의를 전개하기도 한다.[17] 그러나

---

15 공학윤리에 관해서는 양해림 외, 『공학윤리』(충남대학교출판부, 2018) 참조.
16 이를 보여주는 한국인공지능법학회, 앞의 책, 57쪽 참조.
17 이를 보여주는 예로 조성은 외, 앞의 보고서 참조.

엄밀하게 보면, 인공지능과 로봇은 개념적·내용적으로 구별해야 한다. 이는 독일의 사회학자 루만이 정립한 체계이론의 관점을 수용할 때 분명해진다.[18] 이를테면 인공지능은 인간의 의식, 즉 의식체계를 인공적으로 구현한 것에 해당한다. 이에 반해 로봇은 인간의 몸, 즉 생명체계를 인공적으로 구현한 것이다. 따라서 인공지능과 로봇은 서로 중첩되기도 하지만 그렇지 않은 경우도 많다. 예를 들어 철저하게 인간에 의해 조종되는 로봇을 생각할 수 있다. 또는 '알파고'처럼 몸은 없고 지능만을 갖춘 인공지능도 떠올릴 수 있다. 이러한 점을 고려하면, 인공지능과 로봇은 분명 구별된다. 그렇지만 오늘날 개발되는 로봇은 대부분 고도의 인공지능을 갖추고 있다. 그 때문에 인공지능하면 인공지능 로봇을 떠올리는 경우가 많다. 이러한 이유에서 인공지능 윤리는 로봇윤리와 중첩되어 논의된다고 말할 수 있다. 물론 앞에서 논증한 것처럼, 인공지능과 로봇은 개념적·내용적으로 구별된다는 점에서 인공지능 윤리와 로봇윤리 역시 구별된다. 그렇지만 인공지능과 로봇이 결합되어 등장하는 오늘날의 상황을 고려할 때 양자를 거의 같은 의미로 사용하는 것도 큰 무리는 없어 보인다. 따라서 이 책에서는 인공지능 윤리를 로봇윤리까지 포함하는 개념으로, 다시 말해 '인공지능 로봇의 윤리'라는 의미로 사용하고자 한다.

3. 인공지능 윤리의 수범주체

(1) 인공지능 윤리 관련자의 세 가지 유형

인공지능 윤리와 관련하여 정확하게 구별하고 판단해야 할 문제가 있다. 인공지능 윤리를 이행하고 준수해야 하는 주체, 즉 수범주체는 정확하게 누구인가 하는 문제가 그것이다. 이를 위해서는 먼저 인공지능 윤리와 관련을 맺는 주체, 다시 말해 인공지능 윤리를 준수해야 하는 주체에는 누가 있는지 검토해야 한다. 이에 관해서는 세 가지 유형의 주체를 거론할 수 있다. 첫째는 인공지능을 개발하는 개발자이다. 둘째는 인공지능 자체이다. 셋째는 인공지능을 이용하거나 인공지능과 거래를 하는 이용자이다. 이러한 측면에서 인공지능 윤리도 세 가지 유형으로 구

---

[18] 체계이론의 관점을 수용하여 인공지능과 로봇을 구별하는 경우로는 양천수, "인공지능과 법체계의 변화: 형사사법을 예로 하여", 『법철학연구』 제20권 제2호(2017. 8), 45-76쪽 참조.

별할 수 있다.

첫째는 인공지능을 개발하는 개발자가 준수해야 하는 윤리이다. 이를테면 인공지능을 개발할 때 개발자는 인공지능이 사람의 권리나 이익을 침해하지 않도록 하거나 사람의 행복을 증진시킬 수 있도록 프로그래밍을 하고 알고리즘을 설계 및 적용해야 한다.

둘째는 인공지능 자신이 준수해야 하는 윤리이다. 가령 인공지능 로봇은 '로봇 3원칙'에 따라 인간의 이익을 최우선적으로 고려하면서 행동해야 한다.[19] 다만 이처럼 인공지능이 독자적인 윤리의 수범주체가 되기 위해서는 인간과 동등한 규범적 자율성을 보유하고 있어야 한다. 바꿔 말해, 강한 인공지능(strong AI)이 출현하는 것을 전제로 해야 한다.

셋째는 인공지능을 이용하거나 거래를 맺는 이용자가 준수해야 하는 윤리이다. 이에 관한 윤리로서 가령 인공지능을 이용하는 사람은 인공지능을 괴롭히거나 학대해서는 안 된다는 것 등을 들 수 있다. 또한 인공지능을 함부로 폐기해서는 안 된다는 윤리도 생각해 볼 수 있다.

(2) 인공지능 윤리의 수범주체

현재 논의되는 상황을 고려할 때 인공지능 윤리의 수범주체는 누가 되어야 하는가? 현재로서는 인공지능을 개발하는 개발자를 우선적인 수범주체로 설정해야 한다고 생각한다. 현재의 기술 수준으로는 아직 강한 인공지능을 개발할 수 없다.[20] 강한 인공지능이 언제 실현될 수 있을지도 예측하기 어렵다. 따라서 인공지능 자체를 윤리의 수범주체로 설정하는 것은 현재로서는 적절하지 않다. 물론 이론적으로 볼 때는 인공지능을 '법적 인격체'로 인정할 수 있다.[21] 그렇지만 법적 인

---

[19] 로봇 3원칙은 아래 Ⅳ.2. 참조.

[20] 물론 조만간 강한 인공지능, 더 나아가 초인공지능이 출현할 것이라고 예견하는 주장도 없지 않다. 레이 커즈와일, 김명남·장시형 (옮김), 『특이점이 온다: 기술이 인간을 초월하는 순간』(김영사, 2007) 참조.

[21] 이를 보여주는 E. Hilgendorf, "Können Roboter schuldhaft handeln?", in: S. Beck (Hrsg.), *Jenseits von Mensch und Maschine. Ethische und rechtliche Fragen zum Umgang mit Robotern, Künstlicher Intelligenz und Cyborgs* (Baden–Baden, 2012), 119쪽 아래; S. Beck, "Über Sinn und Unsinn von Statusfragen –zu Vor– und Nachteilen der Einführung einer elektronischen Person", in: E. Hilgendorf/J.–Ph. Günther (Hrsg.), *Robotik und Gesetzgebung* (Baden–Baden, 2013), 239쪽 아래; 양천수, "현대 지능정보사회와 인격성의 확장", 『동북아법연구』 제12권 제1

격과 윤리적 인격은 개념적·내용적으로 구별된다. 또한 특정한 존재가 윤리적 인격체로 승인되기 위해서는 '윤리적 자율성'이라는 '법적 자율성'보다는 더욱 강력한 수준의 자율성이 요구된다. 이 점을 고려하면 강한 인공지능이 가능하지 않은 현 상황에서는 인공지능을 독자적인 윤리적 수범주체로 설정하기는 어렵다.[22] 이외에 인공지능 이용자를 인공지능 윤리의 수범주체로 볼 수 있지만, 현재로서는 이러한 요청 역시 시급한 것은 아니다. 지금 상황에서는 인공지능 이용자에게 윤리를 부과하기보다는 인공지능으로부터 이들을 보호하는 방법을 모색하는 것이 더욱 시급하다. 이러한 상황을 고려할 때 인공지능 윤리의 수범주체는 인공지능 개발자로 보는 것이 타당하다. 이러한 맥락에서 인공지능 윤리는 정확하게 말하면 인공지능 개발자가 준수해야 하는 윤리, 즉 '인공지능 개발자의 윤리'라고 보는 것이 타당하다.[23]

Ⅳ. 인공지능 윤리의 기본 방향

1. 방법론

(1) 비교법 방법

가장 중요한 논의로서 인공지능 윤리를 어떻게 설정해야 하는지 살펴본다. 그런데 이에 관해서는 이미 그동안 상당한 연구가 축적되었고 다양한 인공지능 윤리가 원칙이나 가이드라인 형태로 발표되었다. 현재까지 유럽연합이나 미국, 일본 등에서 다양한 인공지능 윤리가 제시되었고, 국내에서도 이에 관한 연구가 진행되었다.[24] 그 결과로서 2018년 9월에는 「지능정보사회 윤리 가이드라인」이 제시되기도 하였다.[25] 인공지능 윤리를 어떻게 구성해야 하는지를 다루기 위해서는 이러한 선행연구

호(2018. 5), 1-26쪽 등 참조.

22 윤리적 인격 논의에 관해서는 목광수, "인공지능 시대에 적합한 인격 개념: 인정에 근거한 모델을 중심으로", 『철학논총』 제90집(2017. 10), 192쪽 아래 참조.

23 이와 관련하여 현 시점에서 개발자의 윤리와 인공지능 로봇의 윤리를 명확하게 구별할 수 있을지 의문이 제기된다.

24 이를 보여주는 이원태 외, 앞의 보고서 참조.

를 분석할 필요가 있다. 특히 유럽연합이나 미국, 일본, 중국 등에서 제시한 인공지능 윤리를 분석함으로써 이에 관한 경향성을 읽어낼 필요가 있다. 이러한 작업은 일종의 비교법 연구와 유사하다.[26] 따라서 각국에서 내놓은 인공지능 윤리를 조사 및 분석할 때는 그 배후에 어떤 맥락이 있는지도 고려해야 한다. 그렇게 해야만 이러한 논의성과를 우리나라에도 적용할 수 있을지 판단할 수 있기 때문이다.

(2) 유형화 방법

이 책의 성격 및 지면의 제약 등을 고려하면 이러한 작업을 이 책에서 수행하는 것은 적절하지 않다고 보인다. 더군다나 이러한 작업은 이미 훌륭한 선행연구가 수행하였으므로 여기에서는 다른 방식으로 인공지능 윤리를 어떻게 구성해야 하는지 살펴보고자 한다.[27] 이 책에서 사용하고자 하는 방식은 철학이론을 활용하여 그동안 제시된 인공지능 윤리를 몇 가지 차원에서 유형화하고 이를 통해 인공지능 윤리를 구상하는 데 의미 있는 시사점을 도출하는 것이다. 이 책에서 사용하는 유형화는 세 가지이다. 첫째는 철학이론적 차원에 따른 유형화이고, 둘째는 내용적 차원에 따른 유형화이며, 셋째는 시간적 차원에 따른 유형화이다.

2. 인공지능 윤리 분석

(1) 공리주의 · 자유주의 · 공동체주의 윤리

철학이론의 차원에서 볼 때 인공지능 윤리는 공리주의 윤리, 자유주의 윤리, 공동체주의 윤리로 유형화할 수 있다.[28]

---

25 한국정보화진흥원, 『지능정보사회 윤리 가이드라인』(2018) 참조.
26 비교법 연구 및 방법에 관해서는 김도균, "법철학자의 관점에서 바라본 비교법 방법론: '비교되는 법'의 중층성 및 복합성과 관련하여", 『법사학연구』 제34호(2006. 10), 285-319쪽; 양천수 · 이동형, "문화와 법체계 그리고 비교법학: 민법상 거래안전의무를 예로 하여", 『민족문화논총』 제36집(2007. 9), 121-152쪽 참조.
27 인공지능 윤리에 관한 비교법적 연구로는 이원태 외, 앞의 보고서 참조.
28 이러한 유형화는 공학윤리에서도 활용된다. 양해림 외, 앞의 책, 55쪽 아래 참조. 다만 기존 공학윤리에는 윤리를 공리주의와 의무론으로 나누어 논의하는 데 반해, 이 책은 의무론을 더욱 세분화하여 논의를 전개한다. 한편 정의론의 측면에서 공리주의와 자유주의 및 공동체주의를 다루는 경우로는 마이클 샌델, 이창신 (옮김), 『정의란 무엇인가』(김영사, 2010) 참조.

1) 공리주의 윤리

공리주의 윤리는 공리주의의 관점을 인공지능 윤리에 적용하여 도출한 윤리라 할 수 있다. 여기서 공리주의는 기본적으로 양적 공리주의를 전제로 한다. 벤담 (Jeremy Bentham)이 주장한 양적 공리주의는 공리를 극대화하는 것을 정의로 파악한다. 이는 '최대다수의 최대행복'으로 잘 알려져 있다. 이러한 공리주의에서는 서로 다른 공리 간의 충돌과 형량, 달리 말해 이익형량을 정의에 도달하기 위한 중요한 방법으로 사용한다. '이익형량을 통한 공리의 극대화', 이것이 바로 공리주의가 취하는 기본 방법론이라 할 수 있다.

공리주의에 기반을 둔 인공지능 윤리는 주로 자율주행자동차 영역에서 발견되고 동시에 문제가 된다.[29] 이를테면 서로 다른 공리가 충돌하는 상황에서 자율주행자동차가 어떤 공리를 우선해야 하는지에 관해 논의가 전개된다. 가령 자율주행자동차 탑승자의 이익을 우선해야 하는지, 그게 아니면 보행자나 다른 자율주행자동차 탑승자의 이익을 우선해야 하는지가 문제된다. 이를 위해 윤리학에서 사용되는 유명한 '기차 딜레마 사례'가 자율주행자동차의 사례로 전환되어 논의된다.[30] 이때 이러한 딜레마적 상황을 해결하기 위해 자율주행자동차를 설계하는 개발자는 어떤 윤리적 알고리즘을 적용해야 하는지가 논의의 초점이 된다. 이에 관해 자율주행자동차의 개발자나 회사 등은 자신들의 고객에 해당하는 탑승자의 이익을 우선하는 윤리적 알고리즘을 개발 및 적용하는 것으로 보인다. 그렇지만 이렇게 공리주의적·이익형량적 사고를 명시적으로 인공지능 윤리에 적용하는 시도는 일반 대중의 지지를 받지 못하고 있다. 일반적으로 우리 인간 존재는 자신이 이익형량의 대상이 된다는 사실에 심한 거부감을 보이기 때문이다.[31] 따라서 이러한 공리주의적 윤리

---

29 이에 관해서는 이중기·오병두, "자율주행자동차와 로봇윤리: 그 법적 시사점", 『홍익법학』 제17권 제2호(2016. 6), 1-25쪽; 이상돈·정채연, "자율주행자동차의 윤리화의 과제와 전망", 『IT와 법연구』 제15집(2017. 8), 281-325쪽; 변순용, "자율주행자동차의 윤리적 가이드라인에 대한 시론", 『윤리연구』 제112호(2017. 3), 199-216쪽; 변순용 외, "자율주행자동차에 대한 한국형 윤리 가이드라인 연구", 『윤리연구』 제123호(2018. 12), 203-239쪽; 정승원·황기연, "자율주행자동차의 윤리적 선택에 따른 교통사고비용 분석", 『한국ITS학회 논문지』 제17권 제6호(2018. 12), 224-239쪽 등 참조.

30 이에 관해서는 정진규, "트롤리 문제와 다원론적 규범 윤리 이론", 『동서철학연구』 제81호(2016. 9), 423-446쪽; 이주석, "도덕직관에 관한 덕윤리적 해명 가능성: 트롤리 딜레마의 경우", 『철학논총』 제90집(2017. 10), 363-380쪽 등 참조.

31 자신이 이익형량의 대상이 된다는 것은 자신이 목적을 위한 수단이 된다는 것을 뜻하기 때문이

를 (명시적으로) 인공지능 윤리로 원용하는 것은 여전히 타당하지 않아 보인다.

2) 자유주의 윤리

자유주의 윤리는 행위주체의 자유를 가장 우선시 하는 윤리를 말한다. 자유주의 윤리는 정확하게 말하면 '자유주의 도덕'이라고 불러야 한다. 이러한 자유주의 윤리는 두 가지로 구별할 수 있다. 첫째는 목적론적 자유주의이고, 둘째는 의무론적 자유주의이다. 목적론적 자유주의는 목적론, 달리 말해 공리주의의 관점에서 자유를 우선시 한다. 자유가 질적으로 볼 때 가장 우선하는 공리이기 때문이다. 이는 밀(John Stuart Mill)의 질적 공리주의에서 찾아볼 수 있다.[32] 이에 대해 의무론적 자유주의는 목적론과는 무관하게 인간 주체의 자유를 우선시 하는 것이 우리 인간에게 부여된 의무라고 본다. 이는 칸트의 의무론적 도덕에서 발견할 수 있는데, 이후 대부분의 자유주의는 이러한 의무론적 자유주의를 수용한다.[33] 자유를 목적이나 공리와 무관하게 가장 우선적인 규범적 가치로서, 이를 의무로서 인정하는 것이다.

의무론적 자유주의 또는 의무론의 견지에서 인공지능 윤리를 설정한 것으로는 흔히 SF 소설가 아이작 아시모프(Isaac Asimov)가 제시한 '로봇 3원칙'이 언급된다. 로봇 3원칙은 다음과 같은 세 가지 원칙으로 구성된다.[34]

① 로봇은 인간에게 해를 입히거나 행동을 하지 않음으로써 인간이 해를 입도록 해서는 안 된다.
② 로봇은 인간이 내리는 명령에 복종해야 한다. 다만 이러한 명령이 첫 번째 원칙에 위배될 때에는 예외로 한다.
③ 로봇은 자신의 존재를 보호해야 한다. 다만 이러한 보호가 첫 번째와 두 번째 원칙에 위배될 때에는 예외로 한다.

이러한 로봇 3원칙은 다음과 같이 분석할 수 있다. 첫 번째 원칙은 인공지능

다. 이는 칸트가 설정한 목적 대우 정언명령 및 인간의 존엄에 반한다.
32 이에 관해서는 존 스튜어트 밀, 서병훈 (옮김), 『자유론』(책세상, 2018) 참조.
33 이를 보여주는 임마누엘 칸트, 백종현 (옮김), 『윤리형이상학 정초』(아카넷, 2005) 참조.
34 아래 로봇 3원칙의 번역은 웬델 월러치·콜린 알렌, 앞의 책, 13쪽을 기본으로 하되 약간의 수정을 가하였다.

로봇은 작위 또는 부작위로 인간에게 해를 입혀서는 안 된다는 원칙이다. 여기서 인간에게 해를 입힌다는 것은 인간의 권리 또는 인권을 침해해서는 안 된다는 의미로 새길 수 있다. 바꿔 말해, 인공지능 로봇은 인간의 권리를 침해해서는 안 된다는 것이다. 이는 밀이 제시한 '해악의 원리'(harm principle)를 반영한 것이다.[35] 바로 이 점에서 로봇 3원칙이 자유주의를 반영하고 있음을 알 수 있다.

두 번째 원칙은 인공지능 로봇은 인간의 명령에 복종해야 한다는 것을 보여준다. 이러한 두 번째 원칙에서 두 가지 의미를 읽어낼 수 있다. 먼저 인간과 인공지능 로봇의 관계가 어떤 관계인지 보여준다. 두 번째 원칙에 따르면, 인간과 인공지능 로봇의 관계는 수평적인 관계가 아니다. 이는 수직적인 관계이다. 구체적으로 말하면, 인공지능 로봇은 인간의 명령에 복종하는 마치 노예와 같은 존재가 되어야 한다. 이때 인공지능 로봇 자체의 존엄성은 인정될 여지가 없다. 다음으로 인공지능 로봇이 인간의 명령에 복종해야 한다는 것은, 인공지능 로봇이 단순히 인간의 권리를 침해하지 말아야 하는 의무를 넘어 인간의 명령에 복종함으로써 인간의 이익을 증진하는 데 적극적으로 기여해야 함을 보여준다. 이러한 점에서 보면, 두 번째 원칙은 로봇 3원칙이 반드시 자유주의 윤리에만 연결되는 것은 아님을 시사한다. 인공지능 로봇이 인간의 이익을 실현하는 데 적극 봉사해야 한다는 점은 자유주의 윤리에 친화적이기보다는 오히려 공리주의적 윤리에 더 가깝기 때문이다.

세 번째 원칙은 인공지능 로봇이 자신을 스스로 보호해야 한다는 점을 보여준다. 인공지능 로봇에게 '자기보존권'을 인정하는 것이다. 이러한 세 번째 원칙은 역설적인 의미를 갖는다. 먼저 세 번째 원칙은 인공지능 로봇에게 인간처럼 자기보존권을 인정한다는 점에서 자유주의적 윤리의 성격을 갖는다. 그러나 동시에 다음과 같은 의미도 가질 수 있다. 만약 자신의 존재를 보호해야 한다는 것의 의미에 자신의 존재를 소멸시킬 수 없다는 의미 역시 포함시킬 수 있다면, 이는 역설적으로 자유주의적 윤리를 제한하는 공동체주의적 또는 후견주의적 윤리의 성격도 갖는다.[36]

---

[35] 해악의 원리에 관해서는 오병선, "밀의 자유론과 해악의 원리", 『수행인문학』 제36집(2006. 11), 31−64쪽; Gerhard Seher, 이현준·홍영기 (역), "원칙에 의한 형벌규범의 정당화 그리고 법익개념", 『형사법연구』 제30권 제1호(2018. 3), 207−234쪽 등 참조.

[36] 후견주의에 관해서는 권지혜, 『형법정책의 토대로서 자유주의적 후견주의에 대한 비판적 고찰: 드워킨(Gerald Dworkin)과 파인버그(Joel Feinberg)의 논의를 중심으로』(고려대 법학박사 학위논문, 2016) 참조.

이렇게 보면, 로봇 3원칙을 전적으로 자유주의 윤리로만 파악하는 것은 타당하지 않을 수 있다. 그렇지만 두 번째 원칙과 세 번째 원칙이 보여주는 것처럼, 로봇 3원칙은 우선순위 규칙을 수용함으로써 로봇 3원칙의 자유주의적 성격을 유지한다. 세 번째 원칙보다는 두 번째 원칙이 그리고 두 번째 원칙보다는 첫 번째 원칙이 우선한다고 선언하는 것이다. 이를 도식으로 표현하면, ≪첫 번째 원칙(해악 금지 원칙) > 두 번째 원칙(인간명령 복종 원칙) > 세 번째 원칙(인공지능 로봇의 자기보존 원칙)≫이 된다. 자유주의 윤리를 명확하게 선언하는 첫 번째 원칙이 가장 우선적인 지위를 차지함으로써 로봇 3원칙의 자유주의적 성격은 유지된다.

그러나 이렇게 자유주의 윤리를 대변하는 로봇 3원칙은 다음과 같은 한계를 지닌다. 자율주행자동차의 경우가 잘 보여주는 것처럼, 만약 서로 다른 사람의 이익과 이익이 서로 충돌하는 경우에는 어떻게 해야 하는지를 로봇 3원칙은 말하고 있지 않다는 점이다. 가령 어느 한 사람의 이익을 우선시 하면 다른 사람에게 해를 미치는 이율배반적인 상황에서 인공지능 로봇이 어떻게 행위해야 하는지를 규정하고 있지 않다. 이러한 상황에서 로봇 3원칙은 모두 제대로 작동할 수 없다. 여기에서 바로 로봇 3원칙, 더 나아가 자유주의 윤리의 한계가 노출된다. 서로 다른 사람의 자유 또는 권리와 이익이 상호적으로 충돌할 때 이를 어떻게 해결해야 하는지를 판단하는 원칙이 존재하지 않는 이상 자유주의 윤리는 온전하게 작동할 수 없다.

3) 공동체주의 윤리

공동체주의 윤리는 공동체 구성원이 모두 준수해야 하는 '미덕'(virtue) 또는 '인륜성'(Sittlichkeit)을 중시하는 윤리를 말한다.[37] 그리고 이러한 미덕의 배후에는 '좋음'(the good)이 놓여 있다고 말한다. 이때 주의해야 할 점은 오늘날 주장되는 공동체주의 윤리는 개인의 권리와 공동체의 미덕이 충돌할 때 무조건 공동체의 미덕을 우선시해야 한다고 주장하지는 않는다는 점이다. 다만 이들이 강조하는 것은 철학적으로 볼 때 '옳음'(the right)에 바탕을 둔 권리도 궁극적으로는 '좋음'과 무관하지 않다는 것이다. 바로 그 점에서 이론적으로 볼 때 모든 개인적 권리는 궁극적

---

37 이러한 공동체주의 윤리를 보여주는 경우로는 유수정, 『자유주의적 생명윤리에 대한 비판과 공동체주의 접근법 고찰』(이화여자대학교 박사학위 논문, 2016) 참조. 이러한 공동체주의 윤리는 최근 새롭게 관심을 받는 '덕윤리'와 친화적이다. 덕윤리에 관해서는 장동익, 『덕윤리』(씨아이알, 2017) 참조.

으로는 공동체가 추구하는 좋음으로 귀결되고, 따라서 좋음을 대변하는 미덕이 우선적인 지위를 차지한다고 본다.

그렇지만 이러한 공동체주의 윤리는 상당히 추상적이고 개별 공동체의 특성에 의존하는 점도 강해 인공지능 윤리에 적용하기에는 적절하지 않다. 예를 들어, 공동체적 미덕에 해당하는 '행복'(well-being)이나 '선량한 풍속' 등과 같은 개념은 그 의미의 외연이 너무 넓어 인공지능 윤리로 사용하기에 적합하지 않다. 우리 인간들 역시 구체적인 상황에서 무엇이 행복한 일이고, 무엇이 선량한 풍속에 합치하는지를 판단하는 게 쉽지 않기 때문이다. 가령 '동성혼'을 인정하는 것이 공동체의 미덕에 합치하지 않는 것인지 판단하기 쉽지 않고, 이에 관해서는 격렬한 논쟁이 거듭되고 있다.[38] 아직은 약한 인공지능만이 기술적으로 가능한 현 시점에서는 인간처럼 아주 복잡한 사고과정을 거쳐야만 판단할 수 있는 공동체주의 윤리를 인공지능 윤리로서 원용하는 것은 적절하지 않다.

(2) 공적 영역의 윤리와 사적 영역의 윤리

인공지능 윤리는 내용적 측면에서 다음과 같이 유형화할 수 있다. 첫째는 ≪공적 영역의 인공지능 윤리─사적 영역의 인공지능 윤리≫이고, 둘째는 ≪실체적 윤리─절차적 윤리≫이며, 셋째는 ≪하향식 윤리─상향식 윤리≫이다. 아래에서는 첫 번째 유형부터 검토한다.

첫 번째 유형은 인공지능 윤리를 공적 영역과 사적 영역에 따라 달리 설정할 수 있다는 것을 전제로 한다. 말하자면, 공적 영역에서 적용되는 인공지능 윤리와 사적 영역에서 적용되는 인공지능 윤리가 구별된다는 것이다. 이러한 구별은 나름 타당하다고 말할 수 있다. 왜냐하면 오늘날 상품화된 인공지능 스피커가 보여주는 것처럼, 인공지능은 공적 영역에서만 사용되는 것이 아니라 사적 영역에서 개별 소비자를 대상으로 하여 이른바 '커스터마이징'(customizing)되기 때문이다. 이에 따라 사적 영역에서 사용되는 인공지능은 각 개별 이용자가 추구하는 좋음, 가치관, 문화 등을 윤리에 반영해야 한다. 따라서 이러한 사적 영역의 인공지능 윤리에서 가장 우선시해야 하는 덕목은 이용자가 원하는 바를 존중하면서 이용자가 내린 명령에 인공지능이 복종해야 한다는 것이다. 그렇지만 이러한 경우에도 이용자가 내

---

38 동성혼 문제에 관해서는 오민용, 『존 피니스의 법사상 연구: 혼인과 성의 형이상학과 동성혼 금지를 중심으로』(고려대 법학박사 학위논문, 2018) 참조.

린 명령이 타인의 권리를 침해하거나 법규범을 위반하는 경우에는 이를 거부할 수 있도록 해야 할 것이다.

이와 달리 공적 영역에서 적용되는 인공지능 윤리는 사람과 사람 사이의 관계를 중시하는 윤리, 즉 도덕으로 구성되어야 한다. 따라서 로봇 3원칙을 예로 들면 첫 번째 원칙, 즉 타인의 권리를 침해하지 말아야 한다는 원칙이 가장 우선적인 지위를 차지해야 한다. 이외에도 '차별금지'나 '공평' 등을 공적 영역의 인공지능 윤리로 언급할 수 있다. 그렇지만 이들 개념은 아주 추상적인 것이기에 이들 개념을 구체적인 권리 개념에 포섭하여 구체화시키는 것이 바람직하다.

(3) 실체적 윤리와 절차적 윤리

인공지능 윤리를 내용적 측면에서 유형화하면 이를 '실체적 윤리와 절차적 윤리'로도 구별할 수 있다. 이는 철학에서 오랜 역사를 지닌 '실질과 형식'이라는 구별 그리고 법체계에서 흔히 사용하는 '실체법과 절차법'이라는 구별에 상응한다.[39] 이때 실체적 윤리란 실질적인 내용, 가령 로봇 3원칙이 제시하는 해악금지 원칙, 명령복종 원칙, 자기보존 원칙 등을 담고 있는 윤리를 말한다. 우리가 일상생활에서 흔히 마주하는 윤리는 대부분 이러한 실체적 윤리에 해당한다. 요컨대, 타인의 권리나 의무와 직접 연결되는 윤리가 바로 실체적 윤리인 것이다. 이와 달리 절차적 윤리는 실체적 윤리를 판단하거나 결정하는 과정과 관련을 맺는 윤리를 말한다. 이를테면 어떤 근거와 절차에서 윤리적 결정을 내렸는지에 대한 근거를 제시해야 한다거나 윤리적 결정 과정이 투명하고 설명 가능해야 한다는 원칙 등을 절차적 윤리로 언급할 수 있다. 사회 전체의 복잡성이 엄청나게 증가하고 사회의 모든 영역이 지속적으로 전문화·독립분화되는 오늘날의 상황에서는 실체적 윤리의 확실성이 점점 약화되고 있기에 절차적 윤리가 점점 더 중요해지고 있다. 이는 법 영역에서도 마찬가지이다. 이를테면 루만은 현대 민주적 법치국가에서는 법의 실체적 정당화보다 절차적 정당화가 민주적 법치국가를 유지하는 데 더욱 중요한 기능을 수행한다고 말한다.[40] 이러한 경향은 인공지능 윤리에서도 발견할 수 있다.

---

39 이러한 '실질과 형식'이라는 구별은 고대 그리스에서는 '형상과 질료'라는 구별로 사용되었고 최근에는 '형식과 매체'라는 구별로 사용되기도 한다. 이에 관해서는 손병석, "아리스토텔레스의 질료·형상설에 대한 심신 가치론적 고찰", 『철학』 제87집(2006. 5), 33−63쪽; 니클라스 루만, 윤재왕 (옮김), 『체계이론 입문』(새물결, 2014), 183쪽 아래 등 참조.

40 N. Luhmann, *Legitimation durch Verfahren* (Frankfurt/M, 1969) 참조.

왜냐하면 윤리를 준수하는 인공지능을 개발한다는 맥락에서 인공지능의 투명성 또는 설명가능한 인공지능이 최근 강조되고 있기 때문이다.[41]

(4) 하향식 윤리와 상향식 윤리

내용적으로 구별하면, 인공지능 윤리는 하향식 윤리와 상향식 윤리로도 유형화할 수 있다.[42] 하향식 윤리는 인공지능 또는 인공지능 개발자가 준수해야 하는 윤리의 규범적 내용이 사전에 확정되어 있는 경우를 말한다. 이때 윤리규범을 확정하는 과정에서 인공지능이 관여하는 역할은 없다. 인공지능은 이미 주어져 있는 윤리규범을 자신에게 적용하면 될 뿐이다. 이 점에서 하향식(top-down) 윤리라고 말한다. 이는 전문가 시스템을 적용하여 인공지능을 구현하려던 방식과 비슷하다. 인공지능이 준수해야 하는 코드나 알고리즘, 규범 등을 미리 완벽하게 개념화·체계화한 후 이를 인공지능에 단순히 적용함으로써 인공지능을 구현하는 것이다.[43] 이는 19세기 독일에서 번성했던 판덱텐 법학이 추구했던 개념법학적 방법과도 유사하다. 왜냐하면 판덱텐 법학도 완벽한 법적 개념과 체계를 구축하고 법관은 단지 이를 법적 분쟁에 수동적으로 적용하도록 함으로써 법관의 역할을 마치 '자동포섭장치'(Subsumtionsautomat)로 설정하고자 하였기 때문이다.[44]

이에 대해 상향식 윤리는 인공지능이 기계학습을 하는 과정에서 자신이 준수해야 하는 윤리적 규범을 발견하고 정립하도록 하는 것을 말한다. 이 점에서 상향식 윤리는 하향식 윤리와 구별된다. 하향식 윤리의 경우에는 윤리규범이 사전에 정해져 있는 반면, 상향식 윤리에서는 윤리규범이 사전에 확정되어 있지 않거나 대략적·추상적으로만 주어져 있을 뿐이다. 또한 하향식 윤리에서는 인공지능이 윤리규범을 정립하는 데 기여하지 않지만, 상향식 윤리에서는 인공지능이 구체적인 윤리규범을 발견하고 정립하는 데 참여한다. 아리스토텔레스가 강조하는 '실천적 지혜'(phronesis)에 상응하는 것이 바로 상향식 윤리인 것이다. 이러한

---

[41] 이에 관해서는 아래 Ⅴ.3. 참조.

[42] 이에 관해서는 웬델 월러치·콜린 알렌, 앞의 책, 145쪽 아래; 한국인공지능법학회, 앞의 책, 67-75쪽 참조. 이러한 하향식 윤리와 상향식 윤리는 인공지능이 윤리를 어떻게 학습하도록 할 것인가를 다루는 윤리학습 방법으로서 논의되기도 한다.

[43] 마쓰오 유타카, 앞의 책, 62쪽 아래 참조.

[44] 판덱텐 법학에 관해서는 양천수, "개념법학: 형성, 철학적·정치적 기초, 영향", 『법철학연구』 제10권 제1호(2007. 5), 233-258쪽 참조.

이유에서 하향식 윤리가 주로 실체적 윤리와 관련을 맺는다면, 상향식 윤리는 주로 절차적 윤리와 관련을 맺는다. 상향식 윤리에서는 인공지능이 어떤 방법과 절차로 윤리규범을 스스로 발견 및 정립하도록 할 것인가를 중시하기 때문이다. 이는 법학의 역사에서 보면, 개념법학과 대립하는 목적법학이 추구한 방법과 유사하다.[45]

(5) 사전적 윤리와 사후적 윤리

시간적 측면에서 볼 때, 인공지능 윤리는 사전적 윤리와 사후적 윤리로 구별할 수 있다. 이는 윤리적 문제가 발생한 시점을 기준으로 하여 구별한 것이다. 사전적 윤리는 윤리적 문제가 발생하지 않도록 인공지능이 준수해야 하는 윤리를 말한다.[46] 로봇 3원칙이 제시한 원칙은 모두 사전적 윤리에 속한다. 인간의 권리를 침해하지 않도록 또는 인간의 이익을 극대화할 수 있도록 인공지능 로봇은 사전에 권리를 침해하는 행위를 하지 말거나 인간의 명령에 복종해야 한다. 이에 반해 사후적 윤리는 특정한 윤리적 문제가 발생한 이후에 비로소 부담해야 하는 윤리를 말한다. '책임'(accountability)에 관한 윤리가 바로 사후적 윤리에 속한다. 물론 책임은 주로 법적 의무로 강조되고, 실제로 법적 강제가 전제가 되어야만 책임이 의미를 갖는다. 그렇지만 윤리 영역에서도 인공지능 개발자나 소유자 등이 인공지능으로 피해를 입은 타인에게 자발적으로 책임을 지도록 하는 것도 의미가 있다. 이는 크게 두 가지 형태로 실현될 수 있다. 첫째는 문제가 발생한 경우 인공지능 자신이 피해자에게 사과를 하도록 하는 것이다. 둘째는 인공지능 개발자나 소유자 등이 피해자에게 자발적으로 손해를 배상하도록 하는 것이다.

---

45 목적법학에 관해서는 R. v. Jhering, *Der Zweck im Recht*, Bd. I−II, 2. Aufl. (Leipzig, 1884−86). 이 유명한 저작에서 예링은 자신의 모토를 다음과 같이 설정한다. "목적은 전체 법의 창조자이다." 또한 R. v. Jhering, "Vertrauliche Briefe über die heutige Jurisprudenz von einem unbekannten", in: G. Ellscheid/W. Hassemer (Hrsg.), *Interessenjurisprudenz* (Darmstadt, 1974), 14−23쪽.

46 물론 엄밀하게 말하면, 이는 인공지능 자신이 아니라 인공지능 개발자가 준수해야 하는 윤리이다.

3. 인공지능 윤리의 기본 구상

지금까지 전개한 논의를 바탕으로 하여 인공지능 윤리를 어떻게 구상할 수 있는지 그 기본 방향을 살펴본다.

(1) 윤리의 이중적 차원

먼저 짚고 넘어가야 할 문제가 있다. 윤리는 이중적 차원을 지니고 있다는 것이다. 이때 말하는 윤리의 이중적 차원이란 윤리가 '특정한 행위와 결정을 실질적으로 지배하는 윤리'와 이러한 '결정을 외부적으로 정당화하는 윤리'로, 즉 이중적으로 구성된다는 것이다. 다시 말해, '결정의 차원에서 적용되는 윤리'와 '논증의 차원에서 적용되는 윤리'가 구별되면서 동시에 작동한다는 것이다. 이렇게 윤리를 '결정 윤리'와 '논증 윤리'로 구별하는 것은 근래에 발전한 법수사학이나 법적 논증이론에서 '법적 결정'과 '법적 논증'을 구별하는 것에 대응한다.[47] 가령 법수사학은 법관이 법적 결정을 내리는 과정과 법적 논증을 하는 과정이 구분된다고 한다. 이에 따르면, 법관은 순간적이면서도 복잡하게 작용하는 직관 또는 선이해를 기반으로 하여 법적 결정을 한 후 이를 법적 개념이나 체계 등과 같은 언어로 사후적으로 논증한다는 것이다. 이러한 이분법은 윤리적 문제를 결정하고 논증하는 과정에도 적용된다. 예를 들어, 윤리적 문제를 실제로 판단하고 결정하는 과정에서는 대부분 '이익형량' 기준을 따르지만, 이러한 결정을 외부적으로 논증할 때는 자유주의 윤리나 공동체주의 윤리와 같은 다른 윤리적 원칙을 모색하는 것을 들 수 있다. 달리 말해, 우리는 실제 결정을 하는 과정에서는 공리주의적 사고를 상당 부분 따르지만, 이를 대외적으로 직접 드러내는 데는 부담을 느끼고 있다는 것이다. 그 점에서 우리들이 사용하는 윤리는 이중성을 갖고 있다. 따라서 인공지능 윤리를 설계할 때는 이러한 윤리의 이중성을 감안해야 할 필요가 있다.

(2) 기본 방향

인공지능 윤리의 기본 방향은 어떻게 설정하는 것이 바람직한가? 이를 아래에

---

[47] 법수사학에 관해서는 프리트요프 하프트, 김성룡 (옮김), 『법 수사학』(고려대학교 출판부, 2010); 김성룡, 『법 수사학』(준커뮤니케이션즈, 2012) 참조. 법적 논증이론에 관해서는 울프리드 노이만, 윤재왕 (옮김), 『법과 논증이론』(세창출판사, 2009) 등 참조.

서 제시한다.

1) 자유주의 윤리

인공지능 윤리는 자유주의 윤리를 지향해야 한다. 우선적인 이유는 자유주의 윤리의 규범적 의미가 가장 구체적이고 명확하기 때문이다. 자유주의 윤리는 사람과 사람의 관계를 문제삼는다. 더욱 정확하게 말하면, 로봇 3원칙 가운데 첫 번째 원칙이 보여주는 것처럼 다른 사람의 자유나 권리를 침해하는 것을 금지한다. 옳음과 좋음을 구별함으로써 윤리, 더욱 정확하게 말해 도덕이 무엇을 하고 무엇을 하지 말아야 하는지를 명확하게 명령한다. 그 점에서 자유주의 윤리는 아직 인간과 동등한 수준의 규범적 자율성을 갖추지 못한 약한 인공지능에게 프로그래밍하기 적합하다.

앞에서 살펴본 것처럼, 자유주의는 목적론적 자유주의와 의무론적 자유주의로 구별할 수 있다. 그러나 이러한 구별은 인공지능 윤리에서는 큰 의미는 없다. 목적론적 자유주의인가, 아니면 의무론적 자유주의인가 하는 문제는 각자가 존엄하면서 서로 평등한 지위에 있는 인간 존재 사이에서 의미가 있기 때문이다. 그러므로 인간과 평등한 존재가 아니라 인간에 대해 도구적 존재에 해당하는 인공지능에게는 의무론과 목적론 간의 대립이 큰 의미를 갖지 않는다. 오히려 정확하게 보면, 인공지능에게 설정하고자 하는 자유주의 윤리는 목적론적인 성격을 갖는다고 말할 수 있다. 왜냐하면 우리가 인공지능 윤리를 논의하는 이유는 이것이 인간에게 이익이 되기 때문이다. 그 점에서 인공지능에게 설정하고자 하는 자유주의 윤리는 목적론적 자유주의라 할 수 있다.

2) 공리주의 윤리

인공지능 윤리를 설정할 때는 이렇게 자유주의 윤리를 가장 우선시 하면서도 이를 보완한다는 측면에서 공리주의 윤리를 수용할 필요가 있다. 공리주의 윤리를 배제한 채 자유주의 윤리만으로 인공지능 윤리를 설정할 수는 없기 때문이다. 예를 들어, 사람과 사람 사이의 자유나 권리가 충돌하는 상황에서 서로의 이익을 최적화하기 위해서는 이익형량적 사고를 어느 정도 수용할 수밖에 없다. 이러한 문제 및 상황은 헌법학의 기본권 제한 문제에서 잘 드러난다.[48] 물론 우리들이 공리

---

48 이를 보여주는 연구로는 로베르트 알렉시, 이준일 (옮김), 『기본권이론』(한길사, 2007); 김도균, 『권리의 문법』(박영사, 2008) 참조.

주의에 갖고 있는 거부감으로 인해 인공지능 윤리에서 이익형량 원칙을 정면에서 수용하는 것은 어려울 것이다. 이러한 문제를 해결하기 위해서는 이익형량 원칙을 규범적으로 발전시킨 비례성 원칙을 권리 충돌에 대한 해결 원칙으로 받아들이는 것을 고려할 수 있다.

3) 공적 영역의 윤리와 사적 영역의 윤리 구별

공적 영역의 윤리와 사적 영역의 윤리를 구별할 필요가 있다. 인공지능은 공적 영역과 사적 영역 모두에서 사용될 뿐만 아니라, 앞으로는 사적 영역에서 더욱 중요하게 사용될 것이기 때문이다. 예를 들어 공적 영역의 윤리로는 타인의 권리를 침해하지 말 것을 제1원칙으로 설정할 수 있는 반면, 사적 영역의 윤리로는 이용자의 명령에 복종할 것을 제1원칙으로 설정할 수도 있기 때문이다. 이는 공법 영역에서는 민주주의와 법치주의가 강조되는 반면, 사법 영역에서는 사적 자치가 가장 중요한 원리로 자리매김 하는 것과 유사하다. 물론 공적 영역의 윤리와 사적 영역의 윤리를 어떻게 차별화할 것인지는 더욱 논의를 해야 할 필요가 있다. 그렇지만 양자를 통일적으로 규율하는 인공지능 윤리를 목표로 하는 것은 적절하지 않다고 말할 수 있다.

(3) 기본 윤리원칙

이 같은 기본 방향을 바탕으로 하여 인공지능 윤리에서 핵심이 될 만한 기본 윤리원칙을 다음과 같이 제시할 수 있다.[49]

1) 인간의 존엄성 존중

인공지능은 인간의 존엄성을 존중해야 한다. 여기서 '인간의 존엄성'(Men-schenwürde)이 구체적으로 무엇을 뜻하는지 문제될 수 있지만, 다행스럽게도 인간

---

[49] 이 책에서 제시하는 인공지능의 기본 윤리원칙은 가령 유럽연합이 마련한 「인공지능 윤리 가이드라인」과 일본 내각부가 마련한 「인간 중심의 AI 사회 원칙」 등에서 제시하는 원칙과 겹치는 부분이 없지 않다. 이를테면 '인간의 존엄성 존중'이나 '투명성', '설명가능성', '책임' 등을 들 수 있다. 이는 유럽연합이 마련한 가이드라인이나 일본 내각부가 마련한 원칙에서 찾아볼 수 있다. 이에 관해서는 한지영·김지은, 『인공지능 윤리 가이드라인: 일본과 EU 사례를 중심으로』(한국정보화진흥원, 2019) 참조. 다만 이 책에서는 현재 수준의 (약한) 인공지능이 실제적으로 준수할 수 있도록 최대한 명확하게 인공지능의 기본 윤리원칙을 설정하고자 하였다. '인간의 행복'과 같은 추상적이면서 불명확한 개념은 가급적 윤리원칙에서 수용하지 않고자 하였다.

의 존엄은 가령 행복이나 선량한 풍속, 인륜성보다는 그 개념이 명확한 편이다.[50] 왜냐하면 인간의 존엄에 관해서는 칸트가 정언명령으로써 비교적 정확한 공식을 제시하였기 때문이다. 이에 따르면, 인간을 목적이 아닌 철저한 수단으로 이용하는 경우가 인간의 존엄성을 침해하는 것이 된다. 그러므로 만약 인공지능이 이용자가 아닌 다른 사람을 철저하게 수단으로 취급한다면 이는 그 사람의 존엄성을 침해하는 것이 될 수 있다. 다만 이 경우에도 과연 어떤 경우가 인간을 '철저하게 수단'으로 이용하는 경우인지가 문제된다. 따라서 인간의 존엄성이 침해되는 경우를 유형화하여 이를 프로그래밍할 필요가 있다.[51] 아울러 인간의 존엄성 원칙은 가급적 보충적으로 적용할 필요가 있다.

2) 권리침해 금지

인공지능은 인간의 권리를 침해하지 말아야 한다. 이때 말하는 권리는 기본적으로 법적 권리를 뜻한다. 그러나 단순히 법적 권리에만 그 의미를 한정해서는 안 된다. 만약 그렇게 하면, 권리침해 금지원칙은 윤리적 원칙이 아닌 법적 원칙이 될 것이다. 따라서 인공지능이 존중해야 하는 인간의 권리 개념에는 법적 권리뿐만 아니라 도덕적 권리, 가령 아직 실정화되지 않은 인권까지 포함시켜야 한다. 이렇게 보면, 권리를 침해하지 말아야 한다는 원칙은 (실정화된 인권과 실정화되지 않은 인권을 모두 포함하는 의미의) 인권을 침해하지 말아야 한다는 원칙으로 새길 수 있다.

3) 실정법 위반 금지

인공지능은 실정법을 위반하지 말아야 한다. 보통 윤리는 실정법보다 그 외연이 넓은 규범이므로, 윤리를 준수한다는 것은 바로 실정법을 준수한다는 의미를 포함한다. 특별한 예외를 제외하면, 실정법을 위반하는 행위가 윤리를 준수하는 것이라고 말할 수는 없다. 그러므로 인공지능은 실정법이 규정하는 각종 원리나 권리, 의무 등을 준수해야 한다. 이를테면 자율주행자동차는 당연히 도로교통법을 준

---

50 인간의 존엄에 관해서는 우선 베르너 마이호퍼, 심재우 · 윤재왕 (옮김), 『법치국가와 인간의 존엄』(세창출판사, 2019) 참조.

51 아니면 이는 인공지능이 '딥러닝'으로 스스로 학습하도록 해야 한다. 이 점에서 인간의 존엄성이 침해되는 경우는 상향식 윤리학습을 통해 구체화되어야 한다.

수하면서 운행해야 한다. 노동현장에서 사용되는 인공지능은 각종 노동관계법을 준수해야 한다. 의료현장에서 사용되는 인공지능은 의료법을 준수하면서 치료행위를 해야 한다.

4) 이용자의 명령 복종

인공지능은 자신을 이용하는 사람이 내리는 명령에 복종해야 한다. 위에서 소개한 실정법 금지 원칙이 공적 영역에서 인공지능이 준수해야 하는 윤리라면, 이용자의 명령에 복종해야 한다는 원칙은 사적 영역에서 인공지능이 준수해야 하는 윤리에 해당한다. 이는 '커스터마이징'된 인공지능 윤리라 할 수 있다. 다만 인공지능이 이용자가 내리는 모든 명령에 복종해야 하는 것은 아니다. 예컨대 이용자가 내린 명령이 실정법이나 다른 윤리원칙을 위반하는 경우에는 이에 거부할 수 있도록 해야 한다. 인공지능이 다른 사람의 권리를 침해하라는 명령을 준수해서는 안 될 것이다. 이 점에서 이용자의 명령 복종 원칙에 대한 한계로서 인공지능에게 '명령 복종 거부권'을 인정해야 한다.

5) 투명성

인공지능은 자신이 내린 일체의 판단 및 결정에 관해 투명성을 유지해야 한다. 이때 '투명성'(transparence)이란 두 가지 의미로 구체화할 수 있다. 우선 인공지능이 특정한 판단이나 결정을 내릴 때는 공식적으로 미리 주어진 요건과 절차를 준수해야 한다는 것이다. 말하자면, 인공지능이 내린 판단이나 결정이 절차적으로 정당화될 수 있어야 한다. 나아가 인공지능이 과연 어떤 근거에서 판단이나 결정을 내린 것인지 설명할 수 있어야 한다는 것이다. 이때 두 번째 의미인 설명가능성은 그 자체로 중대한 의미를 지니기에 이는 독자적인 윤리원칙으로 설정할 필요가 있다.

6) 설명가능성

인공지능은 자신이 내린 판단이나 결정이 어떤 절차 및 근거에 의한 것인지를 설명할 수 있어야 한다. 이는 주로 인공지능이 특정한 판단이나 결정을 내릴 때 사용된 알고리즘이 어떻게 구성되어 있는지를 설명함으로써 실현된다. 이러한 설명가능성 원칙은 위에서 언급한 투명성 원칙에 포함된 규범적 의미이다. 동시에 설명가능성 원칙은 투명성 원칙과 더불어 절차적 윤리에 해당한다. 이러한 설명가능성 원칙은 전체 인공지능 윤리원칙 중에서도 결코 적지 않은 비중을 차지할 뿐만 아니라, 인공지능이 스스로 인공지능 윤리를 준수할 수 있도록 기여하는 윤리이행 수단이 된다는 점에서 독자적인 윤리원칙으로 설정할 필요가 있다.[52]

7) 책임

인공지능은 자신이 내린 판단이나 결정이 유발한 결과에 책임을 져야 한다. 이러한 책임 원칙은 사후적 윤리에 속한다. 물론 책임 원칙이 법이 아닌 윤리 영역에서 실제적인 의미를 가질 수 있을지 의문을 제기할 수 있다. 그렇지만 책임 원칙은 윤리 영역에서도 여전히 실천적인 의미를 갖는다. 먼저 자신이 내린 판단이나 결정으로 윤리적으로 좋지 않은 결과가 발생하였을 때 인공지능은 이에 사죄를 표명할 수 있다. 나아가 자신이 야기한 결과가 특정한 손해를 야기하였을 때는 법이 명령하기 이전에 자발적으로 손해를 배상할 수도 있다. 물론 엄밀하게 말하면, 이때 손해배상을 하는 주체는 인공지능 자신이 되기보다는 인공지능 개발자나 소유자 등이 될 것이다. 인공지능이 자신의 명의로 책임재산을 갖고 있다고는 생각할 수 없기 때문이다.

V. 인공지능 윤리의 이행 방안

논의의 마지막으로서 앞에서 제시한 인공지능 윤리를 어떻게 이행하도록 할수 있는지 검토한다.

1. 자율규제

인공지능 윤리는 법이 아닌 윤리라는 점을 고려할 때 인공지능 윤리 수범자가 이를 자율적으로 준수하도록 하는 것이 가장 바람직하다. 요컨대 자율규제를 실행하는 것이다. 그게 아니라 강제적인 방법으로 인공지능 윤리를 준수하도록 하면,

---

52 이에 관해서는 아래 V.3.도 참조.

이는 인공지능에 대한 법적 규제와 차이가 사라진다. 그렇다면 굳이 법이 아닌 인공지능 윤리를 설정할 필요가 없어질 것이다. 하지만 현실이 보여주는 것처럼, 규범적인 측면에서 볼 때 인간 존재는 불완전하다. 인간 존재 모두가 자율적으로 윤리 규범을 준수하는 것은 아니다. 이 점을 고려하면, 인공지능 윤리를 이행하도록 하는 방안으로는 자율규제가 가장 이상적이지만, 이는 현실에서 제대로 작동하지 못할 수 있다. 따라서 완전한 자율규제보다는 다소 강제력을 갖춘 그러면서도 법보다는 자율적인 이행 방안을 모색할 필요가 있다.

2. 절차주의

(1) 의의

이러한 방안으로 '절차주의'(Prozeduralismus) 또는 '절차주의적 규제'를 언급할 수 있다.[53] 절차주의는 사회국가적 법제화가 위기를 맞던 1980년대를 전후로 하여 주로 유럽 법학에서, 그중에서도 독일 법학에서 사회국가적 규제에 대한 대안 모델로 논의되었다. 절차주의적 규제는 전통적인 자유주의적 규제가 추구하는 자율규제의 한계와 사회국가적 규제의 한계를 통합적으로 극복하고자 한다. 자율규제는 전적으로 피규제자의 자율성과 실천 의지에 기대기에 실효성의 측면에서 한계가 있다. 더불어 사회국가적 규제는 피규제자의 자율성을 고려하지 않는다는 점에서 한계가 있다. 이로 인해 이를테면 자율규제는 '시장의 실패'라는 부작용을, 사회국가적 규제는 '정부의 실패'라는 부작용을 유발한다. 이에 대해 절차주의적 규제는 규제가 성공하기 위한 두 가지 요소, 즉 자율성의 측면과 강제성의 측면을 통합적으로 수용한다. 절차주의적 규제는 이러한 자율성과 강제성을 다음과 같이 구조화한다.

먼저 절차주의적 규제는 국가의 강제력을 담고 있는 실정법으로 피규제자들이

---

[53] 절차주의에 관해서는 우선 K. Eder, "Prozedurale Rationalität. Moderne Rechtsentwicklung jenseits von formaler Rationalisierung", in: *Zeitschrift für die Rechtssoziologie* (1986), 22쪽 아래; G.-P. Calliess, *Prozedurales Recht* (Baden-Baden, 1998); A. Fischer-Lescano/G. Teubner, "Prozedurale Rechtstheorie: Wiethölter", in: Buckel/Christensen/Fischer-Lescano (Hrsg.), *Neue Theorien des Rechts* (Stuttgart, 2006), 79쪽 아래 등 참조. 이러한 절차주의를 적용한 경우로는 양천수, 『서브프라임 금융위기와 법』(한국학술정보, 2011) 참조.

스스로에게 적용될 규제 장치, 즉 규범을 만들어야 한다고 명령한다. 이를 준수하지 않으면, 피규제자들은 국가에 의해 제재를 받는다. 이 점에서 절차주의적 규제는 사회국가적 규제의 타율성을 수용한다. 동시에 절차주의적 규제는 피규제자가 스스로에게 적용될 규범을 자율적으로 만들 것을 명령한다. 요컨대, 규범 자체를 만드는 것은 강제하지만, 이러한 규범을 어떻게 구체화할 것인지는 피규제자의 자율에 맡기는 것이다. 다시 말해, 법은 피규제자에게 적용될 규범의 외적 테두리만을 규정하고, 그 규범의 구체적인 내용은 피규제자가 자율적으로 형성하도록 한다. 바로 이러한 측면에서 절차주의적 규제는 자율규제의 자율성을 수용한다.

이러한 절차주의적 규제는 이미 꽤 오래 전부터, 대략 1990년대 중반부터 우리나라에서 이론적으로 논의되었다. 초기에는「의료분쟁조정법」제정에 관해 절차주의적 규제가 논의되었다.[54] 이후 기업의 윤리경영이나 사회적 책임, 법준수프로그램과 준법감시인, 새로운 금융규제, 인권경영, 생명윤리 영역 등에서 절차주의적 규제가 논의되었고 일부는 실정법으로 제도화되었다.[55] 이러한 절차주의적 규제는 최근에는 '포괄적 네거티브 규제'라는 새로운 이름으로 변형되어 여전히 생명력을 잃지 않고 있다. 행정법학에서 논의되는 보장국가 논의도 넓게 보면 절차주의적 규제와 그 흐름이 닿아 있다.[56]

이처럼 절차주의적 규제는 자율성과 타율성을 구조적으로 동시에 담고 있다는 점에서 인공지능 윤리를 이행하도록 하는 방안으로 원용될 수 있다. 한편으로는 윤리규범이 안고 있는 자율성을 살리면서도, 인공지능 윤리에 관한 구체적인 윤리규범을 수범자 스스로가 형성하도록 명령함으로써 인공지능 윤리를 실효성 있게 이행하도록 히는 것이다.

---

54 이에 관해서는 이상돈, "의료행위의 법제화와 형법: 의료분쟁조정법안의 기본구상에 대한 법사회학적 비판",『형사정책연구』제29호(1997. 3), 153-185쪽 참조.

55 이를 보여주는 양천수,『기업의 경제활동에 관한 형사법제 연구(II): 기업의 사회적 책임(CSR)과 법준수프로그램(CP)에 관한 연구』(한국형사정책연구원, 2010) 참조.

56 보장국가에 관해서는 계인국, "보장행정의 작용형식으로서의 규제: 보장국가의 구상과 규제의미의 한정",『공법연구』제41집 제4호(2013. 6), 155-184쪽; 김남진, "보장국가 구현을 위한 법적·정책적 연구",『학술원논문집 인문사회과학편』제55집 제2호(2016. 12), 39-71쪽 등 참조.

(2) 거버넌스

이러한 절차주의적 규제를 어떻게 인공지능 윤리에 적용할 것인가? 이를 위해서는 크게 두 가지 요소가 필요하다. 절차주의적 규제의 실정법적 토대가 되는 근거 법률과 이러한 법률을 집행하고 감독하는 거버넌스가 그것이다. 먼저 근거가 되는 법률로서 「인공지능윤리 기본법」과 같은 법률을 제정할 필요가 있다. 이에 관해서는 「생명윤리 및 안전에 관한 법률」이 좋은 모델이 될 수 있다.

다음으로 거버넌스를 어떻게 구성할 것인지를 고려해야 한다. 사실 현실적으로는 이 문제가 첫 번째 문제보다 판단하고 해결하기가 더 어렵다. 이에 관해서는 두 가지 문제가 제기된다. 첫째, 어떤 형태로 거버넌스를 구성할 것인지가 문제된다. 둘째, 이러한 거버넌스를 정부부처 가운데 어느 쪽에 귀속시킬 것인지가 문제된다. 그중에서 첫 번째 문제에 관해서는 위원회 모델이 적절한 대답이 될 수 있을 것이다. '인공지능 윤리위원회'를 설치하여 인공지능 윤리에 대해 절차주의적 규제를 실현하도록 하는 것이다. 이에 관해서는 '국가생명윤리심의위원회'가 좋은 모델이 될 수 있다.[57] 두 번째 문제는 대답하기 쉽지 않다. 다만 인공지능은 앞으로 사회 전반에 걸쳐 사용될 것이고, 이로 인해 인공지능 윤리 역시 사회 전 영역에서 문제가 될 것이기에 '인공지능 윤리위원회'를 어느 한 정부부처 산하에 설치하는 것은 바람직하지 않다. 이는 정부부처의 업무를 총괄하는 위치에 있는 기관에 부여하는 것이 바람직하다. 이 점에서 인공지능 윤리위원회는 대통령 직속인 '제4차 산업혁명위원회' 산하에 설치하는 것도 고려할 필요가 있다.

3. 설명가능한 인공지능

(1) 의의 및 필요성

인공지능 윤리를 자율적으로 이행하도록 하는 방안으로 '설명가능한 인공지능'을 구현하는 것을 생각할 수 있다.[58] 여기서 설명가능한 인공지능이란 인공지능이

---

57 「생명윤리 및 안전에 관한 법률」 제7조 참조.
58 이에 관해서는 정승준·변준영·김창익, "설명 가능한 인공지능 기술의 소개", 『전자공학회지』 제46권 제2호(2019. 2), 135－143쪽; 이중원, "인공지능에게 책임을 부과할 수 있는가?: 책무성

어떤 근거에서 해당 결정을 내렸는지를 설명할 수 있도록 하는 것을 말한다. 바꿔 말해, 설명가능성이라는 절차적 윤리를 준수할 수 있는 인공지능을 개발해야 한다는 것이다. 앞에서도 언급한 것처럼, 이러한 설명가능성은 투명성이라는 절차적 윤리에 포함되는 윤리로 볼 수 있다. 양자를 거의 같은 의미로 파악할 수도 있지만, 투명성의 외연이 설명가능성보다 넓고 인공지능 영역에서 이러한 투명성을 실현하는 구체적인 방안으로 설명가능성이 주로 논의되고 있다는 점에서 양자는 구별하는 것이 적절하다.

　　그러면 과연 어떤 점에서 설명가능한 인공지능이 인공지능 윤리를 이행하는 방안이 될 수 있을까? 이는 다음과 같이 논증할 수 있다. 자신이 어떤 근거에서, 다시 말해 어떤 기준과 절차에 따라 결정을 내렸는지를 제3자가 알 수 있도록 외부에 알리는 일은 결정을 내리는 주체에게는 상당히 부담스러운 일이 될 수 있다. 왜냐하면 이러한 상황에서는 결정 그 자체뿐만 아니라 결정을 내리는 데 사용한 기준이나 절차가 제3자를 설득할 수 있어야 하기 때문이다. 따라서 설사 결정 결과가 타당하다 할지라도 그 기준이나 절차 등이 타당하지 않다면 결국 그 결정은 제3자에 의해 수용되기 어렵다. 목적이 수단을 정당화할 수도 있지만, 목적뿐만 아니라 수단까지 투명하게 공개되면 특정한 주장이 설득력을 잃는 경우가 많다. 더구나 다원적인 가치가 지배하고 복잡성이 엄청나게 증가하는 현대사회에서는 모두가 받아들일 만한 결정을 내리는 것이 쉽지 않다. 이러한 상황에서는 제3자가 납득할 만한 기준과 절차에 따라 결정을 내리는 것이 더욱 공감을 얻을 수 있는 방안이 된다. 바로 이러한 근거에서 오늘날에는 법치주의에 따라 국가권력이 어떤 요건과 절차에 따라 행사되어야 하는지를 법률로 명확하게 규정한다. 입법이나 집행 모두 법이 정한 요건과 절차에 따라 투명하게 이루어져야 한다. 사법부도 헌법과 법률에 구속되어야 하고, 법관이 재판을 하는 경우에는 그 근거를 설득력 있게 드러내야 한다. 바로 이러한 까닭에서 독일의 사회학자 루만은 현대사회에서는 '절차를 통한 정당화'가 중요한 역할을 수행한다고 지적하는 것이다. 설명가능한 인공지능은 절차를 통한 정당화라는 요청을 인공지능 윤리에 구현한 것이라고 볼 수 있다. 인공지능이 어떤 기준과 절차를 통해 결정을 내렸는지를 제3자가 투명하게 접근할 수 있도록 하면 자연스럽게 인공지능 설계자는 인공지능이 윤리에 적합한 기준과

중심의 인공지능 윤리 모색", 『과학철학』 제22권 제2호(2019. 7), 79－104쪽 등 참조.

절차에 따라 결정을 내리도록 할 수 있다는 것이다. 이 점에서 설명가능한 인공지능은 인공지능 윤리를 절차적으로 구현하는 또 다른 방법이 된다고 말할 수 있다.

(2) 설명가능성의 목표

설명가능한 인공지능은 구체적으로 다음과 같은 목표를 추구한다.

1) 설득가능성

가장 우선적으로는 인공지능이 내린 결정의 설득가능성을 높이는 것이다. 위에서도 지적한 것처럼, 특정한 결정으로 타인을 설득하기 위해서는 두 가지 요건을 충족해야 한다. 첫째, 결정의 결과가 타인이 볼 때 납득할 만한 것이어야 한다. 쉽게 말해, 타인이 원하는 결과를 도출할 수 있어야 한다. 그러나 오늘날과 같은 다원주의 사회에서 매번 타인이 원하는 결과를 도출할 수는 없다. 둘째, 결정을 내리는 데 원용된 기준과 요건, 방법, 절차 등이 타인이 볼 때 납득할 만한 것이어야 한다. 그렇게 하기 위해서는 이러한 기준, 요건, 방법, 절차 등이 투명하게 공개되어야 할 뿐만 아니라 중립성과 공평성을 유지해야 한다. 이렇게 함으로써 타인을 납득시킬 수 있는 결정을 내릴 수 있는 것이다.

2) 예측가능성

다음으로 설명가능한 인공지능을 구현함으로써 결정에 대한 예측가능성을 제고할 수 있다. 인공지능이 내린 결정의 근거를 투명하게 설명함으로써 제3자는 이러한 결정에 납득한 후 앞으로 어떤 결정을 내릴 것인지를 예측할 수 있는 것이다. '현재'라는 시간을 기준으로 보면, 설명가능한 인공지능으로 획득하는 설득가능성은 '과거'를 지향하는 것이라면, 예측가능성은 '미래'를 지향하는 것이라고 볼 수 있다. 아울러 이러한 예측가능성이 실제로 검증되면, 이제 인공지능이 내리는 결정은 사회적 신뢰를 얻을 수 있다. 이를 도식화하면 ≪설득가능성 ⇒ 예측가능성 ⇒ 신뢰확보≫로 표현할 수 있다.

3) 인공지능 윤리 이행

마지막으로 설명가능한 인공지능은 위에서 설명한 목표를 달성하는 과정을 통해 인공지능 윤리를 자율적으로 이행하는 목표도 획득한다. 결국 설명가능한 인공지능을 구현함으로써 인공지능이 자율적으로 인공지능 윤리를 준수하도록 할 수 있다.

(3) 구현 방법

1) 설명가능한 인공지능의 두 가지 유형

기술적인 측면에서 설명가능한 인공지능을 구현하는 방법에는 두 가지 유형이 있다. 이는 인공지능 체계 안에 의사결정 과정과 설명 과정을 함께 포함시키는가, 아니면 분리하는가에 따라 구별되는 유형이다. 첫 번째 유형은 한 인공지능에 의사결정 과정과 설명 과정을 모두 구현하는 방식이다. 인공지능이 의사결정을 하는 과정에서 제3자가 요청을 하면 어떤 근거에서 그런 의사결정을 한 것인지를 설명하도록 하는 것이다. 두 번째 유형은 의사결정을 하는 인공지능과 설명을 하는 인공지능을 분리하는 것이다. 이 경우에는 설명을 하는 인공지능이 의사결정을 하는 인공지능을 감시 및 감독하는 기능을 수행한다. 인공지능 사이에서 일종의 기능 및 권한 배분을 추구하는 것이라 볼 수 있다. 그중에서 어떤 방식이 더 나은지는 판단하기 어렵다. 아마도 두 가지 유형을 모두 구현하는 것이 바람직할 것이다.

2) 설명방법

기술적인 측면에서 볼 때, 인공지능이 어떤 기준과 절차 등을 거쳐 결정을 내렸는지를 어떤 방법으로 설명하도록 할 것인지도 구현하기 쉽지 않은 문제이다.[59] 왜냐하면 인공지능이 특정한 결정을 내릴 때는 복잡한 알고리즘을 사용하는데 이는 외부에서 파악하기 쉽지 않은 '블랙박스 구조'로 되어 있기 때문이다. 특히 최근 딥러닝 기술이 인공지능에 적용되면서 인공지능이 어떤 근거와 절차 등으로 결정을 내리게 되었는지를 설명하는 게 더더욱 어려워지고 있다. 이에 관해서는 현재 언어적 설명방법, 도식적 설명방법, 시각적 설명방법 등이 논의된다.

그런데 이때 주목해야 할 점은 인공지능이 결정을 내리는 데 활용된 알고리즘이 아주 복잡해지면서 이를 우리 인간이 이해할 수 있도록 설명하는 과정에서 불완전성이나 왜곡이 발생할 수 있다는 것이다. 요컨대, 기계적 차원에서 이루어진

---

59 이에 관해서는 정승준·변준영·김창익, 앞의 논문, 135쪽 아래 참조.

과정을 우리 인간이 이해할 수 있는 소통과정으로 전환하는 과정에서 괴리나 왜곡이 발생할 수 있다. 이러한 연유에서 정작 인공지능이 결정을 내리는 데 결정적인 영향을 미친 요소가 이를 설명하는 과정에서 드러나지 않거나 은폐될 수 있다. 따라서 이를 막거나 밝힐 수 있는 방안을 모색하는 것이 필요하다. 바로 이 같은 이유에서 의사결정을 하는 인공지능과 이를 설명하는 인공지능을 체계적으로 분리하는 것이 더 바람직할 수 있다. 의사결정을 하는 인공지능이 어떤 근거에서 그런 결정을 내렸는지를 설명을 전담하는 인공지능이 정확하게 설명하도록 하는 것이다. 물론 이러한 방안이 기술적으로 가능한지를 먼저 고려해야 하겠지만 말이다.

VI. 맺음말

지금까지 인공지능과 윤리를 대주제로 하여 다음과 같은 문제를 다루었다. 인공지능과 윤리를 논의해야 할 필요가 무엇인지, 인공지능 윤리가 뜻하는 바가 무엇이고 이는 구체적으로 누구를 위한 윤리인지, 인공지능 윤리의 기본 방향을 어떻게 설정할 수 있는지, 인공지능 윤리를 이행하도록 하는 방안에는 무엇이 있는지가 그것이다. 물론 그중에서 가장 중요한 부분은 인공지능 윤리를 가능한 한 구체적으로 제시하는 것이다. 이 책은 법철학의 관점을 원용하여 인공지능 윤리로서 무엇이 필요한지 제안하였다. 그러나 이들 윤리는 여전히 원칙의 수준에 머물러 있어 추상적이다. 이를 실제 인공지능을 개발하는 과정에 적용할 수 있도록 하려면 현재 도달한 기술 수준에 적합하게 구체화해야 할 필요가 있다. 이는 필자가 앞으로 수행해야 하는 과제로 설정하고자 한다.

6장

인공지능과 법적 인격성

Ⅰ. 서 론

인격 개념은 이미 오래 전부터 다양한 영역에서 핵심적인 지위를 차지하면서 중요한 기능을 수행하였다. 이는 법체계에서도 마찬가지이다. 법체계에서도 인격 개념은 중요한 역할과 기능을 수행하여 왔다. 물론 이러한 인격 개념은 그 개념이 사용되는 영역에 따라 각기 다양한 의미로 사용된다. 예를 들어 법체계에서 인격 개념은 중립적이고 기능적인 개념으로 사용되는 경우가 많은 반면, 심리학 영역에서는 성격이나 캐릭터의 의미로, 도덕 영역에서는 도덕성의 의미로 사용되는 경우도 많다. 그렇지만 인격 개념이 각기 다양한 영역에서 다양한 의미로 사용된다 하더라도 그 핵심적인 측면에서는 한 가지 공통점을 갖고 있다. 인격 개념은 바로 자연적 인간, 즉 사람에서 출발하고 있다는 점이다. 오랫동안 인격 개념은 인간을 지칭하는 것으로 이해되었다. 인간이 아닌 존재, 예를 들어 동물은 당연히 인격체로 지칭되지 않았다.[1]

---

[1] 인격 개념에 관해서는 우선 Martin Brasser, *Person: Philosophische Texte von der Antike bis zur Gegenwart* (Ditzingen, 1999); Clemens Breuer, *Person von Anfang an? Der Mensch aus der Retorte und die Frage nach dem Beginn des menschlichen Lebens*, 2. Auflage (Paderborn/ Wien/München/Zürich, 2003); Roland Harweg, "Ein Mensch, eine Person und jemand", in: *Zeitschrift für deutsche Sprache* 27 (1971), 101-112쪽; Klaus Robra, *Und weil der Mensch Person ist … Person—Begriff und Personalismus im Zeitalter der (Welt—)Krisen* (Essen, 2003); Roland Kipke, *Mensch und Person: Der Begriff der Person in der Bioethik und die Frage nach dem Lebensrecht aller Menschen* (Berlin, 2001); Robert Spaemann, *Personen: Versuche über den Unterschied zwischen 'etwas' und 'jemand'*, 3. Auflage (Stuttgart, 2006); Hans—Dieter Spengler/ Benedikt Forschner/Michael Mirschberger (Hrsg.), *Die Idee der Person als römisches Erbe?* (Erlangen, 2016); Dieter Teichert, *Personen und Identitäten* (Berlin, 1999) 등 참조.

그러나 최근 들어 이러한 인간중심적 인격 개념은 중대한 도전에 직면하고 있다. 인공지능 로봇에 관한 연구가 진척되고, '알파고'가 상징적으로 보여주는 것처럼 인공지능 로봇이 이제 먼 미래만의 이야기가 아니라는 점이 명확해지면서, 인공지능 로봇에 대해서도 인격성을 인정할 수 있는지 여부가 논의되고 있기 때문이다.[2] 예를 들어 독일의 형법학자이자 법철학자인 힐겐도르프(E. Hilgendorf)는 형법상 행위, 책임, 인격 등은 역사적으로 변화하는 상대적인 개념이라는 점을 이유로 제시하면서 인공지능 로봇에게도 형사책임을 물을 수 있다고 말한다.[3] 이러한 주장은 최근 우리 법학에서도 유력하게 주장된다. 인공지능 로봇에 대해서도 인격성을 인정할 수 있다거나 또는 권리주체성을 인정할 수 있다는 주장이 제기되고 있는 것이다.[4] 요컨대 기존의 인간중심적 인격 개념에 도전하는 새로운 '탈인간중심적 인격 개념'이 등장하고 있는 것이다. 제6장은 이러한 문제상황에서 다음과 같은 쟁점을 검토한다. 첫째, 법체계에서 말하는 인격이란 무엇인가? 둘째, 인격 개념은 법체계에서 어떤 기능을 수행하는가? 셋째, 인격 개념은 그동안 어떻게 변화되어 왔는가? 넷째, 인공지능 로봇에게도 인격성을 인정할 수 있는가? 만약 인정할 수 있다면 그렇게 해야 할 필요가 있는가? 다섯째, 현행 법체계는 인공지능 로봇의 법적 문제와 같이 '제4차 산업혁명'이 야기하는 새로운 법적 문제에 대응할 수 있는 역량을 갖추고 있는가?

---

2 이에 관해서는 우선 S. Beck, "Über Sinn und Unsinn von Statusfragen −zu Vor− und Nachteilen der Einführung einer elektronischen Person", in: E. Hilgendorf/J.−Ph. Günther (Hrsg.), *Robotik und Gesetzgebung* (Baden−Baden, 2013), 239쪽 아래 참조. 인공지능 로봇의 특성에 관해서는 김건우, "로봇법학이란 무엇인가?", 『비교법연구』 제17권 제3호(2017), 89쪽 아래 참조.

3 E. Hilgendorf, "Können Roboter schuldhaft handeln?", in: S. Beck (Hrsg.), *Jenseits von Mensch und Maschine. Ethische und rechtliche Fragen zum Umgang mit Robotern, Künstlicher Intelligenz und Cyborgs* (Baden−Baden, 2012), 119쪽 아래 참조.

4 이에 관해서는 양천수, "인공지능과 법체계의 변화: 형사사법을 예로 하여", 『법철학연구』 제20권 제2호(2017), 45−76쪽 참조.

II. 법체계에서 인격의 의의와 기능

1. 인격의 의의와 특성

(1) 인격의 의의

인격이란 무엇인가?[5] 이는 매우 어려운 질문이지만 일단 간략하게 정의하면, 인격이란 법체계 안에서 특정한 주체가 될 수 있는 자격을 뜻한다.[6] 그러면 법체계 안에서 특정한 주체가 된다는 것은 무엇을 뜻하는가? 이는 법체계가 설정하는 권리와 의무를 지닐 수 있는 자격을 뜻한다. 바꿔 말해, 권리와 의무가 귀속되는 지점 또는 권리와 의무가 귀속되는 법적 통일체를 뜻한다.[7]

(2) 인간과 인격 분리

이러한 인격 개념에서 주의해야 할 점이 있다. '인격'(person; Person)과 '인간'(human; Mensch)은 개념적으로 서로 분리된다는 것이다.[8] 물론 그렇다고 해서 인격이 인간과는 무관하게 성립하는 개념이라는 것은 아니다. 왜냐하면 근대법에 토대를 둔 현행 법체계는 '인간중심적 사고'에 바탕을 두어 전체 법질서를 설계하였기 때문이다. 이에 따라 애초에 자연적 인간만이 인격성을 취득한다. 그러면서도 현행 법체계는 자연적 인간, 즉 생물학적 인간 그 자체를 법의 중심 개념으로 사용

---

5 본격적인 논의에 들어가기에 앞서 몇 가지 개념을 분명히 하고자 한다. 이 책에서는 인격과 관련하여 '인격', '인격성', '인격체'라는 개념을 사용한다. 여기서 인격이란 영어 'person'을 번역한 말로서 추상적인 인격 일반을 뜻한다. 이에 대해 인격성이란 이러한 인격의 자격 또는 속성을 말한다. 마지막으로 인격체란 인격을 보유하는 개별적인 주체를 뜻한다. 독일의 철학자 하이데거(M. Heidegger)의 구별을 빌어 말하면, 인격은 '존재'(Sein)를, 인격체는 이러한 인격을 보유한 '존재자'(Seiendes)를 의미한다. 이 점에서 인격과 인격체는 분명하게 구별된다. 다만 인격과 인격성은 서로 구별되기도 하지만, 맥락에 따라서는 분명하게 구별하기 어려운 경우도 있다. 그렇기에 경우에 따라서는 양자를 혼용하고자 한다.

6 법체계에서 인격 개념이 차지하는 의미, 기능, 변화과정을 간략하게 다루는 문헌으로는 한국인공지능법학회, 『인공지능과 법』(박영사, 2019), 37쪽 아래 참조.

7 이를 지적하는 H. Kelsen, *Reine Rechtslehre*, Studienausgabe der 1. Auflage 1934, Herausgegeben von Matthias Jestaedt (Tübingen, 2008), 63−64쪽 참조.

8 H. Kelsen, 위의 책, 64−66쪽.

하지는 않는다. 그 대신 법체계는 '인간' 개념이 아닌 '인격' 개념을 중심으로 하여 전체 법질서 및 법적 관계를 규율한다. 이는 모든 법의 근간이 되는 법이자 법적 사고의 기초를 제공하는 민법에서 쉽게 확인할 수 있다. 민법은 전체 민사법질서를 규율하는 '총칙'(Allgemeiner Teil)에서 법적 관계의 핵심적 요소가 되는 '권리주체'와 '객체' 및 '법률행위'를 규율한다. 여기서 민법은 인간이 아닌 인격을 권리주체로 설정한다. 가령 독일 민법의 판덱텐 체계를 수용한 우리 민법은 권리주체로서 '人'을 규정한다. 이때 말하는 '인'은 독일 민법이 규정하는 'Person'을 한자어로 번역한 것이다. 이 점이 시사하는 것처럼, 독일 민법은 생물학적 인간을 뜻하는 'Mensch' 대신에 '인' 또는 '인격'을 뜻하는 'Person'을 권리주체로 설정하고 있는 것이다.9 이는 법적 주체 역시 인간이 아닌 인격이라는 점을 보여준다.10

(3) 자율적·이성적 인간으로서 인격

근대 이후에 등장한 법체계에서는 인간과 인격이 구분되면서 인간 대신 인격이 중심적인 지위를 차지한다. 하지만 그렇다고 해서 인격 개념이 자연적 인간과 전혀 무관한 것은 아니다. 인격은 인간에 토대를 둔 개념이기 때문이다. 다만 민법에서 전제로 하는 인격은 현실적인 인간이라기보다는 이상적인 인간에 가깝다. 여기서 말하는 이상적인 인간이란 감정과 욕망에 얽매이는 현실의 인간이 아니라, 실천이성과 자율성을 지닌 합리적 인간을 뜻한다. 이는 근대 민법학의 초석을 놓은 19세기 독일의 로마법학자 사비니(F.C.v. Savigny)에게서 발견할 수 있다.11 한편으로는 역사법학을 창시하여 법의 역사성을 강조하면서도, 다른 한편으로는 칸트주의자로서 칸트의 철학을 수용해 민법학의 전체 체계를 설계한 사비니는 법률행위의 주체가 되는 인격 역시 칸트 철학의 시각에서 설계한다.12 이에 따라 인격은

---

9 이에 관해서는 K. Larenz, *Allgemeiner Teil des deutschen Bürgerlichen Rechts* (München, 1960) 참조.

10 물론 그렇다고 해서 인간 개념이 법체계에서 완전히 배제되는 것은 아니다. 자연적 인간을 직접 법적 개념으로 사용하는 법 영역이 없는 것은 아니다. 가장 대표적인 예로서 '인권법'(human rights law)을 들 수 있다. 인권법은 인격 대신 자연적·생물학적 인간을 권리주체이자 보호대상으로 규정한다. 이외에도 헌법학에서는 '국민의 권리'에 대비되는 '인간의 권리'라는 이름 아래 인간 개념이 헌법체계 안으로 포섭되기도 한다. 그렇지만 이렇게 인격이 아닌 인간이 직접 법적 주체로 사용되는 경우는 예외에 속한다. 법체계에서 중심적인 지위는 인격 개념이 차지한다.

11 이에 관해서는 임미원, "<인격성>의 개념사적 고찰", 『법철학연구』 제8권 제2호(2005), 171쪽 아래 참조.

실천이성을 지닌 존재로서 스스로 적법한 행위를 할 수 있는 자율적인 존재로 설정된다.

이러한 인격 개념은 민법에서 다음과 같이 구체화된다. 첫째, 민법은 권리능력과 행위능력을 구분한다. 권리능력은 생존하는 인간이기만 하면 인격으로 인정되어 평등하게 부여되는 자격을 뜻한다(민법 제3조).[13] 이와 달리 행위능력은 실제로 법적 거래에 참여할 수 있는 자격을 말한다. 민법은 원칙적으로 성년에게만 행위능력을 인정한다(민법 제4조 및 제5조). 이는 미성년자는 아직 실천이성이 완성되지 않아 자율적인 판단을 할 수 없다는 것을 암시한다. 이를 통해 민법에서 전제로 하는 인격은 합리적인 판단을 할 수 있는 자율적인 존재라는 점을 알 수 있다. 둘째, 민법은 책임원리로서 '과책주의'(Verschuldensprinzip)를 수용한다(민법 제390조 및 제750조). 과책주의에 따르면, 행위자가 고의나 과실로 채무를 이행하지 않거나 불법행위를 저지른 경우에만 책임을 진다. 이때 고의나 과실은 행위자가 자율적인 존재로서 적법한 행위, 즉 채무불이행이나 불법행위를 저지르지 않을 수 있다는 것을 전제로 한다. 행위자는 자율적인 존재로서 우리 법체계가 설정한 의무를 준수할 수 있는데, 그렇게 하지 않아 고의나 과실이 인정되는 것이다. 바로 이 점에서도 우리 민법이 인격을 자율적인 이성적 존재로 파악하고 있음을 알 수 있다.

2. 법체계에서 인격 개념이 수행하는 기능

(1) 주체보호 기능

먼저 인격은 인격으로 승인된 주체를 법으로 보호하는 기능을 수행한다. 이는 현재 진행되고 있는 동물권 논의에서도 확인할 수 있다.[14] 인간처럼 동물에게도 권리주체성을 부여하고자 하는 이들은 이를 통해 동물을 인간처럼 보호하고자 하기

---

12 사비니의 법학에 관해서는 양천수, "개념법학: 형성, 철학적·정치적 기초, 영향", 『법철학연구』 제10권 제1호(2007), 233-258쪽; 남기윤, "사비니의 법사고와 법이론: 한국 사법학의 신과제 설정을 위한 법학 방법론 연구(8-1)", 『저스티스』 제119호(2010), 5-51쪽 등 참조.

13 민법 제3조는 "권리능력의 존속기간"이라는 표제 아래 "사람은 생존한 동안 권리와 의무의 주체가 된다."고 규정한다.

14 이에 관해서는 우선 김중길, "전 인권적 관점에서 본 동물권", 『인권이론과 실천』 제19호(2016), 71-93쪽 참조.

때문이다. 요컨대, 특정한 주체가 인격을 취득한다는 것은 그가 권리주체가 된다는 것을 뜻하고, 이는 그 주체가 권리에 힘입어 더욱 강력하게 보호될 수 있다는 점을 의미한다.

(2) 책임귀속 기능

특정한 주체가 인격체로서 법적 주체가 된다는 것은 권리에 대응하는 의무의 주체가 된다는 것을 뜻한다. 그런데 법적 의무 중에서 가장 중요한 의무로 법적 책임을 부담하는 의무를 들 수 있다. 법적 주체는 법적 분쟁이 발생하였을 경우 이에 대한 책임을 의무로서 부담해야 한다. 이를테면 특정한 주체가 인격체로서 민법상 채무를 불이행하거나 불법행위를 야기하였을 경우에는 이에 대해 채무불이행 책임이나 불법행위 책임을 부담해야 한다. 이에 따라 그 상대방은 해당 인격체에게 손해배상청구를 할 수 있다. 이렇게 보면, 특정한 주체가 인격으로서 법적 주체가 된다는 것은 책임귀속주체가 된다는 것을 뜻한다. 요컨대, 인격은 책임귀속 기능을 수행하는 것이다.

(3) 인격의 상대방 보호 기능

인격 개념이 책임귀속기능을 수행한다는 것은, 바꿔 말해 법적 주체인 인격과 법적 관계를 맺는 상대방을 보호한다는 것을 뜻한다. 특정한 주체를 인격체로 승인함으로써 이 주체와 법적 관계를 맺는 상대방이 법으로써 효과적으로 보호받을 수 있도록 인격이 기능하는 것이다. 이는 법인에서 분명하게 확인할 수 있다. 특정한 조직체에 인격을 부여함으로써 이 조직체와 법적 거래를 하거나 이 조직체로부터 불법행위침해를 받은 상대방을 법으로써 더욱 효과적으로 보호할 수 있는 것이다.

(4) 법적 관계의 명확화 기능

인격은 법적 관계를 명확히 하는 기능도 수행한다. 특정한 주체나 조직에 대해 인격을 부여함으로써 이러한 주체나 조직체가 행사할 수 있는 권리의 범위나 부담해야 하는 의무의 범위를 명확하게 설정할 수 있다. 쉽게 말해, 권리와 의무의 범위를 명확하게 할 수 있는 것이다. 이를 통해 법적 관계를 명확히 할 수 있다.

(5) 법체계의 안정화 기능

특정한 주체에 인격을 부여함으로써 법적 관계가 명확해지면, 이는 법체계의 안정성을 제고하는 것으로 귀결된다. 법체계가 안정화되면 법체계 자체의 복잡성도 적절한 수준에서 유지될 뿐만 아니라, 법체계의 외부에 속하는 환경의 복잡성을 감축하는 데도 기여한다. 그렇게 되면 다시 인격체인 주체를 보호하는 기능이나 그 상대방을 보호하는 기능 역시 촉진된다. 이는 다시 법적 관계를 명확하게 하는 데 기여하고, 이를 통해 법체계 전체의 안정성이 강화되는 선순환이 형성된다.

Ⅲ. 인격 개념의 확장

법체계의 역사가 보여주는 것처럼, 인격 개념은 그 내용이 고정되어 있지 않았다. 인격 개념은 한편으로는 자연적 인간에 토대를 두면서도 다른 한편으로는 그 외연이 지속적으로 확장되었다. 이는 인격 개념이 고정된 것이 아니라, 시간과 공간에 따라 변하는 가변적인 개념이라는 점을 보여준다. 아래 Ⅲ.에서는 인격 개념이 가변적인 개념이라는 점, 법체계가 발전하면서 그 외연이 지속적으로 확장되고 있다는 점을 논증하고자 한다.

1. 인간과 인격의 개념적 분리에 관한 이론

근대 이후에 등장한 법체계는 인간 개념과 인격 개념을 분리한다. 그러면 그 이유는 무엇인가? 일단 인격에 해당하는 독일어 또는 영어 'Person'의 어원이 라틴어 'persona'라는 점에서 그 이유를 찾을 수 있다.[15] 'persona'는 연극에서 사용하는 '가면'이라는 뜻을 갖고 있다. 연극배우들이 'persona'라는 가면을 쓰고 자신의 역할을 연기하는 것이다. '현상과 본질'이라는 이분법적 사고를 원용하면, 인간이 '진짜'인 본질에 해당하고 인격은 가면으로서 '가짜'인 현상에 해당할 수 있다.[16] 이

---

15 이에 관해서는 홍석영, 『인격주의 생명윤리학』(한국학술정보, 2006), 26쪽 참조.
16 '현상과 본질'을 쉽게 소개하는 문헌으로는 조성오, 『철학 에세이』(동녘, 2005) 참조.

에 따르면, 인간이 더욱 본질적인 것이다. 그렇지만 고대 로마법 이래로 법체계 안에서는 인간보다 인격이 더욱 중요한 지위를 차지한다. 인격이 본질적인 것이고, 인간이 현상적인 것으로 뒤바뀐 것이다. 그러면 그 이유는 무엇 때문인가? 여기서 세 가지 이론적 근거를 제시하고자 한다.

(1) 현실적 인간과 이상적 인격

근대 이후의 법체계, 특히 민법은 인격 개념을 상당히 '이상화'(Idealisierung)하고 있다는 점을 들 수 있다. 인격체는 자율적으로 합리적인 판단을 할 수 있는 이성적 존재라는 전제가 그것이다. 이러한 인격 개념의 원형은 칸트의 도덕철학에서 찾아볼 수 있다. 잘 알려져 있는 것처럼, 칸트는 인간은 실천이성을 지닌 존엄한 존재로서 자율적으로 도덕적인 정언명령을 준수할 수 있는 존재라고 파악한다.[17] 그렇지만 여기서 주의해야 할 점은 칸트가 실제의 인간 역시 이러한 존재로 파악한 것은 아니라는 점이다. 칸트는 인간을 두 가지로 구분한다. '물리적 인간'(homo phaenomenon)과 '도덕적 인간'(homo noumenon)이 그것이다. 물리적 인간은 현실적 세계, 즉 존재적 세계에서 염두에 두는 인간이라면, 도덕적 인간은 규범적 세계, 즉 당위적 세계에서 염두에 두는 인간이다. 그중에서 칸트가 자율적이고 이성적인 존재로 규정한 것은 도덕적 인간이다. 반면 물리적 인간은 경우에 따라서는 도덕적 인간과 일치할 수도 있지만 이와 달리 현실적 욕망과 감정에 구속되는 인간, 다시 말해 감정적인 타율적 존재일 가능성이 더 높다. 물론 현실세계의 물리적 인간 역시 도덕적 인간이 될 수 있는 잠재능력을 갖추고 있다. 자신의 잠재능력을 발현시키면 물리적 인간 역시 도덕적 인간이 될 수 있는 것이다. 칸트가 강조한 '계몽'(Aufklärung)이 바로 이러한 과정에 해당한다. 계몽을 통해 자신의 실천이성을 사용할 수 있는 용기와 능력을 갖추게 되면, 물리적 인간 역시 자율적인 도덕적 인간이 될 수 있는 것이다.[18]

그러나 이러한 칸트에 의할 때도 여성이나 미성년자, 노예적 인간은 완전한

---

17 칸트의 도덕철학에 관해서는 임마누엘 칸트, 백종현 (옮김), 『윤리형이상학』(아카넷, 2012) 참조. 칸트의 도덕철학 및 법철학을 간명하게 소개하는 문헌으로는 심재우, "인간의 존엄과 법질서: 특히 칸트의 질서사상을 중심으로", 『법률행정논집』 제12집(1974), 103–136쪽; 심재우, "칸트의 법철학", 『법철학연구』 제8권 제2호(2005), 7–26쪽 등 참조.

18 칸트의 계몽 개념에 관해서는 김용대, "계몽이란 무엇인가?: 멘델스존과 칸트의 계몽개념", 『독일어문학』 제15권 제2호(2007), 21–42쪽 참조.

도덕적 인간이 될 수 없다. 이들은 완전한 도덕적 인간이 될 수 있는 잠재능력을 갖추고 있지 않기 때문이다. 따라서 여성이나 미성년자, 노예적 인간은 현실적으로는 인간이기는 하지만 완전한 도덕적 인간이 될 수는 없다. 그러므로 이들은 자율적인 도덕적 인간을 전제로 하는 완전한 인격체가 될 수도 없다. 이는 바로 여성이나 미성년자, 노예적 인간은 법적 주체의 지위에서 배제되거나 제한된다는 것을 뜻한다. 정치적으로 보면, 이렇게 여성이나 미성년자, 노예적 인간을 법적 주체의 지위에서 배제하거나 제한하는 것은 성인 남성중심적 사회를 공고히 하는 데 기여한다. 현실적 인간과 도덕적 인격 개념을 구분하면서 도덕적 인격 개념을 이상적인 존재로 설정하는 것은 그 당시의 지배구조를 고착화하는 데 도움을 준 것이다. 이를 예증하듯, 고대 그리스와 로마시대 이래 오랫동안 여성이나 미성년자, 노예적 인간은 온전한 권리주체로 파악되지 않았다. 이들은 한편으로는 후견과 보호 대상으로, 다른 한편으로는 처분가능한 재산으로 취급되었다. 인간과 인격을 개념적으로 구분함으로써 이들은 법체계에 온전하게 편입될 수 없었다.

(2) 관계존재론

'관계존재론'(Relationsontologie)을 언급할 수 있다. 관계존재론은 '실체존재론'(Substanzontologie)에 대립하는 개념으로서 모든 존재는 실체로서 고정되어 있는 것이 아니라, 사회적 관계 속에서 규정된다는 존재론을 말한다. 철학의 역사에서 보면, 관계존재론은 이미 오랜 역사를 지니고 있는데, 이를 본격적으로 드러낸 것은 하이데거(M. Heidegger)라 할 수 있다. 하이데거는 '존재'(Sein)와 '존재자'(Seiendes)를 구별함으로써 존재는 존재자에 구속되기보다는 세계 속에서 다양하게 규정될 수 있음을 보여주었다.[19] 이러한 하이데거의 존재론을 관계존재론의 관점에서 더욱 분명하게 발전시킨 학자로서 독일의 법철학자인 마이호퍼(W. Maihofer)를 언급할 필요가 있다.

마이호퍼는 존재와 존재자를 구별하는 하이데거의 존재론을 법 영역에 수용하여 독자적인 법존재론으로 발전시킨다.[20] 이에 따라 마이호퍼는 존재를 '자기존재'(Selbstsein)와 '로서의 존재'(Alssein)로 구분한다. 여기서 '자기존재'는 지금 여기

---

19 마르틴 하이데거, 전양범 (옮김), 『존재와 시간』(동서문화사, 2016) 참조.

20 이에 관해서는 베르너 마이호퍼, 심재우 (역), 『법과 존재』(삼영사, 1996); 베르너 마이호퍼, 윤재왕 (옮김), 『인간질서의 의미에 관하여』(지산, 2003) 참조.

에 존재하는 현존재 그 자체를 말한다. 생물학적인 육체와 정신을 갖고 있는 인간이 바로 '자기존재'에 해당한다. 이에 반해 '로서의 존재'는 이 세계 안에서, 바꿔 말해 사회 속에서 형성되는 각각의 관계 및 지위에 따라 부여되는 존재를 말한다. 사회적 관계 속에서 만들어지는 존재, 즉 관계존재가 바로 '로서의 존재'인 것이다. 이러한 '로서의 존재'는 단일한 것이 아니라 다양하게 등장한다. 나의 고유한 실존적 존재인 '자기존재'는 한 개라 할 수 있지만, '로서의 존재'는 내가 사회 속에서 살아가는 한 절대 한 개일 수 없다. 왜냐하면 '자기존재'인 나는 사회 속에서 아들, 남편, 아버지, 친구, 선생, 제자 등과 같은 다양한 '로서의 존재'를 갖기 때문이다. 요컨대, '자기존재'가 사회와 무관하게 존재하는 것이라면, '로서의 존재'는 사회 안에서 사회적 관계를 통해 형성되고 부여되는 존재라 할 수 있다. 따라서 무인도에서 살아가는 로빈슨 크루소는 '자기존재'를 갖기는 하지만, '로서의 존재'는 부여받을 수 없다. 무인도에는 사회가 존재하지 않기 때문이다. 여기서 관계존재론에서 중요한 지위를 차지하는 것은 '로서의 존재'이다. 실체존재론과는 달리, 관계존재론은 사회적 관계 속에서 비로소 존재가 형성된다고 보는데, 여기에 상응하는 것이 '로서의 존재'이기 때문이다.

이렇게 존재방식을 이분화하는 것은 영미 철학에서도 발견된다. 자유주의와 공동체주의 논쟁에서 논의되는 '자아론'이 그것이다. 우리에게 잘 알려진 자유주의와 공동체주의 논쟁은 주로 정의론을 둘러싸고 전개된 논쟁이지만, 정의 개념을 해명하는 과정에서 자아란 무엇인지, 자아는 어떻게 존재하는지 역시 논쟁대상에 포섭되었다.[21] 자유로운 개인을 우선시 하는 자유주의는 자아에 관해 '무연고적 자아'(unencumbered self)를 주장한다. 무연고적 자아론에 따르면, 자아는 사회적 연고, 바꿔 말해 연줄과 같은 사회적 관계와 무관하게 존재한다. 자아론은 특히 개인과 공동체의 관계를 해명할 때 주로 문제가 되는데, 무연고적 자아론은 개인은 공동체와 무관하게 존재한다고 말한다. 더 나아가 자아가 공동체보다 더욱 중요하다고 주장한다. 이와 달리 공동체주의는 '연고적 자아'(encumbered self)를 주장한다. 이에 따르면, 자아는 사회 또는 공동체와 무관하게 존재하는 것이 아니라, 사회적 연고 속에서 비로소 존재할 수 있다. 마이호퍼의 관계존재론에 따라 볼 때, 이러한 자아론은 다음과 같이 연결할 수 있다. 자유주의가 주장하는 무연고적 자아는 '자

---

21 이에 관해서는 양천수, "자유주의적 공동체주의의 가능성: 마이클 샌델의 정치철학을 중심으로 하여", 『법철학연구』 제17권 제2호(2014), 205-242쪽 참조.

기존재'에, 공동체주의가 주장하는 연고적 자아는 '로서의 존재'에 연결할 수 있는 것이다. 다만 관계존재론은 '자기존재'와 '로서의 존재'가 양립하는 것으로 파악하지만, 자유주의와 공동체주의의 자아론은 무연고적 자아와 연고적 자아가 병존한다고 보는 것은 아니라는 점에서 차이가 있다. 따라서 관계존재론과 자아론이 동일한 존재론을 주장한다고 보는 것은 정확하지 않을 수 있다.

여하간 '자기존재'와 '로서의 존재'를 구분하는 마이호퍼의 관계존재론은 인간과 인격을 개념적으로 구분하는 법체계의 태도를 이론적으로 뒷받침한다. 생물학적 인간은 고유한 존재로서 '자기존재'에 상응한다. 생물학적 인간은 사회 안이나 밖 어느 곳에서든 존재한다. 이와 달리 법체계에서 법적 관계의 귀속주체가 되는 인격은 '로서의 존재'에 상응한다. 인격은 사회 안에서 어떤 법적 관계를 맺는가에 따라 다양한 모습으로 등장하기 때문이다. 예를 들어, '나'는 사회 안에서 아버지로서, 남편으로서, 선생으로서, 운전자로서, 매수인으로서 다양한 법적 관계를 맺고 이에 따른 권리와 의무를 갖는다. 더불어 다양한 책임을 진다. 이렇게 볼 때, 법체계에서 말하는 인격은 고정된 실체가 아니라, 법적 관계에 따라 그 내용이 달라지는 관계적 존재인 것이다. 다양한 법적 관계에 따라 인격은 다양한 '로서의 존재'로서 권리와 의무 및 책임을 부여받는 것이다.

(3) 사회적 체계와 인격

전체 사회를 사회적 체계와 환경이라는 구별로 관찰한 현대 체계이론 역시 인간과 인격을 개념적으로 구분하는 데 도움을 준다. 체계이론은 인간과 인격은 개념적으로뿐만 아니라 실재적으로도 구분된다고 주장한다. 체계이론을 정초한 독일의 사회학자 루만에 따르면, 사회는 사회적 체계와 환경으로 구성된다.[22] 환경은 사회적 체계에 포섭되지 않는 것, 쉽게 말해 사회적 체계의 경계 밖에 있는 모든 것을 말한다. 동시에 사회 그 자체 역시 독자적인 사회적 체계가 된다. 이러한 체계이론에 따르면, 사회에서 핵심적인 지위를 차지하는 것은 인간이 아닌 사회적 체계이다. 사회는 인간이 아닌 사회적 체계로 구성되기 때문이다. 체계이론에 따르면, 인간은 체계 밖에 속하는 환경에 해당한다. 왜냐하면 자연적 인간은 생명체계와 심리체계

---

22 이에 관해서는 N. Luhmann, *Soziale Systeme: Grundriß einer allgemeinen Theorie* (Frankfurt/M., 1984); N. Luhmann, *Einführung in die Systemtheorie* (Heidelberg, 2017); 니클라스 루만, 윤재왕 (옮김), 『체계이론입문』(새물결, 2014) 등 참조.

라는 독자적인 체계가 결합된 존재이기 때문이다. 따라서 사회를 구성하는 사회적 체계와는 분명 구별되기에 사회적 체계의 환경에 속하는 것이다. 다만 그렇다고 해서 체계이론에서 인간이 소홀하게 취급되는 것은 아니다. 인간이 사회적 체계에서 철저하게 배제되는 것이 아니라, 인격으로서 사회적 체계 안에 포섭될 수 있기 때문이다. 요컨대, 인간은 인격으로서 사회적 체계 안에서 자신의 자리를 차지한다.

이때 주의해야 할 점이 있다. 체계이론에 따르면, 사회는 그 자체 사회적 체계에 속하는데, 사회가 복잡해지면서 사회는 다양한 기능체계로 분화된다. 사회체계가 다양한 부분체계로 내적으로 분화되는 것이다. 예를 들어, 정치, 경제, 법, 종교, 학문, 예술, 교육, 의료 등이 사회의 독자적인 기능체계로 분화된다. 이러한 사회의 기능체계들은 각기 독자적인 자기생산적 체계로서 독자적인 프로그램과 코드에 의해 작동한다.[23] 비유적으로 말하면, 각 사회의 기능체계들은 각기 다양한 색깔로 채워지는 것이다. 이에 따라 각각의 기능체계들에 포섭되는 인격 역시 다양한 모습을 갖는다. 이를테면 정치체계에서 자리잡은 인격과 경제체계에서 자리잡은 인격 그리고 법체계에서 자리잡은 인격의 모습은 모두 달라진다. 이러한 근거에서 생명체계와 심리체계로 구성되는 생물학적 인간은 존재론적으로는 단일한 존재이지만, 소통을 통해 사회적 체계 안에 포섭된 인격은 그 체계가 수행하는 기능에 따라 각기 다른 내용으로 채워진다. 바로 이러한 연유에서 인간과 인격은 체계이론에서 볼 때 개념적·실재적으로 달라질 수밖에 없는 것이다.

2. 인격 개념의 상대성과 가변성

칸트의 인격이론이나 마이호퍼의 관계존재론, 루만의 체계이론에서 볼 때 인간과 인격은 개념적으로 분리된다. 이뿐만 아니라, 이들 이론은 인격이 단일한 모습을 갖고 있는 고정된 실체가 아니라, 사회에서 어떤 관계를 맺는지 또는 어떤 사회적 체계에 속하는지에 따라 그 모습이 달라지는 다원적인 것이라는 점을 보여준다. 이처럼 인격 개념이 사회적 관계나 체계에 의존하는 다원적인 존재라는 점에서 두 가지 결론을 이끌어낼 수 있다. 첫째, 인격은 절대적인 것이 아니라 사회적 관계, 맥락, 체계, 문화 등에 영향을 받는 상대적인 것이라는 점이다. 둘째, 시간적

---

23 이를 간명하게 소개하는 발터 리제 쉐퍼, 이남복 (역), 『니클라스 루만의 사회사상』(백의, 2002) 참조.

인 차원에서 볼 때, 인격의 외연이나 내포는 지속적으로 변화하는 가변적인 것이라는 점이다.

3. 인격 개념의 확장

인격 개념이 고정된 것이 아니라 가변적인 것이라면, 과연 어떻게 인격 개념이 변화하고 있는지 의문을 제기할 수 있다. 이에 대해 한 마디로 답하면, 인격 개념은 지속적으로 확장되고 있다는 것이다. 사실 이러한 확장현상은 인격 개념에서만 발견할 수 있는 것은 아니다. 과학기술이 급속하게 발전하면서 자연적 인간 개념 역시 예전보다 확장되었기 때문이다. 예를 들어 생명공학이 발달하면서 인간 개념의 범위는 종전의 인간을 넘어 태아까지 확대되었다. 뿐만 아니라, 인간배아에 관한 연구가 진척되면서 배아 역시 인간 개념에 포함될 수 있는지 여부에 관해 격렬한 논쟁이 전개되기도 하였다.[24] 여하간 인간 개념과 더불어 인격 개념은 그 외연이 확장되고 있는데 이를 아래에서 살펴보도록 한다.

(1) 자연적 인격 개념의 확장

자연적 인간에 바탕을 둔 인격 개념, 달리 말해 '자연적 인격' 개념이 지속적으로 확장되었다는 점을 언급할 수 있다. 인격 개념을 수용한 고대 로마의 법체계는 노예나 미성년자, 여성은 인격체로 인정하지 않거나 제한하였다. 성인 남자인 로마 시민만이 인격성을 취득하였다. 이는 근대법이 등장하기 직전까지 지속되었다. 다만 최초의 근대 민법이라 할 수 있는 프랑스 민법전은 시민을 인격체로 수용하여 신분제를 철폐하고 노예를 더 이상 인정하지 않음으로써 인격 개념을 확장하였다. 그렇지만 미성년자나 여성은 여전히 불완전한 인격체로 남아 있었다. 특히 여성의 경우에는 20세기 초반까지 비록 성인 여성이라 할지라도 완전한 인격체로 승인되지는 않았다. 이를테면 일제 식민지 시대에 통용되었던 의용민법은 재산적 처분행위와 소송행위의 경우에는 아내를 행위무능력자로 취급하였다.[25] 특히 가족법관계

---

24 이에 관해서는 위르겐 하버마스, 장은주 (역), 『인간이라는 자연의 미래: 자유주의적 우생학 비판』 (나남출판, 2003) 참조.

25 이에 관해서는 양창수, "우리나라 최초의 헌법재판논의: 처의 행위능력 제한에 관한 1947년 대법원판결에 대하여", 『서울대학교 법학』 제111호(1999), 125 – 151쪽 참조.

에서 여성은 남성보다 열악한 지위에 있는 인격체로 취급되었다. 다만 여성주의 운동의 영향 등으로 여성의 법적 지위가 향상되기 시작하여 최근에 와서는 여성 역시 남성과 동등한 법적 인격체로 승인되고 있다.[26]

이뿐만 아니라 인격 개념은 자연적 인간이 사망한 이후에도 존속한다. 예를 들어, 인격체가 살아생전에 한 유언은 자연적 인간이 사망해야 비로소 효력을 발휘한다(민법 제1073조 제1항).[27] 인격체의 법적 의사가 생물학적 인간이 소멸한 경우에도 여전히 살아 있는 것이다. 또한 현행 형법은 죽은 사람(死者)에 대한 명예훼손죄를 독자적인 범죄로 규정한다(형법 제308조). 명예훼손죄는 인격이 갖고 있는 인격권 또는 명예권을 침해하는 범죄를 뜻하므로, 죽은 사람에 대한 명예훼손죄를 인정한다는 것은 자연적 인간이 사망한 이후에도 인격이 여전히 존재하고 있다는 것을 시사한다.[28] 이를 독일 공법학은 자연적 인간이 사망한 이후에도 여전히 기본권이 효력을 미친다는 의미에서 기본권의 '사후효'(Nachwirkung)라고 부른다.[29] 자연적 인간이 사망으로 소멸하였는데도 여전히 기본권이 효력을 미친다는 것은 기본권의 귀속주체인 인격이 여전히 잔존하고 있다는 것을 시사한다.

이처럼 자연적 인격 개념은 처음에는 자연적 인간보다 좁게 설정되었지만, 사회가 발전하면서 점차 그 범위가 일치하게 되었을 뿐만 아니라, 더 나아가 이제는 인간 개념보다 그 외연이 더욱 넓어지고 있다. 이는 법체계에 법인이 도입되면서 더욱 분명해진다.

(2) 법인의 등장

현행 민법은 권리주체가 되는 인격 개념에 '자연인' 이외에 '법인'(juristische Person)을 포함시킨다. 법인은 법적 필요에 의해 법이 인공적으로 만들어낸 인격이라 할 수 있다. 주지하다시피 법인은 자연적 인간으로 구성되는 사단법인과 재산으로 구성되는 재단법인으로 유형화된다. 민법에 따르면, 법인은 권리능력의 주체

---

26 이러한 변화에 관해서는 윤진수, "헌법이 가족법의 변화에 미친 영향", 『서울대학교 법학』제130호(2004), 233−270쪽 참조.

27 "유언은 유언자가 사망한 때로부터 그 효력이 생긴다."

28 물론 사자에 대한 명예훼손죄가 사자, 즉 죽은 사람의 명예를 보호하는 것인지, 아니면 그 가족의 명예를 보호하는 것인지에 관해서는 논란이 있다.

29 이에 관해서는 D. Merten/H.−J. Papier (Hrsg.), *Handbuch der Grundrechte in Deutschland und Europa*, Bd. IV (Heidelberg, 2011), 139쪽 아래 참조.

가 될 뿐만 아니라, 불법행위책임의 귀속주체가 된다(민법 제35조). 이렇게 보면, 법인은 민법의 체계 안에서는 온전한 인격으로 인정된다. 다만 형법학에서는 법인을 형법상 의미 있는 인격으로 볼 수 있을지에 관해 논쟁이 전개된다.[30] 자연적 인격과는 달리, 법인은 스스로 행위를 할 수 없고, 독자적인 책임의식을 갖는다고 보기도 어렵기 때문이다. 이처럼 법인은 자연인과는 여러모로 차이가 있다는 점에서 법인의 존재방식에 관해 견해가 대립한다. 이는 민법학에서는 '법인의 본질'이라는 이름으로 전개된다.[31] 역사적으로 보면, 법인의제설과 법인실재설이 대립하였는데 이러한 견해 대립은 여전히 해소되고 있지는 않아 보인다.

그런데 이러한 법인의 본질에 관해 논쟁이 여전히 지속되는 이유는 법인의 존재방식을 '실체'(Substanz)라는 측면에서 이해하려 하기 때문이다. 인간과 인격의 존재방식을 분리하지 않고, 인간이 존재하는 방식에 따라 법인의 존재방식을 파악하려 하기 때문에 여전히 견해대립이 해결되지 않는 것이다. 이와 달리 존재방식을 전통적인 실체 개념과 분리하고, 관계존재론이나 체계이론에 따라 존재방식을 파악하면 법인의 본질을 달리 규정할 수 있다. 왜냐하면 이들 이론은 실체로서 존재하지 않아도 존재성을 인정하기 때문이다. 특히 체계이론은 '실체'(Substanz) 개념과 '실재'(Realität) 개념을 분리하면서, 자연적 인간처럼 실체를 지니고 있지 않아도 사회 안에서 이루어지는 소통의 귀속주체가 되면 사회적 존재성을 인정하면서 이러한 존재가 사회 안에서 실재한다고 본다. 가장 대표적인 예가 바로 '사회적 체계'(soziales System)이다. 루만에 따르면, 사회적 체계는 소통으로 구성되고 작동한다. 사회 안에서 진행되는 소통을 통해 사회적 체계가 '창발'(emergence)하는 것이다. 이 점에서 사회적 체계는 자연적 인간처럼 '실체'로서 존재하지는 않는다. 그렇지만 루만은 이러한 사회적 체계는 사회 안에서 실재할 뿐만 아니라, 자기생산적 체계로서 스스로 만든 프로그램과 코드에 따라 작동한다고 말한다. 소통의 발화자인 인간이 사회적 체계를 관리하는 것이 아니라, 소통으로 만들어진 사회적 체계가 오히려 인간 또는 인격을 규율한다. 이러한 맥락에서 체계이론은 법인 역시 사회적 체계의 일종으로 파악한다. 체계이론에 따르면, 상호작용 및 사회와 더불어

---

30 이에 관해서는 김성돈, "법인의 형사책임과 양벌규정의 해석과 적용", 『저스티스』 제168호(2018), 278-330쪽 참조.

31 곽윤직, 『민법총칙』(박영사, 1989), 213-218쪽; 이홍민, "법인의 본질", 『법과 정책』 제22집 제3호(2016), 263-297쪽 등 참조.

법인 혹은 법인으로 대변되는 조직체는 대표적인 사회적 체계에 해당한다. 따라서 사회적 체계에 해당하는 법인은 비록 자연적 인간처럼 실체는 아니지만 사회 안에서 실재하는 존재인 것이다. 이러한 점을 고려하면, 법인의 본질에 관해서는 법인의제설보다 법인실재설이 타당하다.

이처럼 법인이 법체계가 인정하는 인격 개념에 포섭되어 제도화되면서 인격은 인간보다 더욱 확장된다. 인격 개념이 '탈인간화'되고 있는 것이다. 다만 여기서 주의해야 할 점은, 인공적인 가공물이라 할 수 있는 법인이 인격성을 취득했다고 해서 이것이 곧 현행 법체계가 완전히 인간중심적 사고와 결별하여 탈인간중심적 사고로 나아갔다는 것은 아니라는 점이다. 왜냐하면 법인은 여전히 자연적 인격을 통지자(송신자) 또는 이해자(수신자)로 하는 소통에 기반을 두고 있기 때문이다. 따라서 자연적 인간이 모두 사라지면 소통이 사라지기에 법인 역시 존재할 수 없다. 그 점에서 법인은 여전히 인간중심적 사고에서 완전히 벗어나지 않고 있다.

(3) 동물권 논의

동물권을 인정해야 한다는, 다시 말해 동물을 권리주체로 인정해야 한다는 논의에서도 인격 개념의 확장현상을 읽어낼 수 있다. 현행 법체계에 따르면, 동물에게 권리주체성을 인정한다는 것은 인격을 부여한다는 것으로 새길 수 있기 때문이다. 물론 인격 개념은 인간 개념에서 출발한 것이고, 인격성과 권리주체성을 각각 별개로 파악한다면, 동물에게 인격성을 부여하지 않으면서도 권리주체성을 인정할 수 있을 것이다. 그렇다 하더라도 현행 법체계는 인격성과 권리주체성을 연결하여 사고하고 있으므로, 동물에게도 권리를 인정해야 한다는 주장은 동물을 독자적인 인격체로 보아야 한다는 주장으로 읽어도 큰 무리는 없을 것이다. 만약 이렇게 동물권 옹호론자들이 주장하는 것처럼, 동물에게도 인격 및 권리주체성을 인정할 수 있다면, 인격은 더 이상 인간중심적 개념일 수는 없을 것이다. 인격은 자연적 인간과 결별하여 탈인간중심적 존재 개념으로 재구성되는 것이다. 그러나 우리나라에 한정해 본다면, 현행 법체계 및 판례는 동물을 인격으로 승인하지는 않고 있다. 동물은 권리주체성도 소송의 당사자능력도 가질 수 없는 것이다.[32] 그 점에서 인격 개념은 여전히 인간중심적 사고의 영향에서 완전히 벗어나지는 못하고 있다.

---

[32] 이 문제를 다루는 김영란, 『판결을 다시 생각한다』(창비, 2015) 참조.

Ⅳ. 인공지능 로봇의 법적 인격 인정 문제

1. 논의 필요성

지금까지 살펴본 것처럼, 인격 개념은 애초에 자연적 인간에서 출발하였지만, 이후 그 외연을 확장하여 이제는 자연적 인간에 대한 연결고리를 희석시키고 있다. 그리고 제4차 산업혁명이 진행되고 있는 지금 인격 개념은 새로운 문제와 마주한다. 바로 '알파고'로 대변되는 인공지능 로봇에게도 인격, 특히 법적 인격을 인정할 수 있는가 하는 문제가 그것이다. 이 문제는 인공지능 로봇, 가령 자율주행자동차나 인간형 로봇 등이 고의 또는 과실로 사람에게 손해를 가하는 사고를 낸 경우 이들에게 독자적인 법적 책임을 물을 수 있는지가 논의되면서 등장하였다. 특히 지난 2016년 알파고와 이세돌 9단의 역사적인 바둑대국이 진행되면서 이에 관한 연구가 법학영역 전반에서 활발하게 이루어지고 있다. 그런데 동물권 논의에서 확인할 수 있는 것처럼, 인공지능 로봇에게 법적 책임을 묻기 위해서는 책임능력을 인정할 수 있어야 한다. 책임능력을 인정할 수 있으려면, 다시 인공지능 로봇을 법적 인격으로 승인할 수 있어야 한다. 바로 이 점에서 인공지능 로봇을 법적 인격체로 볼 수 있는지가 문제되는 것이다. 이 문제를 해결하려면, 과연 우리가 어떤 경우에, 무엇을 기준으로 하여 법적 인격을 부여할 수 있을지 살펴볼 필요가 있다.

2. 인격의 인정기준에 관한 논의

(1) 도덕적 인격과 법적 인격

어떤 경우에 그리고 무엇을 기준으로 하여 인격을 인정할 수 있는지를 논의하기에 앞서 구별해야 할 개념이 있다. '도덕적 인격'과 '법적 인격'이 그것이다. 앞에서도 언급한 것처럼, 인격 개념은 법 영역에서만 사용되는 것은 아니다. 이외에도 다양한 영역에서 인격 개념이 사용된다. 그중에서도 인격 개념이 중요하게 언급되는 영역으로 도덕 영역을 들 수 있다. 도덕 영역에서 인격 개념은 도덕 및 윤리적 의무의 귀속주체로서 사용된다. 이렇게 보면 도덕적 인격과 법적 인격은 모두 규범영역과 관련을 맺는다는 점에서 공통점을 갖는다. 그렇지만 도덕과 법이 한편으로는 공통점을 가지면서도 다른 한편으로는 내용적인 측면에서 서로 구분되는 것처럼, 도덕적 인격과 법적 인격은 분명 차이점을 갖고 있다.[33] 이를 다음과 같이 말할 수 있다.

먼저 도덕적 인격 개념에서는 주로 도덕적 의무를 부담할 수 있는지가 문제가 되는 반면에 법적 인격 개념에서는 법적 의무뿐만 아니라 법적 권리를 보유할 수 있는지가 문제가 된다. 도덕적 인격에서는 의무주체성이 전면에 등장한다면, 법적 인격에서는 권리주체성이 전면에 등장하는 것이다. 바로 이 점에서 도덕적 인격과 관련해서는 특정한 존재가 도덕적 의무를 수행할 수 있는 능력을 갖고 있는지가 주로 논의된다. 예를 들어 특정한 주체가 도덕적 의무를 보유하기 위한 전제로서 인간적 외모를 지니고 있는지, 도덕감정을 갖는지, 쾌고감수능력이나 삶의 주체성을 갖는지가 문제가 된다. 반면 법적 인격에서는 법인이 시사하듯이 인간적 외모를 지니고 있는지, 도덕감정을 갖는지, 쾌고감수능력을 갖는지, 삶의 주체성을 확보하고 있는지가 크게 문제되지는 않는다. 오히려 법이 규정하는 권리와 의무의 주체가 될 수 있는지, 법적 행위를 할 수 있는지, 법적 책임을 부담할 수 있는지가 주로 문제가 된다. 이 점에서 도덕적 인격과 법적 인격은 차이가 있는데, 아래에서는 그중에서 법적 인격에 초점을 맞추어 논의를 전개한다.

(2) 인격 개념의 기준에 관한 기존 논의

법적 인격 개념의 기준에 관해 본격적으로 논의하기에 앞서 그동안 인격 개념의 기준에 관해 어떤 논의가 전개되었는지 간략하게 정리하도록 한다. 인격 개념의 기준에 관해서는 그동안 도덕철학에서 주로 동물권과 관련하여 논의가 이루어졌다.[34] 이러한 연유에서 법적 인격과 도덕적 인격을 모두 포괄하는 인격 개념의 기준에 관해 논의가 진행되었다. 여기에서는 주로 다음과 같은 기준이 인격 개념의 기준으로 제시되었다.[35]

---

[33] 법과 도덕의 구분에 관해서는 H. Kelsen, 앞의 책, 25쪽 아래.

[34] 이를 보여주는 목광수, "도덕적 지위에 대한 기존 논의 고찰", 『윤리학』 제5권 제2집(2016) 참조.

[35] 이에 관해서는 목광수, "인공지능 시대에 적합한 인격 개념: 인정에 근거한 모델을 중심으로", 『철학논총』 제90집(2017), 192쪽 아래 참조.

첫째, 외양이 인격 부여의 기준이 된다. 자연적 인간과 같은 외양을 갖고 있는 경우 인격을 부여할 수 있다는 것이다. 이에 따르면, 인간의 외양을 갖춘 안드로이드는 인격체로 인정될 가능성이 높다. 영화 "엑스 마키나"(Ex Machina)에 나오는 여성 안드로이드가 여기에 속한다. 이와 달리 동물은 인격체로 승인될 수 없다. 그러나 외양 기준은 법체계에서 인정하는 법인의 법적 인격성을 설명할 수 없다. "알파고"와 같이 인간의 외양을 갖추지 않은 인공지능 로봇에 대해서도 인격성을 인정할 수 없다.

둘째, 지적능력을 갖추고 있는지 여부가 기준이 된다. 이에 따르면, 특정한 주체가 지적능력을 보유하고 있으면 인격체로 승인될 수 있다. 이는 애초에 인간이 인격을 부여받는 이유는 인간만이 합리적으로 판단할 수 있는 지적능력을 갖추고 있다는 점에 주목한다. 따라서 만약 인간처럼 합리적으로 판단할 수 있는 주체가 있다면, 이러한 주체에게도 인격을 인정할 수 있다는 것이다. 다만 이 기준에 의하면, 이때 말하는 지적능력이 어느 정도의 지적능력을 뜻하는지가 문제될 수 있다. 왜냐하면 그동안 축적된 연구성과에 따르면, 동물 역시 일정 정도의 지적능력을 갖추고 있기 때문이다. 또한 인간의 경우에도 지적능력이 균일하지 않고, 지적장애인의 경우에도 인격을 인정할 수 있다는 점에서 이 기준은 한계가 있다.

셋째, 쾌고감수능력, 즉 쾌락과 고통을 느낄 수 있는 능력을 갖고 있는지가 인격 부여의 기준이 된다. 이 역시 자연적 인간에 바탕을 둔 기준에 해당한다. 이 기준은 특히 동물에게 인격을 부여하고자 할 때 유용하게 사용될 수 있다. 왜냐하면 인간처럼 동물 역시 쾌고감수능력을 갖고 있기 때문이다. 그렇지만 이 기준은 인공지능 로봇처럼 기계적 존재에게는 적용할 수 없다는 문제가 있다.

넷째, 자율적 능력을 갖추고 있는지가 기준이 된다. 특정한 주체가 자율적으로 판단할 수 있으면 인격체로 승인될 수 있다는 것이다. 앞에서도 언급한 것처럼, 사실 이 기준이야말로 인격을 판단할 때 가장 핵심적인 기준이 된다. 칸트의 도덕철학에서 확인할 수 있듯이, 인간이 존엄한 이유, 인간이 인격체가 될 수 있는 이유는 바로 실천이성에 바탕을 둔 자율성을 갖고 있기 때문이다. 이 기준이야말로 앞으로도 인격 개념을 판단하는 데 핵심적인 역할을 수행할 것이다.

다섯째, 미래감을 가질 수 있는지, 바꿔 말해 삶의 주체성을 느낄 수 있는지가 기준이 된다. 그러나 이 기준은 그 자체 막연해서 인격 개념을 판단하는 데 적용될 수 있는 객관적 기준이 되기는 어렵다.

여섯째, 특정한 이해관심을 갖는지 여부, 바꿔 말해 이익과 손실에 관한 관심을 갖고 있는지가 기준이 된다. 철학적 공리주의에 바탕을 둔 기준이라 할 수 있다. 쉽게 말해, 생존욕구 및 자기보존 욕구를 갖고 있다면 인격체로 볼 수 있다는 것이다. 다만 이 기준을 사용하면 인간뿐만 아니라 모든 생명체에 대해서도 인격을 부여해야 한다.

인격 개념에 관해 지금까지 논의된 기준을 보면, 모두 자연적 인간이 지니고 있는 특성에 기반을 두고 있음을 알 수 있다. 그 점에서 지금까지 제시된 인격 개념에 관한 기준은 여전히 인간중심적 사고에서 완전히 벗어나지 못하고 있다. 따라서 이러한 기준만으로는 새롭게 등장하고 있는 인공지능 로봇의 인격 인정 문제에 적절하게 대응할 수 없다. 인공지능 로봇에 인격을 인정하기 위해서는 새로운 기반 위에서 인격 개념에 관한 기준을 검토할 필요가 있다.

(3) 법적 인격 개념 기준에 관한 세 가지 패러다임

법적 인격 개념에 관한 새로운 기준을 본격적으로 다루기 전에 지금까지 전개한 논의를 정리해 보도록 한다. 앞에서 살펴본 논의에 따르면, 인격은 자연적 인간 개념에서 출발하였다. 그렇지만 인간과 인격이 개념적으로 구분되면서 인격 개념은 그 외연이 지속적으로 확장되었다. 이에 따라 인격 개념은 자연적 인간과는 달리 고정된 실체가 아니라 시간과 공간, 역사와 사회 및 문화에 의존하는 관계적 개념이라는 점이 확인되었다. 인격 개념은 각 시대에 적합하게 그리고 우리의 필요에 따라 새롭게 구성 및 설정되는 구성적·관계적 개념인 것이다. 사실이 그렇다면, 제4차 산업혁명이 진행되고 있는 오늘날 우리가 인공지능 로봇을 법적 인격으로 자리매김할 필요가 있다고 인정한다면, 인격 개념 역시 이에 적합하게 새롭게 구성할 수 있을 것이다. 그렇지만 인공지능 로봇을 법적 인격으로 인정할 필요가 있다고 해서 곧바로 법적 인격이 부여되는 것은 아니다. 일단 인공지능 로봇을 법적 인격체로 승인할 수 있도록 인격 개념을 새롭게 구성할 수 있을지가 문제가 된다. 만약 이게 가능하지 않다면, 아무리 인공지능 로봇을 인격체로 인정할 필요가 있다고 해도 그렇게 할 수 없다. 이러한 맥락에서 인격 개념 부여에 관한 기준을 검토하면, 이는 세 가지 패러다임으로 구분하여 살펴볼 수 있다.[36]

---

36 이에 관해서는 양천수, "현대 지능정보사회와 인격성의 확장", 『동북아법연구』 제12권 제1호 (2018), 13쪽 아래 참조.

1) 인간중심적 모델

인간중심적 모델을 거론할 수 있다. 이 모델은 자연적 인간 개념에 기반을 두어 인격 개념을 설정하는 것이다. 지금까지 살펴본 것처럼, 우리가 사용한 인격 개념은 이러한 인간중심적 모델에 바탕을 둔 것이다. 도덕 영역에서 논의된 인격 개념 기준, 예컨대 외양이나 지적능력, 쾌고감수능력이나 자율성 모두 인간중심적 모델에 기반을 둔 기준에 해당한다. 다만 같은 인간중심적 모델에 해당하기는 하지만, 도덕 영역에서 논의된 인격 기준이 법적 인격 기준을 다루는 논의에서 모두 적용될 수 있는 것은 아니다. 이를테면 외양이나 쾌고감수능력, 미래감 등이 법적 인격 개념을 판단하는 데 결정적인 역할을 하는 것은 아니다. 오히려 인간중심적 모델에 따라 법적 인격 개념을 판단할 때는 다음과 같은 기준이 중요한 역할을 한다.

먼저 인격성을 부여받을 주체가 자연적 인간이어야 한다. 인간이 아닌 존재, 가령 동물이나 인공지능 로봇은 인간중심적 모델에 따르면 인격을 부여받을 수 없다. 다만 현행 법체계에 의하면 법인은 인격성이 인정되는데, 사실 이것은 인간중심적 모델에 따라 인격을 부여한 것이 아니다. 이는 이미 인간중심적 모델을 벗어난 인격 개념에 해당한다. 다음으로 이러한 인간은 실천이성을 지닌 자율적인 존재여야 한다. 물론 현실적으로 반드시 자율적인 존재여야 하는 것은 아니다. 자율적인 존재의 잠재성을 갖추기만 하면 인격을 부여받을 수 있다. 나아가 자율적인 행위를 할 수 있어야 한다. 예를 들어 자율적인 주체로서 법률행위나 소송행위를 자율적으로 할 수 있어야만 법적 인격으로 승인될 수 있는 것이다.

2) 불완전한 탈인간중심적 모델

불완전한 탈인간중심적 모델을 거론할 수 있다. 이 모델은 기존의 인간중심적 모델과는 달리 자연적 인간이 아닌 사회적 체계 역시 법적 인격체로 승인한다는 점에서 '탈인간중심적'이다. 그렇지만 이때 말하는 사회적 체계는 자연적 인간에 의해 촉발되는 소통에 의존한다는 점에서 여전히 인간중심적인 성격을 갖고 있다. 가령 자연적 인간이 모두 소멸하면 소통 역시 사라지므로 사회적 체계 역시 존속할 수 없다. 그렇게 되면 이 모델에서 염두에 두는 인격 자체도 모두 소멸한다. 그 점에서 이 모델은 탈인간중심적이기는 하지만 여전히 인간에 의존한다는 점에서 불완전하다.

이러한 불완전한 탈인간중심적 모델에서 인격성을 취득하려면 다음과 같은 요건을 충족해야 한다. 첫째, 사회적 체계 안에서 진행되는 소통에 참여할 수 있어야 한다. 이때 소통에 참여한다는 것은 소통을 송신하고 수신할 수 있어야 한다는 것을 뜻한다. 둘째, 자율적인 존재여야 한다. 다만 여기서 말하는 존재가 반드시 법인과 같은 사회적 체계여야만 하는 것은 아니다. 사회적 체계가 아니라 할지라도 사회적 소통에 참여할 수 있는 존재, 즉 자연적 인간 역시 이러한 자율적인 존재에 속한다. 셋째, 해당 존재는 그 존재가 아닌 것과 구별이 될 수 있어야 한다. 바꿔 말해, 존재의 경계가 확정될 수 있어야 한다.

3) 완전한 탈인간중심적 모델

완전한 탈인간중심적 모델을 생각할 수 있다. 이 모델은 인격 개념을 자연적 인간 개념에서 완전히 분리한다. 자연적 인간이 아니어도 인격을 부여받을 수 있도록 하는 것이다. 이 점에서 어쩌면 제4차 산업혁명 시대에 가장 적합한 인격 모델이라 할 수 있다. 이 모델은 기본 토대에서는 불완전한 탈인간중심적 모델과 동일하다. 다만 불완전한 탈인간중심적 모델이 사회적 체계에 기반을 두고 있는 반면, 완전한 탈인간중심적 모델은 사회적 체계를 포괄하는 체계에 기반을 둔다.[37] 이 차이는 구체적으로 다음과 같이 드러난다. 앞에서도 지적한 것처럼, 사회적 체계는 자연적 인간을 송수신자로 하는 소통에 의존한다. 따라서 인간이 소멸하면 사회적 체계 역시 사라진다. 반면 체계는 자연적 인간이 아닌 기계에 의해서도 작동할 수 있다. 따라서 만약 인공지능 로봇의 소통으로 (사회적 체계가 아닌) 체계가 형성된다면, 완전한 탈인간중심적 모델은 자연적 인간이 없어도 작동할 수 있다. 물론 여기서 주의해야 할 점은, 그렇다고 해서 완전한 탈인간중심적 모델이 자연적 인간을 인격 개념에서 배제하는 것은 아니라는 점이다. 자연적 인간도, 사회적 체계도 그리고 기계적 체계도 모두 특정한 요건만 충족하면 모두 인격 개념에 포섭될 수 있다. 그 점에서 완전한 탈인간중심적 모델은 인격 개념에 관해 가장 포괄적인 모델이라 할 수 있다.

이러한 완전한 탈인간중심적 모델에서는 다음과 같은 요건을 충족하는 경우

---

37 루만의 체계이론에 따르면, 체계에는 기계, 생명체계, 심리체계, 사회적 체계가 있다. 따라서 체계는 사회적 체계를 포괄하는 상위 개념이다.

에 인격을 부여한다.[38] 첫째, 특정한 존재가 소통이 귀속될 수 있는 지점으로서, 바꿔 말해 소통이 귀속될 수 있는 주체로서 인정될 수 있어야 한다. 이러한 첫 번째 요건은 다시 다음과 같은 두 가지 요건으로 구체화된다. 먼저 특정한 존재는 그 경계가 명확하게 획정될 수 있어야 한다. 이는 주체의 내부와 외부가 구별될 수 있어야 함을 뜻한다. 다음으로 특정한 존재는 지속가능하게 존속할 수 있어야 한다. 일시적으로만 존재하는 경우에는 인격을 인정받을 수 있는 소통 주체가 될 수 없다.

둘째, 자율성을 지닌 존재여야 한다. 다만 이때 말하는 자율성이란 구체적으로 무엇을 뜻하는지 문제될 수 있는데,[39] 일단 여기에서는 스스로 목적을 설정하고 이러한 목적을 달성하기 위해 스스로 수단을 선택하며, 자신이 선택한 수단으로 획득한 결과를 반성적으로 성찰할 수 있는 능력으로 파악하고자 한다.

셋째, 소통에 참여할 수 있는 존재여야 한다. 체계이론에 따르면, 소통은 ≪정보⇒통보⇒이해≫로 구성되기에 소통에 참여할 수 있다는 것은 그 스스로가 정보를 통지하거나 이해할 수 있어야 함을 뜻한다.

3. 인공지능 로봇에 대한 법적 인격 부여 가능성

(1) 세 가지 모델에 따른 판단

구글 딥마인드의 인공지능인 '알파고' 덕분에 그 관심이 높아지고 있는 인공지능 로봇에 대해 법적 인격을 부여할 수 있는가? 위에서 살펴본 것처럼, 이 문제에 관해서는 세 가지 모델을 적용하는 것을 검토할 수 있다. 인간중심적 모델, 불완전한 탈인간중심적 모델, 완전한 탈인간중심적 모델이 그것이다. 그중에서 먼저 인간중심적 모델은 인격을 인정받기 위한 요건으로 주체가 자연적 인간일 것을 요구하므로, 이에 따르면 인공지능 로봇은 법적 인격이 될 수 없다. 다음으로 불완전한 탈인간중심적 모델 역시 자연적 인간에서 시작되는 소통에 의존하는 사회적 체계까지만 법적 인격에 포섭하므로 인공지능 로봇을 법적 인격으로 판단하는 데 한계

---

38 이에 관해서는 양천수, "법인의 인격권 재검토: 법철학의 관점에서", 『법학연구』(전북대) 제58집 (2018), 163－191쪽 참조.

39 이에 관해서는 아래 Ⅳ.3.(2)도 참조.

가 있다. 따라서 인공지능 로봇에게 법적 인격을 부여하기 위해서는 자연적 인간이 아닌 기계까지 법적 인격에 포섭하는 완전한 탈인간중심적 모델을 수용해야 한다. 이 모델을 선택하면, 다음과 같은 요건을 갖춘 경우 인공지능 로봇에 대해서도 법적 인격을 부여할 수 있다. 첫째, 인공지능 로봇은 자신이 아닌 것과 구별될 수 있어야 한다. 다시 말해, 명확한 경계를 지니고 있어야 한다. 둘째, 인공지능 로봇은 자율적으로 법적 판단을 할 수 있어야 한다. 셋째, 인공지능 로봇은 법체계와 같은 사회적 체계에 참여할 수 있는 존재여야 한다.

(2) 강한 인공지능 로봇과 약한 인공지능 로봇

우리가 새롭게 이슈가 되고 있는 인공지능 로봇에게도 법적 인격을 부여하고자 한다면, 완전한 탈인간중심적 모델을 수용하면 된다. 더불어 특정한 인공지능 로봇이 이 모델에서 요구하는 세 가지 요건을 충족하는지를 검토하면 된다. 이에 관해 한 가지 짚어보아야 할 문제가 있다. 자율성과 관련된 문제이다. 인공지능 로봇이 법적 인격을 취득하려면, 자율적으로 법적 판단을 할 수 있어야 한다. 다시 말해, 인공지능 로봇이 자율성을 갖고 있어야 한다. 그런데 여기서 말하는 자율성이란 무엇인지, 과연 어느 정도의 자율성을 갖고 있어야 법적 인격을 획득할 수 있는지 문제된다.

이를 판단하는 것은 대단히 어려운 문제이다. 왜냐하면 최근 들어서는 인간 역시 자율적인 존재가 아니라는 뇌과학자의 주장 역시 제기되고 있기 때문이다.[40] 따라서 이 문제를 해결하려면, 법적 인격을 취득하는 데 필요한 자율성이란 무엇인지 근원적으로 성찰할 필요가 있다. 다만 현재 인공지능 로봇이 도달한 발전상황을 고려하면 다음과 같은 시사점은 얻을 수 있다. 인공지능 로봇은 크게 세 가지로 구분한다. 약한 인공지능 로봇, 강한 인공지능 로봇, 초인공지능 로봇이 그것이다.[41] 여기서 약한 인공지능 로봇은 아직 인간과 동등한 정신적 판단능력을 갖추지 못한 인공지능 로봇을 말하고, 강한 인공지능 로봇은 인간과 동등한 정신적 판단

---

40 이 문제에 관해서는 프란츠 M. 부케티츠, 원석영 (옮김), 『자유의지, 그 환상의 진화』(열음사, 2009) 참조.

41 이에 관해서는 레이 커즈와일, 김명남·장시형 (옮김), 『특이점이 온다: 기술이 인간을 초월하는 순간』(김영사, 2007); 마쓰오 유타카, 박기원 (옮김), 『인공지능과 딥러닝: 인공지능이 불러올 산업구조의 변화와 혁신』(동아엠앤비, 2016) 등 참조.

능력을 갖춘 인공지능 로봇을 말한다. 마지막으로 초인공지능 로봇은 인간의 정신적 판단능력을 초월한 인공지능 로봇을 말한다. 이 가운데서 강한 인공지능 로봇과 초인공지능 로봇에게는 법적 인격을 부여할 수 있을 것이다. 문제는 약한 인공지능 로봇의 경우이다. 약한 인공지능 로봇에게도 법적 인격을 부여할 것을 고려할 수는 있지만, 약한 인공지능 로봇은 인간과 동등한 자율적 판단을 할 수 없다는 점에서, 특히 스스로 목표를 설정하면서 왜 이 목표를 설정해야 하는지를 반성적으로 판단할 수 없다는 점에서 아직 법적 인격을 부여할 수는 없다고 생각한다. 약한 인공지능 로봇은 여전히 수단 또는 도구로 여기는 것이, 달리 말해 주체와는 구분되는 객체로 파악하는 것이 더욱 적절하다.

(3) 현행 법체계의 인격 기준 분석

이와 관련하여 현행 법체계는 인격에 관해 어떤 기준을 요구하고 있는지, 달리 말해 인격 기준에 관해 어떤 모델을 수용하고 있는지 살펴보도록 한다. 앞에서 인격 기준에 관한 모델로서 세 가지, 즉 인간중심적 모델, 불완전한 탈인간중심적 모델, 완전한 탈인간중심적 모델을 제안하였다. 그럼 현행 법체계는 그중에서 어떤 모델을 수용하고 있는가? 이는 무엇보다도 민법에서 그 해답을 찾을 수 있다. 앞에서도 살펴본 것처럼, 현행 민법은 인격으로서 두 가지를 규정한다. 자연인과 법인이 그것이다. 자연인이라는 인격은, 개념 그 자체에서 명확하게 드러나듯이, 자연적 인간에 바탕을 둔다. 이에 대해 법인은 법적 거래의 필요에 의해 인위적으로 만들어낸 법적 인격이다. 그런데 체계이론에 따르면, 사회적 체계로서 상호작용, 조직체, 사회를 들 수 있는데, 법인은 그중에서 조직체에 해당한다. 이에 의하면 민법은 사회적 체계에 속하는 법인을 법적 인격으로 승인하고 있는 셈이다. 이 점을 고려하면, 현행 법체계는 이미 불완전하지만 탈인간중심적 모델을 수용하고 있다고 말할 수 있다. 어쩌면 바로 이러한 근거에서 루만은 법을 독자적인 사회적 체계로 규정하면서 행위가 아닌 소통을 중심으로 하여 법, 더 나아가 전체 사회를 관찰하고 있는 것이라고 볼 수 있다. 현행 법체계, 더 나아가 전체 사회체계는 이미 어느 정도 인간중심적 사회와 작별을 고하고 있었던 셈이다.[42]

---

42 정성훈, "인간적 사회와의 작별: 니클라스 루만의 사회관을 통한 새로운 사회비판의 출발점 모색", 『시대와 철학』 제18권 제2호(2007), 81쪽 아래 참조.

이러한 견지에서 보면, 현행 법체계가 완전한 탈인간중심적 모델을 수용하여 인공지능 로봇을 법적 인격으로 승인하는 것도 그다지 어려운 일은 아니다. 왜냐하면 인격 부여 기준이라는 점에서 보면, 불완전한 탈인간중심적 모델과 완전한 탈인간중심적 모델 사이에는 실질적인 차이가 없기 때문이다. 따라서 만약 현행 법체계, 특히 민법이 인격의 유형으로서 자연인과 법인 이외에 이른바 '전자인' (electronic person)을 추가하면서 전자인을 법인과 동일하게 취급한다고 규정하는 것만으로도 인공지능 로봇이 야기하는 법적 문제에 충분히 대응할 수 있다. 그만 큼 현행 법체계는 이미 우리가 생각하는 것보다 상당한 수준까지 탈인간중심적 사회에 대응할 수 있는 역량을 갖추고 있는 것이다.

4. 인공지능 로봇에 대한 법적 인격 부여 필요성

(1) 문제점

우리가 인격 기준에 관해 완전한 탈인간중심적 모델을 수용하면, 강한 인공지능 로봇이나 초인공지능 로봇에게도 법적 인격을 부여할 수 있다. 다만 약한 인공지능 로봇은 자율적인 법적 판단을 할 수 없기에 여전히 법적 인격체로 승인할 수는 없다. 그러나 여기서 우리는 좀 더 근본적인 문제에 부딪힌다. 과연 인공지능 로봇에게 법적 인격을 부여할 필요가 있는가 하는 문제가 그것이다.

현행 법체계에서 특정한 주체에 법적 인격을 부여하는 것은 다음과 같은 이유 때문이다. 첫째, 특정한 주체에게 권리주체성을 인정함으로써 권리를 부여하고 보장한다. 둘째, 이를 통해 법률관계를 명확하게 한다. 셋째, 법률관계를 명확하게 함으로써 법률관계의 상대방을 보호한다. 넷째, 특정한 주체를 원인으로 하여 법적 문제가 발생한 경우 이러한 주체에게 책임을 귀속시킨다. 이는 다시 다음과 같이 요약할 수 있다. 주체보호 기능, 책임귀속 기능, 법체계의 안정화 기능이 그것이다.[43] 그중에서 법체계의 안정화 기능은 주체보호 기능과 책임귀속 기능이 제대로 수행될 때 충족된다.

---

[43] 상대방 보호 기능은 책임귀속 기능에 포함시킬 수 있다.

(2) 주체보호 기능 수행 여부

인공지능 로봇에 법적 인격을 부여하면 이러한 기능을 수행할 수 있을까? 우선 인공지능 로봇에게 법적 인격을 부여하면 당연히 권리주체가 되므로, 인공지능 로봇을 법으로써 보호하는 데 효과적이다. 예를 들어, 우리의 집안일을 도와주는 인공지능 로봇에게 법적 인격을 부여하면, 인공지능 로봇을 학대하거나 정당한 사유 없이 파괴하는 일을 막을 수 있을 것이다.[44] 이러한 논의는 동물권 논의에서도 찾아볼 수 있다. 우리가 동물에게 권리주체성을 부여하고자 하는 이유는 동물을 법으로써 보호하기 위해서이다. 이러한 점을 고려하면, 인공지능 로봇에게 법적 인격을 부여하면 인공지능 로봇이라는 주체를 더욱 효과적으로 보호할 수 있다.

(3) 책임귀속 기능 수행 여부

인공지능 로봇에게 법적 인격을 부여하면 책임귀속 기능을 충실하게 수행할 수 있을까? 그러나 이에 대해서는 회의적이다. 그 이유를 다음과 같이 말할 수 있다. 책임귀속 기능을 법체계에서 가장 대표적인 책임귀속에 해당하는 민사책임귀속과 형사책임귀속으로 나누어 살펴본다.

1) 민사책임의 경우

현행 민법에 따르면, 우리가 특정한 법적 인격체에게 민사책임을 귀속시키는 이유는 이를 통해 손해배상 청구권을 확보하기 위해서이다. 예를 들어, 특정한 인격체가 민법상 불법행위를 저지르면, 피해지는 이러한 인격체에 대해 손해배상을 청구할 수 있다(민법 제750조). 이때 손해배상은 금전배상을 원칙으로 하기에 손해배상 청구권이 현실적으로 관철되려면 인격체에게 이를 담보할 수 있는 책임재산이 존재해야 한다(민법 제394조). 만약 이를 담보할 수 있는 충분한 책임재산이 인격체에게 없다면, 피해자에게 인정되는 손해배상 청구권은 유명무실한 권리에 지나지 않는다. 그런데 인공지능 로봇은 인간과는 달리 재산을 축적할 필요가 없을 것이다. 이는 인공지능 로봇은 대개의 경우 손해배상 청구권을 담보할 수 있는 충분한 책임재산을 갖고 있지 않다는 것을 의미한다. 사실이 그렇다면, 과연 인공지

---

[44] 이 문제에 관해서는 정지훈, "안드로이드 하녀를 발로 차는 건 잔인한가?", 권복규 외, 『미래 과학이 답하는 8가지 윤리적 질문: 호모 사피엔스씨의 위험한 고민』(메디치, 2015) 참조.

능 로봇에게 법적 인격을 부여하여 민사책임을 귀속시킬 필요가 있을지 의문이 든다. 차라리 인공지능 로봇을 소유하거나 고용한 자연적 인간에게 사용자 책임이나 소유자 책임을 이유로 하여 손해배상 청구를 하도록 하는 것이 더욱 적절한 방안이지 않을까? 이는 미성년자에 대한 감독자 책임이나 근로자에 대한 사용자 책임을 별도로 인정하는 이유를 살펴보아도 알 수 있다(민법 제755조 및 제756조).

2) 형사책임의 경우

인공지능 로봇에게 형사책임을 귀속시키는 경우를 생각해 본다. 여기서 우리는 왜 범죄자에게 형사책임을 부과하는지 고민해야 한다. 이에 관해 형법학에서는 보통 세 가지 대답을 한다. 응보와 일반예방 및 특별예방이 그것이다. 이는 형법학에서는 형벌론이라는 이름으로 논의된다.[45] 응보이론에 따르면, 범죄자는 자신이 저지른 범죄에 상응하는 대가를 형벌로 치러야 한다. 일반예방이론에 따르면, 사전에 범죄를 억제하거나 형법규범에 대한 신뢰를 제고하기 위해 형벌을 부과한다. 특별예방이론에 따르면, 범죄자를 교육하고 재사회화하기 위해 형벌을 부과한다. 그런데 문제는 이러한 응보, 일반예방, 특별예방을 인공지능 로봇에게도 적용할 필요가 있는가 하는 점이다. 만약 인공지능 로봇이 범죄를 저지른 경우 굳이 번잡하고 비용이 많이 드는 형사절차를 거쳐 형벌을 부과할 필요가 있는지 의문이 드는 것이다. 이 경우에는 간단하게 인공지능 로봇을 재프로그래밍하거나 개선이 불가능한 경우에는 마치 폐차를 하는 것처럼 인공지능 로봇을 폐기처분하는 것만으로 충분하지 않을까 하기 때문이다. 요컨대, 인공지능 로봇에게 굳이 형사책임을 부과해야 할 필요가 있는지 그 의문이 해소되지는 않는다.[46]

3) 중간결론

이상의 논의에 비추어 보면, 인공지능 로봇에게 법적 인격을 인정하여 민사책임이나 형사책임을 귀속시키는 것은 그다지 필요해 보이지 않는다. 왜냐하면 민사책임의 경우에는 오히려 피해자를 적절하게 보장하기 어려울 수 있고, 형사책임의 경우에는 인공지능 로봇을 범죄자로 취급하는 것이 오히려 더 번잡하고 비용이 많

---

45 이를 알기 쉽게 설명하는 빈프리트 하세머, 배종대 · 윤재왕 (옮김), 『범죄와 형벌: 올바른 형법을 위한 변론』(나남, 2011) 참조.
46 이를 지적하는 양천수, 앞의 논문, 45-76쪽 참조.

이 들 수 있기 때문이다. 인공지능 로봇에게 법적 인격을 부여하지 않아도 인공지능 로봇에 의해 야기된 문제를 해결할 수 있는, 아니 오히려 더 간편하게 피해자를 구제할 수 있는 적절한 보장방안이 존재한다.

(4) 법체계의 안정화 기능 수행 여부

인공지능 로봇에게 법적 인격을 부여하는 것은 법체계를 안정화하는 기능을 수행하는가? 만약 인공지능 로봇에게 법적 인격을 부여하지 않아 인공지능 로봇에 의해 유발된 법적 문제를 해결하는 것이 어렵다면, 이는 법체계를 안정화하는 데 장애가 될 것이다. 법적 관계가 불명확해지고 이로 인해 법체계 전반에 대한 신뢰가 저하될 것이기 때문이다. 그렇지만 인공지능 로봇에게 굳이 법적 인격을 부여하지 않아도 법적 문제가 충분히 해결될 수 있다면, 인공지능 로봇에게 법적 인격을 인정하지 않는다고 해서 법체계의 안정성이 저해되지는 않을 것이다. 그런데 앞에서 논증한 것처럼, 인공지능 로봇에게 법적 인격을 부여하여 책임귀속을 인정하는 것이 굳이 필요하지도 않고, 경우에 따라서는 피해자를 보호하는 데 미흡할 수 있다. 이렇게 되면 오히려 법체계에 혼란을 야기할 수도 있다. 따라서 인공지능 로봇에게 법적 인격을 부여하는 것이 필연적으로 법체계를 안정화하는 데 기여하는 것은 아님을 알 수 있다.

(5) 결론

위에서 전개한 논의에 비추어 보면, 인공지능 로봇에게 법적 인격을 부여하는 것은 인공지능 로봇을 권리주체로 보아 그 자신을 보호하는 데는 도움이 되지만, 책임귀속 기능이나 법체계의 안정화 기능에는 크게 도움이 되지 않는다. 사실이 그렇다면, 현재로서는 굳이 인공지능 로봇에게 법적 인격을 부여해야 할 필요가 있을지 의문이 든다. 더군다나 현재의 과학기술 수준에서는 기껏해야 약한 인공지능 로봇만이 구현되고 있을 뿐이다. 그런데 약한 인공지능 로봇은 자율적인 판단을 할 수 없기에 법적 인격을 부여받을 조건을 충족하지 못한다. 따라서 현재로서는 인공지능 로봇에게 법적 인격을 인정할 필요성도, 그럴 만한 상황에 도달한 것도 아니라는 점을 분명히 하고자 한다.

Ⅴ. 맺음말

지금까지 인공지능 로봇에게 법적 인격을 인정할 수 있는지, 만약 가능하다면 그렇게 할 필요가 있는지 검토하였다. 지금까지 전개한 논증에 따르면, 인공지능 로봇에게 법적 인격을 인정하는 것은 이론적으로는 가능하다. 이러한 결론은 인격 개념이 갖고 있는 성격을 분석함으로써 도출할 수 있다. 그렇지만 현재로서는 인공지능 로봇에게 법적 인격을 굳이 인정해야 할 필요성이 보이지 않는다. 물론 인공지능 로봇을 보호한다는 측면에서는 이를 인정할 수는 있을 것이다. 그렇지만 책임을 묻기 위해 인공지능 로봇에게 법적 인격을 인정할 필요는 없어 보인다. 우리 법체계는 그렇게 하지 않아도 인공지능 로봇에 의해 발생하는 법적 문제를 해결할 수 있는 역량을 갖고 있기 때문이다. 다만 어쩌면 상징적인 차원에서 인공지능 로봇에게 민사책임이나 형사책임을 물어야 하는 상황이 발생할지도 모른다. 현대 과학기술이 발전하는 속도를 감안하면 앞으로 우리에게 어떤 미래가 펼쳐질지 섣불리 예단하는 것은 바람직하지 않다. 따라서 인공지능 로봇에게 법적 인격을 인정할 필요가 있는가 하는 문제는 좀 더 시간을 두고 판단해야 하는지도 모른다.

7장

인공지능의
법적 문제 및 대응

I. 서 론

인공지능 혁명으로 이제 인공지능이 가상의 이슈가 아니라 지금 여기에 있는 현실적 이슈가 되면서 이를 둘러싼 다양한 법적 문제 역시 등장한다. 이에 이를 다루고 해결하기 위한 연구가 법학의 다양한 영역에서 활발하게 이루어진다. 인공지능의 법적 문제는 법학 전 영역에 걸쳐 있다고 말해도 과언이 아니기 때문이다. 제 7장에서는 그중 인공지능의 형사사법 문제를 다루고자 한다. 인공지능에 관해 어떤 형사사법 문제가 제기되는지, 이에는 어떻게 대응할 수 있는지를 아래에서 살펴본다.

II. 약한 인공지능과 형사사법

1. 논의방법

인공지능의 형사사법 문제를 적절하게 다루기 위해서는 인공지능을 약한 인공지능과 강한 인공지능으로 구분하여 논의할 필요가 있다. 그 이유는 자율성이나 법적 주체성의 측면에서 약한 인공지능과 강한 인공지능 사이에는 큰 차이가 있고, 이에 따라 형사사법에서 각 인공지능을 취급하는 방식에도 차이가 날 수밖에 없기 때문이다.

한편 형사사법의 측면에서 볼 때 인공지능은 서로 모순되는 두 가지 지위를 갖는다. '형사사법의 동지'라는 지위와 '형사사법의 적'이라는 지위가 그것이다. 이를테면 약한 인공지능은 한편으로는 형사사법의 유용한 도구가 되면서도, 다른 한편으로는 범죄의 수단이 되기도 한다. 아래에서는 양자를 구분하여 논의를 전개하도록 한다.

2. 형사사법의 도구로서 약한 인공지능

약한 인공지능은 형사사법의 유용한 도구가 될 수 있다. 무엇보다도 형사사법판단을 할 때 효율적인 수단이 될 수 있다. 이를 구체적으로 살펴보기 위해서는 법학방법론의 측면에서 형사사법판단의 구조를 살펴볼 필요가 있다.

(1) 형사사법판단의 구조

법학방법론, 특히 삼단논법의 틀에서 형사사법판단 과정을 분석하면 이는 세 단계로 구조화할 수 있다.[1] 첫 번째 단계는 사실인정 단계이다. 형사분쟁을 해결하기 위해서는 형사분쟁의 전제가 되는 사실관계를 확정해야 한다. 형사소송법학의 용어로 다시 말하면, 형사분쟁에 관한 '실체적 진실'을 발견해야 한다. 실제 수사절차와 공판절차에서는 이러한 사실인정이 주로 문제가 된다.[2] 두 번째 단계는 사실인정과정을 통해 확정한 사실관계가 형사법상 어떤 죄책에 해당하는지를 판단하는 단계이다. 이 단계에서는 형사법이 규율하는 범죄구성요건을 범죄체계론에 따라 해석하고 이를 사실관계에 적용하는 것이 주로 문제가 된다. 세 번째 단계는 두 번째 단계를 통해 확정된 죄책에 따라 양형을 하는 단계이다. 이는 세 가지 과정을 통해 이루어진다. ≪법정형 ⇒ 선고형 ⇒ 처단형≫이 그것이다. 그중에서 법정형과 선고형은 죄책을 확정한 후 형사법 규정에 따라 곧바로 판단할 수 있지만, 처단형은 이른바 '양형책임'(Strafzumessungschuld)이 확정되어야 비로소 판단할 수 있다. 이러한 세 단계 중에서 첫 번째 단계가 주로 사실에 관한 판단과 관련을 맺는

---

1 이에 관해서는 양천수·우세나, "형사판결논증의 구조와 특징: 법이론의 측면에서", 『영남법학』 제42집(2016. 6), 87-115쪽 참조.

2 사실인정 문제에 관해서는 우선적으로 김상준, 『무죄판결과 법관의 사실인정』(경인문화사, 2013) 참조.

다면, 두 번째 단계와 세 번째 단계는 규범에 관한 판단과 관련을 맺는다.[3] 약한 인공지능은 이러한 형사사법판단의 세 단계에 모두 활용할 수 있다.

(2) 사실인정과 약한 인공지능

약한 인공지능은 사실인정과정에 활용할 수 있다. 현재의 제3세대 인공지능은 기계학습을 수용한 인공지능으로서 빅데이터 과학에 기반을 둔다. 따라서 제3세대 인공지능은 다양한 빅데이터를 분석함으로써 새로운 패턴을 발견하거나 매우 높은 수준의 확률로 미래를 예측하기도 한다.[4] 예를 들어 2016년에 치러진 미국 대선에서 대다수의 유수 언론기관이 누가 대통령으로 당선될지를 예측하는 데 실패한 반면, 구글 등의 인공지능은 트럼프가 대통령으로 당선될 것이라는 점을 정확하게 예측하였다. 이러한 인공지능의 예측능력은 사실인정에 적극적으로 활용할 수 있다. 실제 형사실무에서는 죄책을 판단하는 것보다 사실인정을 하는 것이 더욱 중요하고 어렵다. 특히 직접증거는 존재하지 않고 간접증거, 즉 정황증거만 존재하는 경우에 사실인정을 하는 것이 무척 어렵다. 판단자인 형사법관은 간접증거만으로는 유죄인정에 대해 합리적 의심을 배제할 정도의 심증을 형성하기 어렵다. 그 때문에 형사법관은 개연성을 인정하면서도 '의심스러울 때는 피고인의 이익으로 원칙'에 따라 유죄에 대한 사실인정을 포기하기도 한다. 이러한 상황에서 인공지능을 활용하면 간접증거만으로도 매우 높은 확률로 사실을 인정하는 데 도움을 받을 수 있다. 이를테면 빅데이터 분석을 기반으로 하여 특정한 간접증거가 존재하면 이를 통해 어떤 사실을 인정할 수 있는지를 판단하는 데 도움을 얻을 수 있을 것이다.[5]

---

3 물론 존재와 당위의 상응을 인정하는 법해석학에 따르면, 사실인정이 전적으로 사실문제와만 관련을 맺는 것은 아니다. 반대로 죄책판단이나 양형판단이 규범문제와만 관련을 맺는 것도 아니다. 이에 관해서는 이상돈, 『새로 쓴 법이론』(세창출판사, 2005), 247쪽 아래 참조.

4 이에 관해서는 빅토르 마이어 숀베르거·케네스 쿠키어, 이지연 (옮김), 『빅데이터가 만드는 세상』(21세기북스, 2013), 10쪽 아래 참조.

5 사실인정에서 빅데이터 과학을 적극적으로 활용할 것을 주장하는 견해로는 양천수, "형사소송에서 사실인정의 구조와 쟁점: 법적 논증의 관점에서", 『형사정책연구』 제26권 제4호(2015. 12), 59-97쪽 참조.

(3) 죄책판단과 약한 인공지능

죄책을 판단하는 데 약한 인공지능을 활용할 수 있다.[6] 물론 여기에서는 다음과 같은 의문을 제기할 수 있다. 약한 인공지능이 과연 규범적 판단을 할 수 있는가 하는 의문이 그것이다. 무엇보다도 약한 인공지능이 규범적 판단의 기초가 되는 도덕적 판단을 할 수 있는지 의문이 들 수 있다. 왜냐하면 칸트의 도덕철학이 시사하는 것처럼, 도덕적 판단을 하기 위해서는 판단자에게 자율성이 존재해야 하는데, 약한 인공지능에게는 이러한 자율성이 존재하지 않기 때문이다.[7] 따라서 만약 약한 인공지능이 자율성을 갖지 않아 도덕적인 판단을 할 수 없다면, 도덕적 판단과 밀접한 관련을 맺는 법적 판단도 할 수 없을 것이라는 결론을 이끌어낼 수 있다.

그러나 이에 대해서는 다음과 같은 반론을 할 수 있다. 일단 죄책판단은 정교하게 정립된 해석방법과 범죄체계론에 기반을 두고 있다는 점이다. 따라서 설사 자율성을 갖지 않은 약한 인공지능이라 할지라도 그동안 정립된 해석방법과 범죄체계론을 학습함으로써 규범적 판단인 죄책판단을 상당 부분 수행할 수 있다. 다음으로 실무에서 이루어지는 죄책판단은 지금까지 축적된 판례에 상당히 의존하고 있다는 점이다. 이를 반영하듯 현재 법학전문대학원에서 진행되는 실정법 교과목 역시 창의적인 법적 사고력을 배양하는 데 집중하기보다는 대법원 판례를 학습시키는 데 많은 시간을 할애한다. 그러므로 약한 인공지능 역시 그동안 축적된 각종 판례를 학습함으로써 죄책판단을 수행할 수 있다. 오히려 이 점에서는 약한 인공지능이 인간보다 더욱 압도적인 능력을 발휘할 수 있을 것이다. 이러한 근거에서 오늘날 형사분쟁을 해결하기 위해서 수행되는 죄책판단은 굳이 도덕적 판단을 전제하지 않아도 상당 부분 가능하다는 결론을 도출할 수 있다. 따라서 아직 자율성을 획득하지 못한 약한 인공지능 역시 대부분의 형사분쟁에서 죄책판단을 할 수 있을 것이다. 물론 기존의 판례나 해석론 등이 존재하지 않는 이른바 '하드 케이

---

[6] 이 문제에 관해서는 김성룡, "법적 논증과 관련한 인공지능연구의 현황", 『IT와 법 연구』 제5권 (2011. 2), 319－346쪽; 조한상·이주희, "인공지능과 법, 그리고 논증", 『법과 정책연구』 제16집 제2호(2016. 6), 295－320쪽 등 참조.

[7] 칸트의 도덕철학에 관해서는 심재우, "인간의 존엄과 법질서: 특히 칸트의 질서사상을 중심으로", 『법률행정논집』(고려대) 제12집(1974. 10), 103－136쪽 참조. 만약 인공지능이 자율성을 갖게 된다면, 그 순간부터 그 인공지능은 강한 인공지능이 될 것이다.

스'(hard case)에 대해서는 약한 인공지능이 제대로 죄책판단을 하기는 어려울 것이다.

(4) 양형판단과 약한 인공지능

양형판단을 할 때도 약한 인공지능을 활용할 수 있다.[8] 특히 양형판단에 대해서는 더욱 손쉽게 약한 인공지능을 활용할 수 있다. 그 이유를 다음과 같이 말할 수 있다. 종래에는 양형이 법관의 재량 혹은 판단여지로 파악되었다.[9] 이 같은 상황에서는 법관이 양형을 할 때 광범위하게 재량을 행사할 수 있었다. 말하자면 법관의 자율적인 판단이 중요한 역할을 한 것이다. 이러한 상황에서는 약한 인공지능을 투입해 재량적 판단을 하도록 하는 것이 쉽지 않았을 것이다. 그렇지만 최근에는 대법원 양형위원회가 마련한 양형지침에 따라 양형이 이루어지고 있다. 물론 양형지침이 법적으로 구속력이 있는 것은 아니지만, 실제 양형실무에서는 양형지침이 상당 부분 활용되고 있다. 그만큼 법관의 양형재량이 축소된 것이다. 이러한 상황에서는 어찌 보면 약한 인공지능이 양형판단을 하는 데 더욱 효율적일 수 있다. 더군다나 약한 인공지능은 그동안 양형에 관해 축적된 빅데이터를 분석함으로써 각 상황에 적절한 양형을 할 수 있을지 모른다.

(5) 형사법관을 대체하는 약한 인공지능(?)

약한 인공지능은 형사사법판단의 세 가지 단계에 모두 활용할 수 있다. 물론 각 단계에서 약한 인공지능이 내리는 판단을 어떤 식으로 활용할지는 형사정책적으로 결정해야 할 문제이다. 이를 전문기의 감정의견처럼 참고자료로 활용할 것인지, 아니면 형사법관을 구속하는 판단으로 볼 것인지는 입법정책적으로 판단해야한다. 다만 국민참여재판에서 배심원이 내린 결정에 권고적인 효력만 인정하는 현재 상황을 고려하면, 약한 인공지능이 내리는 형사사법판단은 앞으로도 한참 동안은 참고자료로 활용될 가능성이 높다.

그렇지만 인공지능의 기술적 수준이 더욱 향상되어 인공지능이 내리는 형사사

---

8 이에 관해서는 양종모, "형사사법절차 전자화와 빅 데이터를 이용한 양형합리화 방안 모색", 『홍익법학』 제17권 제1호(2016. 2), 419−448쪽 참조.

9 이를 지적하는 H.−J. Bruns, *Leitfaden des Strafzumessungsrechts* (Köln/Berlin, 1980), 4쪽 아래 참조.

법판단이 더욱 정확해진다면, 어쩌면 인공지능이 인간형사법관을 대체하는 시대가 찾아올 지도 모른다. 인공지능시대가 도래하면서 앞으로 사라지게 될 직업군에 법률가가 포함된다는 연구보고서를 고려하면, 어쩌면 인공지능이 인간형사법관을 대체하는 날이 먼 미래의 일이 아닐지도 모른다.[10] 특히 법원과 검찰에 대한 불신이 그 어느 때보다 높고, '유전무죄 무전유죄'에 대한 의식이 여전히 우리 사회를 강하게 지배하고 있는 현 상황에 비추어 보면, 인간형사법관보다 인공지능 형사법관이 더욱 공정하게 형사사법판단을 할 것이라는 주장이 힘을 얻을 수도 있다.[11] 그렇게 되면 인간형사법관이 아닌 인공지능 형사법관 앞에서 형사재판을 받고 싶다는 사회운동이 전개될지도 모른다. 이는 우리 법학 및 법체계 전반에 걸쳐 중대한 도전이 될 것이다. 이는 어쩌면 법학의 생존 그 자체를 위협하는 일이 될지도 모른다.

이러한 문제를 해결하기 위해서는 인공지능 법률가가 대체할 수 없는 인간 법률가만의 고유한 역량이 무엇인지 고민할 필요가 있다. 앞에서도 언급한 것처럼, 기존에 축적된 해석론과 판례를 학습하는 것에 관해서는 인간이 인공지능을 이겨낼 수 없다. 그렇다면 인간 법률가가 인공지능 법률가보다 더욱 잘할 수 있는 점은 하드 케이스를 해결할 수 있는 창의적인 법적 사고일 것이다. 물론 강한 인공지능이 출현하면 이 능력 역시 인공지능에게 따라잡힐 수 있다. 하지만 강한 인공지능이 출현하기 위해서는 좀 더 시간이 필요하다는 진단을 고려하면, 창의적인 법적 사고능력이야말로 인간 법률가가 인공지능 법률가보다 여전히 비교우위에 있는 것이라고 말할 수 있다. 사실이 그렇다면, 법학교육 역시 이러한 능력을 배양하는 데 더욱 관심을 기울여야 하지 않을까 생각한다. 이러한 점에서 보면, 현재 법학전문대학원에서 이루어지는 법학교육에 문제제기를 하지 않을 수 없다.

3. 범죄의 도구로서 약한 인공지능

약한 인공지능은 범죄의 도구로도 활용될 수 있다. 가령 인공지능을 탑재한

---

10 이를 지적하는 최재천, "인공지능과 빅데이터가 법률시장에 주는 충격", 『대한변협신문』 제605호 (2016. 9. 5. 9:59:28)(http://news.koreanbar.or.kr/news/articleView.html?idxno=15198) 참조.

11 실제로 필자가 아는 다른 전공의 교수 가운데는 이를 강하게 옹호하는 경우도 있다. 그만큼 인간 법률가들은 사회적으로 신뢰를 얻지 못하고 있다.

자율주행차가 범죄자에게 해킹되어 사고로 승객을 살해하거나 보행자 또는 다른 자동차를 공격하는 도구로 사용될 수 있다. 또한 금융거래에 이용되는 약한 인공지능이 사기거래의 도구로 활용될 수도 있다.[12] 그러면 이렇게 범죄의 도구로 활용된 인공지능을 형사사법에서는 어떻게 취급해야 하는가? 이러한 인공지능을 독자적인 범죄자로 취급해야 하는가? 이에 대해서는 논란이 전개되고 있지만, 필자는 이렇게 범죄의 도구로 활용된 약한 인공지능은 굳이 독자적인 범죄자로 취급할 필요는 없다고 생각한다.[13] 이러한 경우에는 거의 대부분 약한 인공지능을 범죄에 사용한 인간 범죄자가 있게 마련이다. 따라서 이러한 상황이 발생하면, 이렇게 약한 인공지능을 범죄의 도구로 사용한 인간 범죄자를 형벌로 처벌하는 것으로 충분하다. 이는 특정한 인간 범죄자가 동물을 범죄의 도구로 활용한 경우와 유사하다. 동물을 이용하여 범죄를 저지른 경우에도 인간 범죄자만 처벌하면 충분한 것이 아닌가 생각한다. 만약 동물이 여전히 위험스럽게 여겨질 때에는 마치 조류독감이나 구제역을 막기 위해 동물을 살처분하는 것처럼 범죄도구로 사용된 동물을 처분하면 될 것이다.[14] 이러한 경우에 별도의 형사절차를 밟아 해당 동물을 범죄자로 규정하여 형벌을 부과할 필요는 없다고 생각한다. 이와 마찬가지로 범죄에 사용된 약한 인공지능을 독자적인 범죄자로 취급하여 형벌을 부과할 필요가 있을까 의문이 든다. 다만 약한 인공지능 중에는 부분적으로 자율성을 갖는 경우도 존재할 것이다. 가령 개발자가 입력하지 않은 알고리즘을 특정한 경우에 독자적으로 만들거나 자신의 알고리즘을 수정하는 약한 인공지능도 있을 수 있다. 예를 들어 자율주행차 개발자가 해당 자율주행차는 보행자 앞에서는 어떤 경우에든 차가 멈추도록 알고리즘을 설정했는데, 해당 자율주행차가 긴급피난 상황에서는 승객을 보호하기 위해 보행자 보호를 포기하도록 알고리즘을 수정할 수도 있다. 실제로 이러한 일이 발생하게 되면, 해당 자율주행차는 부분적으로 자율성을 갖는다고 말할 수 있

---

12 금융거래에 인공지능이 사용되는 것은 이미 현실이 되고 있다.

13 물론 민사법에서는 이러한 약한 인공지능에 대해 부분적으로 법적 주체성을 부여할 수 있을 것이다. 이를테면 대리인으로서 말이다.

14 물론 동물은 단순한 물건이 아니라는 독일 민법 제90조a를 고려하면, 동물을 살처분하는 경우에도 단순히 물건을 폐기처분하는 것과는 다른 절차를 밟는 것이 바람직하다. 참고로 독일 민법 제90조a는 다음과 같이 규정한다. "동물은 물건이 아니다. 동물은 별도의 법률에 의하여 보호된다. 그에 대하여는 다른 정함이 없는 한 물건에 관한 규정이 준용된다." 번역은 양창수 (역), 『2005년판 독일민법전』(박영사, 2005), 37쪽을 따랐다.

다. 그렇다면 이러한 자율주행차를 범죄자로 취급할 필요가 있는가? 이 문제는 강한 인공지능을 범죄자로 볼 필요가 있는가라는 문제와 관련을 맺는다.

Ⅲ. 강한 인공지능과 형사사법

1. 강한 인공지능에 대한 형사처벌 가능성

(1) 독자적인 범죄주체로서 강한 인공지능(?)

약한 인공지능과는 달리 강한 인공지능은 형사사법 패러다임에 중대한 도전이 된다. 왜냐하면 강한 인공지능은 인간과 동등한 정신능력을 갖춘 인공지능이기 때문이다. 따라서 인간처럼 강한 인공지능 역시 자율성이나 반성적 능력 등을 갖게 된다. 인공지능이 인간처럼 스스로 목표를 설정하고 이러한 목표를 달성하기 위해 자율적으로 수단을 선택하는 주체로서 작동할 수 있는 것이다. 이는 강한 인공지능이 독자적인 범죄주체가 될 수 있다는 것을 의미한다. 이를테면 영화 "Ex Machina" 에서 여성 인공지능이 보여주는 것처럼, 자신의 욕망을 충족하기 위해 자율적으로 인간을 살해하는 강한 인공지능을 그려볼 수 있는 것이다. 물론 이제 겨우 제3세대의 약한 인공지능으로 접어든 현재의 과학기술적 수준에서 볼 때, 이러한 강한 인공지능이 출현한다는 것은 아직도 머나먼 이야기일 수 있다. 그렇지만 만약 이러한 일이 현실화된다면, 우리는 다음과 같은 의문과 마주해야 한다. 과연 강한 인공지능에 형사처벌을 할 수 있는가 하는 의문이 그것이다. 이는 인간을 중심으로 하여 체계화된 우리의 형사사법에 중대한 이론적·실천적 도전이 될 것이다.

(2) 인공지능에 대한 형사처벌의 가능성: 이른바 '로봇형법'의 가능성

인간처럼 자율성을 획득한 인공지능에 대해 형사처벌을 할 수 있는가? 아주 머나먼 이야기처럼 보이는 이 문제에 관해 이미 유럽연합이나 미국 등에서는 진지한 논의가 이루어지기 시작하였다. 이를테면 우리 형법학에 많은 이론적 자양분을 제공하는 독일 형법학에서는 '로봇형법'(Strafrecht für Roboter)이라는 이름 아래 이를 긍정하는 논의가 시도되었다. 힐겐도르프(E. Hilgendorf)를 중심으로 하는 일련의 학자들은 다음과 같은 근거로써 로봇을 비롯한 인공지능에 대해서도 형사처벌을 할 수 있다고 주장한다.[15] 첫째, 이미 인간이 아닌 동물에 대해서도 형사처벌을 한 적이 있으므로 동물과 유사한 로봇에 대해서도 형사처벌을 할 수 있다는 것이다. 둘째, 법실증주의적·구성주의적 관점에서 로봇에 대해서도 형사처벌을 할 수 있다고 한다. 이를 더욱 구체적으로 말하면 다음과 같다. 이 주장은 법적 지위나 책임 등은 사회적·법적으로 구성된다고 한다. 이러한 주장을 하는 힐겐도르프는 법적 개념은 역사적인 개념으로서 사회적으로 변경 가능하며, 이때 중요한 것은 해당 법적 개념이 특정한 사회적 목적을 실현하는 데 적합한지 여부라고 한다. 이는 법인격이나 책임에 대해서도 마찬가지이다. 이러한 맥락에서 힐겐도르프는 로봇이 지능 및 자율성이라는 측면에서 인간과 유사하다면, 이러한 로봇에 대해서도 형사처벌이 가능하다고 말한다.[16] 마찬가지 맥락에서 힐겐도르프의 제자인 벡(S. Beck)은 로봇에 대해 '전자인'(elektronische Person)이라는 지위를 부여한다.[17] 셋째, 로봇에 대해서도 형사제재가 가능하다고 한다. 넷째, 로봇에 대한 형사처벌을 긍정하지 않으면 처벌의 공백이 생긴다는 것이다.

---

15 이에 관해서는 E. Hilgendorf/J.−Ph. Günther (Hrsg.), E. Hilgendorf/J.−Ph. Günther (Hrsg.), *Robotik und Gesetzgebung* (Baden−Baden, 2013) 참조.

16 E. Hilgendorf, "Können Roboter schuldhaft handeln?", in: S. Beck (Hrsg.), *Jenseits von Mensch und Maschine. Ethische und rechtliche Fragen zum Umgang mit Robotern, Künstlicher Intelligenz und Cyborgs* (Baden−Baden, 2012), 119쪽 아래 참조.

17 S. Beck, "Über Sinn und Unsinn von Statusfragen −zu Vor− und Nachteilen der Einführung einer elektronischen Person", in: E. Hilgendorf/J.−Ph. Günther (Hrsg.), *Robotik und Gesetzgebung* (Baden−Baden, 2013), 239쪽 아래 참조. 이는 "전자적 인격" 또는 "전자인간"(electronic personhood)으로 번역되기도 한다. 전자의 경우로는 김영환, "로봇 형법(Strafrecht für Roboter)?", 『법철학연구』 제19권 제3호(2016. 12), 153쪽 참조. 후자의 경우로는 https://brunch. co.kr/@gilparkgytz/11 참조. 다만 여기에서는 우리 민법이 권리주체로서 규정하는 "자연인" 및 "법인"이라는 개념에 대응하는 번역어로는 "전자인"이 적절하다고 판단하여 이를 선택하였다. 이러한 번역어를 제안해 주신 김현철 교수에게 감사를 드린다. 한편 최근 유럽의회는 로봇 등에게 "전자인"(electronic person)이라는 법적 지위를 부여하는 결의안을 통과시켰다. 이를 통해 이제 "전자인"은 실정법상 개념으로 제도화되고 있다. 이에 관해서는 M. Koval, "Electronic Person: Why the EU Discusses Robot's Rights", Ilyashev & Partners (2017) 참조. 이는 (http://attorneys.ua/en/publications/electronic−person−why−the−eu−discusses−robots− rights/)에서 찾아볼 수 있다.

2. 탈인간중심적 형사사법의 가능성

이렇게 로봇에 대한 형사처벌을 긍정하는 것은 단순히 범죄주체성을 로봇에 대해 확장하는 것에 그치는 것이 아니다. 로봇에 대한 형사처벌을 긍정하는 것은 인간중심적인 형사사법을 넘어서는 탈인간중심적 형사사법을 인정하는 것이라고 말할 수 있다. 그러면 탈인간중심적 형사사법이란 무엇인가?

(1) 인간중심적 형사사법

탈인간중심적 형사사법이 무엇인지를 밝히기 위해서는 이와 대비되는 인간중심적 형사사법의 의미내용을 살펴볼 필요가 있다. 아주 단순하게 정의하면, 인간중심적 형사사법이란 인간이라는 행위자가 저지르는 범죄를 처벌하고 예방하기 위해 개념화·체계화된 형사사법을 말한다.[18] 이때 말하는 인간이란, 물론 논란이 있지만, 원칙적으로 자율적으로 행위할 수 있는 자연인을 뜻한다. 필자는 여느 인간중심적 법체계와 마찬가지로 인간중심적 형사사법 역시 다음과 같은 개념요소로 구성된다고 생각한다.[19]

1) 행위주체로서 자연인

현재의 인간중심적 형사사법은 범죄주체를 인간인 자연인으로 설정한다. 여기서 현행 형사사법의 인간중심적 성격이 고스란히 드러난다. 물론 필자는 현행 형사사법체계에서도 법인에게 범죄능력을 인정할 수 있다고 생각하지만,[20] 다수 학설은 현행 형사사법체계에서는 오직 자연인에게만 범죄능력을 인정할 수 있다고 주장한다.[21]

---

18 여기서 말하는 형사사법이란 실체법인 형법과 절차법인 형사소송법 그리고 이를 집행하는 수사기관 및 사법기관을 모두 총칭하는 개념을 뜻한다. 체계이론의 견지에서 말하면, 법체계의 부분영역인 형사법체계를 뜻한다고 할 수 있다.

19 인간중심적 법체계에 관해서는 양천수, "탈인간중심적 법학의 가능성: 과학기술의 도전에 대한 행정법학의 대응", 『행정법연구』 제46호(2016. 8), 6–9쪽 참조.

20 양천수, "법인의 범죄능력: 법 이론과 형법정책의 측면에서", 『형사정책연구』 제18권 제2호 (2007. 여름), 161–194쪽 참조.

21 성낙현, 『형법총론』 제2판(동방문화사, 2011), 105쪽.

2) 행위

인간중심적 형사사법에 따르면, 형법상 범죄는 행위로 구성된다. 따라서 특정한 '행태'(Verhalten)가 범죄로 인정되기 위해서는 이러한 행태가 형법상 의미 있는 '행위'(Handlung)이어야 한다. 이 때문에 현행 범죄체계론은 형사분쟁이 발생했을 때 해당 분쟁에서 문제되는 행태가 행위인지 여부부터 판단한다. 이때 말하는 행위는 당연히 인간의 행위를 말한다. 물론 '행위론 논쟁'이 보여주는 것처럼, 형법에서 의미 있는 행위가 무엇인지에 관해서는 오랫동안 논쟁이 전개되었다.[22]

3) 자유의지

인간중심적 형사사법은 범죄행위자가 자유의지를 지닌 주체일 것을 전제로 한다. 자유의지를 지닌 행위자이어야만 비로소 행위자에게 형사책임을 부과할 수 있기 때문이다. 규범적 책임 개념에 의하면 책임의 본질은 '비난가능성'이라고 할 수 있는데, 비난가능성은 행위자에게 자유의지에 따른 타행위가능성이 있을 것을 전제로 한다.

(2) 탈인간중심적 형사사법

인간중심적 형사사법과는 달리 탈인간중심적 형사사법은 인간이 아닌 다른 그 무엇을 형사법의 중심으로 설정한다. 탈인간중심적 형사사법, 즉 '포스트휴먼 형사사법'의 중심을 무엇으로 설정할 것인지에 관해서는 다양한 견해가 가능할 수 있지만, 필자는 현대 체계이론을 수용하여 탈인간중심적 형사사법을 구축할 수 있다고 생각한다. 이에 따르면 '사회적 체계'(soziale Systeme)가 탈인간중심적 형사사법의 중심적인 지위를 차지한다. 이렇게 보면, 탈인간중심적 형사사법은 체계이론적 형사사법이라고 말할 수 있다. 체계이론의 관점에서 보면, 인간중심적 형사사법은 생명체계와 심리체계의 복합체인 자연인을 전제로 하기에 인공지능에 대해서는 적용할 수 없다. 만약 강한 인공지능에 대해 형사책임을 부과하기 위해서는 단순히 범죄주체성을 확장하는 것만으로는 부족하고, 인공지능의 형사책임 능력을 이론적으로 근거지을 수 있는 탈인간중심적 형사사법을 수용할 필요가 있다. 그 이유는 탈

---

22 이에 관해서는 우선 심재우, "목적적 행위론 비판: 사회적 행위론의 입장에서", 『법률행정논집』 (고려대) 제13집(1976. 4), 175-222쪽 참조.

인간중심적 형사사법의 개념요소를 밝힘으로써 해명할 수 있다.[23]

1) 행위가 아닌 소통

체계이론에 기반을 둔 탈인간중심적 형사사법은 인간중심적 형사사법과는 달리 행위를 범죄의 기본 개념으로 설정하지 않는다. 왜냐하면 체계이론은 사회현상을 관찰할 때 행위가 아닌 소통을 더욱 근원적인 개념으로 파악하기 때문이다.[24] 사회적 일탈행위 역시 소통을 기반으로 하여 관찰한다. 이러한 맥락에서 범죄 역시 소통을 중심으로 하여 파악한다. 범죄란 행위라기보다는 사회적 소통의 특정한 유형인 것이다. 따라서 탈인간중심적 형사사법은 형사책임의 귀속근거도 행위가 아닌 소통에서 찾는다. 특정한 소통방식이 형법에 위반하는 경우에 이를 범죄로 파악하는 것이다.

사실 행위가 아닌 소통이 책임귀속의 기초가 된다는 점은 기존의 인간중심적 형사사법에서도 이미 찾아볼 수 있다. 사회적 행위론이 바로 그것이다.[25] 사회적 행위론은 형법상 행위 개념을 사회적 유의미성에서 찾는데, 이는 행위가 자연적인 것이 아니라 사회적으로 구성되는 개념이라는 점을 시사한다. 이러한 사회적 행위론의 주장내용을 더욱 깊게 파고들면, 행위가 근원적인 개념인 것이 아니라 사회적으로 유의미한 행위를 만들어내는 소통이 더욱 근원적인 개념이라는 점을 알 수 있다. 왜냐하면 어떤 행위가 사회적으로 유의미한 행위인지를 판단하려면 사회적 유의미성에 대한 판단기준이 필요한데, 이러한 판단기준은 사회적 소통과정을 통해 확정할 수밖에 없기 때문이다. 이 점에서 우리의 형사사법은 인간중심적 사고와 이미 일정 정도 거리를 두기 시작했다고 말할 수 있다.

2) 자연인이 아닌 인격성

행위가 아닌 소통이 책임귀속의 근거가 되기에 탈인간중심적 형사사법에서는 자연인만을 범죄의 주체로 한정할 필요가 없다. 오히려 자연인과는 구별되는 '인격

---

[23] 탈인간중심적 형사사법의 바탕이 되는 탈인간중심적 법사상에 관해서는 양천수, 앞의 글, 9–15쪽 참조.

[24] N. Luhmann, *Soziale Systeme: Grundriß einer allgemeinen Theorie* (Frankfurt/M., 1984), 191쪽 아래 참조.

[25] 사회적 행위론에 관해서는 심재우, "사회적 행위론", 『법조』 제24권 제7호(1975. 7), 55–83쪽 참조.

성'(Person)이 형사책임의 귀속주체가 된다. 그 때문에 인격 개념을 어떻게 설정하는가에 따라 형사책임의 귀속범위가 달라진다. 필자는 탈인간중심적 형사사법에서 책임귀속이 가능한 독자적인 인격으로 인정되기 위해서는 다음 두 가지 요건을 충족해야 한다고 생각한다. 첫째, 소통을 통해 사회적 체계에 참여할 수 있어야 한다. 둘째, 책임귀속의 소통에 관해 법체계와 연결될 수 있어야 한다. 다시 말해, 법체계가 책임귀속에 관한 소통을 개별적으로 연결시킬 수 있는 지점이 바로 인격성인 셈이다. 그런데 이미 민사법이 잘 보여주는 것처럼, 자연인만이 이러한 인격성을 획득할 수 있는 것은 아니다. 왜냐하면 법인이라는 사회적 체계 역시 민사법에서는 인격성을 취득하고 있기 때문이다.[26] 이는 인격성 자체도 사회적 소통을 통해 바뀔 수 있다는 점을 시사한다.[27]

3) 자유의지가 아닌 소통의 자유

인간중심적 형사사법과는 달리, 탈인간중심적 형사사법에서는 자유의지가 그다지 중요하지는 않다. 오히려 소통의 자유를 갖고 있는지가 중요하다.[28] 다만 강한 인공지능은 인간과 동등한 정신능력을 갖춘 인공지능이므로 자율성 역시 갖는다. 그 점에서 자유의지는 강한 인공지능에 대한 형사책임을 논의할 때는 큰 문제가 되지는 않는다고 말할 수 있다.

4) 사회적 인격체로서 강한 인공지능

탈인간중심적 형사사법의 기준에서 보면, 강한 인공지능에게도 사회적 인격성을 부여할 수 있다. 왜냐하면 강한 인공지능은 자율적으로 사회에서 이루어지는 소통에 참여할 수 있기 때문이다. 법체계 역시 강한 인공지능과 형사책임귀속에 관한 소통을 할 수 있다. 이러한 근거에서 강한 인공지능에게도 사회적 인격성을 인정할 수 있는 것이다. 인공지능이나 로봇에게 '전자인'이라는 지위를 인정하는 벡의 주장도 같은 맥락에서 파악할 수 있다.[29] 따라서 강한 인공지능에 대해서는

---

26 체계이론에 따르면, 법인은 '조직체'(Organisation)로서 사회적 체계에 속한다. N. Luhmann, 앞의 책, 16쪽.

27 이를 긍정하는 E. Hilgendorf, 앞의 글, 119쪽 아래 참조.

28 형법상 책임을 이른바 '의사소통적 자유'(kommunikative Freiheit)로 새롭게 근거 짓고자 하는 논의로는 K. Günther, *Schuld und kommunikative Freiheit* (Frankfurt/M., 2005) 참조.

29 S. Beck, 앞의 글, 239쪽 아래 참조.

이론적으로 범죄능력도 긍정할 수 있고 형사책임도 부과할 수 있다. 문제는 과연 강한 인공지능에게 형사책임을 부과할 필요가 있는가 하는 점이다.

3. 강한 인공지능에 대한 형사책임 부과의 필요성

(1) 문제제기

탈인간중심적 형사사법을 수용하면 강한 인공지능에 대해서도 충분히 형사책임을 부과할 수 있다. 그러면 인간 범죄자처럼 강한 인공지능 범죄자에 대해서도 형사책임을 부과하는 것이 바람직할까? 그러나 이 문제를 해결하려면, 강한 인공지능에 대한 형사책임 부과가 이론적으로 가능한지를 논증하는 것보다 강한 인공지능에 대해 형사책임을 부과할 필요가 있는지를 논증하는 것이 더욱 중요하다고 생각한다. 왜냐하면 강한 인공지능이 사회적 일탈행위나 반사회적인 소통을 저지른 경우에는 굳이 형사책임을 원용하지 않고도 문제를 해결할 수 있기 때문이다. 가령 자동차를 폐기처분하는 것처럼 행정절차를 밟아 강한 인공지능을 폐기할 수 있다. 그런데도 인공지능에 대한 형사책임이 필요하다고 한다면, 아마도 다음과 같은 이유를 들 수 있을 것이다.

(2) 형사책임의 상징성

우선 형사책임의 상징성을 거론할 수 있다. 형사법의 보충성, 최후수단성이 보여주는 것처럼, 형사책임은 현존하는 법적 책임 중에서 가장 강력한 책임이라고 할 수 있다. 그 때문에 형사책임이 범죄자나 전체 사회에 미치는 영향도 크다. 이러한 근거에서 "형벌의 표현적·상징적 기능"이 강조되기도 한다.[30] 따라서 만약 강한 인공지능에 대한 형사책임이 필요하다면, 강한 인공지능에 형사책임을 부과하는 것이 사회 전체적인 측면에서 상징적인 의미를 갖기 때문일 것이다. 이를테면 강한 인공지능에게 우리 인간이 정립한 규범질서를 존중할 것을 강력하게 표현

---

[30] K. Günther, "Die symbolisch−expressive Bedeutung der Strafe − Eine neue Straftheorie jenseits von Vergeltung und Prävention?", in: C. Prittwitz/M. Baurmann/K. Günther/L. Kuhlen/R. Merkel/C. Nestler/L. Schulz (Hrsg.), *Festschrift für Klaus Lüderssen* (Baden−Baden, 2002), 205쪽 아래 참조.

하기 위해 형사책임을 부과할 필요가 있을지 모른다. 또는 강한 인공지능이 독자적으로 정립한 인공지능규범과 우리 인간이 구축한 인간규범이 서로 충돌하는 규범충돌의 상황에서 우리의 인간규범이 더욱 우월하다는 것을 상징적으로 보여주기 위해 형사책임이 필요할지도 모른다.

(3) 형사절차의 공정성

　다음으로 강한 인공지능을 보호하기 위해 형사책임을 부과하는 절차가 필요할지 모른다. 사회적 일탈행위를 저지른 강한 인공지능을 행정처분으로 제재하는 것은 인간을 보호하는 데 더욱 효율적인 방안일 수는 있다. 그렇지만 이러한 방식은 강한 인공지능이 갖고 있는 사회적 인격성을 충분히 고려하지 않는 방안일 수도 있다. 따라서 강한 인공지능을 피고인으로서 충분히 보장하기 위해, 다시 말해 형법의 보장적 임무를 강한 인공지능에게도 실현하기 위해 형사절차가 필요할 수 있다.[31] 요컨대 형사절차의 공정성을 강한 인공지능에게도 보장함으로써 강한 인공지능을 독자적인 인격체로 승인하는 것이다. 이러한 맥락에서 보면, 강한 인공지능에게 형사책임을 부과하는 것은 강한 인공지능을 처벌하는 데 중점이 있는 것이 아니라, 오히려 동물에게 동물권을 부여하여 이들을 보호하고자 하는 것처럼 강한 인공지능을 절차적으로 보장하는 데 중점이 있는 것이라고 말할 수 있다.[32]

4. 형사사법의 구성원으로서 강한 인공지능

　다른 한편 강한 인공지능은 마치 로보캅처럼 형사사법의 구성원으로서 범죄를 수사하고 재판하며 처벌하는 데 협력할 수 있다. 약한 인공지능과는 달리, 강한 인공지능은 도구가 아닌 동반자로서 인간과 동등한 지위에서 형사사법에 협력할 것이다. 만약 그런 시대가 도래하게 되면, 어쩌면 우리는 강한 인공지능과 형사사법을 위해 협상하고 계약을 맺어야 할지도 모른다.

---

31 형법의 보장적 임무에 관해서는 배종대, 『형법총론』 제8전정판(홍문사, 2006), 59쪽 아래 참조.
32 동물권 논의에 관해서는 민윤영, "법의 새로운 기초로서 동물권 담론", 『법과 사회』 제41호(2011. 12), 307-336쪽 참조.

IV. 맺음말

　지금까지 인공지능이 우리 법체계, 특히 형사사법에 어떤 변화를 야기할 것인지를 개관해 보았다. 그러나 인공지능에 대한 필자의 지식과 이해가 충분하지 못해 수박 겉핥기식으로 논의를 하는 데 그치고 만 것 같다. 특히 강한 인공지능이 과연 앞으로 출현할 것인지를 확신하지 못하는 상태에서 강한 인공지능의 형사책임 문제를 다루어야 해 쉽지 않았다. 다만 강한 인공지능에 대한 형사책임을 이론적으로 정당화하는 이른바 탈인간중심적 형사사법은 이미 우리 법체계에서 일정 부분 실현되고 있다는 점은 강조하고 싶다. 우리가 의식하지 못한 사이에 이미 우리 법체계는 인간중심적 사고와 작별을 고하고 있는 것은 아닌지 의문을 제기하면서 제7장을 마치고자 한다.

법적 규제의 진화와 방향

8장 현대사회와 규제형식의 진화

9장 현대 빅데이터 사회와 새로운
    인권 구상

10장 근대 인권 구상의 한계와
    탈인간중심적 인권의 가능성

11장 새로운 규제형식으로서
    아키텍처 규제

12장 합리적인 법정책의 방향

13장 정보통신안전을 위한 입법정책

현대사회와
규제형식의 진화

I. 서 론

이제는 다소 식상한 유행어가 된 '제4차 산업혁명'은 크게 두 가지 의미를 담고 있다. 첫째는 현대 과학기술이 놀라울 정도로 빠르게 발전하고 있다는 점이고, 둘째는 이러한 과학기술의 발전과 변화가 단순히 과학과 공학이라는 '학문체계' (Wissenschaftssystem) 안에서만 이루어지는 것이 아니라, '사회체계'(Gesellschaftsystem) 전반에 걸쳐 혁명적인 영향을 미치고 있다는 점이다.[1] 이에 따라 이전에 경험하지 못했던 새로운 사회현상이 등장하고 있다. '초연결사회'나 '빅데이터 사회', '지능정보사회' 등을 그 예로 언급할 수 있을 것이다.[2]

이렇게 이전에는 경험하지 못하였던 새로운 사회적 현상이 출현한다는 것은 사회의 복잡성이 엄청나게 증가하고 있다는 점, 이로 인해 사회의 위험성 역시 그만큼 증대하고 있다는 점을 시사한다. 이에 따라 위험한 사회로부터 안전해지고 싶은 사회적 욕망이 강해지고, 이는 자연스럽게 안전을 그 무엇보다도 강조하는 '안전사회'(Sicherheitsgesellschaft)로 이어진다.[3] 이러한 이유에서 사회적 위험을 적극적으로 규제하라는 요청이 사회 곳곳에서 제기된다. 이는 자연스럽게 규제를 강

---

1 이 책은 이론적 기초로서 독일의 사회학자 루만이 정립한 체계이론의 관점을 부분적으로 원용한다. 체계이론에 관해서는 우선 니클라스 루만, 윤재왕 (옮김), 『체계이론 입문』(새물결, 2014) 참조.

2 이에 관해서는 양천수, "현대 초연결사회와 새로운 인격권 보호체계", 『영남법학』 제43집(2016), 209－239쪽 참조.

3 안전사회에 관해서는 T. Singelnstein/P. Stolle, *Die Sicherheitsgesellschaft: Soziale Kontrolle im 21. Jahrhundert*, 3., vollständig überarbeitete Aufl. (Wiesbaden, 2012) 참조.

화하라는 요청으로 귀결된다.

그러나 제4차 산업혁명이 직접적으로 진행되는 과학기술 영역에서는 오히려 이와는 반대의 목소리가 강하게 울려 퍼진다. 규제야말로 제4차 산업혁명을 저해하는 장애요소이기에 이를 과감하게 철폐해야 한다는 것이다. 과학기술에 대한 규제를 과감하게 풀어야만 혁신이 가능해질 수 있고, 그렇게 해야만 비로소 현 정부가 강조하는 '혁신성장'이 이루어질 수 있다는 것이다.

이렇게 제4차 산업혁명이 진행되는 현대사회는 규제에 관해 상반되는 주장이 치열하게 전개되고 갈등을 빚는 시간적 공간이라 할 수 있다. 한쪽에서는 안전사회를 구현할 수 있도록 규제를 강화할 것을, 다른 한쪽에서는 혁신성장을 위해 과감한 규제완화 또는 규제철폐를 요구한다. 최근 사회적 이슈가 되었던 '승차공유' 문제는 이러한 상황을 잘 예증한다. 이러한 상황에서 규제를 만들고 시행해야 하는 가장 대표적인 규제당국인 국가는 어떤 규제를 만들어 사회영역에 투입하는 것이 바람직한지 고민할 수밖에 없다. 이러한 국가의 고민, 즉 '정치체계'의 고민은 법체계에 자극을 주고, 그 결과 규제는 자연스럽게 사회적 환경에 맞게 진화해 오고 있다.4 제8장에서는 이러한 상황을 고려하여 제4차 산업혁명이 진행되고 있는 오늘날 규제형식이 어떻게 진화해 오고 있는지를 관찰하고, 여기에는 어떤 이론적·실천적 문제가 있는지를 개관해 보고자 한다.

Ⅱ. 규제 개념 분석

먼저 논의의 출발점으로서 이 책에서 분석대상으로 하는 '규제'(regulation)가 어떤 의미를 지니는지 분석하도록 한다.

---

4 필자는 여기서 말하는 '규제의 진화'를 단순히 은유적인 개념이 아니라 실제로 사회적으로 가능한 개념으로 파악한다. 이렇게 진화 개념을 파악하는 경우로는 N. Luhmann, "Evolution des Rechts", in: ders., *Ausdifferenzierung des Rechts: Beiträge zur Rechtssoziologie und Rechtstheorie* (Frankfurt/M., 1981), 11쪽 아래; 양천수, "새로운 법진화론의 가능성", 『법철학연구』 제15권 제2호(2012), 163-202쪽 참조.

1. 일반적인 규제 개념

규제란 무엇일까? 규제가 무엇을 뜻하는가에 관해서는 통상 법학이 아닌 행정학이나 경제학에서 논의되었다.[5] 행정학에서 규제는 일반적으로 "바람직한 경제사회질서의 확립을 위해 정부가 개인과 기업의 활동을 제약하는 것"으로 정의된다.[6] 이 같은 개념정의에서는 두 가지 중요한 개념요소를 읽어낼 수 있다. 첫째는 개인과 기업의 활동을 '제약'하는 것이라는 점이다. 둘째는 '정부'가 행하는 것이라는 점이다. 이러한 개념요소의 배후에는 정부와 사회 또는 정부와 시장은 서로 대립하는 영역이라는 시각이 놓여 있다. 바꿔 말해, 사회 또는 시장과 대립하는 '정부'가 사회 또는 시장을 올바른 방향으로 이끌어 가기 위해 사회 또는 시장 참여자들의 행위를 '제약'하는 것이 규제라는 것이다. 이는 반대로 추론하면, 사회 또는 시장은 규제가 없더라도 자율적으로 올바른 방향으로 작동할 수 있다는 시각을 부정하는 것이기도 하다. 이 때문에 사회나 시장의 자율성을 신봉하는 진영에서는 규제는 이러한 자율성을 억압하는 것이라고 비난한다. '규제는 곧 자유박탈'이라는 것이다. 이러한 주장은 법경제학에서 강조하는 '정부의 실패'를 근거로 제시함으로써 정당화를 요청한다.

2. 규제의 이중적 성격

이렇게 규제를 자유박탈 또는 행위제한이라는 측면에서만 파악하는 것은 타당하지 않다. 규제는 개인이나 기업의 행위를 제한한다는 의미뿐만 아니라 특정한 제도나 사회적 체계를 형성한다는 의미도 갖는다. 요컨대, 규제는 '행위제한'이라는 의미뿐만 아니라 '제도 형성'이라는 의미, 달리 말해 '제한'과 '형성'이라는 상반되는 의미를 갖는 것이다.[7] 이는 다음과 같이 논증할 수 있다.

---

5 물론 그 사이 규제 개념은 법체계에 수용되어 실정법상 개념으로 자리 잡았다. 「행정규제기본법」이 이를 보여준다.

6 최병선, 『정부규제론: 규제와 규제순화의 정치경제』(법문사, 1992) 참조. 이러한 개념정의는 「행정규제기본법」 제2조 제1항 제1호가 규정하는 '행정규제' 개념과 거의 일치한다. 이에 따르면, 행정규제란 "국가나 지방자치단체가 특정한 행정 목적을 실현하기 위하여 국민(국내법을 적용받는 외국인을 포함한다)의 권리를 제한하거나 의무를 부과하는 것으로서 법령등이나 조례·규칙에 규정되는 사항"을 뜻한다.

규제의 이중적 성격은 먼저 위에서 소개한 규제 개념에서 확인할 수 있다. 위에서 규제란 "바람직한 경제사회질서의 확립을 위해 정부가 개인과 기업의 활동을 제약하는 것"이라고 정의했는데, 이를 재배치하면 규제란 '정부가 개인과 기업의 활동을 제약'함으로써 '바람직한 경제사회질서를 확립'한다는 의미로 새길 수 있기 때문이다. 제약이 바로 경제사회질서 확립으로 연결되는 것이다. 물론 이는 일종의 ≪목적-수단 관계≫를 보여주기에 규제 개념의 이중적 성격을 온전하게 보여주지 못할 수 있다. 따라서 다른 근거를 찾을 필요가 있다.

규제가 이중적인 성격을 갖는다는 점은 민법이 규정하는 소유권 제도에서도 확인할 수 있다. 소유권을 규율하는 민법의 규정 역시 규제의 일종으로 파악할 수 있기 때문이다. 먼저 민법은 소유권이 무엇인지 규정한다(민법 제211조). 이를 통해 소유권 제도를 형성한다. 이러한 소유권 제도는 자본주의의 핵심적인 제도인 시장이 형성되는 데 본질적인 기여를 한다. 왜냐하면 소유권이 제도적으로 인정되어야만 비로소 재화가 자유롭게 교환되는 시장이 성립할 수 있기 때문이다. 이 점에서 소유권에 관한 민법의 규제는 소유권이라는 제도, 더 나아가 시장이라는 제도를 형성하는 데 기여한다. 다른 한편 소유권에 관한 민법의 규제는 소유권 이용을 침해하거나 방해하는 타인의 행위를 제한한다(민법 제213조-제214조). 소유권자가 소유하는 물건을 탐내는 타인의 시각에서 보면, 소유권을 보장하는 민법의 규정은 자신의 행위를 심각하게 제한하는 것으로 보일 수 있다.[8]

이러한 규제의 이중적 성격은 더욱 시야를 넓혀 인식론과 사회이론의 차원에서도 논증할 수 있다. 특정한 행위를 규제한다는 것은 특정한 기준을 사용하여 허용되는 행위와 금지되는 행위를 구별한다는 것을 뜻한다. 이는 규제가 '구별'을 전제로 한다는 것을 뜻한다. 특정한 기준을 사용하여 행위를 허용되는 것과 금지되는 것으로 구별하는 것이다. 이를 통해 기준에 맞지 않는 행위를 제한한다. 규제라는 기준을 통해 '포섭'(inclusion)과 '배제'(exclusion)가 이루어지는 것이다.[9] 그런데 이러한 '구별'은 특정한 행위를 제한하기 위해서만 이루어지는 것은 아니다. 특정

---

7 이에 관해서는 양천수, "사회적 부패로서 규제: 규제개혁론에 대한 비판적 고찰", 『한국부패학회보』 제19권 제3호(2014), 41-63쪽 참조.

8 이는 특히 지식재산권에서 두드러지게 나타난다.

9 '포섭'과 '배제'라는 구별에 관해서는 윤재왕, "'포섭/배제'-새로운 법개념?: 아감벤 읽기 1", 『고려법학』 제56호(2010), 261-292쪽 참조.

한 개념이나 제도, 체계를 만드는 것도 이러한 구별을 전제로 한다.[10] 이를테면 특정한 개념을 만드는 것은 이러한 개념에 포섭되는 것과 배제되는 것을 구별함으로써 가능해진다. 이는 법학에서 흔히 만나는 일이다. 특히 실정법학은 특정한 법규정을 해석하고 이를 체계화함으로써 법적 분쟁을 해결하는 것을 주된 임무로 하는데, 법규정을 해석하는 일은 곧 이러한 법규정에 포섭되는 것과 배제되는 것이 무엇인지를 구별하는 것으로 이루어지기 때문이다. 이를테면 법적 분쟁에서 문제되는 한 쪽 당사자가 '임차인'에 해당하는지가 문제되는 경우에 법원은 해당 당사자가 민법 등이 규정하는 임차인 개념에 포섭되는지를 판단함으로써 문제를 해결한다. 또한 특정한 제도를 만드는 것도 이러한 제도에 속하는 것과 속하지 않는 것을 구별함으로써, 달리 말해 제도의 경계선에서 필연적으로 발생하는 '차이'를 이용함으로써 형성되고 유지된다. 이처럼 규제는 구별이라는 기준을 사용함으로써 한편으로는 특정한 행위를 제한하지만, 다른 한편으로는 특정한 제도나 체계를 만드는 이중적인 기능을 수행한다.

3. 규제와 법의 관계

규제와 법은 서로 어떤 관계를 맺는가? 앞에서 언급한 것처럼, 규제는 주로 행정학이나 경제학에서, 바꿔 말해 법학이 아닌 영역에서 사용되는 개념이다. 따라서 이러한 규제 개념이 법과 어떤 관계를 맺는지 의문이 들 수 있다. 일단 앞에서 소개한 일반적인 규제 개념에 따르면, 규제는 특정한 행위를 제한하는 것이다. 그 점에서 규제는 특정한 제도이자 규범에 해당한다. 행위를 제한한다는 것은 그러한 행위를 하지 말라는 당위규범으로 파악할 수 있기 때문이다. 이 점에서 규제는 넓은 의미의 당위규범에 해당한다. 한편 앞에서 소개한 규제 개념에 따르면, 규제는 정부가 행하는 것이다. 이러한 개념정의에 따르면 규제는 정부, 즉 국가가 사용하는 당위규범이라고 바꿔 말할 수 있다. 이는 규제는 곧 법이라는 점을 시사한다. 왜냐하면 순수법학자 켈젠(Hans Kelsen)이 명확하게 말하고 있듯이, 실정법이야말로 국가가 정립하는 당위규범이기 때문이다.[11] 이렇게 보면 규제는 법과 동일한 개

---

10 체계 개념의 출발점을 이러한 '구별'에서 찾는 경우로는 니클라스 루만, 앞의 책, 86면 아래 참조.
11 한스 켈젠, 윤재왕 (옮김), 『순수법학』(박영사, 2018), 17쪽 참조.

념으로 파악할 수 있다.

그러나 규제는 법보다 그 외연이 넓은 의미로 이해하는 것이 더욱 적절할 것이다. 그 이유는 '자율규제'(self regulation)라는 개념이 보여주듯이 규제는 국가가 아닌 다른 규제당국에 의해서도 정립되고 사용될 수 있기 때문이다. 이렇게 보면 규제는 법을 포함하는 더욱 넓은 당위규범이라고 말할 수 있을 것이다.[12]

Ⅲ. 전통적인 규제형식

제4차 산업혁명이 진행되고 있는 오늘날 이러한 규제는 어떻게 진화하고 있는가? 이를 파악하기 위해서는 전통적인 규제가 어떤 형식을 취하고 있는지를 살펴볼 필요가 있다. 그렇게 해야만 비로소 지금 시점에서 규제가 어떻게 변하고 있는지를 파악할 수 있기 때문이다.

1. 법적 규제의 삼단계 진화모델

여기서 다음과 같은 의문이 제기된다. 무엇을 전통적인 규제라고 볼 것인가 하는 문제가 그것이다. '전통'이라는 개념이 안고 있는 불명확성을 감안하면, 전통적인 규제가 정확하게 무엇을 지칭하는지가 명확하지는 않다. 이러한 의문을 해결하기 위해 이 책에서는 법사회학 영역에서 발전한 규제의 진화모델, 즉 '삼단계 모델'을 원용하고자 한다.[13]

사회학자 막스 베버(Max Weber)가 제시한 '형식법' 개념에서 출발하는 삼단계 모델은 법 또는 규제가 세 단계를 거쳐 진화해 왔다고 말한다.[14] ≪형식법 ⇒ 실질

---

12 이러한 규제의 다원성을 사회통제의 차원에서 접근하는 경우로는 빈프리트 하세머, 배종대·윤재왕 (옮김), 『범죄와 형벌: 올바른 형법을 위한 변론』(나남, 2011), 42쪽 아래 참조. 물론 법을 실정법에 국한시키지 않고 '자연법'이나 '살아 있는 법' 모두 법 개념에 포함시킨다면, 법과 규제는 동일한 것으로 파악할 수 있을 것이다.

13 삼단계 법모델에 관해서는 G. Teubner, "Reflexives Recht: Entwicklungsmodelle des Rechts in vergleichender Perspektive", in: *ARSP* (1982), 18쪽 아래; D. Grimm (Hrsg.), *Wachsende Staatsaufgaben – sinkende Steuerungsfähigkeit des Rechts* (Baden–Baden, 1990) 등 참조.

14 이 점을 지적하는 K. Günther, "Der Wandel der Staatsaufgaben und die Krise des regulativen Rechts", in: D. Grimm (Hrsg.), *Wachsende Staatsaufgaben – sinkende Steuerungsfähigkeit des*

법 ⇒ 절차주의법≫이 그것이다. 이는 ≪자유주의 법모델 ⇒ 사회국가 법모델 ⇒ 절차주의 법모델≫로 지칭되기도 한다. 이때 말하는 '형식법' 또는 '자유주의 법모델'은 '근대법'이 지향한 모델을 말한다. 이에 따르면, 근대에 형성된 근대법은 '형식적 합리화'에 따라 형식법을 그리고 이념적인 면에서는 자유주의를 추구하는 자유주의 법모델을 지향하였다. 그런데 삼단계 모델에 따르면, 이러한 근대 형식법은 사회국가가 등장하면서 실질법, 즉 사회국가 법모델로 진화한다. 형식법의 한계를 극복하기 위해 출현한 사회국가적 실질법은 근대 형식법은 고려하지 않은 사회의 실질적 요소를 법체계 내부로 끌어들임으로써 사회국가적 정의를 구현하는 것처럼 보였다. 그렇지만 '정부의 실패', '규제의 역설', '조종의 트릴레마' 등이 시사하는 것처럼 이러한 사회국가적 실질법 역시 한계에 봉착하게 되었고, 이러한 한계를 해결하기 위해 절차주의 법모델이 제시되었다.[15]

이러한 삼단계 모델에서 보면, 법적 규제의 출발점은 근대 형식법이 된다. 사실 체계이론의 견지에서 보면, 근대화 과정을 거쳐 근대 형식법이 출현하기 이전에는 법체계가 독자적인 '사회적 체계'로 분화되었다고 말하기 어렵다.[16] 따라서 법적 규제의 진화를 논할 때 근대 형식법을 진화의 출발점으로 설정하는 데에는 나름 설득력이 있다. 이러한 맥락에서 이 책에서는 근대 형식법이 취하고 있던 규제형식을 전통적인 규제형식으로 전제하고자 한다.

2. 전통적인 규제의 특징

이러한 전통적인 규제, 즉 근대 형식법이 갖추고 있던 규제는 다음과 같은 특징을 지닌다.

Rechts (Baden-Baden, 1990), 51쪽 참조.

15 절차주의 법모델에 관해서는 K. Eder, "Prozedurale Rationalität. Moderne Rechtsentwicklung jenseits von formaler Rationalisierung", in: *Zeitschrift für die Rechtssoziologie* (1986), 22쪽 아래; G.-P. Calliess, *Prozedurales Recht* (Baden-Baden, 1998); A. Fischer-Lescano/G. Teubner, "Prozedurale Rechtstheorie: Wiethölter", in: Buckel/Christensen/Fischer-Lescano (Hrsg.), *Neue Theorien des Rechts* (Stuttgart, 2006), 79쪽 아래 등 참조.

16 이러한 문제를 다루는 N. Luhmann, *Ausdifferenzierung des Rechts: Beiträge zur Rechtssoziologie und Rechtstheorie* (Frankfurt/M., 1981) 참조.

(1) 인간중심적 규제

먼저 근대 형식법의 규제는 인간중심적인 규제라고 말할 수 있다. 달리 말해, 인간중심적인 사고를 사상적 기초로 삼고 있는 것이다. 이를 ≪주체－객체 모델≫로 바꾸어 말하면, 바로 '주체' 부분에서 인간중심적 사고를 발견할 수 있다.[17] 이는 근대 형식법이 모든 법적 관계의 토대로 삼고 있던 '인격'(Person) 개념에서 찾을 수 있다. 근대 형식법의 규제는 권리주체이자 책임귀속주체의 토대가 되는 인격 개념을 생물학적인 인간 개념을 기준으로 하여 설정하기 때문이다.[18] 그러므로 인간이 아닌 존재는 인격이 될 수 없고, 따라서 권리주체도 될 수 없다. 이를테면 동물은 권리주체의 자격을 가질 수 없다. 다만 예외적으로 '법인'(juristische Person)에 대해서는 권리주체성을 인정한다. 그러나 법인 역시 기본적으로 인간으로 구성된다는 점에서 법인을 권리주체로 인정한다고 해서 근대 형식법의 규제가 인간중심적인 성격을 포기하는 것은 아니다.

(2) 유체물 중심적 규제

다음으로 근대 형식법의 규제는 유체물 중심적인 사고를 수용하고 있다. 이는 ≪주체－객체 모델≫ 중에서 주체와 객체 모든 부분에서 발견할 수 있다. 일단 근대 형식법이 규제하고자 하는 객체는 유체물을 전제로 한다. 비유체물은 객체, 특히 물건 개념에서 제외된다. 전기와 같은 자연력이나 지식재산과 같은 비유체물이 법적 객체로 포섭된 것은 비교적 최근에 이루어진 일이다. 근대 형식법이 유체물을 규제대상으로 삼는다는 점은 오늘날에도 여전히, 특히 형법학에서 발견할 수 있다. 예를 들어 우리의 확고한 판례는 전자문서를 형법이 규제하는 문서죄의 문서 개념으로 파악하지 않는다.[19] 오늘날에는 오히려 종이 문서보다 전자문서를 더욱 즐겨 사용하는 데도 말이다. 그 이유는 전자문서는 유체물이 아니라 컴퓨터에서 구현되는 이미지에 불과하다고 보기 때문이다. 형법 도그마틱의 개념으로 바꾸

---

17 이러한 ≪주체－객체 모델≫ 및 그 비판에 관해서는 니클라스 루만, 이철 (옮김), 『사회이론 입문』(이론출판사, 2015), 제1강 참조.

18 이 점을 지적하는 한스 켈젠, 앞의 책, 75쪽 아래 참조.

19 대법원 2007. 11. 29. 선고 2007도7480 판결. 이에 대한 비판적인 분석으로는 최호진, "정보통신기술발전에 따른 형법상 문서개념 변화의 필요성: 스캔한 컴퓨터이미지파일을 중심으로", 『형사법연구』 제25권 제1호(2013), 220쪽 아래 참조.

어 말하면, '문서의 계속적 기능'이 충족되지 않는다는 것이다. 이러한 특성은 주체 부분에서도 발견할 수 있다. 생물학적인 몸을 갖고 있는 인간만을 권리주체인 인격으로 설정하는 태도에서 이를 찾아볼 수 있다.

(3) 행위중심적 규제

나아가 근대 형식법의 규제는 행위중심적 사고를 받아들이고 있다. 규제대상이 되는 주체와 주체 그리고 주체와 객체는 행위로 연결되기에 이러한 행위를 규제대상에 포함시켜야 한다는 것이다. 이러한 행위중심적 사고방식은 법체계에서 금방 확인할 수 있다. 우리 법은 행위를 매우 중요한 개념으로 설정하고 있기 때문이다. 이는 민법이 잘 예증한다. 민법, 그중에서도 총칙은 '법률행위' 개념을 매우 비중 있게 다루고 있기 때문이다.

3. 규제형식

(1) 형식성 · 중립성 · 외부성

이러한 전통적인 규제는 어떤 성격의 규제를 사용하고 있는가? 전통적인 규제가 사용하는 규제형식에는 어떤 특징이 있는가? 이에 관해서는 우선 규제의 형식성 · 중립성 · 외부성을 언급할 수 있다.[20]

여기서 첫째, 규제의 형식성이란 특정한 개별 규제대상이 갖고 있는 고유한 상황논리 또는 실질적인 사물논리를 고려하지 않고 해당 규제대상이 규제요건에 형식적으로 해당하는지 여부만을 기준으로 하여 규제를 적용하는 것을 말한다. 규제대상이 되는 주체가 구체적으로 누구인지, 어떤 사회적 상황에 처해 있는지 여부는 묻지 않는다. 이는 막스 베버가 근대화의 핵심 징표로 파악한 '형식적 합리화'와 궤를 같이 한다. 예를 들어 민법이 고용계약에서 사용자와 노무자를 형식적으로 평등한 계약주체로 파악하는 것을 들 수 있다. 이는 사용자에 대해 근로자를 사회적 약자로 취급하는 노동법과 차이가 난다.

둘째, 이러한 규제의 형식성으로 인해 규제는 중립성이라는 특징도 지닌다. 이

---

20 이에 관한 상세한 내용은 양천수, "책임과 정의의 상호연관성: 법철학적 시론", 『원광법학』 제24권 제2호(2008), 81－107쪽 참조.

때 규제의 중립성이란 규제가 모든 규제 대상자에게 중립적으로, 바꿔 말해 어느한 쪽에 편향되지 않게 적용된다는 것을 뜻한다. 따라서 전통적인 규제에서는 특정한 주체나 상황을 대상으로 하거나 이를 특별히 고려하는 처분적 법률, 즉 처분적 규제형식은 허용되지 않는다. 전통적인 규제형식에 따를 때 규제대상인 수범자들은 개별적인 특성을 잃고 추상화된다.

셋째, 전통적인 규제는 규제대상이 되는 행위주체의 내면성보다는 외면성, 즉 행위주체가 외부적인 측면에서 타인 또는 사회에 어떤 유해한 행위를 하였는가, 또는 어떤 결과를 야기하였는가를 중시한다. 행위주체가 내면적으로 어떤 동기를 갖고 있었는가는 크게 문제삼지 않는다.[21] 이러한 측면에서 전통적인 규제형식은 '외부성'이라는 특징도 지닌다.

(2) 조건 프로그램

전통적인 규제는 이러한 규제의 형식성·중립성·외부성을 구현하기 위해 독자적인 규제형식을 사용한다. '조건 프로그램'(Konditionalprogramm)이 그것이다.[22] 조건 프로그램이란 규제를 특정한 조건과 결과로 조합한 형식을 말한다. 이때 ≪조건-결과≫는 달리 ≪요건-효과≫로 부르기도 한다. 아울러 조건 프로그램은 '조건명제'라고 부르기도 한다. 이러한 조건 프로그램은 우리 법체계에서 자주 사용하는 형식이다. 그 때문에 법률가들에게는 매우 익숙한 규제형식에 해당한다. 이러한 조건 프로그램에 반대되는 규제형식으로 '무조건 프로그램'을 들 수 있을 것이다. 이는 철학자 칸트가 도덕영역에서 강조한 '정언명령'(kategorischer Imperativ)에 상응한다. 무조건 프로그램은 주로 고대법이나 도덕에서 자주 사용하는 규제형식인데, 오늘날에는 '목적 프로그램' 또는 '원리규범'이라는 이름으로 복원되고 있다.[23]

전통적인 규제, 즉 근대 형식법의 규제는 이러한 조건 프로그램을 사용하여 규제의 형식성·중립성·외부성을 구현한다. 이로써 규제대상인 행위주체가 규제

---

21 이 점을 지적하는 K. Günther, 김나경 (역), "형법의 대화윤리적 근거지음의 가능성", 이상돈 (엮음), 『대화이론과 법』(법문사, 2002), 152-154쪽 참조.

22 이에 관해서는 N. Luhmann, *Zweckbegriff und Systemrationalität. Über die Funktion von Zwecken in sozialen Systemen* (Frankfurt/M., 1973), 101쪽 아래 참조.

23 목적 프로그램에 관해서는 N. Luhmann, 위의 책, 101쪽 아래. 원리규범에 관해서는 로베르트 알렉시, 이준일 (옮김), 『기본권 이론』(한길사, 2007) 참조.

에 대해 예측가능성을 확보하도록 해준다. 이를 통해 규제는 법적 안정성이라는 복잡성 감축을 실현할 수 있고, 이는 결과적으로 사회 전체의 자유를 증대하는 데 기여한다.

Ⅳ. 규제형식의 진화

1. 사회구조의 변화

근대 형식법이 채택한 규제형식은 이후 사회구조가 변하면서 새롭게 진화한다. 신분제가 철폐되면서 근대사회가 성립하였지만, 그 후 경제영역에서 경제적 강자와 약자 사이의 간극이 심해지고 이러한 경제적 간극이 새롭게 사회 구성원을 사회적 강자와 약자로 구별함으로써 새로운 사회적 갈등과 문제가 불거지게 된 것이다. 이러한 문제를 해결하고자 정치체계는 사회영역에 국가가 적극 개입하는 것을 정당화하는 사회국가 또는 복지국가 이념을 수용하였고, 이러한 태도는 법체계에 영향을 주어 근대 형식법과는 구별되는 사회국가적 실질법이 등장하는 데 기여하였다. 사회국가적 실질법은 근대 형식법과는 구별되는 규제형식을 사용한다.

2. 규제형식의 진화

(1) 규제의 실질성·편향성·목적지향성

사회국가적 실질법이 사용하는 규제에서 볼 수 있는 우선적인 특징은 근대 형식법의 규제가 지닌 형식성·중립성이 퇴색하였다는 점이다. 사회국가적 실질법은 형식적이고 중립적인 규제 대신 실질적이면서 어느 한 쪽에 편향적인 규제를 사용한다. 규제대상인 행위주체가 구체적으로 누구인지, 요건상황이 어떤 실질적인 특징을 지니고 있는지를 고려한다. 이로 인해 사회국가적 실질법의 규제는 이른바 '사회적 약자'로 지칭되는 행위주체를 유리하게 감안하는 편향적인 태도를 취한다. 이는 미국의 철학자 롤즈(John Rawls)가 말한 '평등주의적 자유주의'나 아리스토텔레스가 말한 '배분적 정의' 또는 독일의 법철학자 라드브루흐(Gustav Radbruch)가 언급한 '구체적 타당성'이라는 이름으로 정당화된다.[24] 뿐만 아니라, 사회국가적 실질법이 사용하는 규제는 특정한 목적을 추구한다. 사회국가적 요청을 실현하기 위해 정치체계가 채택한 정책적 목적은 법체계에 수용되어 법규범의 목적이라는 이름 아래 규제에 반영된다. 이를테면 '포용국가'라는 정책적 목적을 구현하기 위해 법체계는 이를 규범적 목적으로 전환하여 규제에 반영한다.[25] 가령 노동영역에서는 노조에 친화적이고 기업에는 불편한 규제정책을 추진하는 것이다.

(2) 제한이 아닌 조종으로서 규제

규제형식이 변하면서 규제의 의미도 바뀐다. 자유를 제한한다는 규범적 의미보다 특정한 정책을 만들고 '조종'(Steuerung)한다는 규범적 의미가 더욱 강해진다. 물론 앞에서 언급한 것처럼 규제는 이중적 의미, 즉 제한이라는 의미와 형성이라는 의미를 모두 갖는다. 그렇지만 규제가 어떤 규제모델에 의존하는가에 따라 이러한 두 가지 규범적 의미 중에서 어느 한 쪽의 의미가 더욱 부각된다. 예를 들어 근대 형식법의 규제에서는 '행위제한'이라는 의미가 부각된다. 이에 반해 사회국가적 실질법의 규제에서는 '정책형성'과 '조종'이라는 의미가 더욱 강화되는 것이다. 오늘날 행정법 영역에서 흔히 만나는 각종 기본법이나 육성법, 촉진법 등이 이를 예증한다.

(3) 조건 프로그램의 완화

규제의 규범적 의미가 변하면서 근대 형식법이 규제형식이 기본적으로 사용하였던 조건 프로그램도 완화된다. 이는 두 가지 부분에서 진행된다. 첫째는 '조건' 부분이 불명확해지고 일반화된다는 점이다. '일반조항'(Generalklausel)이 대표적인 경우에 해당한다. 이를 통해 규제당국은 종전의 조건 프로그램을 이용하여 규제를 하던 때보다 더욱 확장된 '판단여지'(Beurteilungsspielraum)를 확보한다. 그만큼 요건상황에 대한 인식 가능성이 확장된다. 둘째는 '결과'와 관련하여 '재량'이 확장된다는 점이다. 행정법학의 용어로 바꾸어 말하면, 조건 프로그램 중에서 '기속프로

---

24 롤즈의 평등주의적 자유주의에 관해서는 박정순, 『존 롤즈의 정의론: 전개와 변천』(철학과현실사, 2019) 참조.

25 포용국가에 관해서는 성경륭 외, 『새로운 대한민국의 구상: 포용국가』(21세기북스, 2017) 참조.

그램'이 줄어들고 '재량프로그램'이 확대된다는 것이다. 이에 따라 규제당국은 '결정'과 '선택'에 대한 재량을 확보한다. 그만큼 규제대상에 더욱 탄력적으로 대응할 수 있게 된다. 물론 그 대가로서 조건 프로그램은 점점 모호성과 불확실성으로 빠져든다.

(4) 목적 프로그램의 등장

이러한 규제형식의 변화는 목적 프로그램이 등장하면서 더욱 심화된다. 일반 조항이나 재량규정이 조건 프로그램이라는 형식을 여전히 준수한 반면, 목적 프로그램은 구조적인 면에서 조건 프로그램과 구분된다. 조건 프로그램이 ≪조건−결과≫, 'If~, then~' 구조를 취한다면, 목적 프로그램은 ≪목적−수단≫이라는 구조를 취한다. 구조라는 측면에서 보면, 목적 프로그램은 '무조건 프로그램', 즉 칸트가 강조한 '정언명령'과 유사하다. 이른바 '조건화된 결과'를 추구하는 조건 프로그램과는 달리, 목적 프로그램은 '조건화되지 않은 목적 지향 결과'를 추구한다. 그 결과 목적 프로그램은 조건 프로그램보다 더욱 강도 높게, 동시에 더욱 탄력적으로 규범목적을 추구할 수 있다. 규제의 결과지향이 더욱 강화된 것이다.

이러한 목적 프로그램은 우리 법체계 곳곳에서 발견할 수 있다. 예를 들어, 행정법학에서 쉽게 만나는 '계획규제'가 이를 보여준다. 헌법학에서 논의되는 '원리규범' 역시 목적 프로그램을 취한 규제형식으로 볼 수 있다.[26] 금융법 영역에서 강조되는 '원칙중심 규제' 역시 목적 프로그램의 일종에 해당한다.[27]

---

26 물론 그렇다고 해서 모든 원리규범이 목적 프로그램처럼 정책적 목적을 강하게 지향한다고 말할 수는 없다. 왜냐하면 원리규범 중에는 목적 지향성을 거부하는 경우도 있기 때문이다. 예를 들어 헌법 제10조가 규정하는 인간의 존엄 규정은 가장 대표적인 원리규범이지만, 인간의 존엄 규정은 인간이라는 존재가 정책적 목적의 수단으로 전락하는 것을 강하게 거부한다. 따라서 주의해야 할 점은, 원리규범이 목적 프로그램의 형식을 취한다는 주장은 '규제의 내용'이 아닌 '규제의 형식'이라는 측면에서 그렇다는 것으로 이해해야 한다는 것이다.

27 '원칙중심 규제'에 관해서는 김태오, "제4차 산업혁명의 견인을 위한 규제패러다임 모색: 한국의 규제패러다임을 중심으로", 『경제규제와 법』 제10권 제2호(2017), 140−168쪽; 유제민, "레그테크(RegTech)의 도입과 규제법학의 과제", 『경제규제와 법』 제12권 제1호(2019), 7−25쪽 등 참조.

3. 사회국가적 실질법 규제의 한계

(1) 실질적 규제의 한계

사회국가적 실질법이 추진한 규제형식이 여러 문제에 봉착하고 있다는 점은 다양한 연구가 보여주고 있다. 무엇보다도 사회적 약자를 지향하는 실질적 규제가 문제로 지적된다. 실질적 규제가 안고 있는 문제는 다양한 측면에서 지적되고 분석되는데, 이를 이론적으로 가장 정교하게 분석한 경우로는 독일의 법사회학자 토이브너가 제시한 '조종의 트릴레마'를 들 수 있다.[28] 토이브너는 루만의 체계이론을 수용하여 사회복지국가에서 정치체계가 주도하는 실질적인 규제가 어떤 이유에서 '정치와 법의 상호무관심', '법을 통한 사회적 통합의 와해', '사회를 통한 법적 통합의 와해'라는 트릴레마에 빠지게 되는지를 치밀하게 보여준다. 이는 신자유주의 경제학이 지적하는 '규제의 역설'이나 '정부의 실패'를 좀 더 복잡한 이론적 수준에서 재해석한 것이라고 볼 수 있다. 이러한 연유에서 토이브너는 사회국가적 실질법이 봉착한 조종의 트릴레마 문제를 해결하기 위해 '반성적 법' 구상 및 '절차주의적 규제'를 해법으로 제안한다.[29]

(2) 인간중심적 규제의 한계

다른 한편 사회국가적 실질법은 근대 형식법의 규제가 바탕으로 삼은 인간중심적 사고에서 여전히 벗어나지 못하고 있다는 한계도 보여준다. 자유주의적 시민국가나 사회국가에서도 여전히 논의의 중심은 정신과 육체를 지니고 있는 인간이기 때문이다. 이러한 맥락에서 사회국가적 실질법 역시 인간중심적이고 유체물 중심적이며 행위중심적인 규제에서 벗어나지 않고 있다. 그러나 이는 제4차 산업혁명이 진행되고 있는 오늘날의 시각에서 볼 때 분명 한계로 보일 수밖에 없다.

---

28 이에 관해서는 G. Teubner, "Verrechtlichung: Begriffe, Merkmale, Grenzen, Auswege", in: F. Kübler (Hrsg.), *Verrechtlichung von Wirtschaft, Arbeit und sozialer Solidarität* (Frankfurt/M., 1984), 312쪽 아래 참조.

29 이를 보여주는 G. Teubner, *Recht als autopoietisches System* (Frankfurt/M., 1989) 참조.

V. 제4차 산업혁명과 새로운 규제형식의 진화

1. 제4차 산업혁명과 사회구조의 변화

규제체계 전반은 새로운 도전을 맞고 있다. 제4차 산업혁명이 유발하는 급격한 사회구조의 변화가 바로 그것이다. 이는 현 시점에서 규제가 '새로운 진화의 계기'를 맞고 있다고 달리 말할 수 있다. 사회구조의 변혁이라는 환경의 변화에 적응하기 위해 규제가 새롭게 진화해야 할 때가 도래하고 있는 것이다.

물론 이러한 상황진단과 관련해서는 몇 가지 해결해야 할 문제가 있다. 먼저 제4차 산업혁명이 실제로 있는 것인지 의문을 제기할 수 있다. 클라우스 슈밥(Klaus Schwab)에게서 촉발한 제4차 산업혁명이 실제로 존재하는 것인지, 아니면 이는 제3차 산업혁명의 연장선상에 있는 것에 지나지 않은지 논란이 제기된다.[30] 어찌 보면 현재 진행되고 있는 변화는 제3차 산업혁명, 즉 컴퓨터 및 인터넷 혁명의 연장선상에 있다고 볼 수 있다. 그렇지만 슈밥처럼 필자도 제3차 산업혁명과 제4차 산업혁명 사이에는 질적인 차이, 즉 패러다임 차이가 있다고 생각한다. 그것의 핵심은 제4차 산업혁명을 통해 인간중심적 사회가 탈인간중심적 사회로 전환되는 계기가 마련되었다는 것이다. 이는 다음과 같은 새로운 사회구조에서 확인할 수 있다.

우선 초연결사회 및 이로써 진행되는 모든 정보의 '디지털화'(digital transformation)는 인간중심적 사고에 중요한 기반이 되는 유체물 중심적 사고와 행위중심적 사고를 해체하고 있다. '디지털 트랜스포메이션'을 통해 모든 정보가 사이버 세계로 포섭되면서 물리적 세계에서 통용되었던 유체물 중심적 사고나 행위중심적 사고가 유효성을 잃고 있는 것이다.[31] 그 자리를 '전자문서'와 같은 '이미지 중심적 사고'나 ≪정보 ⇒ 통지 ⇒ 이해≫로 구성되는 '소통 중심적 사고'가 대체하고 있다. 사이버 세계에서는 그 대상이 유체물인지 아닌지, 특정한 주체가 행위를 하는지

---

30 이 점을 지적하는 양천수, 『제4차 산업혁명과 법』(박영사, 2017), 4-5쪽 참조.

31 이러한 '디지털 트랜스포메이션'에 관해서는 안택식, "디지털 트랜스포메이션과 그림자규제", 『법학논총』 제36집 제2호(2019), 203-227쪽; 양천수 외, 『디지털 트랜스포메이션과 정보보호』(박영사, 2019) 등 참조.

여부가 그다지 중요하지 않기 때문이다. 사이버 세계에서는 육체가 움직이는 것이 아니라, 우리의 정신과 의식을 매개하는 소통과 소통이 서로 연결되면서 모든 것이 이루어지기 때문이다.

이러한 탈인간중심적 경향은 지능정보사회에서 더욱 뚜렷하게 각인된다.[32] '알파고'가 우리에게 보여준 충격으로 인해 이제 우리는 인간만이 지성적인 존재인 것이 아니라, 인공지능 로봇 역시 인간과 동등한, 더 나아가 인간을 초월하는 지성적인 존재가 될 수 있다는 점을 알게 되었다. 이에 따라 인공지능 로봇이 법적 인격을 취득할 수 있는지, 권리와 의무 및 책임의 귀속주체가 될 수 있는지가 우리의 법학 전 영역에서 활발하게 논의되고 있다.[33]

이외에도 제4차 산업혁명이 초래하는 사회구조의 변화는 우리에게 새로운 법적 사고가 필요하다는 점을 던져준다. 이를테면 현대사회가 초연결사회로 변모하면서 사회 영역의 상호의존성은 그 어느 때보다 높아지고 있다. 사회의 어느 한 영역에서 현실화된 위험은 매우 즉각적으로 다른 모든 사회 영역으로 파급된다. 이를테면 사회의 어느 한 영역에서 발생한 사이버 보안 침해의 결과가 곧장 사회 전체로 확장될 수 있는 것이다. 이 때문에 특정한 문제가 발생하였을 때 비로소 이에 개입하는 사후적 규제보다 이러한 문제가 발생하기 이전에 예방적으로 이에 개입하는 사전적 규제가 더욱 중요해지고 있다.

2. 규제형식의 탈국가화

(1) 규제의 탈국가화

새로운 패러다임의 사회구조가 출현하면서 새로운 법적 사고, 새로운 규제사고가 사회 전체적으로 요청되고 있다. 새로운 규제사고에서 가장 핵심이 되는 부분은 국가가 주도하는 규제가 과연 급격하게 변화하고 복잡성이 엄청나게 증대하는 사회현실을 적절하게 포착할 수 있는가 하는 점이다. 특히 제4차 산업혁명의

---

32 지능정보사회에 관한 종합적인 연구로는 전북대학교 동북아법연구소, 『지능정보사회에서 법과 윤리』(이웃사람들, 2019) 참조.

33 이를 보여주는 예로서 조성은 외, 『인공지능시대 법제 대응과 사회적 수용성』(정보통신정책연구원, 2018) 참조.

원천이 되는 과학기술 영역에서는 과학기술이 상상을 초월할 정도로 발전하고 있어 이러한 발전속도를 인적·물적·제도적으로 경직되어 있는 국가중심적 규제가 제대로 따라올 수 있는지 의문이 제기되고 있다. 이러한 이유에서 규제를 '탈국가화'해야 한다는 요청이 강력하게 제기되고 있다. 달리 말해 국가가 주도하는 규제, 즉 법적 규제를 과감하게 벗어던져야 한다는 요청이 과학기술 및 이와 연계된 경제영역에서 터져 나오고 있다. 이는 '탈규제' 또는 '규제완화'라는 이름으로 제기된다.

토이브너는 이를 두 가지 차원에서 이론적으로 정교하게 근거짓기도 하였다. '법다원주의'(legal pluralism)와 '초국가주의'(transnationalism)가 그것이다. 먼저 토이브너는 독일의 초기 법사회학자 에를리히(Eugen Ehrlich)가 정립한 법다원주의를 새롭게 복원함으로써 사회 역시 국가법에 대항하여 독자적인 '사회의 법', 심지어 '사회헌법'을 만들어낼 수 있다고 말한다.[34] 토이브너는 이러한 시각을 전 세계로 확장하여 한 국가를 넘어서는 세계사회적 공간에서는 국가를 전제하지 않는 법, 즉 '초국가적 법'도 가능할 수 있음을 역설한다. 여기서 확인할 수 있는 핵심은 국가가 아닌 공동체 역시 스스로 독자적인 규제체계를 정립 및 시행할 수 있다는 것이다.[35]

(2) 자율규제

규제의 탈국가화 경향에 발맞추어 등장한 것이 바로 '자율규제'이다. 자율규제는 규제권한을 국가로부터 규제대상인 행위주체에게 양도한다는 것을 뜻한다. 달리 말해, 규제 개념에서 '정부'라는 규제당국을 제거하는 것이다. 이러한 자율규제 논의는 이미 오래 전부터 신자유주의 경제이론가들에 의해 주장되었는데, 인터넷이 등장하면서 인터넷에 대한 규제형식으로 제안되는 경우가 많았다.[36] 사실 자율

---

34 G. Teubner, "Die zwei Gesichter des Janus: Rechtspluralismus in der Spätmoderne", in: *Festschrift für J. Esser zum 85. Geburtstag* (Heidelberg, 1995), 192쪽 아래; G. Teubner, "Globale Zivilverfassungen: Alternativen zur staatszentrierten Verfassungstheorie", in: *ZaöRV* 63 (2003), 1~28쪽 등 참조.

35 이를 보여주는 G. Teubner, "Globale Bukowina. Zur Emergenz eines transnationalen Rechtspluralismus", in: *Rechtshistorisches Journal* 15 (1996), 225쪽 아래; A. Fischer−Lescarno/ G. Teubner, *Regime−Kollisionen: Zur Fragmentierung des globalen Rechts* (Frankfurt/M., 2006), 54쪽 아래 등 참조.

36 이를 보여주는 황승흠, 『인터넷 자율규제와 법』(커뮤니케이션북스, 2014) 참조.

규제는 전적으로 새로운 규제형식인 것은 아니다. 왜냐하면 자율규제는 민사법의 기본원리인 사적 자치를 새롭게 복원한 것이라고 볼 수 있기 때문이다. 그러나 이미 '시장의 실패'가 상징적으로 보여주는 것처럼, 자율규제가 현실적으로 제대로 작동하는 데 문제가 많았다. 자율규제 주체들은 경제적 탐욕과 같은 욕망을 자율적으로 규제하는 데 실패하는 경우가 많았던 것이다.

(3) 절차주의적 규제

자율규제의 본래적 의미를 살리면서도 그 한계를 극복하기 위해 등장한 규제형식이 바로 절차주의적 규제이다. 절차주의적 규제는 정부가 주도하는 전통적인 타율규제와 규제대상이 주도하는 자율규제를 혼합한 규제형식이다. 이를테면 정부는 규제에 대한 법적 근거와 목적, 기본 내용 등만을 규정하고 이를 구체화하는 권한은 규제대상에게 위임하는 규제형식을 말한다. 요컨대 정부는 자율규제를 하는 데 필요한 기본 틀만을 법으로 규정하는 것이다. 이를 토이브너는 '간접적 조종'이라고 부른다. 이렇게 타율규제와 자율규제를 적절하게 혼합함으로써 시장의 실패 및 조종의 트릴레마를 모두 극복하고자 하는 것이 바로 절차주의적 규제인 것이다. 이러한 절차주의적 규제는 우리 법의 준법감시인 제도 등에서 발견할 수 있다. 그렇지만 여전히 널리 사용되지는 않고 있다.

3. 제4차 산업혁명과 규제형식의 새로운 진화

(1) 미래는 규제할 수 없다(?)

사실 얼마 전까지만 해도 자율규제나 절차주의적 규제는 다소 한 물 간 듯한 느낌이 없지 않았다. 이를테면 독일의 경우에도 이에 관한 이론적 논의가 주로 1980년대에서 2000년대까지 집중적으로 이루어졌다. 물론 행정법학에서는 최근 '보장국가' 논의가 새롭게 진행되면서 절차주의적 규제에 대한 관심이 다시 제고되는 것처럼 보이기도 하였다.[37] 그렇지만 현 정부는 이른바 '포용국가'를 정면에서 선언하면서 사회 영역에 대한 국가의 적극적 개입이 더욱 힘을 얻는 것처럼 보였다.

---

[37] 보장국가에 관해서는 박재윤, "보장국가론의 비판적 수용과 규제법의 문제", 『행정법연구』 제41호(2015), 191−212쪽 참조.

이러한 상황에서 최근 자율규제는 다른 영역에서 새로운 에너지를 얻고 있다. 이전에는 주로 경제체계 및 인터넷 공간에서 자율규제가 언급되는 경우가 많았다. 그렇지만 최근에는, 분명 '포용국가'와는 맞지 않아 보이는 '혁신성장'이라는 명분 아래 제4차 산업혁명과 관련되는 영역에서 자율규제가 새로운 규제형식으로 힘을 얻고 있다. 예를 들어 과학기술 전문 법률가인 구태언 변호사는 "미래는 규제할 수 없다"는 기치 아래 혁신성장을 구현할 수 있도록 전면적인 '규제변혁'(regulative transformation)을 실시할 것을 강조한다.[38] 이는 새로운 지평에서 자율규제를 복원하고자 하는 것으로 볼 수 있다. 가장 핵심적인 논거는 현대사회에서 진행되는 과학기술의 엄청난 속도와 이러한 과학기술이 펼쳐줄 미래를 국가가 주도하는 경직된 규제는 적절하게 포착할 수 없다는 것이다. 이러한 주장은 제4차 산업혁명과 관련을 맺는 과학기술 및 산업 영역에서 상당한 설득력을 얻고 있다. 이에 대해 현 정치체계는 여전히 혼란스러운 모습을 보이고 있지만, 법체계는 이러한 주장에 긍정적인 자극을 받아 새로운 규제형식을 내놓고 있다. 규제형식이 새로운 진화의 계기를 만나고 있는 셈이다. '포괄적 네거티브 규제전환'이 그것이다.[39]

(2) 포괄적 네거티브 규제전환

포괄적 네거티브 규제는 현 정부가 규제혁신의 방안으로 추진하는 규제형식을 말한다.[40] 포괄적 네거티브 규제는 지금까지 주장된 목적 프로그램, 원칙중심 규제, 자율규제 및 절차주의적 규제의 이념과 장점을 새롭게 수용한 규제형식이라 말할 수 있다. 이러한 포괄적 네거티브 규제가 담고 있는 핵심적 내용은 이른바 ≪선허용-후규제≫라 할 수 있다. 이는 전통적인 포지티브 규제가 추구한 ≪선규제-후허용≫과 대비된다. 필자는 이러한 포괄적 네거티브 규제의 핵심내용에서 다음과 같은 두 가지 규범적 의미를 읽을 수 있다고 생각한다. 첫째는 전통적인 규제형식인 조건 프로그램을 새롭게 완화한다는 점이다. 둘째는 타율규제가 부분적으로 가미된 새로운 형식의 자율규제라는 점이다. 첫 번째 측면은 포괄적 네거티브 규제의 한 축을 이루는 '입법방식 유연화'가 잘 보여준다. 두 번째 측면은 요즘

---

38 구태언, 『미래는 규제할 수 없다』(클라우드나인, 2018), 10쪽.

39 이에 관해서는 김재광, "규제재설계에 따른 행정작용법적 함의: 포괄적 네거티브 규제체계를 중심으로", 『법학논총』 제38집 제2호(2018), 169-218쪽 참조.

40 이에 관해서는 관계부처 합동, "신산업 네거티브 규제 발굴 가이드라인(안)"(2017. 10) 참조.

대중매체에서 자주 언급되는 '규제 샌드박스'가 잘 보여준다.

1) 입법방식 유연화

입법방식 유연화는 ≪선규제-후허용≫에 기반을 둔 전통적인 조건 프로그램 규제형식을 유연하게 바꾸는 것을 목적으로 한다. 이렇게 보면, 입법방식 유연화는 그동안 제기된 목적 프로그램이나 원칙중심적 규제를 새롭게 업그레이드 한 것이라고 볼 수 있다. 이러한 입법방식 유연화는 다음과 같은 내용을 담는다. '포괄적 개념정의', '유연한 분류체계', '네거티브 리스트', '사후평가 및 관리'가 그것이다. 여기서 알 수 있듯이, 입법방식 유연화에서는 가능하면 사전에 규제하는 것을 최소화하고 금지해야 할 것만 규제하며 사전심의 및 검사를 사후평가 및 관리로 전환하면서 자율적인 심의를 강화하겠다는 규범적 목표를 읽을 수 있다. 말하자면 금지하는 것만을 명확하게 규정하면서 그 이외에는 일반조항과 같은 유연한 규제를 광범위하게 사용하고 자율규제를 강화하겠다는 것이다.

2) 규제 샌드박스

앞에서 언급한 것처럼 입법방식 유연화는 완전히 새로운 규제형식은 아니다. 이에 반해 '규제 샌드박스'(regulatory sandbox)는 새로운 차원의 규제형식이라 말할 수 있다.[41] 규제 샌드박스야말로 포괄적 네거티브 규제가 추구하는 규제혁신의 선두주자이다. 이러한 규제 샌드박스는 '실증특례'와 '임시허가'로 구성된다. 규제 샌드박스는 특정한 규제대상에 대해 일정한 기간 동안 규제를 면제하는 규제라는 점에서 기존의 규제형식과 큰 차이가 있다.

규제 샌드박스는 자율규제 이념을 새로운 방식으로 구현한 것이라고 말할 수 있다. 사실 이미 지적한 것처럼 자율규제는 규제대상인 행위주체가 지닌 탐욕이나 도덕적 해이라는 위험 때문에 이를 전면적으로 적용하는 것이 쉽지 않았다. '시장의 실패'는 자율규제가 언제나 만나게 되는 장벽이었다. 이러한 문제 때문에 그 대안으로 절차주의적 규제가 제안되었지만, 절차주의적 규제 역시 기본적으로 정부규제에서 출발하기에 자율규제가 추구하는 이념을 실현하는 데 한계를 보였다. 이에 반해 규제 샌드박스는 자율규제를 전면적으로 시행하는 것도, 그렇다고 자율규

---

41 규제 샌드박스에 관해서는 배병호, "이른바 규제샌드박스 관련 4대 법률에 대한 입법 평가", 『토지공법연구』 제87집(2019), 763-790쪽 참조.

제를 완전히 포기하는 것도 아닌 방식으로 자율규제 이념을 실현한다. 정부가 주도하는 타율규제가 적용되기에 적합하지 않은, 그러면서도 도덕적 해이가 발생하지 않을 혁신적 영역을 선별하여 타율규제를 면제하는 것이다. 그러나 이는 규제 자체를 포기하는 것은 아니다. 새로운 과학기술을 개발하고 이를 경제에 적용하기 위해서는 스스로 정교한 계획과 규칙, 절차 등을 만들 필요가 있다. 달리 말해, 독자적인 '사회적 체계'를 필요로 한다. 쉽게 말해 체계성과 탄력성 그리고 효율성을 갖춘 '조직체'(organization)를 갖출 필요가 있다. 이때 이와 같은 조직체를 갖추기 위해서는 이에 필요한 규제체계를 스스로 만들어 적용해야 한다. 요컨대, 자율적인 규제가 있어야만 자율적인 조직이 형성 및 작동할 수 있고, 그렇게 해야만 비로소 혁신적인 기술을 개발하고 이를 경제영역에 적용할 수 있는 것이다. 바로 이 점에서 규제 샌드박스는 특정한 영역을 선별하여 자율규제를 허용하는 제한된 의미의 타율규제, 즉 절차주의적 규제의 새로운 형식이라고 말할 수 있다. 토이브너 등에 의해 제안된 절차주의적 규제는 생각보다 실제 법체계에서 큰 성과를 거두지는 못하였다. 이에 대해 규제 샌드박스가 어떤 성과를 거둘 수 있을지 자못 기대가 된다.

(3) 알고리즘 규제

포괄적 네거티브 규제 이외에도 제4차 산업혁명과 관련하여 주목해야 할 규제 형식으로 '알고리즘 규제'(algorithmic regulation)를 들 수 있다.[42] 물론 알고리즘 규제를 정식 규제 개념에 포함시키기는 어렵다. 왜냐하면 알고리즘 규제는 규제당국이 규범적인 측면에서 의식적으로 마련한 규제라기보다는 사회적인 측면에서 규제와 유사한 실효성을 발휘하는 '사실'에 해당하기 때문이다. 따라서 규범적·당위적인 측면에서 알고리즘 규제를 새로운 규제형식으로 말하기는 어렵다. 그렇지만 제4차 산업혁명으로 등장한 빅데이터 사회나 지능정보사회에서는 규범적인 규제보다 이러한 알고리즘 규제가 더욱 강력한 힘을 발휘한다. 따라서 이를 넓은 의미의 규제로 파악하고 이에 대응해야 할 필요가 있다.

1) 아키텍처 규제

알고리즘 규제라는 규제형식이 완전히 새로운 것은 아니다. 왜냐하면 이와 유

---

[42] 이에 관해서는 심우민, "인공지능의 발전과 알고리즘의 규제적 속성", 『법과 사회』 제53호(2016), 41-70쪽 참조.

사한 사실적 규제형식이 이미 존재하고 있었기 때문이다. '아키텍처 규제'(architectural regulation)라는 '기술적·물리적 규제'가 바로 여기에 해당한다.[43] 아키텍처 규제는 다음과 같은 점에서 전통적인 규범적 규제와 구별된다. 전통적인 규범적 규제의 경우에는 수범자가 이를 지키지 않을 수도 있었다. 이를테면 도로에서 과속을 제한하는 도로교통 규제를 시행하는 경우 수범자인 도로교통 운전자는 규범적인 측면에서 이를 준수해야 하지만 사실상 그렇게 하지 않을 수도 있다. 물론 이때 운전자는 벌금이나 과태료 처분이라는 제재를 감수해야 하지만, 이와 별개로 운전자에게는 규제를 준수해야 하는지에 관해 선택권이 보장된다. 이에 반해 과속방지턱과 같은 기술적·물리적 규제수단을 도로에 설치하면, 운전자는 물리적인 제약으로 인해 어쩔 수 없이 속도를 줄일 수밖에 없다. 요컨대, 전통적인 규범적 규제와는 달리 아키텍처 규제는 수범자가 규제를 준수할 수밖에 없도록 환경 또는 구조를 설정하는 것이다. 이와 유사한 규제로서 '넛지 규제'를 들 수 있다.[44]

이러한 아키텍처 규제는 우리 인류의 역사에서 볼 때 이미 오래 전부터 존재하고 있었다. 자기 집을 보호하기 위해 벽을 쌓는 것이나 국가를 보호하기 위해 국경장벽을 설치하는 것이 그 예에 해당한다. 집을 짓는 것 자체도 여기에 속한다. 바로 그 점에서 아키텍처 규제인 것이다. 물론 이러한 아키텍처 규제를 '규제'라 말할 수 있는지, 아니면 이는 국가가 규제를 강제적으로 관철하는 데 수반되는 '강제이행'의 일종에 불과한 것인지는 별도로 검토할 필요가 있다. 그렇지만 이 같은 아키텍처 규제가 법적 규제와 병존하고 있다는 점은 부인하기 어렵다. 더군다나 이러한 규제형식은 오늘날 '배제기술'이라는 이름 아래 사회 곳곳에서 즐겨 사용되고 있다.[45]

2) 알고리즘 규제

아키텍처 규제가 주로 물리적 세계에서 사용되는 규제형식이라면, 이러한 아키텍처 규제가 사이버 세계에 대응하여 진화한 것이 알고리즘 규제라 할 수 있다.

---

43 이에 관해서는 심우민, "정보통신법제의 최근 동향: 정부의 규제 개선방안과 제19대 국회 전반기 법률안 중심으로", 『언론과 법』 제13권 제1호(2014), 90쪽 참조.

44 리처드 탈러·캐스 선스타인, 안진환 (옮김), 『넛지: 똑똑한 선택을 이끄는 힘』(웅진씽크빅, 2009) 참조.

45 예를 들어 역 안에 있는 벤치를 노숙자가 독점하는 것을 막기 위해 눕지 못하도록 구조화하는 것을 생각해 볼 수 있다.

사이버 세계에서 알고리즘은 매우 중요한 역할을 한다. 이 점은 빅데이터 분석이나 인공지능에서 쉽게 확인할 수 있다. 인터넷 공간에서 검색을 할 때나 빅데이터를 분석할 때 또는 인공지능을 작동시킬 때 수학적 이진법으로 구성되는 알고리즘은 매우 중요한 역할을 한다. 알고리즘을 어떻게 설계하는가에 따라 검색결과나 빅데이터 분석결과, 인공지능의 성능 등이 달라질 수 있기 때문이다. 이는 동시에 인간을 판단하고 대응방식을 선택하는 데도 영향을 미친다. 이를테면 알고리즘은 수익을 극대화하기 위해 현 사회에 존재하는 불평등이나 편향, 편견을 확대재생산할 수도 있다. 이 점에서 알고리즘은 한편으로는 검색체계나 빅데이터 분석체계, 인공지능 체계를 설계하고 작동시키는 데 기여를 하면서도, 다른 한편으로는 검색이나 빅데이터 분석, 인공지능 작동에 일정한 제약을 가함으로써 결과적으로 인간의 행위 등에 영향을 미치는 기능을 수행한다. 이는 정확하게 규범적 규제가 수행하는 기능과 일치한다. 바로 이 점에서 알고리즘은 그 자체 규제형식으로서 제4차 산업혁명이 진행되는 현대사회에서 규제기능을 수행하는 것이다.

VI. 규제형식의 진화와 관련한 문제

지금까지 근대부터 제4차 산업혁명이 진행되는 현재까지 규제형식이 어떻게 진화해 왔는지를 개략적으로 살펴보았다. 이제 논의의 마지막으로 규제형식의 진화와 관련한 몇 가지 문제를 간략하게 언급하도록 한다.

1. 사회현실에 응답하는 규제

국가가 주도하는 규제를 철폐하고자 하는 태도는 이른바 좌파나 우파 진영 모두에게서 발견할 수 있다. 예를 들어, 마르크스(Karl Marx)는 공산주의 혁명이 완성되면 국가와 법은 고사할 것이라고 주장한다. 이는 국가가 주도하는 규제가 공산사회에서는 필요하지 않다는 관념을 반영한다. 마찬가지로 신자유주의 이론가들은 시장의 자율성을 신봉하면서 규제는 불필요한 것이라고 말한다. 그러나 규제가 갖고 있는 이중적 성격을 고려할 때 규제를 완전히 철폐하는 것은 불가능하다. 공산사회나 자유시장 모두 규제를 필요로 할 수밖에 없다. 따라서 우리가 직면해야 하는 문제는 어떤 규제가 사회에 적합한 합리적 규제인가 하는 점이다.

그러면 어떻게 규제를 마련해야만 수범자가 수긍할 수 있는 설득력 있는 규제일 수 있을까? 이에 관해 이미 다양한 주장이 제시되었다. 예를 들어 미국의 법사회학자 노넷(Philippe Nonet)과 셀즈닉(Philip Selznick)은 법의 발전과정을 분석하면서 오늘날 필요한 법은 '응답적 법'(responsive law)이라고 말한다.[46] 법의 진화를 표방한 토이브너는 '반성적 법'(reflexive law)을 해법으로 제시한다. 그렇지만 이 같은 제안은 여전히 추상적이다. 이에 관해서는 다시 구체적으로 어떻게 하면 응답적 법이 될 수 있는지, 반성적 법을 어떻게 구체화할 수 있는지 의문이 제기된다.[47] 또한 체계이론이 주장하는 사회적 체계의 '자기생산성'과 '작동적 폐쇄성'을 수용하면, 과연 규제체계가 사회현실을 있는 그대로 정확하게 포착하여 이에 응답할 수 있을지 문제를 제기할 수 있다.[48] 규제체계는 법체계에 속하는 이상, 오직 법체계의 시각에서만 사회를 파악할 수 있는 게 아닌가 하는 문제를 제기할 수 있는 것이다. 그만큼 사회에 정확하게 응답할 수 있는 법 또는 규제를 만든다는 것은 어렵다.

이러한 점을 고려하면, 오늘날 새로운 규제형식으로 논의되는 포괄적 네거티브 규제, 특히 규제 샌드박스는 제4차 산업혁명이 진행되는 현대사회의 엄청난 복잡성을 적절하게 고려하는 합리적 규제형식이 될 수 있다. 물론 실제로 이러한 규제형식이 만족할 만한 성과를 낼 것인지는 좀 더 시간을 두고 지켜보아야 하지만 말이다.

2. 규제를 통한 제한과 형성의 동시 추구 문제

규제가 행위를 제한하는 기능뿐만 아니라 정책, 제도 등을 형성하는 기능도 수행한다는 점은 오늘날 점점 더 공감을 얻고 있는 듯하다. 이러한 이유에서 규제가 이 같은 규제와 형성이라는 모순적 과제를 동시에 성공적으로 추구해야 한다는

---

46 P. Nonet/P. Selznick, *Law & Society in Transition: Toward Responsive Law*, second printing (New Brunswick/London, 2005) 참조.

47 물론 토이브너는 반성적 법을 구현하는 구체적인 방안으로 '절차주의적 법'을 제시한다.

48 이를 지적하는 N. Luhmann, "Einige Probleme mit 'reflexivem Recht'", in: *Zeitschrift für die Rechtssoziologie* 6 (1985), 1쪽 아래 참조.

목소리도 들린다. 예를 들어 한편으로는 규제가 혁신성장을 촉진하면서도 사이버 침해로부터 안전을 보장하는 방어기능도 수행해야 한다는 것이다. 서로 다른 방향으로 뛰어가는 두 마리 토끼를 동시에 잘 잡아야 한다는 주장에 반대할 사람은 없을 것이다. 다만 과연 규제가 이렇게 서로 모순되는 임무를 동시에 잘 수행할 수 있을지, 만약 가능하다면 어떻게 이를 실행할 수 있을지 문제가 제기된다.[49]

3. 사회적 갈등 해소 문제

규제가 제한과 형성이라는 두 가지 목표를 동시에 추구하는 것이 어려운 이유는 그 배후에 사회적 갈등이 놓여 있기 때문이다. 새로운 규제는 어느 한 쪽에게는 이익을 제한하는 것이 되지만, 동시에 다른 한 쪽에게는 새로운 이익을 부여하는 것이 될 수 있다. 이는 사회 전 영역에서 혁신이 이루어질 때 더욱 두드러진다. 이는 그동안 진행된 산업혁명이 잘 보여준다. 이를테면 인터넷은 우리에게 많은 사회적 공리를 제공하였지만, 동시에 이로 인해 많은 직업이 사라졌다. 가령 컴퓨터 인쇄가 상용화되면서 전통적인 활판 인쇄업자가 몰락하였다. 전자책이 등장하면서 종이책이 점점 힘을 잃고 있다. 그리고 이제는 '유튜브'로 대변되는 동영상 때문에 문자매체 자체가 몰락의 길을 걷고 있다. 이전에 '블루오션 전략'이 한참 인기를 얻을 때는 경쟁이 없는 블루오션을 창출해야 한다는 주장이 힘을 얻었지만, 사실 경쟁이 없는 시장은 존재하지 않았다.[50] 그저 경쟁이 눈에 띄지 않았을 뿐이었다. 전혀 상관이 없어 보이는 시장이 사실은 경쟁시장이었던 것이다. 이처럼 혁신과 규제는 언제나 사회적 이해관계에 큰 변혁을 불러일으킨다. 그 때문에 혁신과 이를 뒷받침하는 규제는 사회적 갈등을 유발한다. 최근 이른바 '공유경제'를 둘러싸고 벌어지는 사회적 갈등이 이를 예증한다. 따라서 성공적인 규제를 실현하기 위해서는 이러한 사회적 갈등을 어떻게 잘 해소할 수 있을지를 함께 고민하면서 이를 정책 및 규제에 반영해야 한다. 물론 이를 어떻게 잘 해소할 수 있을지를 해결

---

49 물론 이러한 주장이 불가능한 것은 아니다. 예를 들어 이미 오래 전부터 자동차 공학에서는 엔진의 파워와 연비를 동시에 향상시키라는 모순적인 요청이 자동차 공학자와 기술자를 압박하였는데, 그 결과 기술혁신이 이루어져 오늘날에는 이러한 요청이 상당 부분 충족되었다.

50 블루오션 전략에 관해서는 김위찬·르네 마보안, 김현정·이수경 (옮김), 『블루오션 전략』(교보문고, 2015) 참조.

하는 것은 결코 쉬운 일이 아니지만 말이다.

4. 알고리즘 규제에 대한 법적 규제

이와 관련하여 우리가 우선적으로 해야 할 일은 알고리즘 규제에 대한 법적 규제의 토대를 마련하는 것이다.[51] 알고리즘 자체가 사회를 규제하는 기능을 수행하고 있고, 그 파급력이 결코 만만치 않다는 점은 이미 지적하였다. 그러나 알고리즘 자체가 갖고 있는 전문성 및 복잡성 때문에 그리고 이는 과학기술적 절차에 불과하다는 이유 때문에 여전히 법적 규제의 공백에 놓여 있다. 물론 이를 성급하게 규제하는 것은 혁신성장과 포괄적 네거티브 규제형식에 맞지 않을 것이다. 그러나 알고리즘을 자율적으로 규제할 수 있는 방안을 마련하도록 알고리즘 사업자를 압박하는 방안은 필요해 보인다. 또한 알고리즘 설명의무를 사업자에게 부과하는 것도 한 방안이 될 것이다.

---

[51] 이에 관해서는 선지원, "인공지능 알고리즘 규율에 대한 소고: 독일의 경험을 중심으로", 『경제규제와 법』 제12권 제1호(2019), 26-43쪽 참조.

9장

현대 빅데이터 사회와
새로운 인권 구상

Ⅰ. 서 론

오늘날 과학기술이 급격하게 발전하면서 사회 각 영역에서 다양한 변화가 진행되고 있다. 이러한 변화는 단순한 과학기술적 진보를 넘어서, 이른바 '제4차 산업혁명'이라는 유행어가 시사하는 것처럼 사회 전체의 패러다임을 바꾸는 변화로 나아가고 있다.[1] 급격한 과학기술의 발전으로 지금까지 지탱하였던 인간중심적 패러다임이 바뀌는 새로운 산업혁명이 진행되고 있는 것이다.[2] 이렇게 제4차 산업혁명으로 사회 전체가 변모하면서 새로운 사회적 현상, 새로운 사회적 공리가 출현한다. 가장 대표적인 예로 '빅데이터'(big data)를 언급할 수 있다.[3] 이미 우리 사회 곳곳에서 활용되고 있는 빅데이터는 새로운 성장동력으로 각광을 받고 있다. 그만큼 이전에는 가능하지 않았던 새로운 사회적 공리를 제공하고 있기 때문이다. 그러나 동시에 빅데이터는 우리에게 새로운 위험을 안겨준다. 가장 먼저 언급할 만한 것으로서 빅데이터에 의해 우리의 내밀한 개인정보가 심각하게 침해될 수 있다는 것이다. 이외에도 빅데이터는 다양한 사회적 위험을 야기한다. 그러면 이렇게 빅데이터가 야기하는 위험에는 어떻게 대응해야 하는가? 어떻게 하면 빅데이터가

---

[1] 제4차 산업혁명에 관해서는 우선 클라우스 슈밥, 송경진 (옮김), 『클라우스 슈밥의 제4차 산업혁명』(새로운현재, 2016); 클라우스 슈밥, 김민주·이엽 (옮김), 『더 넥스트』(새로운현재, 2018) 등 참조.
[2] 이를 지적하는 양천수, 『제4차 산업혁명과 법』(박영사, 2017), 97쪽 아래 참조.
[3] 빅데이터에 관해서는 양천수, 『빅데이터와 인권』(영남대학교출판부, 2016) 참조.

가져다주는 사회적 혜택을 누리면서도 빅데이터가 초래하는 위험을 억제할 수 있을까? 제9장에서는 '빅데이터와 새로운 인권의 필요성'이라는 견지에서 이 문제에 접근하고자 한다.

Ⅱ. 빅데이터와 위험

먼저 논의의 출발점으로서 빅데이터란 무엇인지, 이러한 빅데이터가 어떠한 사회적 공리와 위험을 야기하는지 살펴보도록 한다.

1. 제4차 산업혁명과 빅데이터

빅데이터는 제4차 산업혁명의 핵심 기술에 속한다. 여기서 제4차 산업혁명은 스위스 다보스 포럼의 대표 클라우스 슈밥(Klaus Schwab)이 제안한 개념으로 제3차 산업혁명에 이어 현재 진행되고 있는 산업혁명을 말한다. 일반적으로 제1차 산업혁명은 증기기관에 의해 촉발된 본래 의미의 산업혁명을, 제2차 산업혁명은 전기에 의해 시작된 대량생산 혁명을, 제3차 산업혁명은 ICT와 인터넷 등이 촉발한 디지털 혁명을 지칭한다. 이에 관해 과연 제4차 산업혁명이란 있는 것인가, 현재 진행되고 있는 혁명은 제3차 산업혁명의 연장선상에 있는 것이 아닌가 하는 의문이 제기되기도 한다. 이에 대해 슈밥은 현재 진행되는 제4차 산업혁명은 속도나 범위, 깊이의 측면에서 제3차 산업혁명과 비교된다고 말한다. 필자는 이러한 슈밥의 주장에 기본적으로 동의하면서도 다음과 같은 점에서 제4차 산업혁명은 제3차 산업혁명과 구분된다고 생각한다. 제4차 산업혁명은 기존의 인간중심적 패러다임을 바꾸고 있다는 것이다. 말하자면, 제4차 산업혁명으로 탈인간중심적 패러다임이 등장하고 있다는 것이다.

필자는 제4차 산업혁명이 야기하는 새로운 사회현상으로서 크게 세 가지를 꼽을 수 있다고 생각한다.[4] 초연결사회, 빅데이터 사회 및 지능정보사회가 그것이다. 이러한 초연결사회, 빅데이터 사회, 지능정보사회는 서로 유기적으로 연결된다. 초

---

4 양천수, 앞의 책(주2), 5쪽 아래 참조.

연결사회가 구현되면서 빅데이터 사회가 가능해지고, 빅데이터 사회가 실현되면서 지능정보사회 역시 가능성을 갖게 되었다. 먼저 초연결사회는 인터넷, 특히 사물인터넷으로 세상의 모든 것을 연결한다. 빅데이터 사회는 과거에는 상상하기 어려웠던 빅데이터를 사회 곳곳에서 만들어낸다. 마지막으로 지능정보사회는 이러한 빅데이터를 기반으로 하여 인간이 아닌 새로운 지능을 갖춘 존재를 만들어낸다. 인공지능 로봇이 바로 그것이다. 이렇게 현대사회가 초연결사회 및 빅데이터 사회를 거쳐 지능정보사회로 이행하면서 종전의 인간중심적 패러다임에 변화 및 도전을 야기한다. 지금까지는 인간만이 유일하게 합리적인 이성을 갖춘 존재로 파악되었는데, 인공지능 로봇이 출현하면서 이러한 관념이 흔들리고 있는 것이다. 이에 따라 탈인간중심적 패러다임이 새로운 패러다임으로 등장하고 있다. 사회의 기반이 되는 패러다임 자체를 제4차 산업혁명이 바꾸고 있는 것이다. 바로 이 점에서 필자는 현재 진행되는 산업혁명을 제3차 산업혁명과는 구별되는 제4차 산업혁명으로 규정할 수 있다고 생각한다.

2. 빅데이터의 의의

빅데이터란 무엇인가? 빅데이터는 두 가지 의미를 지닌다. 형식적 의미와 실질적 의미가 그것이다. 따라서 빅데이터가 무엇인지를 파악하려면, 이러한 두 가지 의미를 모두 살펴볼 필요가 있다.[5]

(1) 빅데이터의 형식적 의미

'빅데이터'(big data)란 말 그대로 거대한 데이터를 말한다. 좀 더 구체적으로 말하면, 빅데이터란 빠르게 생성되고 다양하며 거대한 데이터를 뜻한다. 사실 이러한 데이터는 이미 오래 전부터 인류와 함께 해왔다.[6] 인류가 세계를 인식하고 언어를 통해 타인과 소통하기 시작하면서 데이터는 형성되고 축적되었다. 그런데 이러한 데이터가 빅데이터로서 최근 부각되기 시작한 것은 세 가지 이유와 무관하지 않다. 디지털화와 초연결사회 그리고 하드웨어의 급속한 성장이 바로 그것이다.

---

[5] 빅데이터의 형식적 의미와 실질적 의미에 관해서는 양천수, 앞의 책(주2), 39 – 40쪽 참조.
[6] 데이터의 의미를 깊이 있게 고찰하는 문헌으로는 우선 장석권, 『데이터를 철학하다』(흐름출판, 2018) 참조.

첫째, 컴퓨터와 인터넷이 등장하고 이를 통해 세상의 모든 데이터가 디지털화되면서 데이터는 더욱 손쉽게 저장 및 확산될 수 있게 되었다. 여기서 데이터를 디지털화한다는 것은 간단하게 말해 아날로그적 소통매체에 바탕을 둔 데이터를 이진법의 코드로 전환한다는 것을 뜻한다. 이를 통해 데이터의 원본과 복사본 사이의 질적 차이가 사라지고 데이터는 간편하게 저장·복사 및 확산될 수 있게 되었다.

둘째, 초연결사회가 등장하여 세상의 모든 것이 인터넷으로 연결되면서 디지털화된 데이터가 매우 빠른 속도로 축적되기 시작하였다. 과거에는 저장하기 힘들었던 온갖 데이터들이 사물인터넷 등에 힘입어 데이터화되기 시작한 것이다. 이는 초연결망을 통해 손쉽게 한데 모이게 되었고 이로써 예전에는 상상할 수 없었던 규모의 데이터가 매일 엄청난 속도로 축적되고 있는 것이다.

셋째, 이러한 디지털화와 초연결화를 가능하게 한 하드웨어의 급격한 발전 역시 언급할 필요가 있다. '무어의 법칙'이 시사하는 것처럼, 반도체 기술이 매년 놀라운 속도로 발전하고 3G, 4G, 5G가 보여주는 것처럼 인터넷 속도 역시 엄청나게 빨라지면서 과거에는 가능하지 않았던 빅데이터를 과거에는 가능하지 않았던 처리속도로 수집·저장·관리할 수 있게 된 것이다. 이를 통해 새로운 사회적·과학적 현상인 빅데이터가 가능하게 되었다.

(2) 빅데이터의 실질적 의미

빅데이터는 이렇게 형식적 의미만 갖는 것은 아니다. 빅데이터가 단순히 매우 빠른 속도로 생성되는 이질적이면서 다양하고 거대한 데이터라는 의미만 갖는다면, 이러한 빅데이터가 현재 진행되고 있는 제4차 산업혁명에서 특별한 지위를 차지하기는 어려울 것이다. 빅데이터가 갖는 진정한 의미는 수학적 알고리즘으로 빅데이터를 분석함으로써 과거에는 알지 못했던 새로운 정보나 통찰을 발견하고 이로써 미래를 예측할 수 있다는 점에서 찾을 수 있다. 말하자면 빅데이터는 단순히 형식적인 데이터만으로 그치는 것이 아니라, 끊임없이 새로운 정보와 통찰을 가르쳐주는 지식의 광산이자 보고인 것이다. 바로 이 점에서 오늘날 빅데이터가 새로운 성장동력으로 관심을 모으고 있는 것이다.

3. 빅데이터의 절차

이러한 빅데이터는 다음과 같은 절차로 구현된다.[7]

(1) 빅데이터 수집

먼저 빅데이터를 수집해야 한다. 현대사회가 초연결사회로 변모하면서 빅데이터를 수집할 수 있는 경로 및 계기는 다양해졌다. 가장 좋은 방법은 인터넷으로 빅데이터를 수집하는 것이다. 빅데이터를 선도하는 구글이 가장 대표적인 경우라 할 수 있다. 이를테면 구글은 매일 전 세계에서 구글 사이트에 사용되는 검색어를 수집하는 것만으로도 상상할 수 없을 정도의 빅데이터를 수집하고 있다. 물론 온라인이 아닌 오프라인에 존재하는 각종 데이터도 빅데이터의 원천이 될 수 있다. 다만 이러한 데이터가 분석가능한 빅데이터로 수집될 수 있으려면, 다음 두 가지 과정을 거쳐야 한다. 첫째, 데이터가 언어나 숫자와 같은 기호로 기록되어야 한다(기록화). 둘째, 이렇게 기록된 데이터가 이진법의 코드로 변환되어야 한다(디지털화). 그래야만 비로소 이러한 데이터를 빅데이터로 관리 및 분석할 수 있다.

(2) 데이터 마이닝

다음으로 이렇게 수집된 빅데이터를 수학적 알고리즘으로 분석한다. 이를 '데이터 마이닝'(data mining)이라고 한다. 금광에서 금을 채굴(마이닝)하는 것처럼, 빅데이터의 바다에서 새로운 통찰이라는 금을 채굴하는 과정이 바로 데이터 마이닝인 것이다.[8] 데이터 마이닝을 성공적으로 수행하기 위해서는 독창적이면서도 정교한 수학적 알고리즘을 사용할 수 있어야 한다. 바로 여기서 빅데이터의 성공여부가 판가름난다.

(3) 새로운 패턴 · 통찰 발견

수집된 빅데이터를 데이터 마이닝으로 분석하면 이전에는 알지 못했던 사회적 · 자연적 현상이나 인간행동의 패턴을 새롭게 발견하거나 새로운 통찰을 얻을 수 있

---

7 빅데이터의 절차에 관해서는 양천수, 앞의 책(주3), 36－47쪽 참조.
8 최근에는 '비트코인 채굴'로 우리에게 익숙해지기도 하였다.

다. 이를 토대로 아주 높은 확률로 앞으로 발생할 일을 예측할 수 있다. 왜 우리에게 빅데이터가 필요한지를 실질적으로 보여주는 단계라 할 수 있다. 예를 들어, 빅데이터를 분석함으로써 우리는 앞으로 어떤 질병이 예측할 것인지, 시장에서 어떤 소비패턴이 유행할 것인지, 누가 선거에서 당선될 것인지, 어떤 곳에서 어떤 범죄가 발생할 것인지를 예측할 수 있다.

(4) 빅데이터 활용

마지막 단계는 이렇게 빅데이터를 분석하여 얻은 새로운 통찰을 활용하는 것이다. 우리가 빅데이터를 활용할 수 있는 영역은 정말 다양하다. 당장 경제영역이나 정치영역에서 빅데이터가 활용되고 있는데, 빅데이터가 아주 높은 수준의 예측능력을 보여준다는 점에서 빅데이터가 활용될 수 있는 영역은 점점 늘어날 것이다.

4. 빅데이터의 방법론적 특징

여기서 알 수 있듯이, 빅데이터는 데이터 마이닝을 이용함으로써 새로운 패턴을 발견하고 이를 통해 매우 높은 확률로 미래를 예측할 수 있다. 빅데이터는 데이터를 분석하여 새로운 정보를 획득한다는 점에서 기존의 통계학과 비슷한 측면이 있다. 그렇지만 다음과 같은 점에서 빅데이터는 통계학과 차이가 있다.

(1) 샘플이 아닌 모든 데이터

빅데이터는 샘플과 같은 일부정보를 분석대상으로 하는 것이 아니라, 존재하는 모든 데이터를 분석대상으로 삼는다. 그 점에서 정확한 일부의 샘플을 토대로 하여 전체를 추론하는 전통적인 통계학과는 다르다.[9] 통계학은 존재하는 모든 정

---

9 이에 관한 상세한 내용은 빅토르 마이어 쇤베르거·케네스 쿠키어, 이지연 (옮김), 『빅데이터가 만드는 세상』(21세기북스, 2013), 39쪽 아래 참조. 이 책의 번역자는 공저자 중 한 명인 쇤베르거의 번역이름을 '쇤버거'로 표기한다. 이는 독일어 성인 'Schönberger'를 영어식으로 옮긴 것이다. 그러나 쇤베르거는 오스트리아에서 출생했다는 점을 고려해서, 이 책에서는 독일어 식으로 '쇤베르거'로 표기하고자 한다. 국내에서 번역된 쇤베르거의 다른 책 역시 저자명을 쇤베르거로 표기한다. 이를테면 빅토어 마이어 쇤베르거, 구본권 (옮김), 『잊혀질 권리』(지식의 날개, 2013) 참조. 다른 한편 이 두 번역서는 쇤베르거의 이름(first name)도 각각 '빅토르'와 '빅토어'로 달리 번역하고 있는데 여기서는 '빅토르'라는 번역어를 쓰기로 한다.

보를 저장하지도 그리고 이를 분석하지도 못했던 시대에 정보 및 분석과학의 한계를 극복하고자 등장한 과학이다. 통계학은 일부정보만을 분석대상으로 삼는다. 그 점에서 통계학과 빅데이터는 차이가 있다. 그러나 오늘날과 같이 데이터를 획득 및 저장하고 이를 분석할 수 있는 기술이 획기적으로 발전한 시대에서는 더 이상 통계학과 같은 학문이 필요하지 않을 수도 있다. 더군다나 빅데이터는 종전의 통계학이 발견하지 못했던 새로운 사실과 통찰을 발견한다.

(2) 정형화되지 않은 데이터

빅데이터는 일부 데이터가 아닌 전체 데이터를 분석대상으로 삼는다. 데이터의 질이 아닌 양을 추구한다. 이 때문에 정확하지 않은 데이터도 분석대상에 포함된다. 일부의 샘플을 분석함으로써 전체를 추론하는 통계학에서는 어쩔 수 없이 샘플의 정확성을 획득하기 위해 노력한다. 이에 반해 빅데이터는 데이터의 정확성을 추구하지 않는다. 개별 데이터가 정확하지 않다 하더라도 데이터의 양이 압도적으로 많아지면 불완전한 데이터의 질을 보완한다. 완전한 일부 샘플에서는 볼 수 없었던 새로운 지혜를 불완전하지만 압도적인 빅데이터에서 발견할 수 있다는 것이다.[10] 이러한 예로서 구글의 번역프로그램을 들 수 있다. 구글은 과거 IBM이나 마이크로소프트가 했던 것과는 달리, 정확하지는 않지만 압도적으로 많은 번역 데이터를 활용함으로써 그 어느 번역프로그램보다 나은 번역프로그램을 제공하고 있고, 그 수준은 점점 향상되고 있다.

(3) 인과성이 아닌 상관성

통계학과 같은 전통적인 사회과학이 '인과성'(causality)을 추구한 반면, 빅데이터는 '상관성'(corelation)을 추구한다. 빅데이터는 특정한 패턴이 어떤 원인에서 나타나는지 그 이유를 탐구하지는 않는다. 그보다는 특정한 결과가 어떤 요소와 상관관계를 갖는지에 더욱 주목한다. 이를테면 빅데이터를 선도하는 구글은 독감과 관련된 다양한 검색어를 분석함으로써 언제 어느 지역에서 독감이 유행할 것인지를 예측하는 알고리즘을 만들었는데, 이 알고리즘에서 중요한 것은 특정한 검색어와 독감의 유행 여부가 서로 상관성을 띠고 있다는 점이지, 왜 그 검색어가 독감의

---

10 이를 지적하는 Halevy/Norvig/Pereira, "The Unreasonable Effectiveness of Data", (http://www.computer.org/portal/cms_docs_intelligent/intelligent/homepage/2009/x2exp.pdf) 참조.

유행 여부를 예측하게 해주는지에 관한 인과관계가 아니었다.[11] 이 점에서 빅데이터는 한의학과 같은 동양의 전통적인 학문과 유사한 면을 지닌다고 할 수 있다. 한의학 역시 인과관계를 추구하기보다는 상관관계를 추구하는 학문이라고 말할 수 있기 때문이다.

(4) 예측하는 학문으로서 빅데이터

빅데이터의 학문적 특징으로서 미래를 예측하는 학문이라는 점을 들 수 있다. 이미 여러 번 언급한 것처럼, 빅데이터는 압도적으로 큰 데이터를 바탕으로 하여 특정한 결과와 특정한 요인 간의 상관성을 밝힌 다음, 이를 활용해 앞으로 어떤 결과가 발생할 것인지를 예측한다. 보통 그 예측확률이 상당히 높아 우리 현실에서 상당히 유용하게 활용될 수 있다. 빅데이터를 이용함으로써 정확한 날씨예측이나 재난예측 등이 가능해질 것이다.[12]

(5) 빅데이터와 자유의지

빅데이터를 활용하면 매우 높은 확률로 미래를 예측할 수 있다는 사실은 한 가지 중요한 철학적 문제를 던진다. 자유의지(Willensfreiheit)에 관한 문제가 그것이다. 자유의지는 '의사의 자유'라고 달리 말하기도 한다. 그러면 어떤 이유에서 빅데이터에서 자유의지가 문제가 되는가? 이는 다음과 같이 말할 수 있다. 데이터 마이닝을 사용하여 인간 행위에 관한 빅데이터를 분석하면, 우리 인간은 대부분의 일상생활에서 특정한 패턴에 따라 행위한다는 것을 알게 된다. 달리 말해, 우리는 대부분 의식적이든 무의식적이든 간에 습관에 따라 일상생활을 한다는 것이다. 바로 이 때문에 빅데이터를 이용해 특정한 행동패턴을 발견할 수 있고, 이를 통해 우리가 앞으로 어떻게 행위할 것인지를 예측할 수 있는 것이다. 바로 여기서 우리 인간은 과연 자유의지를 가진 존재인지가 문제가 될 수 있다. 근대철학은 우리 인간은 실천이성을 지닌 존재로서 자유의지를 지닌 존재라고 전제하고 있지만, 사실은 이러한 전제는 허상에 불과할 뿐 우리는 특정한 규칙에 따라 움직이는 수동적인 존재일 수 있다는 것이다. 이미 상당수의 뇌과학자들이 제시하는 이러한 주장을 빅

---

11 이에 관한 상세한 내용은 아래 Ⅱ.5. 참조.
12 이에 관해서는 아래 Ⅱ.5. 참조.

데이터가 뒷받침할 수 있는 것이다.[13]

5. 빅데이터와 사회적 공리

빅데이터는 현대사회의 새로운 성장동력으로서 사회의 다양한 영역에서 활용될 수 있고, 이를 통해 다양한 사회적 공리를 제공한다. 이미 언급한 것처럼, 빅데이터는 새로운 정보나 통찰을 얻는 데 기여한다. 수학적 알고리즘에 기반을 둔 데이터 마이닝을 사용함으로써 기존에 알지 못했던 패턴을 발견하기도 하고, 앞으로 어떤 일이 발생할 것인지를 예측하기도 한다. 특히 빅데이터의 예측능력은 빅데이터만이 갖고 있는 강력한 무기가 된다. 이는 사회 여러 방면에서 유용하게 활용될 수 있다.

이를 잘 보여주는 경우로 유명한 구글의 예를 들 수 있다. 구글은 그 어느 기업보다도 선구적으로 빅데이터를 활용한다. 이를테면 구글의 과학자들은 지난 2009년 신종플루가 유행하기 몇 주 전에 검색어만으로 독감이 언제 어느 지역에서 유행할 것인지를 예측할 수 있다는 내용의 논문을 세계적인 과학저널 『네이처』(Nature)에 게재하였다.[14] 빅데이터 전문가인 쇤베르거(Viktor Mayer-Schönberger)와 쿠키어(Kenneth Neil Cukier)는 『빅데이터가 만드는 세상』(BIG DATA: A Revolution That Will Transform How We Live, Works, and Think)의 서두에서 이러한 구글의 작업을 인상 깊게 소개한다.[15]

"공교롭게도 H1N1 바이러스가 신문의 1면을 장식하기 몇 주 전, 거대 인터넷 기업 구글google의 엔지니어들이 주목할 만한 논문 한 편을 과학저널 《네이처》에 게재했다. 이 논문은 보건 담당 관리들과 컴퓨터 과학자들 사이에서는 화제가 되었지만, 그 외에는 큰 주목을 받지 못했다. 논문의 내용은 구글이 겨울철 미국에서 독감의 확산을 '예측'할 수 있다는 것이었다. 전국적 규모로만 예측하는 것이 아니라 특정 지역 또는 어느 주에서 유행할지까지 예측할 수 있다

---

13 다만 지면관계로 이를 상세하게 다루는 것은 이 책에서는 유보하도록 한다.

14 Jeremy Ginsburg et al., "Detecting Influenza Epidemics Using Search Engine Query Data", *Nature* 457 (2009), 1012-1014면. 이 자료는 (http://www.nature.com/nature/journal/v457/n7232/full/nature07634.html)에서 확인할 수 있다.

15 빅토르 마이어 쇤베르거·케네스 쿠키어, 앞의 책, 10쪽.

고 했다. 이를 위해 구글이 사용한 방법은 사람들이 인터넷에서 검색한 내용을 살피는 것이었다. 매일 전 세계적으로 구글에 보내는 검색 질문은 30억 개 이상이었으므로 이용 가능한 데이터는 충분했다. 또 구글이 수신하는 검색 내용들을 수년간 보관한다는 점 역시 분석에 도움이 됐다."

이러한 빅데이터의 예측능력은 경제·재해·범죄영역 등에서 활용될 수 있다.[16] 먼저 빅데이터 분석으로 소비자의 소비패턴을 발견함으로써 개별 소비자에게 최적화된 맞춤형 서비스를 제공할 수 있다. 세계적인 온라인 소매업체인 '아마존'(Amazon)이 활용하는 도서추천서비스가 대표적인 예에 해당한다. 국내 온라인 소매업체인 '쿠팡'(Coupang) 역시 빅데이터를 활용하여 각 소비자에게 최적화된 물류서비스를 제공한다.

다음으로 빅데이터의 예측능력은 재해영역에서 유용하게 활용될 수 있다. 예를 들어, 홍수나 태풍과 같은 자연재해나 교통사고 또는 화재와 같은 사회재난이 언제 어디서 무엇 때문에 발생하는지를 예측함으로써 이를 예방할 수 있는 적절한 대책을 마련할 수 있다.

나아가 범죄영역에서도 빅데이터의 예측능력을 활용할 수 있다. 이를테면 어떤 지역에서 어떤 범죄가 빈번하게 발생하는지를 예측함으로써 범죄를 예방하고 억제하는 데 필요한 조치를 제때에 취할 수 있다. 빅데이터 분석을 활용하면 범죄로부터 안전한 도시를 설계할 수도 있다. 이처럼 빅데이터의 예측능력을 사회 각 영역에 적용함으로써 전체적인 사회적 공리를 제고할 수 있다.

6. 빅데이터와 위험

빅데이터가 사회적으로 유용한 공리만 제공하는 순기능만을 수행하는 것은 아니다. 세상의 거의 모든 일들이 그런 것처럼, 빅데이터 역시 부정적인 역기능 역시 수행할 수 있다. 말하자면 빅데이터 그 자체가 새로운 사회적 위험이 될 수 있는 것이다. 빅데이터가 초래하는 위험은 크게 세 가지 단계에서 찾아볼 수 있다. 첫째는 빅데이터를 수집하는 단계이고, 둘째는 빅데이터를 분석하는 단계이며, 셋째는

---

16 이에 관해서는 양천수, 앞의 책(주2), 40–41쪽 참조.

빅데이터를 이용하는 단계이다.

(1) 빅데이터 수집과 위험

빅데이터가 제대로 가동하려면 빅데이터가 원활하게 수집될 수 있어야 한다. 이러한 빅데이터에는 당연히 개인정보에 관한 빅데이터 역시 포함된다. 개인정보를 포함한 방대한 데이터가 빅데이터로서 수집되어야만 비로소 빅데이터가 의미 있게 작동할 수 있다. 그런데 이렇게 빅데이터라는 이름 아래 개인정보 역시 광범위하게 수집되면 이는 자칫 개인정보에 대한 거대한 위험이 될 수 있다. 동시에 이는 우리 개인정보보호법이 보장하는 개인정보 자기결정권을 침해하는 것이 될 수 있다.[17] 개인정보보호법이 보장하는 개인정보 자기결정권에 따르면, 빅데이터 관리자가 개인정보를 수집하고 이를 이용하기 위해서는 정보주체에게 수집목적을 밝힌 후 명확한 사전동의를 받아야 한다. 개인정보 수집에 관해서는 목적구속성 원칙과 사전동의 원칙이 적용되는 것이다. 그런데 빅데이터 관리자의 측면에서 볼 때, 이러한 두 원칙은 빅데이터를 수집 · 관리 · 이용하는 데 중대한 장벽이 될 수 있다. 일단 빅데이터를 수집하기 위해 모든 정보주체로부터 일일이 사전동의를 받는 것은 쉽지 않기 때문이다. 또한 빅데이터를 이용하기 위해서는 수집한 빅데이터를 다양한 목적으로 분석, 즉 데이터 마이닝을 할 수 있어야 하는데 그렇게 하려면 빅데이터를 새롭게 분석할 때마다 모든 정보주체로부터 사전동의를 받아야 한다. 이 역시 사실상 불가능에 가깝다. 여기서 우리는 다음과 같은 딜레마에 봉착한다. 개인정보보호법이 규정하는 사전동의 원칙과 목적구속성 원칙을 엄격하게 준수하면 빅데이터를 이용하는 것은 사실상 불가능하다는 것이다. 반대로 빅데이터를 이용하기 위해서는 우리 개인정보보호법의 가장 중요한 규범적 원칙을 포기해야 한다는 것이다. 사회적 공리보다 개인정보를 더 우선시 하는 관점에서 보면, 빅데이터라는 이름 아래 사전동의 원칙과 같은 개인정보보호법의 규범적 원칙을 포기하는 것은 개인정보에 대한 중대한 위험이 될 수 있다.

(2) 빅데이터 분석과 위험

빅데이터를 분석하는 과정에서 위험이 발생할 수 있다. 빅데이터를 이용하기

---

[17] 개인정보보호법 제15조 제1항 참조.

위해서는 수집한 빅데이터를 데이터 마이닝으로 분석하는 과정을 거쳐야 한다. 앞에서 언급한 것처럼, 데이터 마이닝의 방법으로 수학적 알고리즘을 사용한다. 문제는 이러한 수학적 알고리즘 자체도 편향성에서 자유로울 수 없다는 것이다. 흔히 수학이야말로 가장 순수한 객관성을 반영한다고 생각한다. 따라서 수학으로 구성된 알고리즘 역시 철저하게 객관적일 것이라고 생각되는 경우가 많다. 그러나 빅데이터에서 사용하는 수학적 알고리즘 역시 편향적이라는 점, 심지어 '대량살상 수학무기'가 될 수 있다는 점이 유력하게 주장된다.[18] 알고리즘을 어떻게 짜느냐에 따라 데이터 마이닝의 결과가 달라질 수 있는 것이다. 이 점에서 빅데이터가 사용하는 데이터 마이닝은 언제나 '편향성'이라는 위험을 동반한다. 만약 이러한 편향성이 우리 사회의 진보를 지향하는 것이라면 큰 문제가 없을지 모른다. 사회적 약자를 더 우선시 하고자 하는 편향성이 그러한 예에 해당한다. 그렇지만 반대로 지금 존재하는 사회적 불평등의 확대재생산을 지향하는 편향성이라면 이는 커다란 위험이 될 수밖에 없다.

(3) 빅데이터 이용과 위험

빅데이터를 이용하는 과정에서 위험이 발생할 수 있다. 위험은 개인적 차원과 사회적 차원에서 발생할 수 있다. 앞에서도 언급한 것처럼, 데이터 마이닝으로 빅데이터를 분석하면 그동안 알지 못했던 인간의 행위나 자연적·사회적 현상의 패턴을 새롭게 발견할 수 있다. 이를 이용하면 매우 높은 확률로 미래를 예측할 수 있다. 이러한 예측능력은 우리가 매우 유용하게 활용할 수 있지만, 동시에 개인에게는 커다란 위험이 될 수 있다. 예를 들어, 빅데이터가 갖고 있는 강력한 예측능력은 각 개인이 앞으로 어떻게 행위할 것인지를 예측하는 데 그치지 않고, 각 개인을 총체적으로 프로파일링 하는 데 악용될 수 있다. 이를 통해 각 개인이 사회에 유익한 인물인지, 아니면 위험한 인물인지를 선별할 수 있다. 이는 새로운 차별로 이어질 것이다. 그뿐만 아니라, 영화 "마이너리티 리포트"가 시사하는 것처럼, 빅데이터 분석을 활용함으로써 범죄자가 될 위험성이 높은 인물을 미리 선별하여 사

---

18 이에 관해서는 캐시 오닐, 김정혜 (옮김), 『대량살상 수학무기: 어떻게 빅데이터는 불평등을 확산하고 민주주의를 위협하는가』(흐름출판, 2017) 참조. 알고리즘 편향성에 관해서는 양종모, "인공지능 알고리즘의 편향성, 불투명성이 법적 의사결정에 미치는 영향 및 규율 방안", 『법조』 제66권 제3호(2017. 6), 60-105쪽 참조.

회에서 배제할 수 있다. 결국 빅데이터는 우리의 행위자유를 극단적으로 억제하는 도구로 전락할 수 있다. 나아가 사회적 차원에서 보면, 빅데이터는 현재의 사회구조 그 자체를 선한 것으로 파악함으로써 이를 무비판적으로 재생산하는 데 일조할 수 있다. 빅데이터 분석에 의해 사회구조의 혁신이나 진화가 방해되고 오히려 현재 존재하는 사회적 차별이나 불평등이 확대 재생산될 수 있는 것이다.

Ⅲ. 빅데이터 위험에 대한 대응방안으로서 인권

1. 권리중심적 대응방안과 의무중심적 대응방안

빅데이터는 한편으로는 우리에게 매우 유익한 사회적 공리를 제공하면서도, 다른 한편으로는 우리에게 위험을 야기한다. 그러면 이러한 위험에 대해 우리는 어떻게 대응할 수 있을까? 어떻게 대응하는 것이 바람직한가? 개인적·사회적 위험에 대처하는 방안으로는 크게 권리중심적 대응방안과 의무중심적 대응방안을 고려할 수 있다.[19]

권리중심적 대응방안은 각 개인에게 권리를 부여함으로써 위험에 대처하는 방안을 말한다. 이는 각 개인에게 초점을 맞춘다는 점에서 자유주의적 대응방안이라고 할 수 있다. 근대 이후 등장한 법체계가 바로 이러한 권리중심적 대응방안에 바탕을 둔다. 이에 대해 의무중심적 대응방안은 개인적·사회적 위험을 야기할 수 있는 행위주체에게 특정한 의무를 부과함으로써 그 상대방이나 사회 전체를 보호하고자 하는 대응방안을 말한다. 이때 의무는 많은 경우 권리에 대응하기도 하지만, 의무가 반드시 권리에만 대응하는 것은 아니라 사회 전체의 공익과 대응하는 경우도 많다는 점에서 이러한 의무중심적 대응방안은 공동체주의에 더욱 친화적이라고 할 수 있다.[20] 의무중심적 대응방안은 근대화가 이루어지기 전에 존속했던 사회나

---

19 이에 관해서는 최병조, "법률관계를 고찰하는 양대 관점: 의무중심적 고찰과 권리중심적 고찰", 『서울대학교 법학』 제59권 제1호(2018. 3), 119-158면 참조.

20 이에 관해서는 K. Günther, "Von der Rechts− zur Pflichtverletzung: Ein "Paradigmawechsel" im Strafrecht?", in: Institut für Kriminalwissenschaften Frankfurt a. M. (Hrsg.), *Vom unmöglichen Zustand des Strafrechts* (Frankfurt/M., 1995) 참조.

공동체가 즐겨 사용하던 방안이었다. 우리의 전통사회에서도 오랜 동안 이러한 의무중심적 대응방안이 주류를 이루었다.[21]

2. 대응방안으로서 인권

(1) 권리중심적 대응방안

오늘날에는 이러한 두 가지 방안 중에서 기본적으로 권리중심적 대응방안을 선택하는 것이 타당하다. 이미 근대 이후 성립된 법체계는 자유주의에 깊게 뿌리를 내리고 있고, 이에 걸맞게 현행 법체계는 권리를 중심으로 하여 제도화되어 있기 때문이다. 특히 최근 들어 전 세계적으로 인권이 중요한 규범적 가치로 자리매김하고 있다는 점을 고려하면, 빅데이터가 야기하는 위험도 권리중심적 대응방안으로 대처하는 것이 적절하다고 생각한다.

(2) 대응방안으로서 인권

권리중심적 대응방안 중에서도 인권으로써 빅데이터가 야기하는 위험에 대응하는 방안이 가장 바람직한 방안이라고 말할 수 있다. 그 이유는 다음과 같다. 가장 우선적으로 인권이야말로 가장 포괄적이면서 보편적인 권리라는 점을 들 수 있다. 바로 이 점에서 인권으로써 빅데이터가 유발하는 개인적·사회적 위험에 대응하는 것은 가장 포괄적이면서 효과적인 방안이 될 수 있다. 만약 실정법상 권리, 가령 민법이나 행정법 등이 제도한 권리를 중심으로 하여 빅데이터가 유발하는 위험에 대처하면, 실정법상 권리가 갖고 있는 한계로 인해 미처 파악하지 못한 위험에 적절하게 대응하지 못할 수 있다.[22] 이에 반해 인권은 한편으로는 도덕적 권리이자, 다른 한편으로는 법적 권리로서 실정법상 권리가 제도화의 한계로 미처 따라잡지 못하는 각종 위험에 좀 더 탄력적으로 대응할 수 있다.[23] 더군다나 인권

---

21 이를 지적하는 최병조, 앞의 글, 123쪽.
22 실정법상 권리는 '제도화'라는 과정 덕분에 법적 강제력이라는 힘을 갖는 반면, 실정법에 고착되어 있어 현실에서 새롭게 등장하는 위험에 탄력적으로 대응하는 데 한계를 갖는다.
23 인권을 도덕적 권리이자 법적 권리로 파악하는 경우로는 양천수, 『민사법질서와 인권』(집문당, 2013), 30-31쪽.

은 고정된 권리가 아니라 계속해서 구성되는 권리로서 각 시대 및 사회적 상황에 맞게 새롭게 형성된다는 점에서 아직 우리가 제대로 경험하지 못한 빅데이터 위험에 적절하게 대응할 수 있는 방안이 된다.[24]

Ⅳ. 현대 빅데이터 사회와 새로운 인권 구상

1. 정보인권에서 빅데이터 인권으로

빅데이터가 야기하는 위험에 대응하는 방안으로 인권을 선택한다면, 빅데이터 위험에 효과적으로 대응할 수 있도록 인권을 구체화할 필요가 있다. 이에 관해서는 일단 정보인권을 언급할 수 있다. 정보인권은 정보화사회에서 발생하는 각종 개인정보 침해에 대응하기 위해 새롭게 등장한 인권이라 할 수 있다.[25] 이러한 정보인권의 가장 대표적인 경우로서 앞에서 언급한 개인정보 자기결정권을 들 수 있다. 제3차 산업혁명으로 출현한 정보화사회에서 발생하는 각종 위험에 대해서는 정보인권이 효과적인 대응방안이 될 수 있었다. 그러나 제4차 산업혁명으로 출현한 초연결사회와 빅데이터 사회에서는 사전동의 원칙과 목적구속성 원칙에 바탕을 둔 정보인권은 효과적인 대처방안이 될 수 없다. 특히 사전동의 원칙을 고수하는 정보인권은 빅데이터 사회와 양립할 수 없다는 점에서 문제가 없지 않다. 따라서 한편으로는 정보인권의 규범적 지향성, 즉 자유주의에 따라 개인정보를 보호하는 방향성을 수용하면서도, 다른 한편으로는 빅데이터 사회와 양립할 수 있는 인권을 모색할 필요가 있다. 요컨대, 기존의 정보인권과는 구별되는 새로운 패러다임의 인권을 강구할 필요가 있는 것이다. 이를 필자는 '빅데이터 인권'으로 지칭하고자 한다. 물론 빅데이터 인권 역시 넓은 의미의 정보인권에 포함시킬 수 있다. 다만 빅데이터 인권은 한편으로는 빅데이터 구현을 인정하면서도, 다른 한편으로는 빅데이터가 야기하는 위험에 대응하고자 한다는 점에서 사실상 빅데이터를 허용하지 않는 종전의 정보인권과는 구별된다.

---

24 계속해서 구성되는 인권의 속성에 관해서는 양천수, 앞의 책(주3), 80쪽 아래 참조.
25 정보인권에 관해서는 이민영, 『정보인권의 규범구체화』(집문당, 2013) 참조.

2. 빅데이터 인권 구상의 기본원칙

빅데이터 인권이란 무엇인가? 이는 어떻게 구상하고 구체화하는 것이 바람직한가? 빅데이터 인권은 아직 형성되고 있는 인권이라고 할 수 있기에 어떤 방향에서 이를 구상하고 구체화하는지가 중요하다. 따라서 아래에서는 먼저 빅데이터 인권을 구상하는 데 필요한 두 가지 원칙을 간략하게 언급하고자 한다.[26]

(1) 실제적 조화 원칙

실제적 조화 원칙을 제시하고자 한다. 여기서 실제적 조화 원칙이란 빅데이터를 가동함으로써 얻는 이익과 개인정보를 보호함으로써 얻는 이익을 최대한 조화롭게 보장해야 한다는 원칙을 말한다. 자유주의에 토대를 둔 인권이론에 따르면, 개인정보에 관한 인권은 원칙적으로 다른 사회적 공리보다 우선적인 지위를 누려야 한다. 그러나 경우에 따라서는 개인정보에 관한 인권 역시 엄격한 형량 대상이 될 수 있다는 점도 인정해야 한다. 빅데이터를 인정함으로써 다양한 사회적 공리를 창출할 수 있는 경우가 바로 이러한 예에 속한다. 물론 엄격한 자유주의에 따라 개인정보에 대한 인권을 우선시 하면, 개인정보 자기결정권을 엄격하게 고수할 수밖에 없다. 그렇게 되면 사실상 빅데이터를 허용하지 않는 것이 타당하다. 그렇지만 이미 여러 번 언급한 것처럼, 빅데이터를 활용하면 사회의 다양한 영역에서 사회적 공리를 만들어낼 수 있다. 제4차 산업혁명이 진행되고 있는 오늘날의 상황에서 이러한 이익을 포기할 수는 없을 것이다. 따라서 개인정보에 관한 인권을 최대한 보장하기 위해 빅데이터 활용을 완전히 배제하는 것보다는 양자를 모두 최대한 조화롭게 실현할 수 있는 방안을 모색할 필요가 있다. 이를 헌법학의 개념으로 바꿔 말하면, 빅데이터의 유용성과 개인정보인권 간의 '실제적 조화'(praktische Konkordanz)를 모색하는 것이라고 할 수 있다.[27] 이는 구체적으로는 헌법이 규정하는 비례성 원칙으로 실현된다. 독일의 공법학자이자 법철학자인 알렉시(Robert Alexy)가 강조한 '최적화요청'은 여기에도 적용되어야 한다.[28]

---

26 이러한 원칙에 관해서는 양천수, 앞의 책(주3), 132−133쪽 참조.

27 이에 관해서는 Konrad Hesse, *Grundzüge des Verfassungsrechts der Bundesrepublik Deutschland*, 20. Auflage (Heidelberg, 1999) 참조.

28 이에 관해서는 이준일, "헌법상 비례성원칙", 『공법연구』 제37집 제4호(2009. 6), 25−43쪽 참조.

(2) '의심스러울 때는 개인정보의 이익으로' 원칙

아무리 실제적 조화를 강조한다 하더라도 현실적으로 서로 충돌하는 이익을 형량하다 보면, 어느 한 쪽으로 편향될 가능성이 존재한다. 실제적 조화의 정확한 지점을 발견하는 게 힘들기 때문이다. 철학적으로 보면, '인지주의'(Kognitivismus)와는 달리 '결정주의'(Dezisionismus)에 따르면, 실제적 조화의 정확한 지점은 존재하지 않는다.[29] 이의 연장선상에서 보면, 비례성 원칙 역시 이익형량 문제에 대한 정답을 말해주는 장치가 되기는 어렵다. 바로 이러한 근거에서 다시금 개인정보인권의 우선적 지위를 확보할 수 있는 또 다른 규범적 원칙을 고려할 필요가 있다. 이에 관해서는 우리 헌법 제37조 제2항이 규정하는 것처럼, 개인정보인권의 '본질적 내용'을 설정함으로써 해결할 수도 있을지 모른다.[30] 그렇지만 기본권의 본질적 내용 그 자체도 명확한 것만은 아니라는 점에서 한계가 있다.[31] 이러한 근거에서 필자는 '의심스러울 때는 개인정보인권의 이익으로'라는 원칙을 제안하고자 한다. 이는 '의심스러울 때는 자유의 이익으로'(in dubio pro libertate) 원칙을 응용한 것이다. 이에 따르면, 빅데이터의 유용성과 개인정보인권을 형량할 때 이에 관한 실제적 조화의 지점이 명확하지 않는 경우에는 개인정보인권을 우선해야 한다. 이렇게 함으로써 빅데이터가 가져다주는 사회적 공리라는 이름 아래 개인정보에 관한 인권이 형해화되는 것을 막을 수 있을 것이다.

3. 빅데이터 인권의 구체적인 내용

정보인권의 특수한 형태인 빅데이터 인권을 어떻게 구체화할 수 있는지 살펴보도록 한다.[32] 빅데이터 인권은 다음과 같이 유형화할 수 있다. 첫째는 빅데이터

---

29 Carl Schmitt, *Politische Theologie: Vier Kapitel zur Lehre von der Souveränität*, Achte Aufl. (Berlin, 2004), 13쪽 아래.

30 기본권의 본질적 내용에 관해서는 김대환, 『기본권의 본질적 내용 침해금지에 관한 연구』(서울대 법학박사 학위논문, 1998) 참조.

31 이는 모든 법적 개념이 언어로 구성되어 있다는 점에서 불거지는 근원적 한계라고 말할 수 있다. 이는 특히 형법상 허용되는 해석과 금지되는 유추를 구별하는 기준으로 통용되는 '법문언의 가능한 의미'에서 찾아볼 수 있다. 이에 관해서는 양천수, "형법해석의 한계: 해석논쟁을 중심으로 하여", 『인권과 정의』 제379호(2008. 3), 144-158쪽 참조.

32 이에 관해서는 양천수, 앞의 책(주2), 35-37쪽 참조.

를 수집하는 과정에서 발생하는 위험에 대응하는 인권이다. 둘째는 빅데이터를 분석하는 과정에서 발생하는 위험에 대응하는 인권이다. 셋째는 빅데이터를 활용하는 과정에서 발생하는 위험에 대응하는 인권이다.

(1) 빅데이터 수집 위험에 대한 대응방안

1) 사전동의 방식의 개인정보 자기결정권 완화

먼저 빅데이터를 수집하는 과정에서 발생하는 위험에 대해서는 어떻게 대응할 수 있는가? 이미 여러 번 언급한 것처럼, 이에 대한 가장 강력한 규범적 무기는 명확한 사전동의 방식을 취하는 개인정보 자기결정권을 엄격하게 관철하는 것이다. 그러나 이러한 방식은 개인정보에 관한 정보주체의 이익을 보장하는 데 도움이 되지만, 빅데이터가 제공하는 사회적 공리를 극대화하는 데는 도움이 되지 않는다. 특히 우리 개인정보보호법은 '결합가능성'이라는 표지로써 개인정보 자기결정권의 대상이 되는 개인정보의 범위를 확장한다. 문제는 빅데이터가 갖는 특성으로 인해 개인정보로 결합될 수 있는 데이터의 범위가 광범위하게 확장되고 있다는 것이다. 인터넷 쿠키정보가 대표적인 예에 속한다. 그러므로 앞에서 제시한 실제적 조화 원칙에 따라 한편으로는 빅데이터를 활용할 수 있으면서도, 다른 한편으로는 개인정보인권에 대한 침해가 최소화될 수 있도록 개인정보 자기결정권을 어느 정도 완화할 필요가 있다.[33]

그러면 어떤 방식이 적절할까? 이에 대해서는 두 가지 방식을 생각할 수 있다. 첫째는 사전동의 방식을 사후승인 방식으로 바꾸는 것이다. 둘째는 사전동의의 대상이 되는 개인정보의 범위를 축소하거나 사전동의에 대한 예외를 허용하는 것이다. 그중에서 필자는 후자의 방안이 더욱 적절하다고 생각한다. 왜냐하면 개인정보보호법이 수용하고 있는 사전동의 방식의 개인정보 자기결정권은 우리가 오랫동안 논의한 끝에 도입한 제도이기 때문이다. 이러한 개인정보보호법이 시행된 지도 얼마 되지 않았다. 이러한 상황에서 지금 개인정보 자기결정권의 기본 골격을 흔드는 것은 바람직하지 않다. 따라서 필자는 후자의 방안, 즉 개인정보의 범위를 축소

---

[33] 이에 관해서는 오길영, "빅데이터 환경과 개인정보의 보호방안: 정보주체의 관점에서 바라본 비판적 검토를 중심으로", 『일감법학』 제27호(2014. 2), 166쪽 아래 참조. 이러한 견해를 대변하는 문헌에 관해서는 오길영, 같은 논문, 163−164쪽에 소개된 문헌 참조.

하는 것이 더욱 바람직한 방안이라고 생각한다. 구체적으로 말하면, 결합되어 개인을 식별하는 데 사용될 수 있는 정보의 범위를 축소함으로써 현대사회에서 빅데이터가 현실적으로 가동할 수 있게 하는 것이다. 이를테면 개인정보에서 인터넷 쿠키정보는 제외하거나 익명화 조치를 취한 개인정보는 개인정보 자기결정권의 대상에서 면제하는 방안을 고려할 수 있다.

2) 빅데이터 수집에 대한 보상

다음으로 개인정보를 빅데이터로 수집하는 것에 대해 적절한 보상을 하는 것을 강구할 필요가 있다. 미국의 경우와 비교할 때 우리는 개인정보를 수집하고 이용하는 것에 대한 정당한 대가를 지불하는 것에 인색한 편이다. 예를 들어, 개인정보 제공에 대한 대가로 포인트를 지급하는 경우도 많지 않고, 기껏해야 경품응모 기회를 제공하는 것에 그치는 경우가 많다. 회원가입을 하고 개인쇼핑 정보를 제공하는 경우 대금할인까지 해주는 미국과 비교하면, 이는 적절하지 않은 것으로 보인다. 빅데이터 관리자에게는 개인정보에 관한 빅데이터 그 자체가 매우 중요한 경제적 자원이 된다는 점에서 이에 대한 적절한 보상을 제공할 수 있는 방안을 모색할 필요가 있다.

3) 프라이버시 친화적 설계 요청권

나아가 빅데이터 관리자가 프라이버시 친화적으로 설계된 장치로 빅데이터를 수집하도록 요청할 수 있는 권리, 즉 프라이버시 친화적 설계 요청권을 인정할 필요가 있다. 프라이버시 친화적 설계 요청권이란 정보주체의 프라이버시, 즉 내밀한 개인정보를 즉각적·직접적으로 보호할 수 있도록 인터넷 서버 등과 같은 정보처리장치를 기술적으로 설계하도록 요청할 수 있는 권리를 뜻한다. 이러한 프라이버시 친화적 설계 요청권은 다음과 같은 점에서 기존의 정보인권과 차이가 있다. 기존 정보인권의 경우에는 정보주체의 정보인권을 존중해야 하는 의무자가 이러한 의무를 이행하지 않을 위험성이 존재한다. 이에 반해 프라이버시 친화적 설계는 의무자가 이를 기술적으로 구현하기만 하면 그 이후에는 의무자, 즉 정보처리자가 정보주체의 개인정보를 보장할 수밖에 없게 된다는 것이다. 예를 들어, 빅데이터 관리자가 개인 정보주체의 개인정보를 수집할 때는 반드시 익명화 조치를 하도록 정보처리장치를 설계하면, 빅데이터 관리자는 자연스럽게 개인정보를 익명화하여 이를 수집 및 관리할 수밖에 없는 것이다. 이러한 점에서 프라이버시 친화적 설계 요청권은 ICT 관련법에서 즐겨 사용되는 규제방식, 이른바 '아키텍처 규제'(architectural regulation)와 관련을 맺는다.[34] 이를 달리 '기술적·물리적 규제'로 지칭한다.[35] 이러한 프라이버시 친화적 설계 요청권은 현대 빅데이터 사회에서 정보주체의 개인정보를 수집하는 데 발생하는 위험을 최소화하는 데 기여할 수 있다.[36]

4) 잊힐 권리

최근 유럽사법재판소가 부분적으로 인정함으로써 사회적 이슈가 된 잊힐 권리 역시 빅데이터 인권의 범주에 포함시킬 필요가 있다.[37] 여기서 잊힐 권리는 두 가지로 유형화할 수 있다. '객관적 잊힐 권리'와 '주관적 잊힐 권리'가 그것이다.[38] 객관적 잊힐 권리는 일정한 기간이 도과하면 개인정보가 자동적으로 사라지도록 하는 것이다. 요컨대 '정보만료일'을 도입하는 것이다.[39] 이 제도는 현행 개인정보보호법이 상당 부분 도입하고 있다. 이에 대해 주관적 잊힐 권리는 정보주체가 적극적으로 자신에 대한 개인정보를 삭제해줄 것을 요청할 수 있는 권리를 뜻한다. 그러나 이러한 주관적 잊힐 권리는 언론의 자유나 국민의 알 권리와 충돌할 수 있기에 제한적으로 인정할 필요가 있다.

---

34 이에 관해서는 심우민, "사업장 전자감시 규제입법의 성격", 『인권법평론』 제12호(2014. 2), 157쪽 아래; 심우민, "정보통신법제의 최근 입법동향: 정부의 규제 개선방안과 제19대 국회 전반기 법률안 중심으로", 『언론과 법』 제13권 제1호(2014. 6), 88쪽 아래 등 참조.

35 양천수, 앞의 책(주3), 182쪽 아래 참조.

36 이러한 프라이버시 친화적 설계 요청권의 원칙으로는 다음 일곱 가지 원칙이 강조된다. "사후적인 구제가 아닌 사전적 예방 원칙", "프라이버시 초기값 실징 원칙", "프라이버시를 포함한 설계 원칙", "완전한 기능성 원칙", "처음부터 끝까지 보안 원칙", "공개성 및 투명성 원칙"이 그것이다. 이에 관해서는 Ann Cavoukian, "Privacy by Design: 7 Foundational Principles." 이 자료는 ⟨http://www.privacybydesign.ca/content/uploads/2009/08/7foundationalprinciples.pdf⟩에서 확인할 수 있다. 이를 소개하는 국내문헌으로는 차상육, "빅데이터(Big Data) 환경과 프라이버시의 보호", 『IT와 법연구』 제8집(2014. 2), 233–234쪽 참조.

37 이를 소개하는 국내문헌으로는 윤종수, "[칼럼] 잊혀질 권리", 『네이버레터』(2014. 5. 29); 법무법인 세종, "'잊혀질 권리'에 관한 소고: 최근 유럽 최고법원의 판결과 그 파급", 『Legal Update』(2014. 6. 20) 등 참조. 여기서 알 수 있듯이, '잊힐 권리'는 보통 '잊혀질 권리'로 사용된다. 그러나 '잊혀질 권리'는 문법적으로 정확하지 않다는 점에서 이 책에서는 '잊힐 권리'라는 표현을 사용하고자 한다.

38 이에 관해서는 양천수, 앞의 책(주3), 177–178쪽 참조.

39 이를 주장하는 빅토르 마이어 쇤베르거, 구본권 (옮김), 『잊혀질 권리』(지식의 날개, 2013), 246쪽 아래 참조.

(2) 정확한 데이터 마이닝 요청권

이어서 '정확한 데이터 마이닝 요청권'을 빅데이터 인권으로 제시할 수 있다.[40] 정확한 데이터 마이닝 요청권은 수집된 빅데이터를 데이터 마이닝으로 분석하는 과정에서 발생하는 위험에 대응하기 위한 빅데이터 인권이다. 앞에서 언급한 것처럼, 데이터 마이닝의 방법으로는 수학적 알고리즘이 사용된다. 이는 가장 객관적인 학문인 수학을 사용하는 것이기에 일단 객관적일 것으로 추정된다. 그렇지만 수학적 알고리즘 역시 편향성에서 자유롭지 못하다는 반론 역시 유력하게 주장된다.[41] 이에 따르면, 데이터 마이닝 역시 절대적으로 객관적일 수는 없다. 알고리즘 설계자의 편향성이 의도적 또는 무의식적으로 반영되어 데이터 마이닝의 결과가 왜곡될 수 있기 때문이다. 예를 들어, 개인정보에 관한 빅데이터가 알고리즘 설계자가 갖고 있는 편향성에 따라 분석됨으로써 특정 개인에 대한 프로파일링이 왜곡될 수 있는 것이다. 그러므로 자신의 개인정보와 관련을 맺는 데이터 마이닝이 정확하게 이루어지도록 요구할 수 있는 권리를 정보주체에게 부여해야 한다. 이를테면 빅데이터 관리자는 정보주체의 요구가 있는 경우 자신이 데이터 마이닝을 위해 어떤 수학적 알고리즘을 사용했는지, 어떤 점에서 이러한 알고리즘이 객관적이고 중립적인지를 설명할 수 있도록 해야 한다.

(3) 자기프로파일링 결정권

마지막으로 자기프로파일링 결정권을 빅데이터 인권으로 제시할 수 있다. 자기프로파일링 결정권은 빅데이터를 활용하는 과정에서 발생하는 위험에 대응하기 위한 빅데이터 인권이다.[42] 이는 유럽연합의 일반정보보호규칙이 제도화한 '프로파일링 거부권'을 발전적으로 수용한 것이다. 이러한 자기프로파일링 결정권에 따르면, 정보주체는 빅데이터 관리자가 데이터 마이닝으로 정보주체를 프로파일링 하는 것에 대한 결정권을 갖는다. 이때 정보주체는 사전동의 방식으로 자기 자신에 대한 프로파일링을 허용할 것인지, 아니면 거부할 것인지를 결정할 수 있다. 다만

---

[40] 양천수, 앞의 책(주3), 176쪽.

[41] 이에 관해서는 이재현, "빅데이터와 사회과학: 인식론적, 방법론적 문제들", 『커뮤니케이션 이론』 제9권 제3호(2013. 가을호), 127 – 165쪽 참조.

[42] 이에 관해서는 양천수, 앞의 책(주3), 172쪽 아래 참조.

여기서 분명히 해야 할 부분이 있다. 정보주체에 대한 프로파일링은 두 가지로 유형화할 수 있다. '포괄적 프로파일링'과 '개별적 프로파일링'이 그것이다. 여기서 포괄적 프로파일링은 정보주체에 관한 모든 빅데이터를 활용하여 정보주체를 포괄적으로 분석 및 예측하는 것을 말한다. 이에 대해 개별적 프로파일링은 정보주체의 특정한 측면, 이를테면 취미나 좋아하는 음식, 쇼핑에 대한 선호도 등 어느 한 측면만을 분석 및 예측하는 것을 말한다. 필자는 그중에서 개별적 프로파일링에 대해서만 정보주체의 결정권을 인정할 수 있다고 생각한다. 이와 달리 포괄적 프로파일링은 절대적으로 금지해야 한다. 따라서 이는 자기프로파일링 결정권의 대상이 되지 않는다고 보아야 한다. 포괄적 프로파일링은 빅데이터 분석이 해서는 안 되는 이른바 '처분할 수 없는 영역'으로 남겨두어야 한다.

(4) 기타

그밖에도 빅데이터를 활용하는 과정에서 특정한 개인이나 집단을 차별하는 문제가 발생할 수 있다. 빅데이터의 예측능력을 활용하여 특정한 개인이나 집단을 위험한 주체로 미리 규정하는 것을 예로 들 수 있다. 이는 분명 자의적인 차별에 해당한다. 그런데 이러한 문제는 굳이 별도의 빅데이터 인권을 거론하지 않더라도 종전의 인권 패러다임으로 충분히 대응할 수 있을 것이다.

Ⅴ. 맺음말

지금까지 제4차 산업혁명이 진행되고 있는 현대사회에서 빅데이터가 우리에게 어떤 이익과 위험을 안겨주는지, 빅데이터가 야기하는 위험에 대응하기 위해서는 어떤 인권을 모색해야 하는지 개관해 보았다. 이 책에서 필자는 빅데이터가 유발하는 위험에 대응하는 방안으로서 빅데이터 인권을 제안하였고, 구체적인 빅데이터 인권으로서 프라이버시 친화적 설계 요청권, 잊혀질 권리, 정확한 데이터 마이닝 요청권, 자기프로파일링 결정권을 제안하였다. 그러나 여기서 제안한 빅데이터 인권은 여전히 불완전하고 미흡하다. 사실 현재 진행되고 있는 제4차 산업혁명의 과정에서 빅데이터가 우리에게 어떤 위험을 유발할 것인지는 아직 확정되지 않은 열린 문제라 할 수 있다. 따라서 빅데이터가 야기하는 위험에 적절하게 대응할 수 있는 빅데이터 인권을 완벽하게 구체화하는 것은 쉽지 않다. 이러한 이유에서 그리고 필자의 역량 부족으로 이 책에서는 빅데이터 인권이란 무엇인지를 개관하는 데 그치고 말았다. 이를 좀 더 완전하게 구체화하는 것은 필자가 앞으로 수행해야 하는 과제로 삼고자 한다.

10장

근대 인권 구상의 한계와
탈인간중심적 인권의 가능성

I. 서 론

인권은 흔히 인간이면 그 누구나 평등하게 누릴 수 있는 권리로 이해된다. 이러한 인권 이해는 몇 가지 이념을 전제로 한다. 인간중심주의와 보편주의 및 권리중심주의가 그것이다.[1] 여기서 인간중심주의는 인권은 인간을 위한 권리라는 점을, 보편주의는 인간이면 그 누구나 보편적으로 누릴 수 있는 권리가 인권이라는 점을 그리고 권리중심주의는 인권은 바로 의무가 아닌 권리라는 점을 보여준다. 이렇게 인권이 담고 있는 이념 덕분에 우리는 전근대적인 신분제 사회를 무너뜨리고 모든 인간이 기본적으로 자유롭고 평등하게 대우받는 자유민주적 근대사회를, 더 나아가 사회적 약자를 특별히 배려하는 사회국가적 현대사회를 건설할 수 있었다. 그렇지만 그 와중에도 인권이 바탕으로 삼는 기본 이념, 특히 보편주의나 권리중심주의는 여러 도전과 비판을 받기도 하였다. 하지만 '인간의 권리'라는 표현이 정확하게 보여주는 인권의 인간중심주의는 여전히 확고한 인권의 출발점으로 유지된다.

그렇지만 이는 오늘날 변화의 가능성을 맞고 있다. 이에 대해서는 오늘날 사회 전체적으로 이슈가 되는 '제4차 산업혁명'이 한 몫을 한다.[2] 물론 제4차 산업혁명이 과연 실제로 있는가에 관해서는 논란이 있기도 하지만, 이러한 제4차 산업혁

---

[1] 이에 관해서는 아래 II.2. 참조.

[2] 제4차 산업혁명에 관해서는 클라우스 슈밥, 송경진 (옮김), 『클라우스 슈밥의 제4차 산업혁명』 (새로운현재, 2016) 참조.

명이 오늘날 사회 곳곳에서 새로운 변화를 야기하고 있는 점은 어느 정도 분명한 듯하다. '초연결사회'나 '빅데이터 사회', '지능정보사회' 등과 같은 새로운 사회 패러다임이 현재 활발하게 논의되고 있다는 점이 이를 예증한다. 이에 반해 제4차 산업혁명이 인권 영역에 어떤 변화를 야기할 것인지는 상대적으로 충분히 논의되지 않았다. 그렇지만 제4차 산업혁명이 우리에게 새로운 사고방식, 새로운 사회구조를 불러일으키고 있는 것처럼 이미 인권 영역에서도 제4차 산업혁명은 새로운 자극과 도전을 던지고 있다. 이를 핵심적으로 표현하면, 바로 인권의 인간중심적 사고에 대한 도전이라 할 수 있다. 이를테면 이세돌 9단과 세기적인 바둑 대국을 펼친 구글의 '알파고'가 상징적으로 보여주는 것처럼, 인간이 아닌 '탈인간적인 존재'도 우리 인간과 유사하게 사고하고 결정을 내릴 수 있다는 점이 분명해지고 있다. 이에 따라 알파고와 같은 인공지능 로봇이 우리 인간처럼 인격성을 취득할 수 있는지, 윤리적 의무를 부담할 수 있는지, 법적 권리주체가 될 수 있는지, 법적 책임을 질 수 있는지가 논의된다. 이러한 상황에서 인간을 위해 설계된 인권이 인공지능 로봇과 같은 탈인간적 존재에게도 인정될 수 있는지 의문을 제기할 수 있을 것이다. 이러한 맥락에서 '인공지능과 인권'(Artificial Intelligence and Human Rights)이라는 주제가 논의되기도 한다.[3] 물론 아직까지는 인공지능의 인권주체성 문제보다는 인공지능이 야기하는 인권적 문제가 관심의 초점이 된다. 그렇지만 저작권법 영역에서 확인할 수 있듯이, 인공지능의 권리주체성이 적극 논의되는 것을 볼 때 인공지능에게 인권과 같은 권리를 인정할 수 있는지 역시 조만간 학문체계의 중요한 문제로 떠오를 것이다.[4] 제4차 산업혁명과 지능정보사회로 대변되는 '탈인간중심적 사고'가 인권 영역에도 스며들 것이다. 이러한 시대적 흐름은 권리중심주의 및 보편주의와 더불어 근대 인권 개념에 바탕이 되는 인간중심적 사고가 오늘날에도 여전히 유효한지에 중대한 자극과 도전이 된다.[5]

---

3 이를 보여주는 Mathias Risse, "Human Rights and Artificial Intelligence: An Urgently Needed Agenda", CARR CENTER FOR HUMAN RIGHTS POLICY (May 2018)(https://carrcenter. hks.harvard.edu/files/cchr/files/humanrightsai_designed.pdf). 이외에도 인공지능과 인권에 관한 다양한 이슈가 논의된다. 다만 아직까지는 주로 인공지능이 인권에 어떤 문제를 야기할 것인지가 논의의 초점이 된다.

4 이에 관해서는 차상육, "인공지능 창작물의 저작권법상 보호 쟁점에 대한 개정방안에 관한 연구", 『저작권』 제129호(2020. 3), 5−69쪽 참조.

5 근대적 인권에 관해서는 이상돈, "근대적 인권 개념의 한계", 『고려법학』 제44호(2005. 4), 101−139쪽 참조.

이러한 시대적 상황에서 이제 우리는 근대 계몽주의와 시민혁명의 시대정신이 낳은 인권 구상이 오늘날에도 여전히 타당한지, 그게 아니면 이를 전면 재검토해야 하는 것은 아닌지 고민해야 할 필요가 있다. 제4차 산업혁명이 야기하는 새로운 시대정신에 걸맞게 인권 개념과 이론적 기초를 새로운 지평 위에서 논의해야 할 필요가 있다. 그중에서 우리가 가장 눈여겨 보아야 할 점은 바로 인권의 인간중심적 사고라 말할 수 있다. 그러면 이제 인권 개념은 오늘날의 시대적 상황에 걸맞게, 현대 과학기술의 발전에 대응할 수 있도록 새롭게 설정해야 하는가? 만약 그렇다면 이는 어떻게 재설정해야 하는가? 새로운 인권 개념은 어떤 규범적 내용을 담아야 하는가? 제9장은 바로 이러한 문제의식에서 출발한다. 제4차 산업혁명으로 사회 전체가 급격한 구조변동을 맞고 있는 오늘날 근대 자연법이론과 종교개혁 및 시민혁명이 낳은 인권 개념을 새롭게 구상해야 하는지, 만약 그렇다면 이는 어떻게 재구상할 수 있는지를 다루고자 한다.

Ⅱ. 근대 인권의 이념적 기초

1. 인권의 의의

앞에서 언급한 것처럼, 인권은 인간이면 그 누구나 평등하게 그리고 보편적으로 누릴 수 있는 권리로 이해된다. 이러한 인권 이해는 세 가지 중요한 요소를 담고 있다. 첫째, 인권은 인간의 권리라는 점이다. 둘째, 인권은 인간이면 그 누구나 평등하게 그리고 보편적으로 누릴 수 있다는 점이다. 셋째, 인권은 바로 권리라는 점이다.

2. 인권의 이념적 기초

인권 개념이 담고 있는 세 가지 요소에서 근대 인권의 핵심이 되는 네 가지 이념적 기초를 발견할 수 있다. 인간중심주의, 보편주의, 권리중심주의, 주체중심주의가 그것이다.

(1) 인간중심주의

먼저 인간중심주의를 언급할 수 있다. 인권은 '인간의 권리'를 뜻한다. 인간이 인권의 주체가 된다는 것이다. 이를 반대로 추론하면, 인간이 아닌 존재는 인권의 주체가 될 수 없다는 점을 뜻한다. 예를 들어 동물은 인권의 주체가 될 수 없다.[6] 인권이 바탕으로 삼는 이러한 인간중심주의는 사회를 규율하고 지탱하는 '질서의 중심'을 인간에 둔다는 의미도 지닌다. 이는 신을 중심으로 하여 세계의 질서를 설계했던 중세의 질서 모델과 차이가 있다. 인권은 인간중심의 질서 모델을 전제로 하는 것이다. 그 점에서 인권 규범은 중세의 규범질서에서 근간이 되었던 신 중심의 자연법이론과도 차이가 있다.[7]

한편 여기서 주목해야 할 점은 인권은 바로 '인격체의 권리'(Personenrechte)가 아닌 '인간의 권리'(Menschenrechte)라는 점이다. 이는 근대법의 기본구조를 감안할 때 꽤 이질적인 편에 속한다. 왜냐하면 근대법은 자연적인 인간이 아닌 '법적 인격'(Rechtsperson)을 중심으로 하여 전체 법체계를 구성하였기 때문이다. 이는 근대법의 전형이자 모든 법의 중심을 이루는 민법, 특히 독일 민법(BGB)에서 찾아볼 수 있다. 독일 민법은 '인간'(Mensch)이 아닌 '인격'(Person)을 권리 및 법률행위의 주체로 설정하기 때문이다. 이 점에서 볼 때 인권 개념 자체는 근대법의 체계에서 꽤 이질적이다. 물론 여기에는 여러 설득력 있는 근거가 있다. 무엇보다도 인권은 법체계에 포섭되지 못한 인간, 즉 배제된 '호모 사케르'(homo sacer)를 보호하려는 의도를 지니고 있는 것이다.[8]

(2) 보편주의

다음으로 보편주의를 들 수 있다. 인권은 보편적인 권리라는 것이다. 물론 이때 말하는 보편주의는 인간 존재에게만 효력을 미친다. 그 점에서 인간중심적 보

---

6 물론 인권이 아닌 동물권을 인정할 수 있는지는 별개의 문제이다. 동물권에 관해서는 김중길, "전 인권적 관점에서 본 동물권", 『인권이론과 실천』 제19호(2016. 6), 71–93쪽 참조.

7 중세의 자연법론에 관해서는 박종대, "토마스 아퀴나스의 법론에 관한 연구: 자연법론을 중심으로", 『중세철학』 제5권(1999. 12), 55–79쪽 참조.

8 이 점에서 인권은 인간이 법체계의 보호에서 배제되는 것을 막기 위한 권리라고도 볼 수 있다. 법체계의 보호에서 배제되는 '호모 사케르'에 관해서는 조르조 아감벤, 박진우 (옮김), 『호모 사케르: 주권 권력과 벌거벗은 생명』(새물결출판사, 2008) 참조.

편주의라 말할 수 있다. 이러한 보편주의는 세 가지 측면에서 접근할 수 있다. 객관적 측면, 주관적 측면, 시간적 측면이 그것이다. 첫째, 인권은 객관적·규범적인 측면에서 보편적인 내용을 갖는 권리이다. 둘째, 인권은 인간 존재이면 그가 누구인지에 상관없이 보편적으로 보유할 수 있는 권리이다. 셋째, 인권은 시간이라는 변수에 의존하지 않는 초시간적인 권리이다. 그 점에서 인권은 마치 자연권처럼 보편적이면서 절대적인 권리라 말할 수 있다.

(3) 권리중심주의

나아가 권리중심주의를 언급할 수 있다. 인권은 바로 인간의 '의무'가 아닌 '권리'라는 것이다. 인권은 이 점에서는 근대법의 기본 구조에 합치한다. 왜냐하면 근대법 역시 그 이전의 법과는 달리 의무가 아닌 권리를 중심으로 구조화되어 있기 때문이다. 한편 이렇게 인권이 권리중심주의를 수용하고 있다는 점에서 인권은 기본적으로 개인의 자유를 중시하는 자유주의를 출발점으로 삼는다는 점도 확인할 수 있다. 다소 도식적으로 표현하면, 권리는 자유주의 그리고 의무는 공동체주의와 연결된다고 볼 수 있기 때문이다. 다른 한편으로 인권에서 전제로 하는 권리 개념은 단일한 의미를 갖는 것이 아니라 복합적인 의미맥락을 담고 있다. 이는 크게 세 가지로 구별할 수 있다. 도덕적 의미, 정치적 의미, 법적 의미가 그것이다.

첫째, 인권은 도덕적 권리라는 의미를 갖는다. 여기서 도덕적 권리라는 의미는 인권의 보편성, 그중에서도 초시간성과 관련을 맺는다. 인권은 마치 모세의 십계명과 같은 종교적 윤리처럼 시간성에 얽매이지 않고 영속하는 보편적인 권리라는 것이다. 이는 인권을 일반적으로 지칭하는 '보편적인 천부인권'이라는 개념에서 확인할 수 있다. 인권은 하늘, 즉 신이 부여한 권리이기에 변화하는 실정법상 권리와는 달리 변하지 않는 숭고한 도덕적 권리라는 것이다.[9]

둘째, 인권은 정치적 권리라는 의미를 지닌다. 인권은 '적과 동지'로 구별되는 정치적 영역에서 저항 및 투쟁의 수단으로 사용되는 권리라는 것이다.[10] 애초에 근

---

9 물론 도덕이론의 측면에서 보면, 이때 말하는 도덕은 변하지 않는 자연법적 도덕을 전제로 한다. 인지주의의 전통에서 본 도덕인 것이다. 결정주의의 전통에서 본다면, 도덕 역시 변화가능성에서 자유로울 수 없다. 도덕에서 인지주의와 결정주의 문제에 관해서는 위르겐 하버마스, 황태연 (역), 『도덕의식과 소통적 행위』(나남출판, 1997) 참조.

10 '적과 동지의 구별'에 관해서는 카를 슈미트, 김효전·정태호 (옮김), 『정치적인 것의 개념: 서문과 세 개의 계론을 수록한 1932년 판』(살림출판사, 2012) 참조.

대 인권이 프랑스 혁명이라는 정치적 투쟁과정에서 본격적으로 등장한 개념이라는 점을 고려하면 이는 당연한 듯하다. 인권은 인권 주체의 정치적 투쟁 및 저항을 규범적으로 정당화하는 수단이었던 것이다. 이러한 맥락에서 인권은 정치적 영역에서는 '인권운동'이라는 표현으로 지칭되는 경우가 많았다. 같은 맥락에서 여기서 말하는 인권은 엄밀하게 보면 규범적 권리라기보다는 '시민운동체계'라는 '사회적 체계'에 속하는 소통방식 혹은 의미론이라고 말할 수 있다.[11] 그러나 이러한 인권의 정치적 성격은 적과 동지의 구별이라는 진영논리를 강화하여 결국 인권을 보편적인 권리가 아닌 당파적인 권리로 전락시킬 위험성도 안고 있다.

셋째, 인권은 법적 권리라는 의미도 갖는다. 오늘날 인권은 더 이상 도덕적 권리나 정치적 권리로만 머물지 않는다. 도덕적·정치적 권리였던 인권을 법체계 안으로 끌어들인 다양한 인권법규범이 제정되면서 인권은 이제는 법적 권리로 제도화되었다. 이는 인권법원을 독자적인 법원으로 구축하고 있는 유럽연합에서 극명하게 확인할 수 있다. 다만 이렇게 인권이 실정법상 지위를 획득하면서 법적 권리인 인권과 헌법이 규정하는 기본권의 관계를 어떻게 설정해야 하는지의 이론적·실천적 문제가 등장하기도 한다.[12]

(4) 주체중심주의

마지막으로 주체중심주의를 언급할 수 있다. 인권은 인간이라는 주체를 염두에 두면서 이러한 주체가 필요로 하거나 관심을 갖는 이익을 보호하고자 하는 규범적 장치라는 것이다.[13] 물론 이러한 주체중심주의는 앞에서 소개한 인권 개념에서 명확하게 드러나지는 않는다. 그렇지만 인권의 인간중심주의나 권리중심주의에서 주체중심주의를 추론할 수 있다. 근대법이 수용한 권리 개념 자체가 권리주체와 권리객체를 구별하는 ≪주체-객체 모델≫을 전제로 하기 때문이다. 이때 주체의 자격을 인간 존재로 한정하는 것이 바로 인권인 것이다.

---

[11] 시민운동을 체계이론의 견지에서 분석한 연구로는 김영빈, 『"안녕들 하십니까?" 현상의 커뮤니케이션적 분석: 루만의 체계이론을 토대로』(부경대 신문방송학 석사학위논문, 2014. 8) 참조.

[12] 인권과 기본권의 관계에 관해서는 허완중, "인권과 기본권의 연결고리인 국가의 의무: 기본권의 의무적 고찰을 위한 토대", 『저스티스』 제124호(2011. 6), 136-168쪽 참조.

[13] 이는 이익설의 관점에서 인권을 파악한 것이다. 만약 의사설의 관점에서 인권을 파악하면, 주체의 의사 또는 의지가 전면에 등장할 것이다. 김도균, 『권리의 문법』(박영사, 2008) 참조.

Ⅲ. 근대 인권 구상에 대한 도전

근대 인권 개념이 바탕으로 삼는 이념적 기초는 그동안 여러모로 비판에 직면하였다. 가장 최근에는 근대 인권 구상의 출발점인 '인간중심주의'가 정면에서 도전을 받고 있다. 아래에서는 그동안 근대 인권이 바탕으로 삼는 보편주의, 권리중심주의 및 인권중심주의에 대해 어떤 이론적 도전이 제기되었는지 개관해 보도록 한다.

1. 인권의 보편주의에 대한 도전

인권의 보편주의, 즉 인권이 과연 보편적인 권리인가에 관해서는 이미 일찍부터 도전이 시작되었다. 이는 크게 두 지점에서 비판이 제기되었다. 첫째는 과연 인권은 보편적인 권리인가, 아니면 서구의 정신, 가치관, 문화를 반영하는 서구중심적 권리에 불과한 것인가의 비판이다. 둘째는 만약 인권이 보편적인 권리라면 이를 어떻게 이론적으로 논증할 수 있는가 하는 비판이다.

(1) 인권의 서구중심성 비판

먼저 인권은 서구중심적 권리에 불과한 것은 아닌지 문제된다. 이는 주로 문화론의 견지에서 논쟁이 되었다. 크게 두 문화권에서 인권의 보편성을 문제삼았다. 우선 '아시아적 가치'라는 이름 아래 인권을 포함하는 민주주의 전반의 부편성이 비판되었다. 이는 김대중 전 대통령과 리콴유 전 싱가포르 총리 사이에서 '아시아적 가치'와 '민주주의의 보편성'을 둘러싸고 이루어진 논쟁으로 잘 알려져 있다.[14] 다음으로 이슬람 문화권에서 인권이 과연 보편적인 권리인지를 문제삼았다. 이는 독일에서 '히잡 착용의 자유'를 둘러싼 여성 차별 금지와 종교의 자유 사이의 논쟁

---

14 이에 관해서는 Wm. Theodore de Barry, *Asian Values and Human Rights: A Confucian Communitarian Perspective* (Harvard University Press, 1998); Wm. Theodore de Barry/Tu Weiming (eds.), *Confucianism and Human Rights* (Columbia University Press, 1998); Joanne R. Bauer/Daniel A. Bell (eds.), *The East Asian Challenge for Human Rights* (Cambridge University Press, 1999); 양천수, "동아시아적 인권구상의 가능성", 『고려법학』 제67호(2012. 12), 163−210쪽 참조.

형태로 불거지기도 하였다.[15] 유교 문화에 기반을 둔 동아시아 문화권이나 이슬람교에 바탕을 둔 이슬람 문화권은 인권은 보편적인 권리가 아니라 서구 기독교 문화의 규범적 가치를 반영한 문화상대적인 권리에 지나지 않는다고 비판한다. 이러한 비판은 두 가지 이론적 주장을 전제로 한다. 첫째, 인권과 문화는 서로 관련을 맺는다는 것이다.[16] 둘째, 오늘날 문화는 단일하게 존재하는 것이 아니라 서로 다른 문화가 다원적으로 병존한다는 것이다.

　　이러한 이론적 전제는 오늘날 모두 타당한 것으로 인정되고 있다. 인권이 문화와 무관하지 않다는 것은 국제인권규약이 시민적·정치적 권리뿐만 아니라 경제적·사회적·문화적 권리까지 포함하고 있다는 점에서 어느 정도 확인할 수 있다. 이에 따르면, 문화적 권리 자체가 인권인 것이다. 또한 인권을 포함하는 법규범과 문화가 서로 관련을 맺는다는 주장을 통해서도 인권과 문화의 상호연관성은 논증될 수 있다. 이를테면 신칸트주의를 수용한 독일의 법철학자 라드브루흐(Gustav Radbruch)는 법 개념을 문화 개념으로 파악하였고, 신칸트주의 형법학자인 마이어(Max Ernst Mayer)는 아예 형법규범을 문화규범으로 규정하기도 하였다.[17] 물론 엄밀하게 말하면 인권과 법은 개념적으로 구분된다. 인권은 도덕적·정치적·법적 권리라는 복합적인 의미를 갖는다는 점에서 법과는 분명 차이가 있다. 그렇지만 인권 역시 규범에 속하고, 신칸트주의에 따르면 규범은 가치관련적인 명제로 구성된다는 점에서 문화와 관련을 맺는다.[18] 이러한 이론적 논의를 고려하면, 인권이 문화와 무관하게 존재하는 권리라고 말하는 것은 쉽지 않다. 나아가 오늘날 문화가 다원적으로 병존한다는 주장은 굳이 본격적으로 논증할 필요 없이 한참 유행어가 되기도 하였던 '문화다원주의'나 '문명충돌'이라는 개념에 힘입어 쉽게 논증할 수

---

15 이에 관해서는 강태수, "독일 무슬림의 종교의 자유", 『세계헌법연구』 제15권 제2호(2009. 6), 19쪽 아래 참조.

16 이에 관해서는 양천수, "다문화적 인권의 가능성: 기초법학의 관점에서", 『법과 정책연구』 제11집 제2호(2011. 6), 369-393쪽 참조.

17 구스타브 라드브루흐, 최종고 (번역), 『법철학』 제3판(삼영사, 2007), 63쪽; 김기만, "신칸트학파의 법철학: Max Ernst Mayer를 중심으로", 『법철학연구』 제11권 제2호(2008. 12), 361-390쪽 참조.

18 이러한 맥락에서 자연과학과 문화과학을 구별하는 하인리히 리케르트, 이상엽 (옮김), 『자연과학과 문화과학』(책세상, 2004), 55쪽 참조. 리케르트에 따르면 문화란 "가치 있는 목적에 따라 행동하는 인간이 직접 생산한 것이거나 그것이 이미 존재하고 있는 경우에는 적어도 그것에 담겨 있는 **가치** 때문에 의식적으로 **가꾸어 보존한** 것이다."(강조는 원문).

있다.[19]

(2) 보편성의 논증 가능성에 대한 비판

이렇게 보면 오늘날 인권의 보편성은 포기해야 하는 것은 아닌지 의문이 들수 있다. 바로 이러한 의문에서 두 번째 비판점이 등장한다. 인권의 보편성을 어떻게 이론적으로 논증할 수 있는가의 비판이 그것이다. 사실 문화다원주의가 지배하는 오늘날 인권의 보편성을 주장하는 것 자체가 무모한 것으로 보일 수도 있다. 인권은 문화에 의존하고 이러한 문화는 보편적으로 단일하게 존재하는 것이 아니라 다원적으로 병존하는 것이라면, 인권을 보편적인 권리라고 확언하는 것은 너무 무모한 주장으로 보일 수 있기 때문이다. 더불어 권리의 철학적 구조를 다룬 연구에서는 권리 자체가 고정된 것이 아니라 구성적이며 가변적인 것이라고 말한다.[20] 이러한 권리의 가변적인 성격은 인권에서도 확인된다. 사실이 그렇다면, 오늘날 인권을 보편적인 권리로 설정하고 논증하는 것은 쉽지 않아 보인다.

2. 권리중심주의에 대한 도전

인권은 권리라는 점, 즉 인권의 권리중심주의에 대해서도 그동안 여러 비판이제기되었다. 이러한 비판은 두 가지로 요약할 수 있다. 첫째는 권리중심주의는 개인과 개인의 충돌을 야기하여 사회의 분열을 초래한다는 공동체주의적 비판이다. 둘째는 권리는 규범적 독자성을 지니지 못한다는 순수법학의 비판이다.

(1) 권리에 대한 공동체주의적 비판

인권은 의무가 아닌 권리이다. 권리는 개인이라는 권리주체를 전제로 한다. 이점에서 권리는 개인주의와 자유주의를 지향한다. 그러나 이러한 성격으로 인해 권리는 필연적으로 다음과 같은 문제에 부딪힌다. 개인과 개인, 권리와 권리 간의 갈등 및 충돌이라는 문제가 그것이다. 이는 보편적인 권리인 인권에서도 그대로 나

---

19 이에 관해서는 이철우, "다문화주의의 지속가능성: 유럽의 다문화주의 정책 현실에 대한 진단과 유럽인권재판소 판결의 분석", 『법학논총』(국민대) 제30권 제1호(2017. 6), 199−254쪽 참조.

20 이를 보여주는 김현철, 『권리에 대한 법철학적 연구: 권리 개념의 재구성을 중심으로』(서울대 법학박사 학위논문, 2000. 2) 참조.

타난다. 각 인간 주체에게 더욱 많은 인권을 부여하면 부여할수록 인권의 상호 충돌 가능성 역시 덩달아 높아진다. 이는 자칫 사회의 갈등과 분열로 이어질 수 있다. 근대 자유주의를 철학적으로 정초하는 데 기여한 칸트는 이러한 문제를 해결하기 위해 다음과 같은 제안을 한다. 먼저 도덕 영역에서는 보편화에 관한 정언명령을 제시하여 개인과 개인의 주관적 준칙이 객관적 법칙과 합치할 수 있도록 도모한다. 이에 의하면 개인의 주관적 준칙은 객관적인 일반법칙에 합치할 수 있도록 설정해야 한다.[21] 다음으로 법 영역에서는 한 사람의 자유와 다른 사람의 자유가 최대한 양립할 수 있도록 하는 임무를 법이 수행해야 한다.[22]

그러나 사실 이러한 해법은 자유와 권리를 최대한 실현할 수 있도록 하는 것이 아니다. 보편화에 관한 정언명령에 따르면, 각 개인은 가급적 적극적·능동적으로 행위하는 것을 삼가야 한다. 가령 흡연하는 것보다 금연하는 것이 정언명령에 합치한다. 또한 법이 개인의 자유와 자유가 양립할 수 있도록 해야 한다는 것은 법이 자유보다 본질적으로 우선한다는 의미를 담고 있다. 주관적 권리보다 객관적 법이 우선한다는 것이다. 바로 이 점에서 헤겔을 비롯한 공동체주의자들은 권리중심적 사고가 사회라는 공동체를 지탱하는 데 역부족이라고 비판한다. 그 때문에 공동체주의는 개인의 자유가 객관적인 인륜성과 합치할 수 있도록 해야 한다고 강조한다. 이에 의하면, 다소 극단적으로 말하면, 결국 남는 것은 주관적 도덕에 대한 객관적 인륜성의 우위, 자유에 대한 미덕의 우위, 권리에 대한 의무의 우위라고 할 수 있다.[23]

(2) 권리에 대한 순수법학의 비판

법이론의 측면에서 권리 개념을 가장 치열하게 비판한 이론으로 '순수법학' (reine Rechtslehre)을 들 수 있다. 세기의 법학자 켈젠(Hans Kelsen)이 제시한 순수법학은 오직 국가가 제정한 실정법만을 법으로 인정하고 법과 도덕 및 기타 사회규범을 엄격하게 구별함으로써 법의 순수성을 극단적으로 추구한 법이론으로 잘 알려져 있다. 그렇지만 이와 더불어 순수법학이 권리의 규범적 독자성 역시 맹렬

---

21 이에 관해서는 임마누엘 칸트, 백종현 (옮김), 『윤리형이상학 정초』(아카넷, 2005) 참조.
22 임마누엘 칸트, 백종현 (옮김), 『윤리형이상학』(아카넷, 2012), 51쪽 아래 참조.
23 이러한 견지에서 사회계약론을 비판하는 G.W.F. 헤겔, 임석진 (옮김), 『법철학』(한길사, 2008) 참조.

하게 비판했다는 점은 상대적으로 알려져 있지 않다.[24] 켈젠의 순수법학은 '주관적 권리'(subjektive Rechte)의 규범적 독자성을 부인하면서 이는 '객관적 법'(objektives Recht)이 의무 형태로 보호하는 이익이 반사적으로 표현된 것에 지나지 않는다고 말한다.[25] 순수법학에 따르면, 주관적 권리보다 객관적 법이 본질적인 지위를 차지한다.

켈젠은 권리의 규범적 독자성을 강조하는 이론적 진영으로 19세기 독일에서 융성했던 판덱텐 법학, 즉 로마사법학을 꼽는다.[26] 켈젠에 따르면, 판덱텐 법학은 다음과 같은 이론적 전제를 바탕으로 하여 권리의 규범적 독자성을 근거짓는다. 첫째, 국가 영역과 사회 영역을 구분한다. 이에 따라 공법과 사법이 구분되고 서로 다른 규범원리가 공법과 사법을 규율한다. 이는 사법이 공법으로부터 독립된 자율적인 법으로 존재한다는 것을 뜻한다. 공법이 없어도 사법은 존재할 수 있다는 것이다.[27] 이러한 사법에서 중심적인 역할을 하는 것이 바로 권리이다. 민법학에서 가장 핵심적인 개념이 되는 '법률행위'(Rechtsgeschäft)는 바로 이러한 권리를 형성하기 위한 행위라 할 수 있다. 둘째, 주관적 권리의 귀속주체, 즉 권리주체로서 '인격'(Person)을 설정한다. 그런데 이때 말하는 인격은, 켈젠에 따르면, 자연적 존재인 인간처럼 실재하는 존재가 아니라 객관적 법에 의해 의제되는 존재에 지나지 않는다.[28] 이는 특히 법인이 잘 보여준다.[29] 따라서 객관적 법이 없으면 인격도 존재할 수 없고, 그렇게 되면 권리주체뿐만 아니라 권리 자체도 성립할 수 없다. 바로 이러한 근거에서 켈젠은 주관적 권리보다 객관적 법에 본질적인 지위를 부여한다. 객관적 법이 의무라는 형식을 이용하여 특정한 이익을 보호하기에 이러한 이

---

24 이에 관한 선구적인 연구로는 계희열, "헌법관과 기본권이론: 기본권의 성격변천에 관한 고찰", 『공법연구』 제11호(1983. 7), 11–58쪽 참조.

25 한스 켈젠, 윤재왕 (옮김), 『순수법학』(박영사, 2018), 67쪽 아래 참조.

26 한스 켈젠, 위의 책, 62쪽 아래.

27 이러한 주장의 현대적 버전을 독일의 법사회학자 토이브너(Gunther Teubner)에게서 발견할 수 있다. 이를 보여주는 G. Teubner, "Globale Zivilverfassungen: Alternativen zur staatszentrierten Verfassungstheorie", in: ZaöRV 63 (2003), 1–28쪽 참조.

28 한스 켈젠, 앞의 책, 73쪽: "다시 말해 권리주체나 인격은 법학적 인식이 이론적으로 처리해야 할 소재를 쉽게 이해할 수 있도록 서술할 목적에서 그리고 법률언어를 인간에 유사하게 인격화(의인화)해서 표현해야 한다는 압박 하에서 만들어 낸 보조 개념일 뿐이다. '인격'은 다수의 법의무와 다수의 권한을 하나로 묶어 인격화한 통일성의 표현일 뿐이다. 다시 말해 인격은 규범들의 복합체를 표현하는 통일성일 뿐이다."

29 한스 켈젠, 앞의 책, 76쪽.

익이 반사적으로 권리가 될 수 있다는 것이다.

(3) 개인정보 및 데이터에 대한 권리 논쟁

최근에는 개인정보, 더 나아가 데이터가 권리의 대상에 해당하는지를 둘러싼 논쟁에서 권리에 대한 비판의식을 찾아볼 수 있다.[30] 지배적인 견해뿐만 아니라 현행 개인정보 보호법은 개인정보에 대한 권리를 독자적인 권리로 인정한다(개인정보 보호법 제15조). 독일 연방헌법재판소가 인정한 '정보적 자기결정권'에서 연원하는 '개인정보 자기결정권'이 그것이다. 뿐만 아니라 가장 최근에는 '데이터 소유권'이라는 개념 아래 개인정보에 속하지 않는 데이터도 권리의 대상으로 삼고자 하는 움직임이 전개된다. 그러나 일부 견해는 이렇게 데이터에 대한 권리를 인정하거나 강화하는 움직임에 반발한다. 이는 크게 두 가지 흐름에서 이루어진다. 첫째는 데이터에 대한 권리를 인정하거나 강화하면 이는 현대사회에서 새로운 성장 동력으로 각광받는 빅데이터를 활성화하는 데 장애가 된다는 것이다.[31] 둘째는 애초에 데이터는 상호적인 것이기에 한 개인에게 이를 전적으로 귀속시킬 수는 없다는 것이다.[32] 예를 들어 개인정보는 해당 개인을 위해서만 존재하기보다는 오히려 그 개인을 특정하고자 하는 타인에게 더욱 중요하게 사용된다는 것이다. 타인이 그 개인정보를 이용하기 때문에 비로소 해당 개인이 독자적인 존재로 의미를 획득할 수 있다는 것이다. 바로 이 점에서 개인정보에 대한 권한을 그 개인이 권리로서 독점하도록 하는 것은 타당하지 않다고 말한다. 이는 어찌 보면 권리에 대한 공동체주의적 비판이 데이터를 매개로 하여 현대적으로 변용된 것이라고 말할 수 있다.

3. 인간중심주의에 대한 비판

제4차 산업혁명이 진행되는 오늘날 근대 인권 구상에 제기되는 가장 큰 도전

---

30 이에 관해서는 고학수·임용 (편), 『데이터오너십』(박영사, 2019) 참조.

31 이러한 관점을 대변하는 구태언, 『미래는 규제할 수 없다: 패권국가로 가는 규제혁신』(클라우드 나인, 2018) 참조.

32 이러한 관점을 흥미롭게 보여주는 박경신, "정보소유권으로서의 개인정보자기결정권과 그 대안으로서의 '정보사회주의'", 고학수·임용 (편), 『데이터오너십』(박영사, 2019), 257쪽 아래 참조.

은 바로 인권의 인간중심주의에 대한 도전이라고 말할 수 있다.

(1) 동물권 운동

인간중심주의에 대한 도전이 완전히 새로운 것은 아니다. 인간만이 권리를 갖는다는 주장에 대해서는 이미 오래 전부터 도전이 제기되었기 때문이다. 동물권 운동이 바로 그것이다. 동물권 운동은 인간뿐만 아니라 동물에게도 권리주체성을 인정하고자 한다. 심지어 급진적인 견해는 권리주체성을 모든 존재로 확장하려 한다. 이러한 맥락에서 환경권이 문제가 된 실제 재판에서는 인간이 아닌 도롱뇽을 당사자로 하여 소를 제기하기도 하였다.[33] 그러나 현재까지는 과연 어떤 이론적 근거로 동물 또는 모든 존재에게 권리주체성을 인정할 수 있는지 분명하지는 않다. 그나마 설득력 있는 근거로서 쾌고감수능력이나 소통가능성이 제시되는 편이다. 그렇지만 여전히 사회의 다수 견해는 동물의 권리주체성을 인정하지 않는다. 이러한 연유에서 국내의 동물권 운동가들은 최근 현실적인 목표로서 독일 민법이 규정하는 것처럼 동물은 물건이 아니라는 법적 규정을 획득하고자 한다.[34] 다만 독일 민법의 태도를 수용하면, 동물은 물건이 아니면서도 물건으로 취급되는 역설이 출현한다. 동물이면서 동물이 아닌 제3의 자격을 획득하는 것이다.

(2) 인공지능 로봇과 인권

인권의 인간중심주의에 대해 제기되는 가장 설득력 있는 도전은 인공지능 로봇에게도 권리주체성을 인정할 수 있는가의 논의이다.[35] 구글 알파고와 이세돌 9단 간의 세기적인 바둑 대국이 이루어진 이후 인공지능 로봇을 둘러싼 윤리적·법적 논의가 다양하게 전개된다. 이는 크게 두 가지 목적에서 이루어진다. 첫째는 인공지능 로봇에게 일정한 의무나 책임을 묻기 위한 것이다. 둘째는 인공지능 로봇

---

[33] 이 사건을 흥미롭게 분석하는 김영란, 『판결을 다시 생각한다: 한국사회를 움직인 대법원 10대 논쟁』(창비, 2015) 참조.

[34] 독일 민법 제90조a 참조. 이에 따르면, 동물은 물건이 아니다. 그러나 특별한 규정이 없는 경우에는 물건에 관한 규정이 동물에도 준용된다.

[35] 이 문제에 관해서는 양천수, "현대 지능정보사회와 인격성의 확장", 『동북아법연구』 제12권 제1호(2018. 5), 1−26쪽; 조성은 외, 『인공지능시대 법제 대응과 사회적 수용성』(정보통신정책연구원, 2018) 참조. 인공지능 로봇에 관해서는 레이 커즈와일, 김명남·장시형 (옮김), 『특이점이 온다: 기술이 인간을 초월하는 순간』(김영사, 2006) 참조.

자체를 윤리나 법으로 보호하기 위한 것이다. 물론 현재로서는 그중에서 전자에 관한 논의가 더 활발하게 이루어진다. 전자에 관한 문제, 즉 인공지능 로봇에게 윤리적 의무나 법적 책임을 묻기 위한 일환으로 인공지능 로봇에게 인격성을 인정할 수 있는지가 논의되는 것이다. 만약 인공지능 로봇이 윤리적 또는 법적인 면에서 인격성을 획득할 수 있다면, 이는 윤리적인 면이나 법적인 면에서 인공지능 로봇이 인간과 동등한 자격을 획득할 수 있음을 시사한다. 바꿔 말해 인공지능 로봇이 윤리적 의무를 부담하거나 법적 책임을 부담할 수 있다는 것이다. 이러한 논증을 두 번째 문제, 즉 인공지능 로봇을 윤리나 법으로 보호할 수 있는가의 문제까지 확장하면, 인공지능 로봇에게 권리주체성을 인정하는 것도 불가능하지는 않을 것이다. 이는 인공지능 로봇이 인권과 같은 보편적인 권리를 보유할 수 있다는 것을 시사한다.[36]

4. 주체중심주의에 대한 도전

마지막으로 근대 인권 구상이 담고 있는 주체중심주의에 대한 도전을 언급할 수 있다. 이는 인권뿐만 아니라 근대법이 바탕으로 삼는 ≪주체−객체 모델≫에 대한 비판이기도 하다. 주체중심주의에 대한 도전은 다양한 이론에서 제기되었는데, 그중에서 특히 눈여겨볼 만한 이론으로 독일의 사회학자 루만이 정립한 체계이론을 꼽을 수 있다. 그 이유는 근대의 철학적 토대인 주체중심주의를 비판한 이론은 많지만, 비판에 그치지 않고 이를 넘어서 설득력 있는 새로운 대안을 내놓은 이론은 많지 않기 때문이다.

루만은 영국의 수학자 스펜서−브라운(George Spencer−Brown)의 형식법칙을 수용하여 '구별'을 체계이론의 출발점으로 삼는다.[37] 루만에 따르면, ≪주체−객체 모델≫도 구별에 기반을 둔 것이다. 이는 존재를 주체와 객체로 구별하는 것에서 출발한다. 이 점에서 주체중심주의는 ≪주체−객체 모델≫과 연결된다. 주체중심주의는 주체와 객체를 구별하면서 주체가 아닌 것은 객체로 파악한다. 그러면서 주체를 객체보다 우위에 놓는다. 이러한 구별에 따르면, 인간은 주체가 되고 인간

---

36 이에 관한 상세한 논증은 아래 Ⅳ.3. 참조.

37 니클라스 루만, 윤재왕 (옮김), 『체계이론 입문』(새물결, 2014), 86쪽. 스펜서−브라운의 형식법칙에 관해서는 G. Spencer−Brown, *Laws of Form* (Cognizer Co, 1994) 참조.

이 아닌 존재는 객체가 된다. 주체인 인간만이 권리주체가 되고, 인간이 아닌 존재는 객체로서 권리의 대상이 될 뿐이다. 그러나 루만은 주체와 객체라는 구별에 바탕을 둔 주체중심주의 또는 인간중심주의는 현대사회를 설득력 있게 관찰할 수 없다고 한다. 이러한 근거에서 루만은 새로운 구별을 제시한다. 체계와 환경이라는 구별이 그것이다.[38] 그러면서 루만은 인간을 체계가 아닌 환경에 속하는 존재로 파악한다.[39] 그 이유는 인간 존재 자체가 단일한 체계로 구성되지 않기 때문이다. 루만에 따르면, 인간 존재는 의식체계와 생명체계가 복합되어 있는 존재이다. 이러한 인간을 중심으로 삼는 주체중심주의는 현대사회를 정확하게 그려낼 수 없다. 현대사회는 단순히 수많은 사람들을 모아놓은 것에 그치는 것이 아니기 때문이다. 현대사회는 수많은 사람들과 더불어 또 다른 그 무엇으로 구성된다. 그 무엇이 바로 사회적 체계인 것이다.[40] 이러한 이유에서 루만은 ≪주체-객체≫라는 구별을 ≪체계-환경≫이라는 구별로 대체한다.

이러한 체계이론의 시각에서 보면, 인간중심주의 및 주체중심주의에 바탕을 둔 근대 인권 구상은 유지되기 어렵다. 체계이론에 따르면, 애초에 인간과 권리는 서로 결합되기 어렵다. 인간은 인격이라는 모습을 이용해서만 권리와 결합될 수 있을 뿐이다. 이는 인권의 철학적 토대를 뒤흔드는 중대한 도전에 해당한다.

Ⅳ. 새로운 인권 구상의 가능성

지금까지 근대 인권 구상의 이념적 토대가 되는 보편주의, 권리중심주의, 인간중심주의 및 주체중심주의에 제기되는 이론적 도전을 개괄적으로 살펴보았다. 그러면 이러한 상황에서 인권 구상은 어떻게 대응해야 하는가? 이론적 도전을 무시하고 여전히 근대 인권 구상의 이념적 토대를 유지해야 하는가? 그게 아니면 이론적 도전을 수용하여 인권 개념을 새롭게 설정해야 하는가? 아래에서는 근대 인권

---

38 루만은 체계이론은 어떤 특별한 대상에 관한 이론이 아니라, 체계와 환경의 차이에 관한 이론이라고 말한다. N. Luhmann, *Einführung in die Theorie der Gesellschaft*, 2. Aufl. (Heidelberg 2009), 61쪽.

39 N. Luhmann, 위의 책, 33쪽 아래.

40 이외에도 인간이 아닌 각종 환경을 언급할 수 있다.

구상에 제기되는 각각의 이론적 도전에 어떻게 대응할 수 있는지를 검토하면서 인권 개념이 앞으로 어떻게 설정되어야 하는지 개관해 본다. 그중에서도 오늘날 가장 이슈가 되는 인간중심주의에 대한 도전에 어떻게 대응해야 하는지에 초점을 맞추고자 한다.

1. 보편주의 도전에 대한 이론적 대응

인권의 보편주의에 대해서는 일찍부터 비판이 제기되었다. 그렇지만 이러한 상황에서도 인권은 여전히 보편적인 권리로 자리매김할 가능성을 잃지 않는다. 물론 전통적인 방식으로, 마치 자연권처럼 인권의 보편성을 근거짓는 것은 어렵다. 일단 오늘날에는 인권의 문화의존성 및 가변적 성격을 인정해야 하기 때문이다. 인권의 보편성은 바로 이러한 제약조건 아래에서 새롭게 설정되어야 한다. 이를 위해 이미 다양한 이론적 자원이 제공되었다. '상호문화적 인권 구상', '다문화적 인권 구상', '동아시아적 인권 구상' 등이 이러한 예에 속한다.[41] 특히 독일의 정치철학자 포르스트(Rainer Forst)가 제시한 '정당화를 요청할 권리'(Recht auf Rechtfertigung)는 다문화적 상황에서도 어떻게 인권이 보편성을 유지할 수 있는지에 설득력 있는 이론적 시사점을 제공한다.[42] 더불어 하버마스가 제시한 대화이론을 원용하면, 한편으로는 인권의 가변성을 인정하면서도 다른 한편으로는 인권을 보편적인 권리로 자리매김할 수 있는 길이 열린다.[43] 물론 이때 보편적인 권리로 인정되는 부분은 이전의 자연법적 논증방식을 사용하는 경우보다는 그 범위가 좁아진다. 인권을 핵심영역과 주변영역으로 구별하면, 인권의 핵심영역에 대해서만 보편성을 인정할 수 있기 때문이다.

---

41 이에 관해서는 양천수, "동아시아적 인권구상의 가능성", 『고려법학』 제67호(2012. 12), 163 - 210쪽 참조.

42 R. Forst, "Das grundlegende Recht auf Rechtfertigung: Zu einer konstruktivistischen Konzeption von Menschenrechten", in: H. Brunkhorst u.a. (Hrsg.), *Recht auf Menschenrechte* (Frankfurt/M., 1999), 66쪽 아래 참조.

43 이러한 시도를 보여주는 이상돈, 『인권법: 현대사회에서 인권패러다임의 변화와 인권의 실현』(세창출판사, 2005) 참조.

2. 권리중심주의 도전에 대한 이론적 대응

권리중심주의에 대한 이론적 도전에는 어떻게 대응할 수 있는가? 우리는 권리 개념을 포기하고 다른 이론적 방안을 모색해야 하는가? 이에 관해서는 몇 가지 대안을 생각해 볼 수 있다. 첫째는 전통적인 공동체주의가 강조하는 의무이론으로 되돌아가는 것이다. '권리주장'에서 '의무이행'으로 패러다임을 바꾸는 것이다. 둘째는 독일의 공법학자 옐리네크(Georg Jellinek)가 제시한 '지위'(Position) 개념을 받아들이는 것이다.[44] 그러나 필자는 이러한 대안은 그다지 설득력이 있다고 생각하지 않는다. 그 이유를 다음과 같이 제시할 수 있다.

일단 '권리주장'을 '의무위반'으로 대체하는 것은 권리 개념이 실정법상 개념으로 자리매김하고 사회국가 원리가 독자적인 국가의 구성원리로 인정되는 오늘날 받아들이기 어렵다. 오늘날 권리는 소극적인 방어권의 의미를 넘어 적극적인 급부 청구권의 의미까지 포함하기 때문이다. 소극적인 방어권은 의무 개념으로 어느 정도 대체할 수 있지만, 적극적인 급부청구권은 의무 개념으로 대체하기 어렵다. 더군다나 오늘날 '안전권'과 같은 새로운 권리가 주장 및 제도화되는 현상을 감안하면 권리 개념 자체를 포기하기는 어렵다.[45] 지위 개념으로 권리를 대체하는 것도 어렵다. 지위 그 자체는 마치 권리주체나 인격성 또는 자격처럼 추상적인 개념이어서 이는 개별적인 권리 또는 의무로 구체화되어야 한다. 권리 개념을 대체하기에는 추상성의 정도가 높은 것이다.

여기서 왜 켈젠이 권리의 독자적인 규범적 의미를 부정했는가를 되물어볼 필요가 있다. 켈젠이 권리의 독자적인 의미를 부정한 것은 권리 개념이 필요하지 않다는 이유 때문이 아니라, 판덱텐 법학자들이나 자연권 이론가들이 주장하는 것처럼 권리가 실정법 이전에 존재하는 것이라는 주장을 반박하기 위해서였다.[46] 켈젠이 볼 때 권리란 국가가 제정한 실정법과 무관하게 존재할 수 있는 것이 아니다. 실정법이 존재해야, 달리 말해 실정법이 효력을 발휘해야 비로소 권리가 규범적

---

44 이에 관해서는 게오르그 옐리네크 외, 김효전 (옮김), 『독일 기본권이론의 이해』(법문사, 2004) 참조.

45 안전권에 관해서는 전광석, "국민의 안전권과 국가의 보호의무", 『법과인권교육연구』 제8권 제3호(2015. 12), 143–157쪽 참조.

46 한스 켈젠, 앞의 책, 63쪽.

의미를 획득할 수 있다는 것이다. 그 점에서 권리는 단순히 사실적·반사적인 이익이 아니라 실정법이 보호하는 이익이다. 이 점을 고려하면, 권리 개념이 무익하다고 성급하게 결론을 낼 필요는 없어 보인다.

사실이 그렇다면, 켈젠의 주장은 권리는 오직 실정법상 권리로서만 존재할 수 있다는 것으로 이해할 수 있다. 이러한 주장을 인권에 적용하면, 인권은 오직 실정법상 권리로서만 의미가 있을 뿐이다. 인권의 다른 성격, 즉 정치적 권리 또는 도덕적 권리라는 성격은 순수법학이 볼 때 권리의 본질에 부합하지 않는다. 법이 보장하지 않는 인권은 엄밀히 말하면 인권이 아니라 '인권 주장'에 불과한 것이다.

그러면 이는 어떻게 평가할 수 있을까? 순수법학이 주장하는 것처럼, 인권 역시 실정법상 권리로만 이해하는 것이 적절할까? 이 문제는 본격적인 논증을 필요로 하는 쉽지 않은 문제이다. 여기서 이 문제를 정면에서 다루는 것은 적절하지 않다. 다만 결론만을 간략하게 언급하면, 필자는 인권 자체의 역동적 성격 및 핵심 인권이 지닌 처분불가능한 성격 등을 고려할 때 인권을 실정법상 권리로만 파악하는 것은 너무 협소한 이해방식이라고 생각한다. 인권은 도덕적 권리나 정치적 권리로도 존재할 수 있는 것이다. 다만 이때 말하는 권리는 법적 의미의 권리와는 질적으로 구별하는 것이 적절하다.

3. 인간중심주의 도전에 대한 이론적 대응

(1) 기본 방향

인권의 인간중심주의에 대한 도전에는 어떻게 대응할 수 있을까? 인류 역사에서 면면히 이어진 인간중심주의를 여전히 유지할 것인가? 아니면 동물권 운동이나 인공지능 로봇에 관한 논의를 수용하여 인권의 인간중심주의를 포기할 것인가? 이에 대해 필자는 제4차 산업혁명으로 현대사회가 지능정보사회로 변모하고 있다는 점, 불완전하기는 하지만 여러 면에서 인간과 유사한 능력을 보이는 인공지능 로봇이 출현하고 있다는 점, 주체중심주의를 대신하는 체계이론이 현대사회의 변화 과정을 설득력 있게 관찰하고 있다는 점 등을 고려할 때 인권의 인간중심주의를 적절하게 수정할 필요가 있다고 주장하고자 한다. 말하자면 근대 인권 구상을 적절하게 수정한 새로운 인권 구상을 모색할 필요가 있다는 것이다. 그러면 이는 어떻게 구체화할 수 있는가? 어떻게 인권을 개념화하는 것이 근대 인권 구상을 적절하게 수정하는 길이 될 수 있을까?

(2) 탈인간중심적 사고 및 법체계 수용

이에 대한 출발점은 탈인간중심적 사고 및 법체계를 수용하는 것이다. 여기서 탈인간중심적 사고는 인간을 사회의 중심이 아닌 환경으로 설정하는 체계이론적 사고를 말한다.[47] ≪주체-객체≫ 구별을 전제로 한 인간중심주의를 ≪체계-환경≫ 구별을 중심으로 하는 체계이론으로 대체하는 것이다. 그러나 이때 주의해야 할 점은, 인간을 환경으로 설정한다고 해서 인간의 규범적 지위가 훼손되는 것은 아니라는 점이다. 애초에 인간을 사회의 중심으로 설정한다고 해서 모든 인간이 행복해질 수 있는 것도 아니기 때문이다. 인간과 인간 사이의 충돌은 인간중심주의 사회에서도 피해갈 수 없는 숙명일 뿐이다.

그러면 이렇게 탈인간중심주의를 수용하면 근대 인권 구상과 비교할 때 구체적으로 달라지는 것은 무엇인가? ≪체계-환경≫ 구별에서 인간은 사회적 체계가 아닌 환경에 속한다. 이러한 인간이 사회적 체계에 참여하기 위해서는 '소통'(Kommunikation)을 이용하여 사회적 체계와 구조적으로 연결되어야 한다. 더불어 사회적 체계 안에서 이루어지는 소통이 통보될 수 있는 지점을 만들어야 한다. 인간이라는 의식·생명체계의 복합체가 직접 소통을 통보받을 수는 없기 때문이다. 이에 따라 구성되는 지점이 바로 사회적 존재인 '인격'(Person)이다. 인간은 인격이라는 가면을 써야 비로소 각각의 사회적 체계에 참여할 수 있는 것이다. 이는 인간이 아닌 인격을 권리주체로 설정하는 법체계에서 극명하게 드러난다.[48] 이를 통해 인간과 인격 개념은 구별된다.

이러한 맥락에서 법체계에서는 특정한 존재가 권리주체가 될 수 있는지를 해결하기 위한 전제로서 그 존재가 인격성을 취득할 수 있는지를 문제삼는다. 최근 이루어지는 인공지능 로봇의 인격성 논의도 이러한 맥락에서 접근할 수 있다. 만약 인공지능 로봇이 인격성을 획득할 수 있다면, 인공지능 로봇은 법적 권리와 의무의 주체가 될 수 있다.

---

[47] 이를 보여주는 정성훈, "인간적 사회와의 작별: 니클라스 루만의 사회관을 통한 새로운 사회 비판의 출발점 모색", 『시대와 철학』 제18권 제2호(2007. 여름), 81-116쪽 참조.

[48] 이에 관해서는 앞의 Ⅱ.2.(1) 참조.

(3) 인간의 권리에서 인격체의 권리로

인간과 인격을 개념적으로 구별하면서 인격을 법적 권리와 의무의 귀속주체로 설정하는 사고방식을 인권 개념에 수용하면 인권은 다음과 같이 그 의미가 바뀐다. '인간의 권리'(human rights)에서 '인격체의 권리'(person rights)로 그 의미가 바뀌는 것이다.[49] 그러면 이렇게 인권의 규범적 의미를 바꾸는 것에는 구체적으로 어떤 실익이 있을까? 그것은 인권의 인간중심주의를 어느 정도 해체할 수 있다는 것이다. 다시 말해 비인간적인 존재도 인격체로 인정될 수 있다면, 인격체의 권리인 인권의 주체가 될 수 있는 것이다. 가령 동물이나 인공지능 로봇도 인격을 취득할 수 있다면, 인권의 주체가 될 수 있다.

(4) 인격체의 권리로서 인권의 가능성

인권을 인간의 권리가 아닌 인격체의 권리로 파악하는 구상은 완전히 새로운 것은 아니다. 인권과 인간을 분리하는 시도를 선행 연구에서 발견할 수 있기 때문이다. 이러한 예로 체계이론을 선구적으로 법 영역에 수용한 독일의 법사회학자 토이브너의 시도를 들 수 있다.[50]

1) 토이브너의 인권 구상

토이브너는 체계이론을 바탕으로 하여 기본권과 인권을 포괄하는 권리를 새롭게 정초한다. 이때 체계이론의 바탕 위에서 권리를 새롭게 정초한다는 것은 전통적인 행위 모델이 아닌 소통 모델을 토대로 하여 권리를 근거짓는다는 것을 뜻한다. 이를 위해 토이브너는 우선 기본권 개념을 새롭게 설정하는 작업부터 시작한

---

49 이때 말하는 인격체의 권리는 인격권과 구별할 필요가 있다. '인격권'이 '인격에 대한 권리'(right to person)라면, '인격체의 권리'는 '인격체를 위한 권리'(right for person)를 뜻하기 때문이다. 물론 인격체의 권리를 넓게 파악하면, 이 양자를 모두 포괄하는 권리로 설정할 수 있다.

50 토이브너의 인권이론에 관해서는 우선 G. Teubner, "Die anonyme Matrix: Zu Menschenrechtsverletzungen durch 'private' transnationale Akteure", in: *Der Staat* 44 (2006), 165쪽 아래. 이에 대한 우리말 번역으로는 G. Teubner, 홍성수 (역), "익명의 매트릭스: '사적' 초국적 행위자에 의한 인권침해", 『인권이론과 실천』 제6호(2009. 12), 45−70쪽. 토이브너의 인권이론을 소개하는 문헌으로는 홍성수, "인간이 없는 인권이론?: 루만의 체계이론과 인권", 『법철학연구』 제13권 제3호(2010. 12), 268쪽 아래; 양천수, "인권경영을 둘러싼 이론적 쟁점", 『법철학연구』 제17권 제1호(2014. 4), 159−188쪽 참조.

다. 이를 바탕으로 하여 인권 역시 새롭게 규정한다.[51] 이러한 일환에서 토이브너는 체계이론을 원용하여 '분할적 기본권 개념'(divisionale Grundrechtskonzepte)과 '생태적 기본권 개념'(ökologische Grundrechtskonzepte)을 구별한다.

분할적 기본권 개념은 사회를 ≪전체-부분≫이라는 구별로 파악하는 전통적인 이해방식에 기반을 둔다. 분할적 기본권 개념은 전체 사회를 개별적인 부분, 즉 주체로 분할하고 이렇게 분할된 주체를 기본권 주체로 설정하여 기본권을 파악한다. 주체를 기본권의 귀속 지점으로 설정하는 것이다. 사실 지금까지 제시된 대부분의 기본권 이론이 분할적 기본권 개념에 속한다. 이러한 분할적 기본권 개념에 따르면, 전체에서 분할된 기본권 주체는 각자 고립된 개별적인 존재이다. 기본권 주체들은 행위를 통해 서로 연결된다. 그 점에서 분할적 기본권 개념은 ≪주체-객체-행위 모델≫과도 연결된다. 이러한 분할적 기본권 개념은 전체에 해당하는 국가와 부분에 해당하는 기본권 주체 사이의 대립과 충돌을 염두에 두면서 기본권을 국가에 대항하는 수단으로 이해한다.

이와 달리 토이브너가 제시하는 생태적 기본권 개념은 ≪전체-부분≫이 아닌 ≪체계-환경≫ 구별과 '사회적 체계의 내적 분화' 테제를 수용한다. 전체 사회가 부분체계들로 분화되고 이러한 사회의 부분체계들은 소통으로 구성된다는 주장을 받아들여 행위가 아닌 소통을 기본권의 중심 개념으로 파악한다.[52] 이에 따라 생태적 기본권 개념은 전체에서 분할된 행위주체가 아니라 독자적인 소통을 생산하는 사회의 부분체계들, 즉 "집단으로 인격화되지 않은 자립화된 소통절차"를 기본권의 귀속 지점으로 파악한다.[53] 생태적 기본권 개념에 의하면 기본권은 다음과 같은 기능을 수행한다. 우선 기본권은 자립화된 소통절차들이 고유한 기능을 수행할 수 있도록 그 경계를 명확하게 설정하는 기능을 수행한다. 이때 기본권은 소통절차들이 자신의 경계를 넘어 무한정 팽창하는 것을 억제해야 한다. 나아가 기본권은 자립화된 소통절차 안으로 포섭된 인격체들이 각각의 소통절차에 참여하고 소통을 생산할 수 있도록 한다.[54]

---

51 아래에서 살펴보는 것처럼 토이브너는 기본권과 인권을 개념적으로 구별한다. 기본권이 사회적 체계 안에서 문제되는 권리라면, 인권은 사회적 체계 밖에 있는 인간 그 자체를 보호대상으로 하는 권리이다.

52 아래의 내용은 G. Teubner, 홍성수 (역), 앞의 논문, 52쪽 아래 참조.

53 G. Teubner, 홍성수 (역), 앞의 논문, 63쪽.

54 여기서도 알 수 있듯이 토이브너는 인간과 인격을 개념적으로 구분한다.

이러한 근거에서 토이브너는 소통 그 자체를 귀속 지점으로 삼는 기본권과 인간을 귀속 지점으로 삼는 인권을 개념적으로 구별한다. 이에 따라 토이브너는 근본 권리를 세 가지로 구별한다.[55] '제도적 기본권'(institutionelles Grundrecht), '인격적 기본권'(personales Grundrecht) 및 '인권'(Menschenrecht)이 그것이다. 첫째, 제도적 기본권이란 "소통 매트릭스들의 통합화 경향에 맞서 사회적 담론의 자율성, 즉 예술, 과학, 종교의 자율성이 이러한 통합화 경향에 정복되지 않도록 보호하는 권리"를 뜻한다.[56] 예술체계나 학문체계 또는 종교체계가 제대로 작동하는 데 기여하는 예술의 자유, 학문의 자유, 종교의 자유와 같은 기본권이 제도적 기본권에 속한다. 둘째, 인격적 기본권이란 "제도에 귀속된 것이 아니라 인격체라고 불리는 사회적 인공물에 귀속되는 소통이 사회 안에서 자율성영역을 확보할 수 있도록 보호하는 권리"를 말한다. 표현의 자유나 정치적 자유 등을 인격적 기본권으로 언급할 수 있다. 셋째, 인권이란 "경계를 넘어서는 소통 매트릭스에 의해 정신·육체의 통합성이 위협받을 때 사회적 소통에 대한 소극적 한계로서 기능을 수행하는 권리"를 뜻한다. 우리 인간의 생존과 직결되는 생존권 등을 인권으로 지칭할 수 있다.

여기서 확인할 수 있듯이, 토이브너는 기본권과 인권을 개념적으로 구별한다. 기본권이 소통절차와 인격을 위한 권리라면, 인권은 인간을 위한 권리이다. 기본권이 사회적 체계 안, 즉 소통절차 안에서 문제되는 권리라면, 인권은 소통절차 밖에 존재하는 생물학적 인간과 관련을 맺는 권리이다.

2) 검토

토이브너는 체계이론을 기반으로 하여 제도적 기본권, 인격적 기본권 및 인권을 구별한다. 여기서 눈여겨 보아야 할 점은 기본권을 인간 존재가 아닌 인격체와 사회적 소통 그 자체를 보호하는 권리로 설정한다는 것이다. 이러한 토이브너의 구상은 새로운 인권 개념을 구상하는 데 도움을 준다. 전통적인 인권 구상과는 달리 인권을 인격체를 보호하는 권리로 구상해 볼 수 있다는 것이다.

그러나 토이브너의 구상에도 한계가 있다. 일단 토이브너가 인간과 인격 개념을 구별하는 것은 타당하다. 그러나 이에 따라 기본권과 인권을 구별하면서 인권

---

[55] 아래의 내용은 G. Teubner, 홍성수 (역), 앞의 논문, 64−65쪽 참조.
[56] 번역은 홍성수 교수의 번역을 기본으로 하되 약간의 수정을 하였다.

을 여전히 전통적인 방식으로 이해하는 것은 타당하지 않아 보인다. 아마도 토이브너는 유럽인권협약이라는 실정법을 고려하여 전통적인 인권 개념을 포기하지 않는 듯하다. 그러나 체계이론을 수용하는 한 인격이 아닌 인간 그 자체로서 법적 보호를 받는다는 것은 생각하기 쉽지 않다. 인간은 오직 인격으로서만 법적 소통에 참여할 수 있고 법적 보호를 받을 수 있기 때문이다. 이러한 이유에서 기본권과 인권을 개념적으로 구별하면서 기본권은 사회적 체계와 소통 및 인격을 보호하는 권리로, 인권은 인간을 보호하는 권리로 파악하는 것은 타당하지 않다. 오히려 인권은 인간이 아닌 인격체를 위한 권리로 파악하면서, 이러한 인권을 한편으로는 사회적 소통의 귀속 지점인 인격체를 보호하면서, 다른 한편으로는 사회적 체계 그 자체를 보호하는 권리로 설정하는 것이 더욱 설득력을 지닌다.

(5) 인격의 인정 요건

토이브너가 시사한 것처럼 인권을 인간의 권리가 아닌 인격체의 권리로 재설정할 수 있다면, 이제는 인격 개념을 어떻게 파악할 것인지, 인격 개념의 요건을 어떻게 설정할 것인지가 문제된다. 이는 인격 이론 또는 인격 모델과 관련을 맺는다.

1) 인격에 관한 세 가지 모델

이에 관해 필자는 세 가지 인격 모델을 제시할 수 있다고 생각한다. 인간중심적 모델, 불완전한 탈인간중심적 모델, 완전한 탈인간중심적 모델이 그것이다.[57]
먼저 인간중심적 모델은 자연적 인간을 바탕으로 하여 인격 개념을 설정한다. 자연적으로 출생하여 생존하는 인간이면 그 누구나 평등하게 인격을 부여하는 것이다. 현재 우리가 일상적으로 갖고 있는 인격 개념에 가장 상응하는 모델이라 할 수 있다.
이에 대해 탈인간중심적 모델은 체계이론의 관점을 수용하여 인간이 아닌 존재라도 특정한 요건을 충족하는 경우에는 인격성을 부여한다. 예를 들어 인간이 아닌 사회적 체계에 대해서도 특정한 경우에는 인격을 인정한다. 이러한 탈인간중심적 인격 모델은 두 가지로 구별할 수 있다. 불완전한 탈인간중심적 모델과 완전한 탈인간중심적 모델이 그것이다. 이때 불완전한 탈인간중심적 모델은 인간에 의

---

57 이에 관해서는 이 책 제3장 참조.

해 촉발되는 소통으로 구성되는 사회적 체계를 새로운 인격체로 상정한다는 점에서 여전히 인간에 의존한다. 왜냐하면 사회적 체계는 자연적 인간이 소멸하면 존속할 수 없기 때문이다. 그 점에서 한편으로는 탈인간적이지만, 다른 한편으로는 불완전하다.

이에 반해 완전한 탈인간중심적 모델은 인간의 소통으로 구성되는 사회적 체계뿐만 아니라 인공지능과 같은 기계적 체계 역시 특정한 요건을 충족하는 경우에는 인격으로 인정한다. 자연적인 인간에 대한 의존성을 완전하게 배제한다. 그 점에서 완전한 탈인간중심적 모델이다. 물론 이때 주의해야 할 점은 완전한 탈인간중심적 모델이 인간을 인격 개념에서 배제하는 것은 아니라는 점이다. 이 모델은 특정한 요건을 충족하는 경우에는 자연적 인간, 사회적 체계 및 기계적 체계 모두 인격으로 인정한다. 이러한 이유에서 완전한 탈인간중심적 모델은 인격 개념에 관해 가장 포괄적인 모델이다.

이러한 세 가지 모델 중에서 어떤 모델이 가장 타당할까? 그러나 이러한 물음에 확고한 정답을 내놓기는 어렵다. 왜냐하면 인격 개념을 설정하는 데 무엇이 가장 타당한 기준이 되는가에 대한 '메타규칙'은 존재하지 않기 때문이다. 인격의 역사가 보여주는 것처럼, 이는 각 시대적 상황에 적합하게 그 개념과 요건이 제시되었을 뿐이다. 다만 한 가지 경향을 찾는다면 인격 개념이 지속적으로 확장되어 왔다는 점이다. 필자는 한편으로는 이 점을 고려하면서, 다른 한편으로는 인격이 수행하는 기능을 감안하여 완전한 탈인간중심적 모델을 제4차 산업혁명이 진행되는 현 시점에 가장 적절한 모델로 선택하고자 한다.

2) 인격의 인정 요건

완전한 탈인간중심적 모델에 따르면, 특정한 존재가 다음과 같은 요건을 충족할 때 인격으로 승인될 수 있다.

첫째, 소통이 귀속될 수 있는 존재여야 한다. 이렇게 소통이 귀속되는 존재로 인정될 수 있으려면 두 가지 요건을 충족해야 한다. 먼저 존재의 경계가 명확하게 획정될 수 있어야 한다. 말을 바꾸면 존재의 안과 밖이 분명하게 구별될 수 있어야 한다. 다음으로 지속가능하게 존속하는 존재여야 한다. 일시적으로 존속할 뿐인 존재에 대해서는 인격을 인정할 수 없다. 이러한 두 가지 요건을 충족하는 존재로 다음을 언급할 수 있다. 자연적 인간 및 사회적 체계에 해당하는 '조직'(organization),

그중에서도 '법인'(juristische Person)으로 인정할 수 있는 단체가 그것이다. '상호작용'(interaction)은 조직이나 사회처럼 사회적 체계에 해당하지만 법인처럼 인격을 인정하기는 어렵다.[58] 지속가능하게 존속하는 것은 아니기 때문이다.

둘째, 자율적인 존재여야 한다. 달리 말해 자율성을 갖추고 있어야 한다. 이때 자율성이란 윤리학이나 형법학에서 말하는 엄격한 의미의 '자유의지'를 뜻하는 것은 아니다. 이보다 약한 정도의 자율성, 이를테면 스스로 목적을 설정하고 수단을 선택하며 이를 통해 도출한 결과를 반성적으로 환류할 수 있을 정도의 자율성을 뜻한다. 이에 따르면, 자연적 인간은 기본적으로 자율적인 존재로 인정되기에 이러한 요건을 충족한다. 법인 역시 이러한 요건을 충족한다. 왜냐하면 법인은 사회적 체계이고, 체계이론에 따르면 사회적 체계는 자기생산적 체계로서 자율성을 획득하기 때문이다.[59] 인공지능 로봇 역시 경우에 따라서는, 이를테면 강한 인공지능의 경우에는 이러한 요건을 충족할 수 있다.

셋째, 소통에 참여할 수 있는 존재여야 한다. 체계이론에 따르면, 소통은 ≪정보⇒통보⇒이해≫로 구성된다. 따라서 소통에 참여할 수 있는 존재여야 한다는 점은 스스로가 정보를 통보하거나 이해할 수 있어야 한다는 점을 뜻한다. 자연적 인간은 기본적으로 소통능력을 지니기에 이러한 요건을 충족한다. 법인 역시 자연적 인간을 기관으로 이용하여 소통에 참여할 수 있다.

(6) 인권의 귀속 지점으로서 인격

필자는 특정한 존재가 이러한 세 가지 요건을 충족하면 그 존재가 자연적 인간이 아니라도 인격을 취득할 수 있다고 주장한다. 이러한 이유에서 사단이나 재단과 같은 조직 역시 세 가지 요건을 충족하면 인격을 인정받을 수 있다. 이에 따라 해당 조직은 법적 인격 역시 취득할 수 있고 헌법이 보장하는 인격권의 주체가 될 수 있다. 법인에게 인격권을 인정할 수 있는 근거는 바로 여기에서 찾을 수 있다. 인공지능 로봇 역시 이러한 요건을 충족하면 인권의 주체인 인격체가 될 수 있다. 말을 바꾸면, 경우에 따라 인공지능 로봇도 인권의 보호를 받을 수 있는 것이

---

58 사회적 체계로서 상호작용, 조직, 사회를 언급하는 경우로는 N. Luhmann, *Soziale Systeme: Grundriß einer allgemeinen Theorie* (Frankfurt/M., 1984), 15쪽 아래.

59 '자기생산적 체계'의 의미에 관해서는 우선 니클라스 루만, 앞의 책(주37), 130쪽 아래; G. Teubner, *Recht als autopoietisches System* (Frankfurt/M., 1989) 참조.

다. 이를 통해 인권의 인간중심주의는 완화된다. 다만 동물 역시 이러한 요건을 충족할 수 있는지, 달리 말해 인격체가 될 수 있는지 문제되는데 이는 명확하지 않다. 이 문제는 여기에서는 다루지 않기로 한다.

Ⅴ. 맺음말

지금까지 근대 인권 구상이 이념적 바탕으로 삼는 보편주의, 권리중심주의, 인간중심주의 및 주체중심주의를 살펴보면서 이러한 이념적 배경이 현대사회에서 어떤 도전에 직면하고 있는지, 이에 대해서는 어떻게 대응할 수 있는지 검토해 보았다. 특히 이 책은 체계이론에서 연원하는 탈인간중심적 사고를 수용하여 어떻게 인권 개념을 새롭게 설정할 수 있는지 개관해 보았다. 그렇지만 이 책의 성격상 필자가 제시한 구상에는 여러 이론적 문제가 산재할 것이다. 이에 대응하여 새로운 인권 구상을 다듬고 정돈하는 것은 필자가 앞으로 수행해야 하는 과제로 남겨두기로 한다.

11장

새로운 규제형식으로서
아키텍처 규제

I. 서 론

'제4차 산업혁명'이 상징적으로 보여주는 것처럼, 현대 과학기술이 급속도로 발전하면서 이전에는 경험하지 못했던 새로운 현상들이 출현하고 있다. 덩달아 새로운 법적 현상이나 제도, 문제들도 등장하면서 이는 법학이 대응해야 하는 새로운 도전과제가 되고 있다.[1] 최근 관심의 초점이 되고 있는 '블록체인'이나 '인공지능'이 잘 예증하는 것처럼, 이는 법학의 어느 한 분과에서만 문제가 되는 것이 아니라 법학 전 영역에서 문제가 된다.[2] 이는 민사집행법학에서도 마찬가지이다. 민사집행법학 역시 현대 과학기술이 야기하는 새로운 법적 도전에 적절하게 대응할 수 있는 자세를 갖출 필요가 있다. 이를테면 '비트코인'과 같은 암호화폐에 대한 강제집행 문제를 고민할 필요가 있을 것이다.[3]

이러한 상황에서 제11장은 지난 2000년을 전후로 하여 부각되기 시작한 '아키텍처 규제'(architectural regulation) 문제를 민사집행법학의 견지에서 검토하고자 한다. 인터넷 혁명이 유발한 아키텍처 규제 논의는 전통적인 법학과는 구별되는 IT

---

1 이에 관해서는 우선 양천수, 『제4차 산업혁명과 법』(박영사, 2017) 참조.
2 블록체인의 법적 문제에 관해서는 김형섭, "블록체인의 규범적 의미와 활용성에 관한 공법적 고찰", 『한양법학』 제29권 제4집(2018), 169-194쪽; 김성호, "블록체인기술 기반의 스마트 계약에 대한 민사법적 검토", 『한양법학』 제30권 제3집(2019), 235-254쪽 등 참조.
3 이에 관한 연구로는 전승재·권헌영, "비트코인에 대한 민사상 강제집행 방안: 암호화폐의 제도권 편입 필요성을 중심으로", 『정보법학』 제22권 제1호(2018), 73-111쪽; 윤배경, "가상화폐의 법적 성질과 민·형사상 강제집행", 『인권과 정의』 제474호(2018), 6-24쪽 등 참조.

법학만의 고유한 특성이자 문제로 언급되기도 한다.[4] 이에 관해서는 특히 아키텍처 규제가 전통적인 법적 규제와는 구별되는 독자적인 규제형식인지, 그게 아니면 이미 존재하던 규제형식이 과학기술의 발전에 힘입어 새롭게 변형된 것에 불과한 지가 쟁점이 되고 있다. 제11장에서는 바로 이러한 쟁점을 다루고자 한다. 무엇보다도 민사집행법학의 시각에서 아키텍처 규제의 성격 또는 본질을 규명하고자 한다. 더불어 여전히 국내 법학에서 큰 관심을 보이지 않고 있는 아키텍처 규제를 소개하는 것도 이 책이 추구하는 목적에 해당한다.

Ⅱ. 아키텍처 규제의 의의

먼저 '아키텍처 규제'라는 우리 법학에서는 여전히 생소한 개념이 무엇을 뜻하는지 살펴본다. 아키텍처 규제는 정보법학 또는 IT법학에서 등장한 개념이다. 이미 지난 2000년을 기점으로 하여 특히 미국의 유명한 정보법학자인 로렌스 레식(Lawrence Lessig)에 의해 '코드'(code)라는 이름 아래 제시되었지만, 우리 법학에서는 여전히 낯선 개념이다. 그만큼 우리 법학은 몇몇의 예외를 제외하면 여전히 이에 학문적 관심을 보이지 않고 있다. 이에 반해 아키텍처 규제는 실제로 ICT 영역에서는 상당히 광범위하게 사용되고 있다. 예를 들어, 정보통신망을 규율하는 가장 기본적인 규제법인 「정보통신망 이용촉진 및 정보보호 등에 관한 법률」(이하 '정보통신망법'으로 약칭한다)은 이를 '기술적·물리적 조치'라는 이름으로 사용한다.[5] 이러한 맥락에서 아키텍처 규제를 '기술적·물리적 규제'라고 지칭하는 경우도 있다.[6]

1. 아키텍처

아키텍처란 무엇인가? 흔히 '아키텍처'(architecture)는 건축 또는 건축양식을 뜻

---

4 이를 보여주는 심우민, "이행기 IT법학의 구조와 쟁점: 가상현실과 인공지능의 영향을 중심으로", 『언론과 법』 제15권 제1호(2016), 191쪽 참조.

5 예를 들어 정보통신망법 제45조 제3항 참조.

6 이를테면 양천수, 『빅데이터와 인권』(영남대학교출판부, 2016) 참조.

한다. 따라서 아키텍처 규제를 말 그대로 풀이하면 '건축규제'를 의미한다고 볼 수도 있다. 그러나 최근 논의되는 아키텍처 규제에서 말하는 아키텍처는 건축법이나 건축규제에서 사용하는 건축을 뜻하지는 않는다. 여기서 말하는 아키텍처는 ICT 영역에서 사용되는 개념이다. ICT 영역에서 아키텍처는 '하드웨어'(hardware)와 '소프트웨어'(software), '플랫폼'(platform) 등을 모두 포괄하는 개념으로 컴퓨터를 비롯한 정보통신 시스템 전체에 대한 설계 또는 설계방식을 뜻한다.[7] 이 점에서 전통적인 아키텍처와 ICT에서 논의되는 아키텍처 개념 간에는 차이가 있다. 가령 전통적인 아키텍처는 물리적인 공간을 필요로 하는 반면, 새로운 아키텍처는 컴퓨터 소프트웨어나 인터넷 플랫폼이 예증하는 것처럼 물리적인 공간을 반드시 필요로 하지는 않는다. 전통적인 아키텍처가 '아날로그적인 개념'이라면, 새로운 아키텍처는 이진법에 기반을 둔 '디지털적인 개념'인 것이다.

물론 그렇다고 해서 양자가 전적으로 별개인 것은 아니다. 좀 더 넓은 시각에서, 달리 말해 넓은 의미의 아키텍처 개념에서 보면, 전통적인 개념과 새로운 개념 사이에 본질적인 차이는 없다는 점을 알 수 있다. 두 가지 근거를 언급할 수 있다. 첫째, 전통적인 아키텍처와 새로운 아키텍처는 모두 인간의 이성적·인위적인 활동으로 특정한 구조를 만들어가는 과정이라는 점에서 공통점을 갖는다.[8] 요컨대 두 아키텍처는 모두 인위적인 구조를 형성하는 것을 목표로 하는 개념인 것이다. 이러한 맥락에서 아키텍처 규제를 '구조규제'라고 일컫기도 한다. 둘째, 독일의 사회학자 루만이 정립한 체계이론의 견지에서 더욱 근원적으로 이 개념을 보면, 두 아키텍처 모두 '구별'(Unterscheidung)을 활용하고 있다는 점이다.[9] 예를 들어 전통적인 아키텍처는 '물리적인 벽'을 이용하여 물리적인 공간을 구별하고 이를 통해 물리적인 건축물, 즉 물리적인 구조물을 만들어낸다. 마찬가지로 새로운 아키텍처 역시 이진법을 이용한 논리적인 구별을 사용하여 사이버 공간에서 특정한 (논리적인) 구조물을 산출한다. 양자 모두 '구별'을 아주 중요한 도구로 활용하고 있는 것이다. 동시에 이러한 구별을 사용하여 구조물 안으로 '포함'(inclusion)되는 것과 구

---

7 심우민, 앞의 논문, 192쪽.

8 심우민, 앞의 논문, 193쪽.

9 루만의 체계이론에서 볼 때, 구별은 아주 중요한 지위를 차지한다. 체계는 바로 구별과 이에 따른 차이를 기초로 하여 형성되기 때문이다. 이를 보여주는 니클라스 루만, 윤재왕 (역), 『체계이론 입문』(새물결, 2014) 참조.

조물 밖으로 '배제'(exclusion)되는 것을 다시 구별한다. 구별을 통해 새로운 구별을 생산하는 것이다(구별을 통한 구별 생산). 이렇게 전통적인 아키텍처와 새로운 아키텍처는 모두 특정한 구별을 사용하고 이러한 구별을 이용하여 새로운 구별을 생산하는 구조물 또는 체계라는 점에서 본질적으로 유사하다.

2. 아키텍처 규제

아키텍처 규제란 무엇일까? 이 개념에는 두 가지 상반되는 의미가 담겨 있다. 첫째는 '아키텍처에 대한 규제'를 뜻한다. 흔히 사용되는 건축규제처럼 아키텍처가 각종 법적 기준에 맞게 올바르게 형성될 수 있도록 이를 규제하는 것을 의미할 수 있다. 둘째는 아키텍처 자체가 규제수단이 되는 것을 뜻한다(규제수단으로서 아키텍처). 전통적인 물리적 아키텍처나 새로운 논리적 아키텍처는 모두 구별을 활용하여 특정한 사람들을 포함하거나 배제하는데, 이렇게 아키텍처가 수행하는 ≪포함-배제≫를 규제로 파악하는 것이다. ICT 영역에서 사용되는 아키텍처 규제는 그중에서 바로 후자를 지칭한다. 물리적 공간에서 법규범이 대표적인 규제수단으로 투입되는 것처럼, ICT로 구현되는 사이버 공간에서는 아키텍처가 인터넷 참여자들의 포함과 배제를 통제하는 규제수단으로 자리매김하고 있다는 것이다. 이러한 맥락에서 레식과 같은 정보법학자들은 아키텍처 규제를 전통적인 법적 규제와는 구별되는 독자적인 지위의 규제로 파악한다. 이의 연장선상에서 전통적인 법학과 IT법학의 정체성을 구별하기도 한다. 전통적인 법학이 법적 규제를 다룬다면, IT법학은 이러한 새로운 아키텍처 규제를 다룬다는 것이다.

일단 ICT 영역에서 활용되는 아키텍처는 구별을 통한 ≪포함-배제≫를 활용함으로써 인터넷과 같은 사이버 공간에 참여하는 주체들의 행위 및 소통방식을 특정한 방향으로 통제한다는 점에서 (넓은 의미의) 규제수단이자 형식이라고 말할 수 있을 것이다.[10] 이러한 아키텍처 규제는 현대사회의 사회적 체계와 정보통신기술이라는 소통매체가 구조적으로 연결되고 상호진화를 함으로써 출현한 규제적 진화의 산물에 해당한다. 인간의 행위나 사회적 구조 또는 체계를 규율대상으로 삼는 전통적인 법적 규제와는 달리, 아키텍처 규제는 컴퓨터 프로그램이나 플랫

---

10 이를 새로운 규제형식으로 파악하는 경우로는 양천수, "제4차 산업혁명과 규제형식의 진화", 『경제규제와 법』 제12권 제2호(2019), 154쪽 아래 참조.

폼, 인터넷 소통방식을 기술적·논리적인 방식으로 규제한다. 이러한 아키텍처 규제는 규제의 실효성이라는 측면에서 보면 전통적인 법적 규제보다 더욱 강력한 힘을 발휘한다. 이를테면 해킹을 금지하는 법적 규제보다 해킹을 방지할 수 있는 아키텍처를 구축하는 것이 해킹을 방지하는 데 더욱 실효성 있는 규제방식이 될 수 있다.

3. 법적 규제와 아키텍처 규제의 차이

이러한 아키텍처 규제는 전통적인 법적 규제와 비교할 때 다음과 같은 차이가 있다.[11] 첫째, 규제준수에 대한 선택의 자유라는 측면에서 차이가 있다. 법적 규제의 경우에는 수범자가 이를 준수할 것인가, 말 것인가에 대한 선택의 자유가 있지만, 아키텍처 규제의 경우에는 수범자에게 이러한 선택의 자유가 없다. 수범자는 아키텍처 규제를 있는 그대로 받아들일 수밖에 없다. 예를 들어 특정한 웹사이트가 아키텍처 규제를 활용하여 미성년자의 참여를 배제하고 있다면, 미성년자는 해킹하지 않는 한 이를 따를 수밖에 없다.

둘째, 시간적인 측면에서 차이가 있다. 법적 규제, 특히 형법적 규제는 주로 과거에 발생한 행위를 문제삼는 데 반해, 아키텍처 규제는 현재의 행위나 미래의 행위만을 규제대상으로 삼는다. 법적 규제가 '과거'라는 지평을 규제 영역으로 포함하고 있다면, 아키텍처 규제는 과거라는 지평을 배제하고 있는 것이다.

셋째, 규범적 정당화의 측면에서 차이가 있다. 민주주의나 법치주의와 같은 현대 국가의 원리가 시사하는 것처럼 법적 규제는 언제나 규범적 정당화를 필요로 하는 반면, 아키텍처 규제는 법치주의가 적용되지 않는 것이기에 규범적 정당화를 반드시 필요로 하지는 않는다는 것이다.[12]

---

11 이에 관해서는 양천수, 앞의 책(주6); 심우민, "정보통신법제의 최근 동향: 정부의 규제 개선방안과 제19대 국회 전반기 법률안 중심으로", 『언론과 법』 제13권 제1호(2014), 90쪽 등 참조.
12 아키텍처 규제의 독자성을 주장하는 정보법학자들이 이러한 주장을 한다. 그러나 필자는 이러한 주장에는 반대한다. 이에 관해서는 아래 Ⅳ.6.다. 참조.

Ⅲ. 아키텍처 규제 논의 및 현황

1. 국내 논의

아키텍처 규제는 2000년을 전후로 하여 정보법학에서, 특히 라이덴버그(Joel Reidenberg)와 레식(Lawrence Lessig) 등에 의해 제창되었다.[13] 이후 해외 법학계에서는 이에 관한 학문적 논의가 지속적으로 이루어졌다.[14] 최근에는 일본 법학에서도 이를 정면에서 다룬 연구서가 출판되기도 하였다.[15] 이와 달리 우리 법학에서는 몇몇 학자를 제외하고는 아키텍처 규제를 본격적으로 다루고 있지 않다. 아키텍처 규제가 오늘날 ICT 영역에서 이미 광범위하게 활용되고 있는 점을 고려할 때 이는 아쉬운 부분이다. 그렇지만 우리 법학에서도 몇몇 선구적인 학자들에 의해 아키텍처 규제가 논의된다. 뿐만 아니라, 간접적인 차원에서 아키텍처 규제 또는 이와 유사한 규제에 관한 논의가 진행되고 있다.

(1) 직접적 논의

국내에서 아키텍처 규제를 가장 선구적으로 소개한 학자로는 기초법학자이자 정보법 전문가인 심우민 교수를 들 수 있다. 심우민 교수는 일련의 논문을 통해 라이덴버그와 레식에 의해 제창된 아키텍처 규제를 열정적으로 국내 법학에 소개하였다.[16] 일련의 연구에서 아키텍처 규제를 새로운 규제형식으로 소개하면서, 이러한 아키텍처 규제가 전통적인 법적 규제와 어떻게 구별되는지 논증하였다. 뿐만

---

13 Joel Reidenberg, "Lex Informatics: The Formulation of Information Policy Rules through Technology", *Texas Law Review* 76 (1998); Lawrence Lessig, *Code: And Other Laws of Cyberspace*, Version 2.0 (Basic Books, 2006) 등 참조.

14 예를 들어 Lee Tein, "Architectural Regulation and the Evolution of Social Norms", *Yale Journal of Law and Technology* 7 (1) (2005); James Grimmelmann, "Regulation by Software", *The Yale Law Journal* 114 (2005) 등 참조.

15 예컨대 松尾陽 (編), 『アーキテクチャと法』(弘文堂, 2016) 참조.

16 이에 관해서는 심우민, "사업장 전자감시 규제입법의 성격", 『인권법평론』 제12호(2014); 심우민, "정보통신법제의 최근 동향: 정부의 규제 개선방안과 제19대 국회 전반기 법률안 중심으로", 『언론과 법』 제13권 제1호(2014), 88쪽 아래; 심우민, "이행기 IT법학의 구조와 쟁점: 가상현실과 인공지능의 영향을 중심으로", 『언론과 법』 제15권 제1호(2016), 183쪽 아래 등 참조.

아니라 단순히 이론적인 차원에서만 아키텍처 규제를 소개하는 데 그치지 않고, ICT 영역에서 아키텍처 규제가 어떻게 활용되는지도 치밀하게 분석하였다.[17] 아키텍처 규제를 통해 IT법학의 학문적 고유성을 논증하기도 하였다. 그리고 최근에는 아키텍처 규제가 진화한 형식으로서 '알고리즘 규제'라는 개념을 제시하기도 하였다.[18] 이러한 심우민 교수의 연구는 아키텍처 규제의 이론적 차원뿐만 아니라 실제적 차원 그리고 최근 인공지능 영역에서 문제가 되는 알고리즘의 규제적 기능까지 포괄하고 있다는 점에서 주목할 만하다.

심우민 교수의 연구는 국내 법학에서 몇몇 반향을 일으켰는데 그 한 예로 필자의 연구를 들 수 있다. 필자는 심우민 교수의 연구에 자극을 받아 아키텍처 규제에 지속적인 관심을 보이고 있다. 이를테면 아키텍처 규제를 새로운 빅데이터 인권의 차원에서 조명하기도 하고, 제4차 산업혁명이 촉발한 규제형식 진화의 산물, 즉 새로운 규제형식으로 파악하기도 하였다.[19] 뿐만 아니라, 정보통신망법을 분석하면서 현행 정보통신망법이 아키텍처 규제를 어떻게 활용하고 있는지도 조명하였다.[20]

(2) 간접적 논의

아키텍처 규제는 국내에서 소수의 학자들에 의해 소개 및 조명되고 있지만, 여전히 본격적인 관심을 받고 있지는 않다. 그렇다고 해서 아키텍처 규제 또는 아키텍처 규제가 추구하는 방향이 전적으로 무시되고 있는 것은 아니다. 왜냐하면 간접적인 논의의 측면에서 보면 아키텍처 규제가 추구하는 방향은 이미 여러 분야에서 활발하게 논의 및 수용되고 있기 때문이다. 이에 관한 몇 가지 예를 아래에서 소개한다.

1) 넛지 규제

'넛지'(nudge) 규제를 들 수 있다. 노벨경제학상을 수상한 행동경제학자 세일러

---

17 심우민, "인터넷 본인확인의 쟁점과 대응방향: 본인확인 방식과 수단에 대한 아키텍처 규제론적 분석", 『법과 사회』 제47호(2014) 참조.
18 심우민, "인공지능의 발전과 알고리즘의 규제적 속성", 『법과 사회』 제53호(2016), 41-70쪽 참조.
19 양천수, 앞의 책(주6); 양천수·우세나, "현대 빅데이터 사회와 새로운 인권 구상", 『안암법학』 제57호(2018), 1-33쪽; 양천수, 앞의 논문(주10), 154쪽 아래 등 참조.
20 양천수, "정보통신망법 해석에 관한 몇 가지 쟁점", 『과학기술과 법』(충북대) 제8권 제1호(2017), 1-33쪽 참조.

(Richard H. Thaler)와 정치철학자인 선스타인(Cass Sunstein)이 공동으로 집필한 저서 『넛지』로 유명해진 넛지 규제는 규제 준수 여부를 전적으로 수범자의 자유의지에 맡기지 않는다.[21] 그 대신 수범자가 규제를 준수할 수밖에 없도록 규제 환경을 조성할 것을 강조한다. 이렇게 하면 수범자를 규제 환경 안으로 가볍게 밀어 넣는 것만으로도 규제는 준수될 수 있다고 말한다. 언뜻 보면 이러한 넛지 규제는 아키텍처 규제와 무관한 것으로 보인다. 그렇지만 아키텍처 규제와 넛지 규제는 규제 준수에 관해 수범자의 자유의지에 초점을 맞추기보다는 규제 환경에 주목한다는 점에서 공통점을 갖는다. 규제 방향이라는 측면에서 볼 때 두 규제 방식은 공약수를 갖고 있는 것이다.

2) 설계주의

'설계주의'(regulation by design)를 들 수 있다.[22] 이러한 설계주의는 특히 사이버 보안이나 개인정보보호에서 찾아볼 수 있다. 가장 대표적인 예로 '프라이버시 친화적 설계'(privacy by design)나 '정보보안 친화적 설계'(설계를 통한 정보보안)(information security by design)를 들 수 있다. 그중에서 국내에서 좀 더 소개가 된 프라이버시 친화적 설계를 살펴본다. 프라이버시 친화적 설계는 '프라이버시 바이 디자인'(privacy by design)이라고도 하는데, 정보주체의 프라이버시를 보호할 수 있도록 '논리적 레이어의 차원'에서 정보통신시스템을 설계하는 것을 말한다.[23] 아키텍처 규제를 활용함으로써 아예 설계 차원에서 프라이버시를 보호할 수 있도록 하는 것이다. 이를테면 정보통신시스템에 객관적 정보만료일을 설정하여 설계 차원에서 이른바 '잊힐 권리'를 구현하는 것을 들 수 있다. 이러한 프라이버시 친화적 설계에 관해 캐나다 온타리오(Ontario) 주의 '정보와 프라이버시 위원'(Information & Privacy Commissioner)인 앤 커보우키안(Ann Cavoukian)은 일곱 가지 원칙을 제시한 바 있다.[24] 이를 간략하게 소개하면 다음과 같다.

---

21 리처드 탈러·캐스 선스타인, 안진환 (옮김), 『넛지: 똑똑한 선택을 이끄는 힘』(리더스북, 2018) 참조.

22 이에 관해서는 成原慧, "アーキテクゥの自由の再構築", 松尾陽 (編), 『アーキテクゥと法』(弘文堂, 2016), 33쪽 아래 참조.

23 '논리적 레이어의 차원'에 관해서는 심우민, "정보통신법제의 최근 입법동향: 정부의 규제 개선방안과 제19대 국회 전반기 법률안 중심으로", 『언론과 법』 제13권 제1호(2014), 91쪽 아래 참조.

24 Ann Cavoukian, "Privacy by Design: 7 Foundational Principles." 이 자료는 https://www.

첫째는 '사후적인 구제가 아닌 사전적 예방 원칙'(Proactive not Reactive: Pre-ventative not Remedial)이다. 이에 따르면, 프라이버시 친화적 설계는 사후적인 구제가 아닌 사전적인 예방을 추구해야 한다. 둘째는 '프라이버시의 초기 값 설정 원칙'(Privacy as Default Setting)이다. 이에 따르면, 시스템을 설계할 때 프라이버시 보호를 초기 값으로 설정해야 한다. 셋째는 '프라이버시를 포함한 설계 원칙'(Privacy Embedded into Design)이다. 이에 따르면, 정보처리시스템이나 비즈니스 프로세스 등을 설계하는 그때부터 프라이버시를 포함해야 한다. 넷째는 '완전한 기능성 원칙'(Full Functionality)이다. 이에 따르면, 프라이버시 친화적 설계는 제로섬이 아닌 포지티브 섬(Positivie-Sum), 즉 상호배제가 아닌 상호보완을 추구해야 한다. 이때 말하는 상호보완이란 프라이버시와 보안(security) 간의 상호보완을 뜻한다. 다섯째는 '처음부터 끝까지 보안 원칙'(End-to-End Security)이다. 이에 따르면, 프라이버시 친화적 설계는 데이터가 생성, 수집, 관리, 분석, 이용되는 전 과정에서 프라이버시가 보장될 수 있도록 설계를 해야 한다. 여섯째는 '공개성 및 투명성 원칙'(Visibility and Transparency)이다. 이에 따르면, 프라이버시 친화적 설계는 정보처리과정이 모든 관련자들에게 공개되고 투명할 수 있도록 실행되어야 한다. 일곱째는 '사용자 프라이버시 존중 원칙'(Respect for User Privacy)이다. 이에 따르면, 사용자의 프라이버시가 최대한 존중될 수 있도록 시스템을 설계해야 한다.

3) 알고리즘 규제

최근 인공지능과 더불어 논의되는 '알고리즘 규제' 역시 아키텍처 규제의 흐름에서 이해할 수 있다. 아키텍처 규제처럼 알고리즘 규제 역시 상반되는 두 가지 의미를 지닌다. 첫째는 알고리즘 자체가 규제수단이 되는 것을 말한다. 이를테면 알고리즘으로 특정한 사람들을 포함하거나 배제하는 것을 들 수 있다. 알고리즘으로 선별적인 기능을 수행하는 것이다. 둘째는 알고리즘 자체에 대한 규제를 뜻한다. 알고리즘 자체가 차별적인 기능을 수행하지 못하도록 이를 법적으로 규제하는 것을 들 수 있다.[25] 최근 인공지능에 관해 논의되는 알고리즘 규제는 이러한 두 가지

---

ipc.on.ca/wp-content/uploads/Resources/pbd-implement-7found-principles.pdf에서 확인할 수 있다. 이를 소개하는 국내문헌으로는 차상육, "빅데이터(Big Data) 환경과 프라이버시의 보호", 『IT와 법연구』 제8집(2014), 233-234쪽 참조.

25 이에 관해서는 선지원, "인공지능 알고리즘 규율에 대한 소고: 독일의 경험을 중심으로", 『경제

의미를 모두 포함한다. 인공지능에 사용되는 알고리즘이 특정한 사회적 집단을 차별하는 것, 즉 알고리즘에 의한 편향적인 규제가 문제되면서 알고리즘 투명성이 새로운 사회적·규범적 문제로 대두하고 있기 때문이다. 알고리즘에 의한 규제가 문제가 되면서 알고리즘에 대한 규제가 새로운 규범적 과제로 떠오르고 있는 것이다. 이러한 일환으로 '설명 가능한 인공지능'이 해법으로 제시되기도 한다.

그런데 여기서 주목해야 할 점은 알고리즘 자체가 규제수단이 된다는 것은 아키텍처 규제의 연장선상에서 이해할 수 있다는 것이다. 알고리즘 자체가 넓은 의미의 아키텍처에 해당하기 때문이다. 다만 세부적인 면에서 볼 때는 차이가 있다. 기본적으로 설계자에 의해 고정되어 있는 아키텍처와는 달리 딥러닝(deep learning) 기술이 적용된 알고리즘의 경우에는 설계자와는 무관하게 알고리즘이 스스로 변경될 수 있다는 것이다.[26]

4) 안전사회의 통제기술

현대 안전사회에서 언급되는 통제기술 역시 아키텍처 규제의 맥락에서 파악할 수 있다.[27] 안전사회를 비판적으로 진단하는 진영은 안전사회는 수범자가 알아차릴 수 있는 직접적인 규제수단을 사용하기보다는 간접적이면서 은밀한 규제수단을 선호한다고 말한다. 이를 위해 안전사회는 감시와 통제, 배제기술과 같은 규제수단을 사용한다. 이들 규제수단이 목표로 하는 것은 크게 두 가지이다. 첫째는 수범자가 규제를 준수할 수밖에 없도록 규제 환경을 조성하는 것이다. 둘째는 ≪포함-배제≫이다. 안전사회의 규제를 준수하는 수범자는 '시민'으로 규정하여 이를 사회 안으로 포함시키고, 그렇지 않은 수범자는 '적'으로 규정하여 이를 사회 밖으로 배제하는 것이다. 이 과정에서 아키텍처와 같은 규제수단이 즐겨 사용된다. 이러한 시각에서 보면, 넛지 규제는 바람직한 규제수단이라기보다는 안전사회를 강화하는

규제와 법』 제12권 제1호(2019), 26-43쪽 참조.

26 이 점을 지적하는 심우민, "이행기 IT법학의 구조와 쟁점: 가상현실과 인공지능의 영향을 중심으로", 『언론과 법』 제15권 제1호(2016), 196쪽 아래 참조.

27 이에 관해서는 안전사회에 관해서는 우선 Peter-Alexis Albrecht, *Der Weg in die Sicherheitsgesellschaft: Auf der Suche nach staatskritischen Absolutheitsregeln* (Berlin, 2010); T. Singelnstein/P. Stolle, *Die Sicherheitsgesellschaft: Soziale Kontrolle im 21. Jahrhundert*, 3., vollständig überarbeitete Aufl. (Wiesbaden, 2012); 양천수, "현대 안전사회와 법적 통제: 형사법을 예로 하여", 『안암법학』 제49호(2016), 81-127쪽 참조.

비판적인 규제수단이 될 수 있다. 여하간 이러한 안전사회 논의에서도 비록 비판적인 의미를 담고 있기는 하지만 아키텍처 규제에 관한 논의를 찾아볼 수 있다.

2. 현황

이론적 논의가 상대적으로 많지 않은 것과는 달리 아키텍처 규제는 실제 규제 현장에서는 즐겨 사용되고 있다. 전통적인 물리적 아키텍처 규제는 공간규제 영역에서, 새로운 논리적 아키텍처 규제는 정보통신에 대한 규제영역에서 발견할 수 있다.

(1) 공간규제

건축규제가 보여주는 것처럼 아키텍처 규제는 이미 오래 전부터 물리적인 공간을 규제하기 위한 수단으로 활용되었다. 이는 최근 들어 '넛지 규제'라는 이름으로 강화되고 있다. 이를 잘 보여주는 예가 바로 도로교통 규제이다. 도로교통을 안전하게 하기 위해 아키텍처 규제가 자주 활용되는 것이다. 우리나라에서 흔히 발견되는 과속방지턱이 그 예라 할 수 있다. 대부분의 운전자는 과속방지턱을 만나면 속도를 줄일 수밖에 없다. 도로교통법이 규정하는 제한속도 규제는 상대적으로 쉽게 위반할 수 있지만, 과속방지턱은 여러 이유에서 위반하기 쉽지 않다. 뿐만 아니라 최근 건설되는 신도시에서는 도로 자체를 과속을 하기 어렵게 설계한다. 과속을 하기 어렵도록 도로구조를 설계함으로써 제한속도 준수라는 규범목적을 달성하는 것이다.

(2) 정보통신 규제

새로운 논리적 아키텍처 규제를 손쉽게 발견할 수 있는 영역은 정보통신 규제 영역이다. 입법자들은 사이버 보안을 구현하거나 개인정보를 효과적으로 보호하기 위해 아키텍처 규제를 즐겨 사용한다. 이를 예증하는 법이 바로 정보통신망법이다. 특히 정보통신망법 제45조 제3항은 정면에서 아키텍처 규제를 사용한다.[28] "정보통신망의 안정성 확보 등"이라는 표제를 갖고 있는 정보통신망법 제45조는 제1항

---

[28] 이에 관해서는 유대종, "정보통신망법상 접근통제와 내부망에 관한 검토: 개인정보의 기술적·관리적 보호조치 기준 제4조 제4항을 중심으로", 『정보법학』 제20권 제2호(2016) 참조.

에서 "정보통신서비스 제공자는 정보통신서비스의 제공에 사용되는 정보통신망의 안정성 및 정보의 신뢰성을 확보하기 위한 보호조치를 하여야 한다."고 규정한다. 이어서 제2항은 "방송통신위원회는 제1항에 따른 보호조치의 구체적 내용을 정한 **정보보호조치에 관한 지침**을 정하여 고시하고 정보통신서비스 제공자에게 이를 지키도록 권고할 수 있다."고 규정한다. 마지막으로 제3항은 **정보보호지침**이 포함해야 하는 내용을 규정한다. 이에 따르면 첫째, "정당한 권한이 없는 자가 정보통신망에 접근·침입하는 것을 방지하거나 대응하기 위한 정보보호시스템의 설치·운영 등 **기술적·물리적 보호조치**", 둘째, "정보의 불법 유출·변조·삭제 등을 방지하기 위한 **기술적 보호조치**", 셋째, "정보통신망의 지속적인 이용이 가능한 상태를 확보하기 위한 **기술적·물리적 보호조치**", 넷째, "정보통신망의 안정 및 정보보호를 위한 인력·조직·경비의 확보 및 관련 계획수립 등 관리적 보호조치"가 정보보호지침의 내용으로 포함되어야 한다.[29] 이때 첫 번째, 두 번째, 세 번째가 규율하는 기술적·물리적 보호조치가 바로 아키텍처 규제를 뜻한다. 여기서 알 수 있듯이 아키텍처 규제는 이미 실제 입법에서 적극적으로 활용되고 있다.

Ⅳ. 민사집행법의 시각에서 본 아키텍처 규제

1. 쟁점

이론적인 차원에서 볼 때 아키텍처 규제에 관해서는 다음과 같은 점들이 문제가 된다. 첫째, 아키텍처를 '규제'라고 볼 수 있는가 하는 점이다. 둘째, 만약 그렇다면 아키텍처 규제를 새로운 형식의 규제, 즉 새로운 규제형식으로서 규제형식이 진화한 결과라고 말할 수 있는가 하는 점이다. 셋째, 일부 정보법학자들이 주장하는 것처럼 아키텍처 규제를 전통적인 법적 규제와는 구별되면서 이와 동등한 지위를 누리는 독자적인 규제수단이라고 볼 수 있는가 하는 점이다. 달리 말해, 아키텍처 규제는 법적 규제의 지배를 받지 않는 규제라고 볼 수 있는지 문제된다. 아래에서 이를 다룬다.

---

[29] 강조는 인용자가 추가한 것이다.

2. 민사법적 행위의 구조

아키텍처 규제에 관해 제기되는 세 가지 쟁점을 해결하기 위한 일환으로 여기에서는 민사법 영역에서 이루어지는 행위, 즉 민사법적 행위가 어떤 구조를 갖추고 있는지 분석하도록 한다. 이를 통해 아키텍처 규제의 성격에 관해 의미 있는 시사점을 획득하고자 한다.

민사법 영역에서 진행되는 행위는 크게 세 가지 단계로 구조화된다. 채권행위와 물권행위 그리고 이행행위가 그것이다. 물론 민법상 위임이나 고용처럼 사람의 행위를 목적으로 하는 경우에는 물권행위가 생략될 수 있다. 그렇지만 우리가 일상생활에서 쉽게 만나는 매매행위와 같은 경우에서는 이러한 삼중구조를 쉽게 발견할 수 있다.

(1) 채권행위

매매행위가 성공적으로 실현되려면, 먼저 매매계약이라는 채권행위가 성립해야 한다. 매매계약을 통해 채권관계가 형성되면 매도인과 매수인은 서로에 대해 채권적 권리와 의무를 갖게 된다. 민법 중에서 채권법이 이러한 채권행위를 규율한다.

(2) 물권행위

다음으로 매매계약에 기한 물권행위가 이루어져야 한다.[30] 달리 말해, 소유권이전에 관한 행위가 이루어져야 한다. 이러한 물권행위의 견지에서 보면, 채권행위는 물권행위의 원인행위가 된다. 채권행위에 기하여 물권행위가 가능해지기 때문이다. 이 점에서 채권행위는 물권행위에 대한 '법률상 원인'(causa justa)이 된다.[31] 한편 민법학에서는 채권행위와 물권행위를 모두 법률행위로 파악한다. 이들 모두 의사표시를 핵심요건으로 하는 법적으로 의미 있는 행위이기 때문이다.

---

[30] 다만 물권행위의 독자성을 부정하는 입장에 따르면, 이러한 물권행위는 필요하지 않다. 이에 관해서는 명순구 외, 『아듀, 물권행위』(고려대학교출판부, 2006) 참조.

[31] 이때 채권행위 자체가 법률상 원인이 되는지, 그게 아니면 채권행위가 지향하는 실질적인 목적이 법률상 원인이 되는지에 관해서는 논란이 있다. 이에 관해서는 Hort Ehmann, 안병하 (역), "Causa 이론에 대하여(Zur Causa – Lehre)", 『민사법학』 제52권(2017), 627–681쪽 참조.

(3) 이행행위

마지막으로 이행행위가 이루어져야 한다. 이행행위는 다시 두 가지로 구분할 수 있다. 첫째는 원래 체결한 계약에 따라 이행행위가 정상적으로 이루어지는 경우이다. 민법은 이를 '변제행위'라고 지칭한다(민법 제460조). 둘째는 채무자가 채권관계에 따른 의무를 이행하지 않아 비정상적으로, 다시 말해 강제적으로 이행행위가 이루어지는 경우이다. 민법은 이를 '강제이행'으로 그리고 민사집행법은 '강제집행'으로 지칭한다(민법 제389조 및 민사집행법 제24조 등). 이때 첫 번째 변제행위는 사실행위로서 이루어지는 경우가 많다. 변제행위는 채권행위와 물권행위로 발생한 법적 효력을 사실적으로 완성하기 위해 이루어지는 경우가 많기 때문이다.[32] 두 번째 강제집행은 법률행위와는 달리 사실적으로 진행되는 행위이기는 하지만, 민사집행법이라는 실정법이 정한 절차에 따라 이루어지는 행위이기에 순수한 사실행위라고 말하기 어렵다.

3. 강제집행행위의 성격

여기서 필자가 주목하고 싶은 행위는 이행행위, 그중에서도 강제집행행위이다. 방금 언급한 것처럼, 한편으로 강제집행행위는 법률행위와는 구별되는 사실행위이다. 채권행위 및 물권행위에 의해 발생한 법적 효력에 기반을 두는 것으로서 새롭게 법적 효력을 창출하는 행위는 아니기 때문이다. 이는 '강제적인 실력행사'에 불과하다. 그 점에서 이를 법적 행위라고 말하기는 어렵다. 그러나 다른 한편으로 강제집행행위는 민사집행법이라는 실정법에 따라 이루어지는 '합법적인 행위'이다. 만약 강제집행행위가 민사집행법에 따라 진행되지 않으면 이는 '위법한 공무집행'이 되어 형법상 정당방위의 대상이 될 수 있다(형법 제21조).[33] 이 점에서 강제집행행위는 법에 따라 이루어지는 행위, 즉 '법적인 행위'가 된다. 이러한 근거에서

---

[32] 물론 현실매매처럼 물권행위와 변제가 동시에 이루어지는 경우에는 이를 순수한 사실행위라고 말하기가 어려울 수 있다. 변제의 법적 성질 문제에 관해서는 김대정, "변제의 법적 성질 및 성립요건에 관한 입법론적 고찰", 『민사법학』 제52호(2011), 419-456쪽 참조.

[33] 이 문제에 관해서는 양천수, "법문화와 정당방위: 판례의 정당방위 해석론에 대한 비판적 접근", 『서강법률논총』 제8권 제2호(2019), 25-50쪽 참조.

볼 때, 강제집행행위는 '이중적인 지위'를 갖는다. 강제집행행위는 한편으로는 법률행위와는 구별되는 사실행위이지만, 다른 한편으로는 철저하게 민사집행법에 의해 통제되는 법적 행위인 것이다.

필자는 이러한 강제집행행위의 성격에서 아키텍처 규제의 성격을 둘러싼 쟁점을 해결하는 데 필요한 실마리를 찾을 수 있다고 생각한다. 아키텍처 규제는 민사집행법에 따라 진행되는 강제집행행위와 유사한 일면을 갖고 있기 때문이다.[34] 그 이유를 아래에서 논증하도록 한다.

4. 민사집행법의 필요성

일단 다음과 같은 의문을 제기할 필요가 있다. 왜 강제집행절차 그리고 이를 규율하는 강제집행법이 필요한가? 강제집행행위는 아무런 근거 없이 진행되는 행위는 아니다. 강제집행행위는 정당한 법적 근거를 갖고 있다. 원인행위로서 채권행위 및 이에 기반을 둔 물권행위 그리고 이에 대한 유권적 판단인 법원의 판결이 그것이다. 실정법의 견지에서 보면, 강제집행행위는 판결과 같은 집행권원(채무명의)에 의해 실행되는 것이기에 이미 정당한 법적 근거를 확보하고 있다. 더불어 강제집행행위 그 자체는 사실행위이기에 언뜻 생각하면 이를 별도로 규율하는 법적 절차 및 실정법이 필요해 보이지는 않는다. 그런데도 우리 법체계는 이렇게 이미 법적 정당성을 확보하고 있는 강제집행행위를 위해 별도의 절차 및 독자적인 실정법을 마련한다. 그 이유는 무엇 때문일까? 이는 다음과 같이 대답할 수 있다. 이미 언급한 것처럼, 강제집행행위는 기본적으로 사실행위이다. 그렇지만 '강제'라는 표현이 의미하는 것처럼, 강제집행행위는 단순한 사실행위가 아니라 강제력을 동반하는 행위이다. 이 때문에 판결과 같은 집행권원이 필요한 것이지만, 이렇게 집행권원에 의해 강제집행이 이루어지는 경우에도 때에 따라서는 채무자의 인권과 권리를 침해할 수 있다.[35] 집행권원이라는 요건에서는 이미 법적 정당성을 확보하고 있는데도 구체적인 집행과정에서 채무자의 인권과 권리를 침해할 수 있기에 강제집행행위를 별도로 규율하는 절차와 독자적인 실정법이 필요한 것이다. 이러한 이

---

34 물론 그렇다고 해서 양자가 동일한 것은 아니다.
35 이에 관해서는 양천수, 『민사법질서와 인권』(집문당, 2013) 참조.

유에서 "강제집행, 담보권 실행을 위한 경매, 민법·상법, 그 밖의 법률의 규정에 의한 경매 및 보전처분의 절차를 규정함을 목적"으로 하는 민사집행법이 제정된 것이다(민사집행법 제1조).

5. 사적 자치와 법제화의 확장

이러한 시각을 더욱 확장하면, 왜 사적 자치가 지배하는 민사적 행위에 대해 민법과 같은 실정법이 필요한지에도 비슷한 답변을 할 수 있다. 철저한 자유지상주의에 따르면, 사적 자치가 지배하는 사적 영역에는 실정법적 규제가 필요하지 않다.[36] 사적 영역에 참여하는 각 당사자는 각자가 지닌 사적 자치를 활용하여 계약을 체결하고 이에 의해 서로를 규율할 수 있기 때문이다. 당사자의 합의에 기반을 둔 계약이 이미 법적 규제와 동일한 기능을 수행하기에 사적 영역에는 국가에 의한 실정법적 규제가 필요하지 않다는 것이다.

그러나 우리 현실은 이와 다르다는 점을 알 수 있다. '시장의 실패'가 보여주는 것처럼 완전한 사적 자치에 의해 작동하는 자율규제라는 것은 이상에 불과할 뿐이다. 당사자의 합의에 기반을 둔 계약이 이미 현실에서 제대로 작동하지 못하면서 사적 영역 및 사적 행위를 규율하는 실정법적 규제는 점차 확장되고 있다. 합의와 계약만으로 모든 것이 정당화되는 것이 아니라, 이러한 합의와 계약에 대한 실정법적 근거가 다시 요청되고 있는 것이다. 같은 맥락에서 관행이나 관습, 전통이라는 명분으로 정당화를 요청하던 주장도 점점 힘을 잃고 있다. 그 아무리 관행이나 관습, 전통이라 할지라도 그것이 실정법체계가 확립한 규범적 가치와 맞지 않는 경우에는 그 효력이 부인되고 있는 것이다. 요컨대 사적 영역에 대한 실정법적 규제가 확장되면서, 이제는 사적 자치에 근거를 둔 행위라 할지라도 그것만으로 정당화되는 것이 아니라, 이를 정당화해주는 별도의 실정법적 근거가 요청되고 있는 것이다. 이러한 견지에서 보면, 아무리 강제집행행위가 사적 행위인 이행행위에 기초를 두고 있고, 이러한 이행행위는 사적 자치에 기반을 둔 채권행위와 물권행위에 따라 이루어지는 행위라 할지라도 그것이 채무자의 인권과 권리를 침해할 수 있는 한 별도의 실정법적 근거가 필요할 수밖에 없다.

---

36 자유지상주의에 관해서는 우선 마이클 샌델, 이창신 (옮김), 『정의란 무엇인가』(김영사, 2010), 제3강 참조.

6. 민사집행법의 시각에서 본 아키텍처 규제의 성격

지금까지 전개한 논의를 토대로 하여 아키텍처 규제에 관한 세 가지 쟁점을 검토하도록 한다.

(1) 규제로서 아키텍처

아키텍처는 규제인가? 이는 '규제'(regulation) 개념을 어떻게 파악하는가에 따라 달라진다. 예를 들어 규제를 법적 규제로만 한정하면, 아키텍처는 규제에 해당하지 않는다. 아키텍처는 사실행위 또는 사실적인 소통에 불과하기 때문이다. 그러나 규제 개념을 이보다 더욱 넓게 파악하여 수범자의 행위나 소통에 영향력을 미치는 일체의 것을 규제로 이해하면, 아키텍처 역시 규제의 일종으로 지칭할 수 있다. 이미 언급한 것처럼, 아키텍처는 특정한 구별을 이용하여 특정한 참여자들을 포함 또는 배제하는 기능을 수행하기 때문이다. 이러한 연유에서 이 책은 아키텍처를 규제의 일종으로 이해한다.

(2) 새로운 규제형식으로서 아키텍처 규제

아키텍처가 규제에 해당한다면 그것은 규제형식이 진화한 결과로서 나타난 새로운 형식의 규제에 해당하는가? 이미 논증한 것처럼, 아키텍처 규제 그 자체는 완전히 새로운 것은 아니다. 성벽을 쌓아 적을 막고자 하는 행위가 이미 오래 전부터 있었던 것처럼, 아키텍처 규제는 인류의 오랜 역사와 함께 하였다. 그러나 물리적인 아키텍처 규제가 아닌 논리적·기술적인 아키텍처 규제, 특히 이진법에 기초를 둔 논리적인 아키텍처 규제는 정보통신혁명이 진행되면서 비로소 출현한 것이라 말할 수 있다. 인터넷 공간에서 논리적 구별을 활용하여 인터넷 참여자를 포함하거나 배제하는 규제는 컴퓨터와 인터넷이 출현하기 전까지는 존재하지 않았다. 그 점에서 아키텍처 규제를 새롭게 진화된 규제형식이라고 보아도 무방하다.

(3) 독자적 규제로서 아키텍처 규제(?)

아키텍처 규제는 법적 규제와 동등한 지위를 누리는 독자적인 규제라 말할 수 있는가? 라이덴버그나 레식과 같은 정보법학자들은 아키텍처 규제를 법적 규제와 병존하는 독자적인 규제로 파악한다. 이러한 주장의 배후에는 크게 두 가지 이론적 기초가 자리잡고 있다. 첫째는 자유지상주의이다. 아키텍처 규제가 적용되는 영역은 인터넷 공간과 같은 정보통신 영역이고 이러한 영역에는 사적 자치와 같은 자유지상주의가 지배하기에 아키텍처 규제가 자율적인 규제수단으로 자리매김할 수 있다는 것이다. 마치 계약과 같은 법률행위와 실정법은 동등한 지위를 누린다고 민법학자들이 주장하는 것처럼, 정보통신 영역에서 아키텍처 규제와 법적 규제는 동등한 지위를 누린다는 것이다.

둘째는 법다원주의이다. 국가가 제정한 실정법만을 법으로 파악하지 않고 관행이나 관습 역시 실정법과 동등한 법으로 이해하려는 법다원주의처럼, 정보법학자들은 아키텍처 규제를 실정법적 규제와 등등한 다원적인 사회적 규제로 파악하는 것이다. 요컨대, 아키텍처 규제를 독자적인 사회규범으로 규정하는 것이다.[37]

그러나 결론부터 말한다면, 이 책은 아키텍처 규제를 법적 규제와 동등한 독자적인 규제로 파악하지 않는다. 그 이유를 다음과 같이 말할 수 있다. 먼저 오늘날 정보통신 영역에서도 철저한 자유지상주의가 통용되지 않는다는 점을 상기할 필요가 있다. 인터넷 공간은 철저하게 자유로운 공간이라는 주장은 이미 폐기되었다. 정보통신망법이나 개인정보보호법이 보여주는 것처럼, 인터넷 공간에 대한 법적 규제는 점점 강화되고 있다. 이 점을 감안하면, 정보통신 영역은 절대적으로 자유로운 공간이라는 이유로 아키텍처 규제의 독자성을 근거짓고자 하는 주장은 설득력을 잃을 수밖에 없다.

나아가 오늘날 국내법의 차원에서는 법다원주의가 설득력을 잃고 있다는 점을 지적할 수 있다. 예전에는 관행이나 관습 또는 전통에 독자적인 규범적 힘을 부여하는 경우도 있었지만, 오늘날에는 민법 제1조처럼 별도의 실정법적 근거를 갖고 있지 않는 한 관행이나 관습, 전통 그 자체만으로 독자적인 규범적 힘을 요청하기 어렵다. 특히 이러한 관행 등이 실정법에 위반되는 경우에는 그 효력을 인정할 수 없다. 물론 초국가적 영역에서는 법다원주의가 인정될 여지가 있지만, 이러한 경우에도 초국가적 헌법과 같은 몇 가지 규범적 장치가 요청된다.[38] 이를테면 초국가적 법의 규범적 정당성을 통제할 수 있는 초국가적 헌법, 즉 '법에 대한 법'이 필요한 것이다. 이러한 맥락에서 보면, 아무리 법다원주의를 수용한다 할지라도 아키텍처

---

37 이를 보여주는 Lee Tein, "Architectural Regulation and the Evolution of Social Norms", *Yale Journal of Law and Technology* 7 (1) (2005) 참조.

38 이에 관해서는 Gunther Teubner, *Verfassungsfragmente: Gesellschaftlicher Konstitutionalismus in der Globalisierung* (Berlin, 2012) 참조.

규제가 규범적 정당성을 획득할 수 있도록 이에 대한 규범적 통제장치, 즉 '아키텍처에 대한 아키텍처', 달리 말해 '설계에 대한 설계'가 필요할 수밖에 없다. 더욱 쉽게 말하면, 아키텍처 규제에 대한 별도의 법적 근거가 필요하다는 것이다.

(4) 강제집행행위의 일종으로서 아키텍처 규제

이러한 근거에서 이 책은 아키텍처 규제 그 자체는 법적 규제와 동등한 지위를 누리는 독자적인 규제수단이 될 수는 없다고 주장한다. 오히려 아키텍처 규제는 이행행위나 강제집행행위처럼 법적 근거에 따라 이루어지는 사실적 행위 또는 소통이라고 보는 것이 적절하다. 달리 말해 아키텍처는 규제의 일종이자 새로운 규제형식이기는 하지만, 법적 규제와 병존하는 독자적인 규제수단이라기보다는 오히려 법적 규제를 사실적으로 집행하는 집행수단으로 이해하는 것이 타당하다. 이 점에서 이 책은 정보통신 영역에서 사용되는 새로운 아키텍처 규제는 본질적으로 완전히 새로운 규제방식인 것은 아니고, 전통적인 아키텍처 규제와 궤를 같이하는, 다만 ICT에 의해 새롭게 그 형식이 탄생한 규제방식으로 이해한다. 따라서 전통적인 물리적 아키텍처 규제가 법적 근거를 필요로 하는 것처럼, 새로운 논리적 아키텍처 규제 역시 이를 규범적으로 정당화하는 실정법적 근거가 필요하다고 주장한다.

V. 맺음말

지금까지 최근 정보법학에서 논의되는 아키텍처 규제를 소개하면서 이를 민사집행법의 시각에서 검토해 보았다. 특히 민사집행법학의 시각을 원용하여 아키텍처 규제를 둘러싼 쟁점을 풀어 보았다. 이에 관해 이 책은 다음과 같은 결론을 제시한다. 먼저 아키텍처는 '규제'의 일종에 속한다. 다음으로 아키텍처 규제는 ICT가 발전하면서 새롭게 등장한 규제형식이라 말할 수 있다. 규제형식이 진화하여 새롭게 출현한 규제형식이 바로 아키텍처 규제인 것이다. 그렇지만 이 책은 아키텍처 규제가 법적 규제와 동등한 지위를 누리는 독자적인 규제인지에는 부정적인 견해를 제시한다. 아키텍처는 규제의 일종이자 새로운 규제형식이기는 하지만, 법적 규제와 병존하는 독자적인 규제수단이라기보다는 오히려 법적 규제를 사실적으로 집행하는 수단으로 보는 것이 적절하다는 것이다.

12장

합리적인 법정책의 방향

I. 서 론

개념법학적 방법론과 법실증주의가 지배하던 19세기 자유주의적 법치국가 아래서는 '법정책'이 그리 큰 의미를 갖지 못했다. 왜냐하면 법은 개인의 자유가 최대한 실현될 수 있도록 그 외적인 테두리를 소극적으로 보장하는 데 임무를 두었기 때문이다.[1] 그러나 20세기에 접어들어 새롭게 사회국가적 법모델이 등장하게 되면서 법정책은 법학 안에서 점차 그 중요성을 획득하게 되었다.[2] 사회국가적 법모델 아래서 법은 단순히 개인의 자유 영역을 외적으로 그리고 소극적으로 보장하는 데 그치지 않고, 이를 넘어서 적극적으로 개인과 사회 영역에 개입하고 이를 통해 개인과 사회가 나아가야 할 방향을 형성하는 임무까지 부여받게 되었기 때문이다.[3] 다시 말해 법이 행하는 역할이 소극적인 '규제법'(intervenierendes Recht)에서 적극적인 '조종법'(regulatorisches Recht)으로 바뀌면서,[4] 이제 법이 일정한 공공정책을 실현하는 데 적합한 조종매체가 될 수 있는지, 법이 복잡한 사회구조 안에서 어떤 결과를 낳을 수 있는지, 국가와 사회가 요구하는 정책을 실현하기 위해서는 법이 어떻게 짜여야 하는지가 부각되는 것이다. 그런데 이러한 문제는 주어진 실정

---

1 이러한 자유주의적 법모델에 관해서는 우선 이상돈, 『법학입문』(법문사, 2006), 41쪽 아래.

2 이러한 변화과정을 간략하면서도 정확하게 묘사하는 문헌으로 D. Grimm, "Der Wandel der Staatsaufgaben und die Krise des Rechtsstaates", in: D. Grimm (Hrsg.), *Wachsende Staatsaufgaben—sinkende Steuerungsfähigkeit des Rechts* (Baden—Baden, 1990), 291쪽 아래.

3 이상돈, 앞의 책, 55쪽 아래.

4 G. Teubner, "Verrechtlichung: Begriffe, Merkmale, Grenzen, Auswege", in: F. Kübler (Hrsg.), *Verrechtlichung von Wirtschaft, Arbeit und sozialer Solidarität* (Frankfurt/M., 1984), 312쪽.

법을 해석하고 적용하는 데 중점을 두는 종전의 법도그마틱이 달성하기 어렵다. 물론 법관은 목적론적 해석이나 적극적인 법형성을 통해 실정법의 한계를 넘어설 수 있고, 이를 통해 어느 정도 정책적인 효과를 달성할 수도 있다. 그렇지만 여기에는 분명 한계가 있다. 오히려 위에서 제시한 문제들은 법과 공공정책을 결합시킨 법정책이 더욱 적절하게 다룰 수 있다. 그 때문에 현대 사회국가 아래에서 법정책은 그 어느 때보다 중요성을 더해가고 있는 실정이다. 이와 동시에 과연 우리가 추구해야 하는 합리적인 법정책은 무엇인지가 여러 영역에서 등장한다.[5] 제12장에서는 '전략물자'에 대한 법정책을 예로 하여 전략물자를 합리적으로 조종하기 위해서는 법정책이 어떤 방향과 기준을 취해야 하는지 알아보도록 한다. 달리 말해 합리적인 법정책은 어떤 방향과 기준을 추구해야 하는지를, 전략물자에 대한 통제를 예로 하여 검토하도록 한다.

전략물자는 그 자신이 안고 있는 속성 때문에 전략물자에 대한 거래관계, 특히 한 국가를 넘어서 이루어지는 전략물자수출은 일정한 범위에서 통제해야 할 필요가 있다. 여기서 우리는 전략물자수출을 통제하기 위한 가장 대표적인 통제수단으로 법적인 통제수단을 우선적으로 떠올릴 수가 있다. 왜냐하면 전략물자를 수출하는 것을 통제한다는 것은 곧 국민의 자유와 권리를 제한하는 것인데, 우리 한국은 법치국가로서 원칙적으로 법을 통해서만 국민의 자유와 권리를 제한할 수 있기 때문이다(헌법 제37조). 뿐만 아니라 법은 일정한 행위를 규제하는 데 즉각적인 규제효과를 낳을 수 있는 가장 강력한 수단으로 인식되고 있는 점도 한 이유가 된다.

그런데 이렇게 전략물자수출을 법적으로 통제한다고 할 때, 우리는 다음과 같은 의문을 제기할 수 있을 것이다.

- 전략물자수출을 규제하기 위해 반드시 법적 규제수단을 동원해야 할 필요가 있는가?
- 법적 규제수단을 투입해야 할 필요가 있다면, 과연 어떤 경우에, 어느 정도에서 법적 수단을 투입해야 하는가?
- 법적 수단 이외에 다른 규제수단을 통해 전략물자수출을 통제하는 것은 생각해볼 수 없는가?

---

5 가장 극명한 예로서 최근 우리 사회의 가장 큰 이슈가 되는 부동산 문제에 대해 정부가 어떤 규제정책, 즉 법정책을 추진해야 하는가 하는 문제를 거론할 수 있다.

이 책은 바로 이러한 문제들에 초점을 두어 전략물자수출을 통제하기 위한 법정책은 어떤 방향을 추구해야 하는지 그리고 어떤 기준을 따라야 하는지 살펴보도록 한다. 다만 이 책은 어떤 상세하고 구체적인 방향이나 기준을 제시하기보다는 법철학적·법사회학적인 논증에 기반을 두어 다소 추상적이고 대략적인 윤곽을 제시하는 데 만족하고자 한다. 실제적인 정책에 즉각적으로 활용할 수 있는 대안이나 방안에 대해서는 다른 연구에 맡기고자 한다. 여기서 개략적인 결론만을 미리 언급한다면, 전략물자수출을 통제하기 위한 법정책이 성공하려면 '간접적이고 다원적인 법정책'을 추구해야 할 필요가 있다는 점을 테제로 제시하고자 한다.

Ⅱ. 전략물자의 의의

전략물자수출에 대한 법적 통제를 논의하기 위해서는 그 전에 전략물자란 도대체 무엇을 뜻하는지 개념적으로 확정해야 할 필요가 있다. 왜냐하면 전략물자 개념을 분명하게 확정해야만, 통제의 대상과 범위 역시 분명하게 규정할 수 있기 때문이다.

1. 전략물자수출에 대한 국제법적 규율

전략물자의 개념을 확정하기 위한 일환으로 현재 국제법에서는 어떻게 전략물자를 규제하고 있는지 확인하는 것이 도움이 된다. 전략물자수출을 통제하기 위한 국제법의 규제현황을 분석하면, 현행 국제법은 아직 전략물자를 통일적으로 규제하기 위한 국제법적 수단을 마련하지 않았음을 발견할 수 있다. 대신 각기 다원적이고 상이한 국제법적 규율을 통해 전략물자를 규제하고 있을 뿐이다.

현재 전략물자수출을 통제하기 위한 국제 협정 및 국제기구·단체로서 크게 '바세나르 협약'(Wassenaar Arrangement), '미사일기술 통제체제'(Missile Technology Control Regime), '전략물자 수출통제제도'(catch all), '오스트레일리아 그룹'(Australia Group), '쟁거위원회'(Zangger Committee)를 거론할 수 있다.[6] 이들 국제협약 등이

---

6 이에 대한 간단한 설명으로는 http://blog.daum.net/soykim/1245428 참조.

규제하는 전략물자로는 핵·화학·생물학 무기 등과 같은 '대량파괴무기', 총·포·검과 같은 '재래식 무기', 미사일 및 무인비행체 그리고 이와 관련된 기술, 군사적인 목적으로 사용될 수 있는 '군수품'·'방위산업물자', 핵·화학·생물학 무기와 같은 대량파괴무기 개발에 기여할 수 있는 각종 핵물질·화학물질·생물학물질 관련 기술 및 설비·물자 등을 거론할 수 있다. 이러한 국제협약의 규율태도에 따라 전략물자를 한마디로 말하면, 전략물자란 인간의 생명을 앗아갈 수 있는 군수물자 일반을 지칭하는 것으로 이해할 수 있다.

그러나 전략물자를 단순히 이렇게 군사 관련 물자에만 한정하는 것은 다소 좁은 시각이라고 생각한다. 왜냐하면 한 국가의 생존이나 경제발전이라는 측면에서 볼 때, 군사 관련 물자 이외에도 전략물자로서 규정할 만한 것들이 있을 수 있기 때문이다. 예를 들어 현재 우리의 수출을 주도하는 반도체나 핸드폰·고화질 TV의 핵심기술이나 핵심설비 역시 전략물자에 포함시킬 수 있다고 말할 수 있다. 나아가 우리가 독자적으로 개발한 인공지능 기술 역시 전략물자에 포섭할 수 있다. 왜냐하면 이러한 기술이 외국에 넘어갈 경우 우리의 경제, 더 나아가 우리의 생존 자체를 위협할 수 있는 위험이 생기기 때문이다.

2. 전략물자 개념 확정

이렇게 본다면, 전략물자는 두 가지 차원에서 그 개념을 확정해야 할 필요가 있다. 첫째는 우리에게는 도움이 될 수 있지만, 다른 외국에게는 치명적인 위험이 될 수 있는 '군사 관련 물자', 둘째는 다른 외국에게는 이득이 될 수 있지만, 우리에게는 위험이 되는 '핵심기술 관련 물자'가 그것이다.

(1) 군사 관련 물자

군사 관련 물자를 수출하는 것은 단기적으로는 우리에게 이득이 될 수 있다. 그러나 타국에 대해서는 위험이 되며, 장기적으로는 전쟁발발 가능성을 높임으로써 우리뿐만 아니라 타국 모두에게 거대한 위험이 될 수 있다. 이러한 군사 관련 물자를 유형화하면 다음과 같다.
- 핵·화학·생물학 무기와 같은 대량파괴무기,
- 재래식 무기,

- 미사일 및 무인비행체,
- 대량파괴무기 관련 물자·기술 및 설비,
- 재래식 무기·미사일·무인비행체 관련 물자·기술 및 설비,
- 기타 방위산업물자 및 군사용으로 사용될 수 있는 민수품.

(2) 핵심기술 관련 물자

핵심기술을 수출하는 행위는 타국에게는 이득이 될 수 있지만, 국가 전체적으로 볼 때 우리에게는 거대한 위험이 될 수 있다. 왜냐하면 우리의 수출산업 기반 자체가 송두리째 위협을 받을 수 있기 때문이다. 이러한 것으로 반도체·핸드폰·고화질 TV의 기술 혹은 자동차 핵심기술처럼 우리가 국제경쟁력을 갖고 있는 최첨단 기술 및 이와 관련한 설비·물자를 들 수 있다.

(3) 범위 확정의 어려움

사실 전략물자의 대상과 범위를 분명하게 확정하는 것은 쉽지 않다. 우선 군사용으로 사용될 수 있는 민수품의 범위를 구체화하는 것이 쉽지 않다. 왜냐하면 군사적으로 사용되는가 여부는 구체적인 상황이나 사정에 따라 달라질 것이기 때문이다. 또한 이처럼 미묘한 경우에는 각국의 이해관계에 따라 그 범위를 바라보는 시각에서 차이가 나타날 수도 있다. 나아가 핵심기술의 범위도 그리 분명한 것은 아니다. 과연 어떤 기준에 의해 핵심기술인지 아닌지를 판단하는 것이 쉽지 않기 때문이다. 그러므로 이렇게 그 범위를 분명하게 확정하기 어려운 전략물자에 대해서는 좀 더 융통성 있게 규제해야 할 필요가 있다. 뒤에서 언급할 '간접적이고 다원적인 법정책'은 무엇보다도 이러한 영역에 초점을 맞추어야 할 것이다.[7]

---

7 아래의 Ⅳ.1.(3) 참조.

Ⅲ. 전략물자수출 통제의 필요성과 가능성

1. 필요성

전략물자를 수출하는 행위를 규제하기 위해서는 그 논리적 전제로서 이렇게 전략물자수출 행위를 규제할 필요가 있는지 검토해야 한다. 전략물자를 수출하는 행위는 그 속성상 한 국가 혹은 다른 국가들에 대해 위험을 창출한다는 점에서 이를 규제할 필요가 있다. 여기서 위험은 독일의 사회학자 울리히 벡(Ulrich Beck)이 언급한 것처럼 한 국가의 존립체계를 뒤흔들 만큼 거대한 것이다.[8] 이를 좀 더 구체적으로 살펴보면 아래와 같다.

(1) 군사 관련 물자

군사 관련 물자를 수출하는 행위는 일시적으로는 물자 판매국과 물자 수입국에게 이득이 될 가능성은 있다. 물자 판매국은 수출대금을 확보함으로써 경제적인 이득을 증진시킬 수 있고, 물자 수입국은 자신들에게 필요한 군사 물자를 확보함으로써 국방을 강화하는 데 기여할 수 있기 때문이다. 그러나 장기적으로 보면, 군사 관련 물자를 수출함으로써 전 세계에 무기보유가 더욱 증대하게 될 것이고, 이에 따라 국제분쟁이 발생할 가능성은 더욱 높아질 것이다. 국제분쟁 발발은 단기적으로는 어느 일부 국가에 이득을 안겨줄 가능성도 있지만, 장기적으로 보면 모두가 피해를 입게 될 위험이 더 큰 게 사실이다. 더군다나 인간의 생명을 대가로 하여 이득을 취한다는 것은 이미 도덕적인 견지에서 볼 때 정당화할 수 없는 일이다. 따라서 군사 관련 물자를 수출하는 것은 위험을 창출하는 행위라고 볼 수 있고, 그러므로 이를 법적으로 규제할 필요가 있다.

(2) 핵심기술 관련 물자

핵심기술을 수출하는 행위는 핵심기술 수입국에게는 큰 이득을 줄 수 있는 행위가 될 수 있지만, 핵심기술 수출국에게는 치명적인 위험을 안겨줄 수 있다. 핵심

---

8 U. Beck, *Risikogesellschaft: Auf den Weg in eine andere Moderne* (Frankfurt/M., 1986). 이에 대한 국내 번역서로는 홍성태 (옮김), 『위험사회』(새물결, 1997) 참조.

기술을 보유하는 것이 의미를 가질 수 있는 것은 이 핵심기술을 통해 한 국가가 국제무역 시장에서 비교우위를 점할 수 있기 때문이다. 그런데 만약 핵심기술을 함부로 수출하면, 그동안 누려왔던 비교우위의 지위를 상실할 수 있다. 그 결과 수출시장을 잃어버리고 경제성장이 둔화됨으로써 지독한 경기침체의 늪에 빠지게 될 것이다. 그렇게 되면 실업이 증가하고 한 국가를 지탱하던 국민경제체계는 허물어지고 말 것이다. 현대의 세계화된 자본주의 시대에서 국민경제체계가 허물어진다고 하는 것은 곧 한 국가의 생존기반이 사라진다는 점을 뜻한다. 그러므로 핵심기술을 함부로 수출하는 행위는 해당 국가에게 거대한 위험을 창출하는 행위로서 법으로 규제해야 할 필요가 있다.

(3) 중간결론

이상의 논의가 보여주는 것처럼, 전략물자를 수출하는 행위는 일정한 방식으로 규제해야 할 필요가 있다. 다만 여기서 우리가 주의해야 할 점은 한 국가 안에서 전략물자 그 자체를 생산하는 것은 굳이 규제해야 할 필요가 없다는 것이다. 왜냐하면 군사 관련 물자를 생산하는 것은 한 국가를 방위하기 위한 차원에서 필요한 일이기 때문이다. 침략전쟁은 국제법상으로 금지되지만, 방위전쟁은 국제법상으로 합법적인 것으로 인정된다.[9] 우리 헌법 역시 방위전쟁은 허용한다(헌법 제5조 제1항). 더욱이 핵심기술을 고안하는 것은 한 국가의 측면에서 볼 때 적극적으로 권장해야 할 필요가 있다.

이외에 우리가 여기서 주의해야 할 점은 전략물자수출을 법으로써 통제할 필요성이 있다고 해서 곧바로 전략물자수출에 대한 법적 통제 가능성을 도출할 수 있는 것은 아니라는 점이다. 설사 통제 필요성을 인정할 수 있다 하더라도, 이렇게 통제하는 것이 법이 허용하는 범위를 넘어서는 것이라면 법적 통제 가능성을 인정할 수 없는 경우도 존재하기 때문이다. 그러므로 전략물자수출에 대한 통제 가능성은 별도로 고찰해야 한다.

---

9 유병화, 『국제법 II』(진성사, 1995), 677쪽 아래.

2. 통제 가능성

전략물자수출에 대한 통제 가능성을 고찰하려면, 가장 무엇보다도 전략물자수출 통제가 헌법이 보장하는 거래의 자유(헌법 제10조, 제23조)나 직업선택의 자유(헌법 제15조)를 침해하는 것인지 살펴볼 필요가 있다. 한 개인이나 단체는 직업선택의 자유를 행사하여 전략물자를 수출하는 행위를 자신의 직업으로 할 수도 있다. 또한 우리 헌법 및 민법이 기본적으로 인정하는 거래의 자유에 따라 전략물자를 다른 국가의 개인 혹은 단체에게 수출할 자유를 요청할 수도 있다. 만약 이렇게 전략물자를 수출하는 것이 직업선택의 자유나 거래의 자유에 속하는 기본권의 한 내용이라고 말할 수 있다면, 전략물자수출을 통제하는 행위는 위의 기본권을 '침해'하는 것이라고 말할 수도 있다.

그러나 주지하다시피 자유나 권리 혹은 헌법이 보장하는 기본권은 절대적인 의미를 갖는 것은 아니다. 달리 말해 기본권은 일정한 제한 없이 절대적으로 행사할 수 있는 것은 아니다. 그 이유는 만약 한 사람 혹은 한 단체의 권리를 무제한적으로 인정하면, 다른 사람이나 단체의 권리가 침해될 수 있기 때문이다. 따라서 모든 이들의 권리나 자유를 최대한 보장하기 위해서는 일체의 제한을 허용하지 않는 절대적인 권리를 인정하기보다는 일정한 목적과 사유가 존재하는 이상 일정한 방법에 따라 권리를 제한할 수 있게 하는 것이 더욱 바람직하다. 우리 헌법은 모든 기본권은 국가안전보장·질서유지·공공복리를 위해 필요한 한도에서 제한할 수 있도록 하고 있다(헌법 제37조 제2항).

그러나 이에 대해 다시 다음과 같은 반론을 생각할 수 있다. 자유시장체계는 본래 '보이지 않는 손'에 의해 스스로 가장 나은 방향으로 나아갈 수 있으므로, 전략물자수출 행위도 자유시장체계의 보이지 않는 손에 맡겨 버리면 자연스럽게 가장 좋은 방향으로, 달리 말해 위험을 감소시키는 방향으로 수출거래가 이루어지도록 할 수 있다는 것이다.[10] 그러므로 전략물자 수출시장이라는 자유시장을 법으로써 통제하거나 관리하려 하는 것은 전략물자 수출시장의 자율성을 해치는 것으로서 허용할 수 없다고 말할 수도 있는 것이다.

하지만 자본주의 역사가 보여주는 것처럼, 시장이 '보이지 않는 손'에 의해서

---

10 이는 보통 신자유주의자들이 사용하는 논증이다. 이에 관해서는 아래의 Ⅳ.1.(1)1) 참조.

자율적으로 움직일 것이라는 이념은 현실적으로 실현하기 힘든 것이 사실이다. 오히려 시장에서는 자유가 증대할수록 자유를 억압하고자 하는 독과점 현상이 증대하였다. 이른바 '시장의 실패'가 나타난 것이다. 자유 시장경제를 기반으로 하는 자유주의 법모델을 대신해 사회국가적 법모델이 등장한 것도 바로 이러한 이유 때문이다.[11] 더군다나 자유 자본주의에서 상정하는 완전경쟁시장 역시 일종의 이상화된 시장으로서 현실에서 찾아보기 힘든 것 또한 사실이다. 그러므로 신자유주의가 주장하는 것처럼, '시장의 자율적인 자기조종 능력'을 이유로 하여 전략물자수출에 대한 법적 통제에 반대하는 것은 그리 타당한 주장이 아니라고 할 수 있다.

이상의 논의에 따르면, 우리는 다음과 같은 결론을 도출할 수 있다. 전략물자를 수출하는 행위는 헌법이 인정하는 거래의 자유나 직업선택의 자유에 해당할 여지가 있다. 그러나 이 두 자유는 헌법에 따라 제한할 수 있는 기본권이다. 그런데 전략물자를 수출하는 행위는 특히 국가안전보장에 거대한 위협이 될 수 있는 행위이다. 더군다나 전략물자를 수출하는 행위에 대한 규제를 시장의 자율에 내맡길 수도 없다. 그러므로 전략물자수출 행위는 헌법이 인정하는 방법에 따라 제한할 수 있다. 그렇다면 남는 문제는 과연 어떻게, 어느 범위에서 전략물자수출 행위를 법적으로 통제할 수 있는가 하는 점이다.

Ⅳ. 전략물자수출에 대한 법적 통제의 방향 및 기준

위에서 우리는 전략물자를 수출하는 행위를 법으로써 통제하는 것은 필요하고 또한 가능한 일임을 확인하였다. 이제 남은 문제는 과연 어느 정도에서 그리고 어떤 방법으로 전략물자수출을 통제하는가 하는 점이다. 이에 대해 헌법 제37조 제2항은 한 가지 방향을 시사한다. 전략물자수출을 통제하는 것은 비례성 원칙에 합치하게 이루어져야 한다는 것이다. 이와 유사하게 독일의 형법학자 모니카 포스(Monika Voß)는 합리적인 형사입법의 방향으로서 크게 두 가지를 제시한다.[12] 첫째는 법익침해 혹은 사회유해성을 막기 위해 형법을 투입해야 하고, 둘째는 이렇

---

11 이상돈, 앞의 책, 단락번호 [4]-[5] 참조.

12 M. Voß, *Symbolische Gesetzgebung. Fragen zur Rationalität von Strafgesetzgebung* (Ebelsbach, 1989), 140쪽 아래.

게 형법을 투입하는 행위가 비례성 원칙에 합치해야 한다는 점이다. 이러한 모니카 포스의 주장은 전략물자수출에 대한 법적 통제의 기본 방향을 설정하는 데 유용한 지침이 될 수 있다. 그러나 이 밖에도 우리는 전략물자수출에 대한 법적 통제를 실현하는 데 기초가 되는 다양한 기본 방향을 언급할 수 있다. 아래에서는 법철학적·법사회학적인 논증에 바탕을 두어 전략물자수출에 대한 법적 통제의 기본 방향을 설계해 본다.

1. 기본 방향

(1) 직접적이고 과도한 통제방식 회피

우선 과도한 규제 일변도의 통제방식은 지양해야 한다. 그 이유는 과도하게 전략물자수출을 통제하는 경우 이른바 '규제의 역설'로 인해 통제 자체가 소기의 목적을 달성하지 못할 수 있기 때문이다.[13] 이 문제는 다시 두 가지 차원으로 나누어 살펴볼 수 있다. 첫째는 인식론적인 차원에서 규제의 역설이 발생할 수 있다는 점이다. 둘째는 집행의 차원에서 직접적이고 과도한 전략물자수출 통제는 자칫 '집행결손'을 낳을 수 있다는 점이다.

1) 인식론적인 차원에서 본 규제의 역설

과도하게 그리고 직접적으로 법을 통해 전략물자수출을 통제하면, 본래 의도한 바는 실현할 수 없고 오히려 부작용만 낳을 수 있다고 하는 점은 무엇보다도 신자유주의 계열의 학자들이 강조하여 왔다.[14] 오스트리아의 제도주의 그리고 밀턴 프리드먼(Milton Friedman)을 중심으로 한 시카고학파에 연원을 두고 있는 신자유주의는 국가가 법을 통해 너무 직접적으로 시장에 개입하면, 시장질서를 조종하려는 본래 목적은 달성할 수 없고, 오히려 정부의 과도한 개입 때문에 시장질서가 파괴되고 정부의 효율성도 떨어질 수 있다는 '정부의 실패'를 주장한다. 따라서 이

---

13 이에 관한 개괄적인 접근으로는 김영평·최병선·신도철(편저), 『규제의 역설』(삼성경제연구소, 2006) 참조.

14 이에 대해서는 김대근, 『형법적 규제에 대한 법경제학적 접근: 형법경제학』(고려대학교 법학석사 학위 논문, 2005), 5쪽 아래 참조.

러한 정부의 실패 현상을 막기 위해서는 정부 또는 국가는 기본적으로 시장이 자율적으로 작동할 수 있도록 이에 대한 법적 테두리를 그어주는 보충적인 역할만 수행해야 한다고 말한다. 이들에 따르면, 과도한 직접적인 규제는 필연적으로 규제의 역설을 맞이할 수밖에 없다. 이러한 신자유주의자들의 주장은 전략물자수출에 대한 법적 통제에도 어느 정도 적용할 수 있다. 따라서 전략물자수출에 대한 과도한 법적 통제로 비롯할 수 있는 규제의 역설, 예를 들어 전략물자에 대한 암시장 형성 등을 피하려면 과도하고 직접적인 규제방식을 피해야 할 필요가 있다.

한편 규제의 역설은 독일의 법사회학자인 토이브너가 정립한 '조종의 트릴레마'를 통해서도 설명할 수 있다. 토이브너는 독일의 사회학자인 니클라스 루만의 체계이론을 법에 수용하여 체계이론적인 법사회학 이론을 전개한다. 그는 무엇보다도 사회국가적인 법모델이 야기하는 과도하고 직접적인 법제화가 어떤 부작용을 낳는지를 설명하기 위해 루만의 체계이론을 원용한다. 조종의 트릴레마는 토이브너가 사회국가적인 법제화가 도달할 수밖에 없는 역설을 체계이론의 관점에서 잘 보여준다. 조종의 트릴레마는 (딜레마가 아닌) '트릴레마'라는 용어가 암시하듯이, 사회국가적 법제화를 통해 정치체계와 법체계 그리고 사회체계 사이에서 발생할 수밖에 없는 혼란상황을 보여준다. 토이브너는 이를 "법과 정치(정책)의 상호 무관심", "법에 의한 사회적 통합의 와해", "사회에 의한 법적 통합의 와해"라는 과정으로 정리한다.[15] 법과 정치의 상호 무관심은 법체계와 정치체계가 점점 세분화되고 이에 따라 각 체계가 자신들의 독자적인 논리와 합리성에 의해 지배됨으로써, 필연적으로 서로 무관심해질 수밖에 없음을 보여준다. 정치체계는 정치적 논리에 입각하여 법을 통해 사회를 규제하려고 하지만, 법체계는 자신이 축적한 법적 합리성과 도그마틱에 의해 사회적 문제를 해석하고 규제하려 한다. 이러한 무관심은 법체계와 사회체계에서도 마찬가지로 등장한다. 한편으로 법체계는 자신의 관점에 따라 사회를 파악하고 규제하고자 한다. 그러나 서로를 지탱하는 합리성과 논리가 다른 관계로, 법체계가 투입하는 법적 수단은 사회를 조종하기보다는 오히려 사회의 자율성을 억압하거나 파괴한다. 하버마스가 표현한 "생활세계의 식민지화"는 "법에 의한 사회적 통합의 와해"를 달리 표현한 것이라고 말할 수 있다.[16] 다른 한

---

15 상세한 설명은 G. Teubner, 앞의 논문, 313쪽 아래; 이상돈·홍성수, 『법사회학』(박영사, 2000), 227쪽 아래.

16 위르겐 하버마스, 장춘익 (옮김), 『의사소통행위이론: 기능주의적 이성 비판을 위하여 2』(나남출

편으로 사회체계는 자신들에 담겨 있는 논리, 즉 사회적 혹은 현실논리를 법체계 안에 관철시키려 함으로써 법체계가 축적해왔던 법적 통일성이나 개념의 체계성은 '현실의 요청'이라는 미명 아래 파괴해 나간다(사회에 의한 법적 통합의 와해).

이처럼 사회국가적인 (과도한) 법제화는 조종의 트릴레마 현상 때문에 필연적으로 본연의 임무를 수행하는 데 실패할 수밖에 없다. 이러한 분석은 전략물자수출에 대한 법적 통제에도 그대로 적용할 수 있다. 만약 우리가 사회국가적인 법제화에 상응하게 전략물자수출을 과도하게 직접적으로 통제하게 되면, 우리는 필연적으로 조종의 트릴레마 현상에 부딪히게 될 것이다. 이는 우리가 원래 의도했던 결과는 아닐 것이다.

2) 집행의 차원에서 본 집행결손

전략물자수출을 법으로써 직접 그리고 과도하게 통제하는 것은 집행의 차원에서도 문제가 될 수 있다. 그 이유는 모든 일탈행위에 대한 법적 제재를 집행하지 못하는 집행결손이 발생할 수 있기 때문이다. 전략물자수출 행위를 과도하게 규제하면, 그만큼 많은 수의 일탈행위가 발생할 가능성이 크다. 가령 만약 법이 다소 느슨하게 전략물자수출 행위를 통제하면, 전략물자에 해당하여 수출하지 못하는 품목은 그만큼 줄어들 것이다. 그렇게 되면 전략물자수출을 통제하는 법에 위반하는 일탈행위도 줄어들 것이다. 반대로 법이 과도하게 전략물자수출 행위를 규제하려 한다면, 전략물자에 해당하여 수출하지 못하는 품목도 이에 비례하여 늘어날 것이고, 따라서 일탈행위의 가능성도 더 증가할 것이다. 그러나 이렇게 법이 전략물자수출 행위를 많은 부분에서 금지한다고 해서, 이러한 금지에 따른 일탈행위에 대해 법적 제재를 그대로 집행할 수 있는 것은 아니다. 왜냐하면 법 집행을 담당하는 사법체계는 인적·물적·시간적인 차원에서 자원의 한계를 안고 있기 때문이다. 이 한계 때문에 사법체계는 모든 일탈행위를 규제할 수 없다. 따라서 사법체계는 '선별적'으로 전략물자수출 통제에 대한 위반행위를 규제·집행할 수밖에 없다. 하지만 이는 법이 본래 의도했던 것이 아니다. 이렇게 선별적으로 법적 통제수단을 집행하면, 규제를 받게 되는 수범자들은 자신들이 재수가 없어 억울하게 걸려들었다고 생각할 것이다. 그렇게 되면 법적 통제의 형평성이나 법적 안정성을 추구하

판, 2006), 513쪽 아래.

기 힘들어진다. 결국 법이 추구해야 하는 정의 실현에도 멀어지게 된다.

(2) 상징입법 회피

두 번째 기본 방향으로서 전략물자 수출통제를 위한 법정책은 '상징입법'(symbo-lische Gesetzgebung)을 피해야 한다는 점을 들 수 있다. 여기서 상징입법이란 입법자가 "아무런 효과 없이 금지된 행위를 단순히 억압하고 줄이려는" 기망적인 의도에서 입법을 행하는 것을 말한다.[17] 쉽게 말해 겉으로는 금지하는 척하면서 실제로는 허용하는 입법을 상징입법이라고 할 수 있다. 이것이 '상징'입법인 이유는 법을 통해 금지한다는 그 상징성 자체만을 의도하기 때문이다. 이러한 상징입법은 위에서 언급한 집행결손과 결합하여 일종의 정치적 의도나 이데올로기를 실현하려 한다.

이러한 상징입법을 전략물자수출에 대한 법적 통제에 적용하면, 다음과 같은 문제가 나타날 수 있다. 입법자는 겉으로는 전략물자, 가령 군사물자를 수출하는 행위를 통제하면서도 실제로는 비밀리에 이에 대한 수출을 허용하는 법정책을 폄으로써 장기적으로 볼 때 전쟁 발발 위험을 더욱 증가시킬 수 있다는 것이다. 더군다나 암시장을 통해 군사물자를 거래하는 것이므로 군사물자 수출에 대한 '거래비용'은 더욱 증가할 수 있고, 자칫 이것이 발각될 경우 국가 신뢰도는 치명적인 손상을 입을 수 있다. 더욱 중요한 문제는 상징입법은 국가정책의 기본 참여자인 국민을 우롱한다는 것이다. 그러므로 단지 상징적으로만 전략물자수출을 통제하려는 법정책은 우리가 피해야 할 그 무엇이다.

(3) 간접적이며 다원적인 법정책 추진

전략물자수출을 통제하기 위한 법정책은 간접적이며 다원적인 법정책을 추진해야 한다. 이는 위에서 언급한 직접적이고 과도한 법정책에 대한 대안이라고 할 수 있다. 그렇다면 이렇게 간접적이고 다원적인 법정책을 추진해야 하는 이유는 무엇인가? 단순히 직접적이고 과도한 법정책이 문제를 노정하기 때문에, 이러한 방향을 선택해야 하는 것인가? 그렇지는 않다. 간접적이고 다원적인 법정책을 추진해야 하는 것은, 이미 이론적인 배후근거를 갖고 있다. 무엇보다도 조종의 트릴레마를 제시한 독일의 법사회학자 토이브너가 이에 대한 설득력 있는 이유를 제시

---

17 배종대, "정치형법의 이론", 『법학논집』 제26집(1991), 243쪽. 상징입법 일반에 관해서는 M. Voß, 앞의 책 참조.

한 바 있다.

1) 간접적인 법정책의 이론적 근거와 적용

토이브너는 간접적인 법정책의 이론적 근거로서 '반성적 법'(reflexives Recht) 구상을 제시한다.[18] 반성적 법 구상은 토이브너가 조종의 트릴레마 현상을 극복하기 위한 해결책으로 제안한 것이다. 그렇다면 과연 어떻게 반성적 법 구상은 자신의 기획을 성공시킬 수 있는가?

일단 반성적 법 구상은 직접적인 조종을 포기한다. 만약 직접적인 조종을 시도하려 한다면, 앞에서 언급했던 규제의 역설이나 조종의 트릴레마 문제가 나타날 것이기 때문이다. 대신 토이브너는 반성적인 법 구상으로서 간접적인 조종을 시도한다. 반성적 법 구상에 따르면, 법의 임무는 사회적인 문제, 가령 전략물자수출과 같은 문제를 직접 규제하려 하지 않고 사회가 스스로 이 문제를 자율적으로 해결할 수 있도록 그 외적인 테두리만을 보장하는 데 있다. 이를 "자기조종의 조종"이라고 한다.[19] 달리 말해 반성적 법 구상에 따르면, 법은 사회가 자율적으로 전략물자수출과 같은 문제를 해결할 수 있도록 사회적인 상황이나 맥락을 조종하는 데 제일차적인 임무가 있다.

그러나 '자기조종을 조종'한다는 주장은 무척 추상적인 답변이다. 이 때문에 토이브너는 반성적 법 구상을 실현하기 위한 구체적인 전략으로서 다음 세 가지를 제시한다. 첫 번째 전략으로는 법적 통제를 담당하는 입법자와 그 규제대상이 되는 사회현실(사회체계), 달리 말해 환경(Umwelt)이 서로 관찰하도록 하는 방안이다. 이러한 상호관찰을 통해 입법자는 사회현실에 대한 정부를 축적하고, 반대로 사회현실은 입법자의 의도를 파악하여 입법자의 의도에 합치할 수 있는 자율적인 규제 방안을 개발할 수 있다.

두 번째 전략으로는 체계간섭을 통해 의사소통적인 연결성을 확보하는 것이다. 법체계와 주변세계인 사회체계가 체계간섭을 통해 의사소통적으로 서로 연결될 수 있도록 하는 것이다. 그러나 토이브너는 서로를 연결해주는 데 동인이 될 수 있는 정보와 동기부여가 부족한 경우가 많아 대부분의 경우에 이렇게 의사소통적

---

18 아래의 서술은 기본적으로 양천수, "1980년대 이후 전개된 독일 법사회학의 현황: 토이브너의 이론을 중심으로 하여", 『법과 사회』 제30호(2006), 130쪽 아래에 의존하였다.
19 G. Teubner, 이상돈 (옮김), 『법제화 이론』(한국법제연구원, 2004), 56쪽 아래.

으로 연결시키려는 시도는 실패할 가능성이 높다고 한다. 이는 법체계와 사회체계가 서로 닫힌 체계이고, 따라서 서로에 대해 무관심하기 때문에 발생하는 당연한 결과일지 모른다. 그러나 토이브너는 법적인 '대안정책'(Optionspolitik)을 통해 이 문제를 어느 정도 극복할 수 있다고 한다. 법정책을 펼칠 때 어느 일방적인 해결책만을 제시하는 법정책을 내놓는 것이 아니라, 선택 가능한 다양한 정책을 제시함으로써 법체계와 사회체계가 서로 의사소통을 펼칠 수 있도록 하는 동기부여를 제공할 수 있다고 한다.

세 번째 전략으로는 조직화를 통해 체계 사이를 서로 연결시키고자 하는 것이다(조직화를 통한 체계연결). 이는 달리 말해, 법체계와 사회체계가 서로 구조적으로 연결될 수 있는 데 필요한 조직화·절차·권한 등을 절차주의적으로 재해석된 법을 통해 제도화하자는 것을 말한다. 토이브너가 반성적 법을 통해 강조하는 '간접적 조정'이나 '콘텍스트 조종' 또는 '자기규제의 조정'은 바로 이를 달리 표현한 것이라 할 수 있다. 이러한 전략에 의하면, 법은 법체계와 사회체계가 구조적으로 연결될 수 있도록 직접 규율하거나 조종하는 역할을 수행하지는 않는다. 대신 법은 법체계와 사회체계가 자발적으로 연결되는 데 필요한 조직·절차·권한 등에 대한 외적(형식적) 테두리를 마련하는 데 만족해야 한다. 이를 통해 법체계와 사회체계는 자발적으로 그리고 각 콘텍스트에 적합하게 의사소통으로 연결될 수 있다. 토이브너는 이러한 예로서 집단적 노사관계법이나 공동결정법에서 진행되고 있는 일종의 법적 개혁을 거론한다.

이러한 토이브너의 반성적 법 구상을 전략물자수출에 대한 법적 통제에 적용하면 아래와 같은 결론을 얻을 수 있다. 우선 입법자는 전략물자수출 행위를 과도한 법으로써 직접 통제하려는 의도를 버려야 한다. 대신 입법자는 간접적으로 전략물자수출을 조종하려고 해야 한다. 이는 다음 삼 단계로 이루어진다. 먼저 전략물자수출을 통제하려는 입법자와, 전략물자수출을 담당하는 개인이나 단체는 서로 관찰하는 과정을 거쳐야 한다. 이를 통해 통제를 담당하는 법체계(입법자)와 통제를 받는 전략물자수출 주체(사회체계)가 서로 연결될 수 있는 계기를 마련해야 한다. 이를 통해 서로에게 적합한 통제방안을 마련할 수 있도록 강구해야 한다. 두 번째 단계는 법체계의 대표인 입법자와 전략물자수출 주체가 서로 연결되도록 하는 것이다. 이는 대안정책으로 실현될 수 있다. 전략물자 수출통제에 대한 법정책을 펼칠 때 어느 일방적인 해결책만을 제시하는 법정책을 내놓는 것이 아니라, 선택 가능한 다양한 정책을 제시함으로써 입법자와 전략물자수출 주체가 서로 의사소통을 펼칠 수 있도록 할 수 있다. 마지막 단계는 입법자와 전략물자수출 주체가 서로 구조적으로 연결되는 데 필요한 조직화·절차·권한 등을 절차주의적으로 재해석된 법을 통해 제도화하는 방안이다. 가령 통제 대상이 되는 전략물자를 구체적으로 선정할 때, 입법자와 수출 주체가 일정한 절차과정을 통해 서로 협의할 수 있도록 제도적 장치를 마련하는 것이다. 다시 말해 전략물자에 대한 결정권한을 입법자에게만 부여하는 것이 아니라, 수출을 담당하는 관련자 역시 전략물자 대상을 결정하는 과정에 참여할 수 있는 권한을 부여하는 정책이 한 예가 될 것이다. 이러한 정책에 의하면, 경우에 따라서는 입법자가 즉각적으로 전략물자수출을 통제하려 하기보다는 먼저 전략물자수출 관련자가 자율적으로 전략물자수출을 통제할 수 있도록 하는 것이 더욱 나은 방안이 될 수 있다. 이러한 반성적·간접적인 법정책을 통해 우리는 전략물자수출 행위를 더욱 적절하게 규제할 수 있다.

2) 다원적인 법정책의 이론적 근거와 적용

다원적인 법정책도 일정한 이론적 근거를 갖고 있다. 다원적인 법정책은 다원주의에 바탕을 둔다. 그런데 다원주의는 단순히 개방적인 민주주의가 작동하기 위해 요청되는 정치적 이념 정도의 의미에 그치는 것은 아니다. 다원주의는 일정한 철학적·사회학적 근거를 갖추고 있다. 그중에서도 우리는 '합리성 개념의 다원화·세분화'를 중요한 근거로 거론할 수 있다.

합리성 개념은 무엇이 과연 합리적인 행위인가를 판단하는 기준이다. 흔히 우리는 합리성하면 '목적합리성'을 떠올린다. 어떤 행위나 수단이 어떤 목적을 달성하는 데 적합하거나 효율적인 경우에 우리는 이 행위나 수단을 '합리적'이라고 말한다. 그러나 여러 철학자나 사회학자들이 지적한 것처럼, 합리성 개념이 이렇게 목적합리성에만 한정되는 것은 아니다. 합리성이라는 이름 아래 우리는 각기 상이한 판단기준을 떠올릴 수 있을 것이다. 예를 들어 사회철학자인 하버마스는 합리성 개념 아래 '인지적 합리성', '규범적 합리성', '표출적 합리성'이라는 세 가지 차원이 담겨 있음을 지적한다. 더욱 중요한 점은 사회가 복잡해지고 다양해짐에 따라 합리성 개념도 세분화된다고 하는 점이다. 예를 들어 서구의 합리화 과정을 치밀하게 연구한 막스 베버는 서구 사회가 '형식적 합리성'을 통해 근대화되면서, 근대화가 가속화될수록 형식적 합리성은 다시 '실질화'되고, 그에 따라 합리성 개념도 분화된다고 설명한다. 나아가 독자적인 체계이론에 따라 사회를 설명하려 한 루만은 사회가 복잡해지고 다양해짐에 따라 사회를 구성하는 사회체계가 세분화되고 이에 따라 체계합리성도 세분화된다고 지적한다. 마지막으로 토이브너는 이러한 시각을 법 영역까지 끌어들여 합리성 개념이 세분화되면서 법의 개념, 법의 규율영역, 법적 합리성 역시 세분화된다고 주장한다.[20]

이러한 주장들을 정리하면, 우선 우리는 사회를 지탱하는 합리성이 다양하게 세분화되고 다원화된다고 말할 수 있다. 가령 합리성은 사회체계가 정치체계, 경제체계, 법체계, 예술체계 등으로 세분화되면서 각기 정치적 합리성, 경제적 합리성, 법적 합리성, 예술적(미학적) 합리성으로 세분화된다. 이와 더불어 이러한 영역을 규율하는 법의 합리성 역시 세분화된다. 이는 달리 말하면, 법의 판단기준이 세분화된다는 것을 의미하고, 이는 곧 각 영역에 따라 법이 다원적으로 적용되어야 함을 뜻한다.

이러한 이론적 기초에 따라 전략물자수출에 대한 법적 통제를 바라보면, 어떤 결론을 도출할 수 있는가? 우리는 크게 두 가지 차원에서 다원적인 법정책을 적용할 수 있다. 첫째는 전략물자수출을 통제하기 위한 법체계를 다원화한다는 것이고, 둘째는 법적 수단을 다원화한다는 것이다. 첫 번째 차원은 다시 두 가지 차원으로 나누어볼 수 있다. 국제법의 영역에서 전략물자수출을 통제하기 위한 법체계를 다원화하는 방안과 국내법의 영역에서 법체계를 다원화하는 방안이 그것이다.

먼저 국제법의 영역에서 전략물자수출을 통제하기 위한 법체계를 다원화하는 방안을 검토한다. 현재 국제법의 영역에서는 전략물자수출을 규율하기 위해 다양한 국제협정 및 기구 등이 존재한다. 현재의 규율상황은 다원적이라 할 수 있다. 그런데 이러한 상황에 반대하여, 현행 국제법의 규율상황을 통합하여 통일된 규제체계를 마련하는 것을 생각할 수 있다. 이러한 방안은 다원주의에 반대하는 단일화된 법체계를 정립하려는 방안이다. 이러한 방안은 법체계를 단일화함으로써 전략물자수출에 대한 법적 통제를 더욱 효율적으로 수행할 수 있다는 장점을 논거로 내세울 수 있다. 그러나 이러한 방안은 법다원주의의 관점에서 볼 때 그리 타당하지 않다.[21] 일단 국제법의 영역에서는 통일된 법체계를 유지하고 집행할만한 법적

---

20 이에 관해서는 G. Teubner, 위의 책(주19), 69쪽 아래.

21 법다원주의에 관해서는 G. Teubner, "Global Bukowina': Legal Pluralism in the World Society", in: ders. (ed.), *Global Law Without a State* (1997), 3쪽 아래.

기구나 조직체가 존재하지 않는다. 또한 과연 어느 범위에서 전략물자를 정할 것인가에 관해서는 세계 각국의 다양한 이해관계가 얽힐 수 있다. 예컨대 과연 어떤 경우에 민수품을 전략물자로 볼 것인가에 관해, 각종 이해관계가 충돌해 쉽게 결정을 내릴 수 없을지 모른다. 따라서 이러한 경우에는 각기 다원적인 법체계를 인정하고, 이러한 법체계가 서로 경쟁할 수 있도록 하는 것이 더욱 바람직하다. 요컨대 국제법의 영역에서는 전략물자수출을 통제하기 위한 법체계를 다원적으로 해놓을 필요가 있다.

그러나 국내법의 영역에서는 사정이 달라질 수 있다고 생각한다. 국내법의 경우에는 법체계를 집행하고 심사할 단일한 법적 조직체가 존재한다. 집행부와 사법부가 그것이다. 또한 국내법의 영역에서는 통일된 법체계를 마련함으로써 전략물자수출 행위를 더욱 효과적으로 통제할 수 있다. 전략물자의 범위를 결정하고 판단할 때 문제가 발생하는 경우에는 사법부나 헌법재판소를 통해 이의를 제기할 수 있는 가능성도 제도화되어 있다. 그러므로 국내법의 영역에서는 전략물자수출 행위를 통일적으로 규율할 만한 통일된 법체계를 구상하는 것도 가능하고 또한 바람직하다고 말할 수 있다.

그렇다면 국내법의 영역에서는 다원적인 법정책을 어떻게 실현할 수 있는가? 바로 법적 통제수단을 다원화함으로써 우리는 국내법 영역에서도 다원적인 법정책을 실현할 수 있다고 생각한다. 여기서 법적 수단을 다원화한다는 것은, 예를 들어 전략물자수출 행위를 통제하기 위해 형법과 같은 수단만을 원용할 것이 아니라 민사법이나 행정법의 법적 수단도 원용하는 방안을 뜻한다. 달리 말해 전략물자수출 관련자가 법적 규율을 위반한 경우, 형벌만을 부과할 것이 아니라 손해배상, 행정법상의 조치 등을 다원적으로 원용하는 것이다. 뿐만 아니라 자율적인 관리·통제 방안도 인정하여, 기본적으로 자율적인 통제 방안을 우선적으로 적용하고 법적 강제조치는 보충적으로 적용하는 방안도 강구할 수 있다.

이상의 논의를 정리하면 우리는 다음과 같은 구체화 전략을 도출할 수 있다.
 – 국제법 영역에서 다원적인 법체계 마련
 – 국내법 영역에서 단일화된 법체계 구축
 – 국내법 영역에서 다원적인 법적 수단 강구
 – 자율적인 통제방안의 우선 적용
 – 사전적인 통제방안의 우선 적용

－ 사후적·강제적 법적 수단의 보충적 적용

(4) 대화적인 법정책

마지막으로 대화적인 법정책을 들 수 있다. 대화적인 법정책을 간단하게 언급하면, 법정책을 추진할 때 모든 관련자들이 자유롭고 평등하게 이 법정책 과정에 참여할 수 있도록 제도적으로 보장해야 함을 뜻한다.[22] 이러한 대화적인 법정책은 무엇보다도 독일의 사회철학자인 하버마스의 '대화이론적 법이론'(Diskurstheorie des Rechts)에 기반을 둔다.

1) 이론적인 근거

대화이론적 법이론은 하버마스가 1992년에 공간한 『사실성과 타당성』에서 잘 드러난다. 대화이론적 법이론은 '대화원칙'에서 출발한다. 하버마스는 대화원칙에 바탕을 둔 대화이론적 법이론, 달리 말해 '법의 대화이론'을 통해 현대의 사회국가 아래에서 볼 수 있는 생활세계의 식민지화 문제를 해결하고자 한다. 그러면 대화원칙이란 무엇을 뜻하는가? 하버마스는 말한다.[23]

> "행위규범은 그것이 합리적 대화에 참여하는 모든 가능한 관련자들로부터
> 동의를 받을 수 있는 것인 한에서만 타당하다."

말하자면 대화원칙에서는 합리적 대화과정을 통한 동의가 가장 핵심적인 표지라 할 수 있다. 여기서 합리적 대화란 모든 가능한 참여자들이 자유롭고 평등하게, 일체의 외적인 장애 없이 논증적인 대화 과정에 참여하여 자신의 주장을 펼치고, 이에 대해 논증하거나 근거를 제시하는 과정을 지칭한다. 합리적 대화에서는 '자유롭고 평등한 참여'가 가장 전면에 등장한다. 하버마스에 따르면, 이러한 대화원칙은 법의 대화이론에서는 민주주의 원칙으로 전환된다. 이 민주주의 원칙에 따르면,[24]

---

[22] 이러한 대화적인 법정책은 이미 국내에서 이상돈 교수에 의해 각 영역에서 수행되고 있다. 이상돈, 『형법학』(법문사, 1999) 참조.

[23] J. Habermas, *Faktizität und Geltung* (Frankfurt/M., 1992), 138쪽.

"법률은 그것이 법적으로 짜인 대화적 법정립 절차에서 모든 법동료들로부터 동의를 받을 수 있는 것인 한에서만 정당한 효력을 주장할 수 있다."

이러한 민주주의 원칙이야말로 대화적 법정책이 추구해야 할 방향을 잘 보여준다. 이것의 핵심을 짧게 말하면, 그것은 입법·행정·사법 영역에서 가능한 모든 관련자들이 '최대한 참여하는 과정'에서 법을 정립하고 집행하며 적용하는 것이라 할 수 있다.

2) 대화적인 법정책에 따른 전략물자수출 통제

이러한 대화적인 법정책을 전략물자수출에 대한 법적 통제에 적용하면, 우리는 다음과 같은 결론을 얻을 수 있다. 전략물자수출에 대한 법적 통제를 행할 때 가능한 한 모든 관련자들이 자유롭고 평등하게 참여하여 전략물자의 범위, 통제방법, 통제강도, 통제수단 선택 등에 관해 토론할 수 있도록 제도적으로 보장해야 한다는 것이다. 물론 여기서 주의해야 할 점은 이러한 토론과정이 단순히 전략물자 문외한에 의해 진행되어서는 안 된다고 하는 점이다. 전략물자수출을 통제하기 위한 법적 대화가 성공할 수 있으려면, 전략물자에 대해 전문가적인 지식을 갖고 있는 관련자들이 참여할 수 있도록 해야 한다. 이때 다양한 관점이 최대한 교환될 수 있도록 해야 한다. 이런 점에서 보면, 전략물자수출을 통제하기 위한 법적 대화는 '전문가적인 대화'가 되어야 한다.[25] 한편 이러한 결론은 위에서 언급한 간접적·반성적 법정책과 통하는 점이 없지 않다. 그 이유는 간접적·반성적 법정책과 대화적 법정책은 큰 틀에서 보면, 절차주의를 지향하는 법정책이기 때문이다. 이러한 점에서 보면, 전략물자수출을 통제하기 위한 법정책은 궁극적으로는 '절차주의적인 법정책'을 지향해야 한다고 말할 수 있다.

2. 법정책의 기준

지금까지 우리는 전략물자수출 행위를 통제하는 법정책을 짤 때 어떤 기본 방향

---

24 J. Habermas, 위의 책, 141쪽.
25 전문가적인 대화에 관해서는 이상돈, 『법이론』(세창출판사, 2005), 299쪽 아래.

을 추구해야 하는지 살펴보았다. 이제 우리는 구체적으로 법정책을 마련하고 집행할 때 어떤 기준에 의거해야 하는지 다루어야 할 필요가 있다. 이에 관해 여기서는 두 기준을 언급하고자 한다. 첫째는 법익보호 기준이고, 둘째는 비례성 원칙이다.

(1) 법익보호 기준

우선 전략물자수출을 통제하기 위한 법정책은 법익보호 기준에 따라 마련해야 한다. 법익이란 '법적으로 보호해야 할 이익'을 말한다.[26] 법익 개념은 본래 독일 형법학에서 등장한 개념인데, 이제 이 개념은 단순히 형법학에만 머물러 있는 것이 아니라 이를 넘어서 다른 법 영역까지 포괄하는 상위 개념이 되었다고 할 수 있다. 왜냐하면 민법학에서도 법익 개념을 언급하기도 하기 때문이다. 그러면 전략물자수출을 통제하기 위한 법정책이 법익보호 기준을 따라야 한다는 것은 무엇을 말하는가? 입법자는 전략물자수출 행위가 실제적으로 법익을 침해하거나 위태화하는 경우에만 강력한 법적 수단을 투입해야 한다는 것을 뜻한다. 따라서 민수품을 수출하는 경우처럼, 설사 경우에 따라 민수품이 군수품으로 유용될 가능성이 있다 하더라도 민수품 수출행위가 법익을 침해하거나 위태화하지 않는 이상, 설불리 이 행위를 규제하거나 처벌하는 것은 삼가야 할 필요가 있다. 다만 핵심기술을 수출하는 행위의 경우에는 문제가 없지 않다. 왜냐하면 핵심기술을 수출하는 행위가 도대체 법익을 침해하거나 위태롭게 하는지가 그리 분명한 것은 아니기 때문이다. 그러므로 이러한 경우에는 규제대상이 되는 핵심기술의 범위를 명확하게 구체화해야 할 필요가 있다고 생각한다. 그렇지 않은 경우에는 제재 수단이나 강도를 완화해야 할 필요가 있을 것이다.

(2) 비례성 원칙 기준

두 번째 기준으로서 비례성 원칙을 들 수 있다.[27] 비례성 원칙이란 공법과 형사법에서 일반적인 법원칙으로 승인한 것으로서, 법적 투입은 일정한 목적을 달성하는 데 비례적인 것이어야 함을 뜻한다. 여기서 비례적인 것은 다음 세 가지 하부원칙으로 구체화된다. 첫째는 적합성 원칙이고, 둘째는 필요성 원칙이며, 셋째는

---

26 배종대, 『형법총론』(홍문사, 2006), 56쪽.

27 비례성 원칙에 관해서는 이준일, "기본권의 기능과 제한 및 정당화의 세 가지 유형", 『공법연구』 제29집 제1호(2000), 110쪽.

좁은 의미의 비례성 원칙이다.

1) 적합성 원칙

적합성 원칙은 전략물자수출을 합리적으로 통제하기 위해 투입되는 수단이 적합한 것이어야 함을 뜻한다. 이 원칙에 따르면, 전략물자수출 행위를 규제하기 위해, 우리는 이에 적합한 법적 수단을 선택해야 한다. 여기서 '적합하다'는 것의 의미가 분명하지 않을 수 있는데, 이것의 의미는 위에서 첫 번째 기준으로 제시한 법익보호 기준과 결부시켜 볼 때 분명해진다. 법적 수단은 전략물자수출로 인해 침해되거나 위태화되는 법익을 보호하기에 적합한 수단이 되어야 한다는 것이다.

그런데 이에 관해 신자유주의가 주장하는 것처럼, 법적인 수단은 전략물자수출 시장을 통제하기에 적절하지 않다고 반론을 제기할 수도 있다. 오히려 법적인 수단은 이 시장의 자율성을 해할 수 있다는 것이다. 그러나 이미 앞에서 논증한 것처럼,[28] 신자유주의의 주장은 서구 자본주의가 시장의 실패를 경험한 바 있다는 역사적 경험을 충분히 설명하지 못한다. 물론 직접적이고 과도한 법적 규제가 전략물자수출 행위를 성공적으로 통제할 수 없음은 분명하다. 그렇지만 이 때문에 법이라는 수단이 전략물자수출 행위를 통제하는 데 적합한 수단이 될 수 없다고 논증하는 것은 타당하지 않다고 생각한다.

2) 필요성 원칙

필요성 원칙은 전략물자수출 통제라는 목적을 달성하기 위해 꼭 필요한, 즉 부자용이나 침해가 적은 수단을 선택하라는 원칙이다. 이는 달리 최소침해 원칙이라고도 한다. 이러한 필요성 원칙은 앞에서 언급한 기본 방향인 '간접적이고 다원적인 법정책'에 합치하는 기준이라고 할 수 있다. 따라서 입법자는 사전예방적이고 자율적인 통제방안으로도 충분히 해당 전략물자수출을 통제할 수 있는 경우에는 이러한 수단을 우선적으로 선택해야 한다.

3) 좁은 의미의 비례성 원칙

좁은 의미의 비례성 원칙은 전략물자수출을 통제하려는 목적을 위해 법적 수

---

28 위의 Ⅲ.2.

단을 투입할 때 이렇게 법적 수단을 투입함으로써 얻는 이익이 법적 수단을 투입함으로써 발생할지도 모르는 손실(가령 전략물자수출 관련자의 기본권 제한 등)보다 더 커야 할 것을 요청한다. 이 원칙은 달리 '상당성 원칙' 또는 '적절성 원칙'이라고 표현하기도 한다. 그러나 사실 과연 어떤 수단이 전략물자수출 통제라는 관점에서 볼 때 상당한지 또는 적절한지를 판단하는 것은 쉽지 않다. 왜냐하면 이에 대한 분명한 기준이 존재하지 않기 때문이다. 따라서 이 문제는 궁극적으로는 합리적인 논증을 통해 그때그때 개별적으로 판단해야 할 것이다.

(3) 중간결론

이상의 논의를 우리는 다음과 같이 정리할 수 있다. 전략물자수출 행위를 통제하기 위해 법정책을 마련하고 추진할 때, 무엇보다 법적 수단을 선택할 때 우리는 법익보호와 비례성 원칙을 기준으로 삼아야 한다. 먼저 법정책은 전략물자수출 행위를 통해 침해되거나 위태화될 수 있는 법익을 보호하는 데 초점을 맞추어야 한다. 나아가 법적 수단은 이 법익을 보호하는 데 적합한 것이어야 하고, 최소한의 침해를 낳는 것이어야 하며, 전략물자수출 통제라는 목적을 달성하기 위해 적절한 것이어야 한다.

V. 맺음말

지금까지 우리는 전략물자수출 행위를 통제하기 위해 법정책은 어떤 방향과 기준을 따라야 하는지 법철학적·법사회학적인 논증을 중심으로 하여 살펴보았다. 이를 다음과 같이 요약할 수 있다.

먼저 통제 대상이 되는 전략물자의 개념을 확정하였다. 이에 따르면 전략물자는 '군사 관련 물자'와 '핵심기술 관련 물자'로 유형화할 수 있다. 그러나 이 개념규정은 그리 명확하다고 할 수 없다. 왜냐하면 가령 과연 어느 범위까지 핵심기술로 인정할 것인지 분명한 것은 아니기 때문이다.

다음으로 전략물자수출에 대한 법적 통제의 필요성과 가능성을 논증하였다. 이에 따르면 전략물자수출 행위는 기본적으로 거대한 위험을 창출하는 것이므로 이에 대해 규제하는 것은 필요하다. 나아가 전략물자수출 행위를 통제하는 것은 수출 관련자가 지닌 직업의 자유나 거래의 자유를 제한하는 것이 될 수 있지만, 우리 헌법은 일정한 요건 아래 모든 기본권을 제한할 수 있도록 하고 있으므로 이렇게 수출을 통제하는 것은 가능하다.

　마지막으로 전략물자수출에 대한 법적 통제의 기본 방향과 기준을 제시하였다. 이 책에서는 '직접적이고 과도한 통제방식 회피', '상징입법 회피', '간접적이고 다원적인 법정책 추진', '대화적인 법정책 추진'을 기본 방향으로 제시하였다. 아울러 전략물자수출에 대한 법적 통제의 기준으로는 '법익보호'와 '비례성 원칙'을 제안하였다.

13장

정보통신안전을 위한 입법정책

I. 서 론

현재 우리 법체계는 물리적 공간에서 발생하는 '물리적 재난'과 사이버 공간에서 발생하는 '사이버 침해'에 대해 각각 별도의 법제를 마련하고 있다. 전자의 예로서 「재난안전법」을, 후자의 예로서 「정보통신망법」과 「정보통신기반 보호법」을 들 수 있다.[1] 요컨대, 안전을 위협하는 각종 재난과 침해에 대해 우리 법체계는 이원적인 대응을 하고 있는 셈이다. 그러나 이러한 대응방식은 물리적 공간과 사이버 공간의 연결 및 상호작용이 가속화되고 있는 현대사회에서 한계에 부딪히고 있다. 이를 잘 보여주는 사건이 바로 2018년 11월 24일에 발생한 'KT 아현국사 화재사건'이다. '정보통신재난'이라고 말할 수 있는 KT 아현국사 화재사건이 발생하면서 이는 'online'과 'offline', 즉 사이버 공간과 물리적 공간에 다양하고 심각한 피해를 야기하였다. KT 아현국사에서 발생한 화재는 단순히 물리적인 대상인 정보통신시설에 손해를 야기하는 데 그친 것이 아니라, 정보통신서비스가 중단되면서 카드결제가 영업에서 중요한 비중을 차지하는 인근 상인들에게도 적지 않은 피해를 입혔다. 전체 통신국사에 비추어 볼 때 C급에 해당하는 KT 아현국사에서 발생한 화재가 예상치 못한 막대한 피해를 야기한 것이다. 이는 현대사회에서 발생하

---

[1] 「재난안전법」의 정식 명칭은 「재난 및 안전관리 기본법」이다. 이 책에서는 「재난안전법」으로 약칭한다. 「정보통신망법」의 정식 명칭은 「정보통신망 이용촉진 및 정보보호 등에 관한 법률」이다. 이 책에서는 「정보통신망법」으로 약칭한다. 한편 이러한 「재난안전법」을 분석하는 연구로는 이우영, "재난 및 안전관리 기본법에 대한 입법평론", 『입법학연구』 제14집 제1호(2017. 2), 71-95쪽. 사이버 침해에 대한 법제에 관해서는 양천수 외, 『디지털 트랜스포메이션과 정보보호』(박영사, 2019), 27쪽 아래 등 참조.

는 정보통신재난이 물리적 공간의 피해만을 유발하는 것이 아니라, 이를 넘어 사이버 공간까지 그리고 때로는 예상할 수 없을 정도로 피해를 일으킬 수 있다는 점을 잘 보여준다. 말하자면 물리적 공간에서 발생한 재난이 사이버 공간을 통해 다른 영역까지 확산되어 막대한 피해를 입힌 것이다. 이러한 상황에 비추어 보면, 물리적 재난과 사이버 침해를 각각 별도로 규율하는 현행 법체계의 태도가 과연 타당한지 의문을 제기할 수 있다. 오늘날 발생하는 재난은 '융합적 재난'의 성격을 띠기 쉬운데, 과연 현행 법체계가 이러한 융합적 재난에 효과적으로 대응할 수 있을지 의문이 들기 때문이다. 오히려 이렇게 융합적 성격을 갖는 재난, 그중에서도 정보통신재난에 적절하게 대응하기 위해서는 체계적이고 총체적인 대응방안을 모색할 필요가 있다. 이러한 근거에서 제13장은 현대사회에서 발생하는 정보통신재난에 성공적으로 대응할 수 있도록 정보통신시설에 대한 재난 관련 법제와 정보통신망에 대한 침해 관련 법제를 통합한 새로운 (가칭)「정보통신안전법」 제정을 모색할 필요가 있다고 주장한다.[2] 이를 아래에서 논증하도록 한다.[3]

II. 현대사회와 정보통신재난

1. 현대사회의 특징

「정보통신안전법」을 새롭게 제정할 필요가 있음을 논증하기 위해서는 그 출발점으로서 현대사회가 어떤 특징을 지니고 있는지 살펴볼 필요가 있다. '제4차 산업혁명'이라는 유행어가 시사하는 것처럼, 놀라운 속도로 발전하는 과학기술과 엄청나게 축적되는 데이터 덕분에 현대사회는 혁명적인 변화를 맞고 있다.[4] 이로 인해 새로운 사회 패러다임이 출현하고 있다. 이러한 예로서 초연결사회, 빅데이터 사

---

2 아래에서는 「정보통신안전법」이라는 명칭을 사용하도록 한다.

3 현재 과학기술정보통신부는 「정보통신안전법」 제정을 추진하고 있다. 이를 보여주는 관계부처 합동, "통신재난 방지 및 통신망 안정성 강화 대책"(2018. 12. 27); 박지성, "과기정통부 '정보통신안전법' 시동 … ICT재난 대응법률 일원화", 『전자신문』(2019. 6. 3) (http://www.etnews.com/20190603000303?m=1) 참조.

4 제4차 산업혁명에 관해서는 클라우스 슈밥, 송경진 (옮김), 『클라우스 슈밥의 제4차 산업혁명』 (새로운현재, 2016) 참조.

회, 지능정보사회, 알고리즘 사회, 안전사회 등을 언급할 수 있다.[5] 그중에서 이 책과 관련하여 중요한 것으로서 초연결사회와 안전사회를 들 수 있다.

(1) 초연결사회

'초연결사회'는 현대 과학기술로 출현한 대표적인 현대사회의 모습이라 할 수 있다.[6] 초연결사회는 세상에 존재하는 거의 모든 것이 인터넷을 필두로 하는 '소통매체'로 연결되는 사회를 말한다.[7] 이 과정에서 특히 '사물인터넷'(IoT)이 핵심적인 역할을 한다. 사실 제3차 산업혁명으로 인터넷이 등장하면서 전체 사회에서 이루어지는 소통 및 네트워킹이 광범위하게 확장되었다. 이를 통해 초연결사회의 기반이 마련되었다. 그렇지만 이때에도 여전히 사람과 사람의 연결이 주를 이루었다. 그런데 사물인터넷이 새롭게 출현하면서 사람과 사람의 연결뿐만 아니라 사람과 사물, 사물과 사물 사이의 연결 역시 가능해졌다. 사회 전체에 존재하는 모든 것이 인터넷으로 연결될 수 있는 것이다. 이를 통해 진정한 의미의 초연결사회가 등장하게 된 것이다.

초연결사회는 우리에게 여러모로 유용한 사회적 공리를 새롭게 제공한다. 오늘날 그 무엇보다 중요한 자원이 되는 '빅데이터'(big data) 역시 초연결사회로 인해 광범위하게 축적되고 있다.[8] 그렇지만 세상의 모든 것이 그렇듯이 초연결사회는 새로운 위험 역시 야기한다. 세상의 모든 것이 연결되면서 어느 한 영역에서 현실화된 위험이 손쉽게 사회 전체적으로 확산될 수 있게 된 것이다. 무엇보다 현실 세계와 사이버 세계 간의 융합이 가속화되면서 어느 한 공간에서 발생한 피해가 쉽게 다른 공간으로 확산되는 위험이 증대하고 있다. 이 책에서 문제로 삼는 정보통신재난이 이러한 위험의 대표적인 예라 할 수 있다.

---

5 이를 간략하게 소개하는 경우로는 양천수, 『제4차 산업혁명과 법』(박영사, 2017), 5−7쪽 참조.

6 이에 관해서는 메리 차이코, 배현석 (옮김), 『초연결사회: 인터넷, 디지털 미디어, 그리고 기술−사회 생활』(한울아카데미, 2018) 참조.

7 소통매체에 관해서는 니클라스 루만, 윤재왕 (옮김), 『체계이론 입문』(새물결, 2014), 381쪽 아래 참조.

8 빅데이터에 관해서는 빅토르 마이어 쇤베르거·케네스 쿠키어, 이지연 (옮김), 『빅데이터가 만드는 세상』(21세기북스, 2013); 양천수, 『빅데이터와 인권』(영남대학교출판부, 2016) 등 참조.

(2) 안전사회

'안전사회'는 안전이 그 무엇보다 중요한 사회적 공리로 강조되는 사회를 말한다.[9] 이는 특히 형사정책 영역에서 부각된다. 물론 이러한 안전사회는 현대사회에서 진행되는 제4차 산업혁명이 초래한 사회 모습이라고 말하기는 어렵다. 안전을 강조하는 사회의 모습은 이미 오래 전부터 존재하였기 때문이다. 이를테면 안전을 위해 사회계약 체결을 역설하는 홉스(Thomas Hobbes)의 주장에서 안전사회의 단초를 발견할 수 있다.[10] 이러한 안전사회의 욕구는 오늘날 더욱 짙어지고 있다. 이는 초연결사회가 출현하면서 가속화된다. 세상의 모든 것이 연결되면서 위험이 현실화될 가능성 및 그 피해가 사회 전체적으로 확산될 가능성 역시 급격하게 증가하였기 때문이다. 각종 해킹이나 D−Dos 공격 등이 우리 사회에 어떤 피해를 야기하였는지를 생각하면 이는 쉽게 납득이 될 것이다.[11]

2. 현대사회와 정보통신재난 및 사이버 침해사고

이렇게 현대사회에서 진행되는 사회 모습의 변화는 오늘날 발생하는 각종 재난 및 사고, 특히 정보통신재난과 사이버 침해사고에 어떤 영향을 미치고 있는가? 이를 아래에서 살펴본다.

(1) 현대사회와 정보통신재난

1) 정보통신재난의 의의

현행 법체계는 '정보통신재난'이라는 개념을 규정하지는 않는다. 대신 '방송통신재난'이라는 개념을 사용한다. '방송통신재난' 개념은 「방송통신발전기본법」 제35조 제1항이 규정한다. 이에 따르면, 방송통신재난이란 "방송통신서비스에 관하

---

9 안전사회에 관해서는 토비아스 징엘슈타인·피어 슈톨레, 윤재왕 (역), 『안전사회: 21세기의 사회통제』(한국형사정책연구원, 2012) 참조.

10 홉스의 주장에 관해서는 윤재왕, "개인주의적 절대주의: 토마스 홉스의 국가철학과 법철학에 관하여", 『원광법학』 제28권 제2호(2012. 6), 7−35쪽 참조.

11 해킹 및 D−Dos 공격 등에 관해서는 양천수 외, 앞의 책, 124면 아래 참조.

여 「재난 및 안전관리기본법」에 따른 재난이나 「자연재해대책법」에 따른 재해 및 그 밖에 물리적·기능적 결함 등"을 뜻한다. 쉽게 말해, 방송통신재난이란 방송통신서비스에 관해 발생한 재난 또는 재해를 뜻한다. 이때 말하는 재난은 자연적 재난과 사회적 재난으로서 물리적 공간에서 발생한 재난을 뜻한다(재난안전법 제3조 제1호). 더불어 방송통신서비스란 "방송통신설비를 이용하여 직접 방송통신을 하거나 타인이 방송통신을 할 수 있도록 하는 것 또는 이를 위하여 방송통신설비를 타인에게 제공하는 것"을 말한다(방송통신발전기본법 제2조 제5호). 여기서 알 수 있듯이, 방송통신재난은 기본적으로 방송통신서비스에 관해 물리적 공간에서 발생한 재난 및 재해 등을 염두에 둔다.[12] 이렇게 보면, 정보통신에 대해 발생하는 재난 역시 이러한 방송통신재난에 준하여 그 개념을 새길 수도 있다. 말하자면 방송통신재난과 정보통신재난을 같은 개념으로 설정하는 것이다. 다만 이 책이 목표로 삼는 「정보통신안전법」 제정을 위해서는 정보통신재난 개념을 정보통신에 관해 발생하는 물리적 재난 및 사이버 침해를 통합하는 개념으로 설정할 필요가 있을 것이다.[13]

2) 정보통신재난의 융합적 피해 야기

오늘날 정보통신재난이 문제가 되는 것은 이러한 정보통신재난이 융합적 피해를 야기한다는 것이다. 전통적으로 피해는 어느 한 단일한 영역에 영향을 미치는 경우가 대부분이었다. 예를 들어, 물리적 공간에서 발생한 재난은 물리적 공간에만 피해를 야기하고, 사이버 공간에서 발생한 재난은 사이버 공간에만 피해를 야기하는 경우가 대부분이었다. 그렇지만 KT 아현국사 화재가 상징적으로 보여주는 것처럼, 오늘날 물리적 공간에서 발생한 재난이 물리적 공간뿐만 아니라 사이버 공간, 더 나아가 사회 전체적인 영역에서 결코 적지 않은 피해를 야기할 수 있게 된

---

[12] 물론 여기에는 해석의 여지가 있다. 왜냐하면 방송통신서비스 개념에 정보통신 개념을 포함시키고 방송통신서비스에 대한 재난 개념에 사회적 재난 역시 포함시키면, 정보통신에 대해 자행되는 사이버 침해사고가 방송통신재난에 포섭된다고 해석할 가능성도 있기 때문이다. 요컨대 방송통신재난 개념을 목적론적으로 확장해석하는 것이다. 그러나 우리 법체계가 "방송통신서비스"와 "정보통신서비스"를 체계적으로 구분한다는 점을 고려하면, 방송통신서비스에 대한 재난과 정보통신서비스에 대한 침해사고를 개념적·체계적으로 구분하는 체계적 해석이 더욱 타당하다고 생각한다.

[13] 이에 관한 상세한 논증은 아래 Ⅳ.3.(2)2) 참조.

것이다. 이는 현대사회가 초연결사회로 변모하였다는 점과 무관하지 않다. 무엇보다도 사물인터넷을 통해 세상의 거의 모든 것이 연결되고 있고, 이로 인해 온라인에서 발생한 사고가 오프라인에, 반대로 오프라인에서 발생한 사고가 온라인에도 피해를 야기하고 있는 것이다. 이러한 피해의 융합적 성격을 특히 정보통신재난이 잘 보여준다.

(2) 현대사회와 사이버 침해사고

1) 사이버 침해사고의 의의

사이버 침해사고란 사이버 공간에서 발생하는 침해사고를 말한다. 이에 관해서는 「정보통신망법」 제2조 제1항 제7호가 규정한다. 이에 따르면, 침해사고란 "해킹, 컴퓨터바이러스, 논리폭탄, 메일폭탄, 서비스 거부 또는 고출력 전자기파 등의 방법으로 정보통신망 또는 이와 관련된 정보시스템을 공격하는 행위를 하여 발생한 사태"를 말한다.[14] 이에 의하면, 사이버 침해사고는 주로 인터넷과 같은 정보통신망을 해킹으로 공격함으로써 발생한 사태라고 정의할 수 있다. 사실 인터넷 공간과 같은 사이버 공간에서는 자연적·물리적인 재난이 발생하기 어렵다. 그 대신 대부분 행위자의 고의 또는 과실에 의한 침해사고가 발생한다. 상당 부분 인간 행위에 의해 침해사고가 발생하는 것이다. 그 점에서 침해사고는 사회적 재난과 비슷한 성격을 갖는다. 바로 그 점에서 「정보통신망법」 등과 같은 정보보호 관련 법제도는 인간 행위자에 의해 자행되는 침해사고를 염두에 두면서 이를 예방하고 관리하기 위한 대응방안을 구축하고 있다. 이러한 이유에서 「정보통신망법」 등은 「재난안전법」과는 다른 규제체계를 갖추고 있는 것이다. 이러한 침해사고는 오늘날 다음과 같은 특징을 보인다.

2) 침해사고의 급격한 진화

침해사고의 방법이 급격하게 진화하고 있다. 이는 침해사고와 관련을 맺는 데이터의 비약적인 증가, 관련 정보통신기술의 급속한 발전과 무관하지 않다. 이로 인해 해킹이나 컴퓨터 바이러스 기술 등이 더욱 복잡하고 정교하게 진화하고 있

---

14 아래에서 '사이버 침해사고'는 '침해사고'로 약칭하여 사용한다.

다. 더불어 피싱(phishing)이나 스미싱(smishing), 랜섬웨어(ransomware)와 같은 새로운 침해수단도 출현하고 있다.[15] 침해사고의 기술 및 방법의 진화속도가 너무 빨라 이에 신속하게 대응하는 것이 쉽지 않은 상황이다.

3) 침해사고의 가능성 증가

침해사고가 발생할 가능성이 더욱 증가하고 있다. 이 역시 무선인터넷과 사물인터넷으로 출현한 초연결사회와 무관하지 않다. 기존의 해킹은 대규모의 데이터를 구축하고 있는 '정보통신서비스 제공자' 등을 목표로 하는 경우가 많았다.[16] 그러나 그 다음에는 컴퓨터 바이러스로 개인이 소유하는 컴퓨터를 좀비화하여 정보통신망을 마비시키는 이른바 '분산서비스거부'(D−Dos: Distributive Denial of Service) 공격이 등장하였다. 이어서 오늘날에는 사물인터넷을 공격함으로써 정보통신망 전체를 장애에 빠뜨리는 일도 가능해지고 있다. 사회의 모든 것이 인터넷으로 연결되어 있기 때문이다. 이를테면 자동차나 개인이 갖고 있는 스마트폰을 공격함으로써 정보통신망을 마비시키는 일도 가능해지고 있다. 이렇게 침해사고가 발생할 가능성이 광범위하게 늘어나면서 이를 사전에 예방하거나 대응하는 것 역시 점점 더 어려워지고 있다.

4) 피해의 확대위험 증대

침해사고로 발생하는 피해가 광범위하게 확대될 위험도 증대하고 있다. 이 또한 초연결사회에 기인한 것이다. 인터넷이라는 소통매체로 사람과 사람, 사람과 사물, 사물과 사물이 연결됨으로써 어느 한 쪽에서 침해사고가 발생하면 그 피해가 초연결망을 통해 광범위하게 확대될 수 있게 된 것이다. 이로 인해 침해사고가 발생했을 때 비로소 이에 대응하는 현재적 · 사후적 규제방식보다 침해사고가 발생하

---

15 이에 관해서는 양종모, "랜섬웨어 공격에 대한 형사법적 고찰", 『홍익법학』 제20권 제1호(2019. 2), 31−55쪽; 양천수 외, 앞의 책, 201쪽 아래; 임석순, "피싱(phishing)에 대한 형법적 이해와 새로운 구성요건창설의 필요성", 『안암법학』 제48호(2015. 9), 91−118쪽; 임철현, "전자금융사기 피해에 대한 적극적인 사법구제의 필요성", 『법학논고』(경북대) 제65집(2019. 4), 257−282쪽 등 참조.

16 정보통신서비스 제공자란 "「전기통신사업법」 제2조 제8호에 따른 전기통신사업자와 영리를 목적으로 전기통신사업자의 전기통신역무를 이용하여 정보를 제공하거나 정보의 제공을 매개하는 자"를 뜻한다(정보통신망법 제2조 제1항 제3호).

기 전에 이를 예방하는 사전적 규제방식이 더욱 중요해지고 있다. 바로 이러한 이유에서 오늘날 안전사회 요구가 더욱 힘을 얻고 있는 것이다.

(3) 현대사회에서 정보통신재난과 침해사고의 융합

더욱 큰 문제는 오늘날 정보통신재난과 침해사고가 융합되고 있다는 점이다. 이를테면 KT 아현국사 화재 사건이 보여주는 것처럼, 정보통신 시설에 물리적으로 발생한 재난은 정보통신망의 기능 역시 마비시킴으로써 침해사고와 유사한 피해를 유발한다. 또한 해킹이나 D-Dos 공격 같이 정보통신망을 침해하는 사고는 정보통신 시설의 물리적 기능 역시 훼손하는 피해를 야기한다. 이제 '물리적인 정보통신재난'과 '논리적인 침해사고'를 명확하게 구별하는 것이 점점 더 어려워지고 있는 것이다.

3. 통합적인 정보통신안전의 필요성

이상의 논의에 비추어 볼 때 두 가지 결론을 이끌어낼 수 있다. 첫째, 오늘날 정보통신재난 및 침해사고로부터 정보통신서비스 및 시설을 안전하게 관리해야 할 필요성이 증대하고 있다는 점이다. 둘째, 정보통신재난 및 침해사고가 서로 융합되는 현상을 감안할 때 물리적 측면과 논리적 측면을 모두 고려하는 통합적인 정보통신안전을 구축해야 할 필요가 있다는 것이다.

Ⅲ. 「정보통신안전법」의 제정 필요성

앞에서 논증한 것처럼, 오늘날 정보통신에 관해 발생하는 각종 재난 및 침해사고에 효과적으로 대응하기 위해서는 정보통신안전에 대한 통합적인 체계와 방안을 구축해야 한다. 그러나 현행 법체계는 물리적 재난과 논리적 침해사고를 이원적으로 구분하여 대응하고 있어 통합적인 정보통신안전을 구축하는 데 한계를 보인다. 바로 이러한 연유에서 「정보통신안전법」을 새롭게 신설할 필요가 제기된다. 이를 아래에서 살펴본다.

1. 정보통신재난 관리의 일원화 필요성

(1) 이원적 법제의 한계

여러 번 언급한 것처럼, 재난 및 안전에 관해 현행 법체계는 이원적인 구조를 갖추고 있다.[17] 물리적 공간에서 발생하는 재난과 사이버 공간에서 발생하는 침해 사고를 구분하여 각각 별개의 법제로 대응하고 있는 것이다. 예를 들어, 물리적 공간에서 발생하는 자연재해나 사회재난은 「재난안전법」으로 대응한다. 이에 반해 사이버 공간에서 발생하는 재난 및 침해사고는 「재난안전법」이나 독자적인 재난 관련법을 제정하여 시행하는 대신에, 이를 사이버 공간에 대한 침해로 개념화하여 「정보통신망법」 또는 「정보통신기반 보호법」으로 대응한다. 요컨대, 물리적 공간에서 발생하는 장애는 '재난'으로 개념화하여 대응하는 반면, 사이버 공간에서 발생하는 장애는 '해킹' 등과 같은 '침해사고'로 개념화하여 대응하고 있는 것이다.

그러나 이렇게 (넓은 의미의) 재난에 이원적으로 대응하는 현행 법체계의 태도는 현대 초연결사회에서 발생하는 재난의 융합적 성격을 고려할 때 문제가 있다.[18] 한편으로는 사이버 공간에 대한 침해가 물리적 공간에서 재난을 유발할 수도 있고, 다른 한편으로는 물리적 공간에서 발생한 재난이 사이버 공간에도 영향을 미칠 수 있는 오늘날의 상황을 고려할 때, 물리적 공간과 사이버 공간에서 발생하는 재난에 대해 이원적으로 대응하는 현행 법체계의 태도에는 분명 한계가 있는 것이다.

(2) 「정보통신기반 보호법」 제1조 해석 문제

이러한 한계는 이를테면 「정보통신기반 보호법」 제1조를 해석하는 과정에서도 등장한다. 「정보통신기반 보호법」 제1조는 이 법의 규범목적을 규정한다. 이에 따르면, 「정보통신기반 보호법」은 "전자적 침해행위에 대비하여 주요정보통신기반시설의 보호에 관한 대책을 수립·시행함으로써 동 시설을 안정적으로 운용하도록

---

17 재난 및 안전 개념에 관한 분석으로는 양천수, "위험·재난 및 안전 개념에 대한 법이론적 고찰", 『공법학연구』 제16권 제2호(2015. 5), 187-216쪽 참조.

18 「재난안전법」이 규정하는 재난 개념에는 사회적 재난 역시 포함된다는 점을 고려하면, 침해사고 역시 사회적 재난으로 포섭할 수 있다. 따라서 넓은 의미의 재난 개념은 침해사고 역시 포함한다고 볼 수 있다.

하여 국가의 안전과 국민생활의 안정을 보장하는 것을 목적"으로 한다. 이때 말하는 "전자적 침해행위"란 "정보통신기반시설을 대상으로 해킹, 컴퓨터바이러스, 논리·메일폭탄, 서비스거부 또는 고출력 전자기파 등에 의하여 정보통신기반시설을 공격하는 행위"를 뜻한다(정보통신기반 보호법 제2조 제2호). 그런데 이러한 제1조 해석과 관련하여 물리적 공간에서 정보통신기반시설을 침해하거나 훼손하는 행위도 「정보통신기반 보호법」의 규범목적에 포섭해야 하는지 문제가 된다.[19] 물론 해석방법의 측면에서 보면, 이는 인정하기 쉽지 않다. 왜냐하면 제1조의 법문언에 따르면, 「정보통신기반 보호법」은 "전자적 침해행위"를 대상으로 삼는데, 같은 법 제2조 제2호가 보여주는 것처럼 "전자적 침해행위"는 기본적으로 사이버 공간에서 발생하는 논리적 침해를 염두에 두고 있기 때문이다. 물론 "전자적 침해행위"는 고출력 전자기파 등으로 정보통신기반시설을 공격하는 행위도 포함한다. 여기서 고출력 전자기파는 논리적 현상이 아니라 물리적 공간에서 발생하는 물리적 현상에 해당한다. 이렇게 보면, 「정보통신기반 보호법」 제2조 제2호가 규정하는 "전자적 침해행위"는 이미 논리적 침해뿐만 아니라 물리적 침해 역시 일정 부분 포함하고 있는 셈이다. 이를 근거로 하여 「정보통신기반 보호법」을 실제로 운용하는 실무에서는 제1조를 확장적으로 해석하여 정보통신기반시설에 대한 물리적 공격행위 역시 「정보통신기반 보호법」의 관할영역에 포섭하고자 한다.

이 책은 「정보통신기반 보호법」 제1조의 적용범위를 어떻게 설정해야 하는지, 어떤 견해가 타당한지를 다루는 것을 목적으로 하지는 않는다. 다만 이러한 논의로 드러내고 싶은 것은, 이러한 논의 자체가 물리적 재난에 대한 대응방안과 사이버 침해사고에 대한 대응방안을 이원적으로 구분하는 현행 법체계의 규제 방식에 문제가 있다는 점을 간접적으로 보여주고 있다는 것이다. 이미 「정보통신기반 보호법」을 실제적으로 운용하는 실무 현장에서는 정보통신기반시설에 발생하는 재난 및 침해사고에 대해 총체적으로 대응할 필요가 있다는 점을 의식하고 있었다는 것이다.

---

[19] 이러한 문제를 지적하는 양천수 외, 앞의 책, 284쪽 참조. 「정보통신기반 보호법」의 문제점에 관해서는 오일석, "위험분배의 관점에 기초한 정보통신기반보호법 개선 방안", 『법학논집』(이화여대) 제19권 제1호(2014. 9), 293−327쪽; 지성우, "정보통신기반보호법의 합리적인 개선방안 연구", 『사이버안보법정책논집』 제1호(2014. 12), 167−210쪽 등 참조.

2. 정보통신재난에 대한 체계적·종합적 대응 필요성

(1) 체계화 필요성

이뿐만 아니라 정보통신안전에 관해 현행 법체계는 파편화된 규정만을 갖고 있다는 점도 문제로 지적할 수 있다. 예를 들어, 방송통신재난에 대응하기 위한 방송통신재난관리기본계획 수립이나 대비·이행 등은 「방송통신발전기본법」이 규정한다(제35조−제40조의3). 이에 대해 통신망 안전점검체계 수립 등과 같은 통신설비의 안정적 구축 및 관리는 「전기통신사업법」이 규정한다(제92조). 한편 사이버 침해사고에 대비하기 위해 주요정보통신기반시설에 대한 보호대책을 수립하는 것 등은 「정보통신기반 보호법」이 규율한다(제5조 등). 아울러 해킹 등과 같은 사이버 침해사고를 예방하기 위한 조치, 예를 들어 정보보호지침 마련이나 사전점검 등은 「정보통신망법」이 규율한다(제45조−제48조의4). 이외에도 우주전파재난관리기본계획 수립 등과 같은 우주전파재난 대응은 「전파법」이 규정한다(제51조). 이처럼 정보통신재난을 예방하고 대응하는 데 필요한 계획 수립, 시설 관리, 구체적인 대응방안을 체계적·종합적으로 규율하기보다는 「방송통신발전기본법」, 「전기통신사업법」, 「정보통신기반 보호법」, 「정보통신망법」 등과 같은 별개의 법률에서 각각 독자적으로 그러나 비체계적으로 규율하고 있는 것이다. 이를 <표>로 정리하면 다음과 같다.

|표-1| 현행 정보통신안전 관련 규정

구분	법률	규범 목적	주요 내용
통신	방송통신발전기본법 (제35조-제40조의3)	방송통신재난 대응 등	방송통신재난관리기본계획 수립, 대비, 이행 등
	전기통신사업법(제92조)	통신설비의 안정적 구축관리	통신망 안전점검체계 수립 등
통신· 사이버	정보통신기반 보호법	주요정보통신기반시설 보호	주요정보통신기반시설 보호대책 수립
사이버	정보통신망법 (제45조-제48조의4)	사이버 침해사고 예방	정보보호지침 마련, 사전점검 등
전파	전파법(제51조)	우주전파재난 대응	우주전파재난 관리 기본계획 수립 등

이처럼 정보통신에 대한 침해나 재난에 관해 현행 정보통신 관련 법제도는 체계적이고 통합적인 규제체계를 갖추고 있지 않다. 이 때문에 체계적이고 종합적인 정보통신재난관리를 하는 데 한계가 노정된다. 그러면 이때 말하는 한계란 무엇인가? 이는 다음과 같이 말할 수 있다. 정보통신재난을 규율하는 법제도가 체계성을 갖추게 되면 크게 두 가지 장점을 갖는다. 첫째는 사회 영역에서 발생한 각종 정보통신재난을 신속하게 법적 제도로 포착할 수 있다는 것이다. 사회과학 영역에서 사용하는 ≪투입─산출 모델≫을 적용하여 보면, 이는 사회 영역에서 발생한 재난을 정보통신재난 관련 제도가 신속하게 법적 문제로 '투입'(input)할 수 있다는 것을 뜻한다.[20] 둘째는 정보통신재난 관련 법제도가 이렇게 법적 문제로 투입된 정보통신재난을 효율적으로 처리함으로써 재난으로 발생한 피해, 즉 '사회적 복잡성'을 감축할 수 있다는 것이다. 이는 정보통신재난 관련 법제도가 효율적으로 재난을 처리함으로써 사회가 요청하는 결과를 '산출'(output)할 수 있다는 점을 뜻한다. 그런데 만약 정보통신재난 관련 법제도가 체계성을 갖추지 못하면 이러한 기능을 수행할 수 없다. 투입과 산출 모두의 측면에서 한계에 부딪히는 것이다. 바로 이러한 문제를 해결하기 위해서는 정보통신재난을 체계적이고 통합적으로 규제하고 관리하는 「정보통신안전법」 제정을 모색할 필요가 있다.

(2) 거버넌스의 중첩 및 불명확

정보통신재난을 규율하는 법제도가 체계성을 갖추지 못함으로써 다음과 같은 문제 역시 등장한다. 정보통신재난을 관할하는 거버넌스(governance)가 중첩되고 불명확해진다는 것이다.[21] 현재 정보통신재난에 관한 거버넌스를 규정하는 법률로는 「재난안전법」과 「방송통신발전기본법」, 「전기통신사업법」 등을 들 수 있다. 먼저 「재난안전법」에 따르면, 재난 및 안전은 행정안전부장관이 주무부처가 된다(제6조). 그리고 같은 법 제3조 제1호 나목은 '통신' 등과 같은 국가기반체계의 마비 역시 사회재난 개념에 포섭한다. 이렇게 보면, 정보통신재난 역시 사회재난으로 인

---

20 이러한 ≪투입─산출 모델≫을 적용한 경우로는 Niklas Luhmann, *Rechtssystem und Rechtsdogmatik* (Stuttgart/Berlin/Köln/Mainz, 1974) 참조.

21 이러한 거버넌스 문제에 관해서는 정명운, 『거버넌스 제도체계 구축을 위한 법제화 방안 연구』(한국법제연구원, 2009), 17쪽 아래; 안동인, "정보보호 추진체계 및 거버넌스의 현황과 개선방안: 안전한 지능정보사회의 구축을 위한 검토", 『행정법연구』 제56호(2019. 2), 173─198쪽 참조.

정할 수 있고, 이에 따르면 정보통신재난에 대해서는 행정안전부장관이 주무부처가 된다고 해석할 여지도 있다. 그러나 다른 한편으로 「방송통신발전기본법」 제3조는 방송통신재난관리기본계획에 관한 권한을 과학기술정보통신부장관에게 부여한다. 또한 「전기통신사업법」 제92조 등은 통신설비의 안정적 구축관리에 관해 과학기술정보통신부를 감독기관으로 규정한다. 이렇게 보면, 현행 법체계는 정보통신재난에 대한 거버넌스를 명확하게 획정하지 않고 있는 셈이다. 그러나 이는 규제 주체가 정보통신재난에 신속하게 대응하는 데 장애가 된다. 현행 정보통신재난 관련 법제도는 이러한 거버넌스 문제를 해소하지 못하고 있다.

Ⅳ. 「정보통신안전법」 제정에 관한 기본 구상

앞에서 살펴본 것처럼 현대사회에서 발생하는 정보통신재난에 체계적·총체적으로 대응하는 데 필요한 이른바 「정보통신안전법」을 제정해야 한다면, 이를 어떤 방법으로 제정해야 하는지, 그 내용은 어떻게 구성해야 하는지 문제된다. 이를 아래에서 살펴보도록 한다.

1. 제정 방법

어떤 방법으로 「정보통신안전법」을 제정하는 것이 바람직한지 검토할 필요가 있다. 이에 관해서는 다음 두 단계 방법을 생각해 볼 수 있다. 첫 번째 단계는 산재해 있는 물리적 재난에 관한 법률과 사이버 침해에 관한 법률을 각각 체계적으로 통합하는 것이다. 두 번째 단계는 이렇게 각 영역별로 체계화된 법률을 전체적으로 통합하는 것이다.[22]

(1) 각 영역별 법률 체계화

먼저 각 영역별, 즉 물리적 재난 영역과 사이버 침해 영역을 규율하는 개별 법

---

22 다만 여기서 말하는 단계는 시간적 단계라기보다는 논리적 단계라고 보는 것이 타당하다. 왜냐하면 실제로 법률을 제정하는 과정에서는 이러한 첫 번째 및 두 번째 단계가 거의 동시에 이루어지는 것이 더욱 현실적이기 때문이다.

률들을 체계적으로 정돈할 필요가 있다. 예를 들어 「방송통신발전기본법」과 「전기통신사업법」이 산발적으로 규율하는 내용을 체계적으로 정돈할 필요가 있다. 더불어 정보통신재난에 관한 거버넌스를 조정할 필요가 있다. 앞에서 지적한 것처럼, 「재난안전법」과 「전기통신사업법」 등에 따르면 정보통신재난에 관해 행정안전부와 과학기술정보통신부가 중첩적으로 관할권을 행사할 수 있는 것으로 보인다. 그러나 이렇게 관할 권한을 중첩적으로 인정하면 오히려 거버넌스가 효율적으로 작동하지 못한다는 점은 이미 널리 알려진 사실이다. 그러므로 물리적 재난 영역에 관한 법률을 체계적으로 정돈할 때는 정보통신재난에 관한 거버넌스도 명확하게 구획할 필요가 있다.

다른 한편 사이버 침해 영역에 대한 법률을 정리하는 것에 관해서는 다음과 같은 문제가 등장한다. 사이버 침해에 관해서는 현재 「지능정보화 기본법」, 「정보통신망법」, 「정보통신기반 보호법」, 「정보보호산업 진흥법」이 이를 규율한다. 이외에도 개인정보 침해 문제는 「개인정보보호법」이 규율한다. 이처럼 사이버 침해를 규율하는 법률은 다양하게 산재한다. 따라서 통합적인 「정보통신안전법」을 제정하여 시행하기 위해서는 이렇게 다원적으로 존재하는 정보보호 관련 법률 역시 통합하는 것을 모색할 필요가 있다. 그러나 이는 생각보다 쉽지 않다. 왜냐하면 이미 과학기술정보통신부에 의해 「정보통신망법」, 「정보통신기반 보호법」, 「정보보호산업 진흥법」을 통합하는 이른바 「통합정보보호법」 제정이 추진되었지만 이는 아직까지 성공하지 못하고 있기 때문이다.[23] 이에는 여러 가지 이유가 있지만, 가장 중요한 이유로서 거버넌스 구획 문제를 언급할 수 있다. 정보보호에 대해서는 현재 과학기술정보통신부, 국가정보원, 방송통신위원회, 개인정보보호위원회 등이 관할권을 행사하고 있는데, 이들 규제 기구 간의 거버넌스 조정이 여러모로 쉽지 않다는 것이다.

이러한 현실을 고려하면, 사이버 침해 영역에 관한 법률을 체계적으로 정돈 또는 통합하는 것은 쉽지 않다. 사실이 그렇다면 다른 대안을 모색해야 한다. 사이버 침해를 규율하는 법률 중에서 「정보통신안전법」의 내용에 가장 상응하는 법률을 선택해 이를 「정보통신안전법」에 포함시키는 방안이 그것이다. 필자는 이러한 예로 「정보통신기반 보호법」을 들 수 있다고 생각한다. 「정보통신기반 보호법」이

---

23 이에 관해서는 양천수 외, 앞의 책, 277쪽 아래 참조.

야말로 정보통신의 기반이 되는 물리적 시설과 사이버 시설을 모두 보호하고자 하는 법률이기 때문이다.[24]

(2) 각 영역 법률의 일원화

그 다음으로는 이렇게 각 영역별로 체계화된 정보통신재난 관련 법률을 일원화하는 작업이 필요하다. 현행 법체계에서 중심축을 이루는 물리적 재난 관련 법률과 사이버 침해 관련 법률을 일원적·체계적으로 통합하는 것이다. 다만 위에서도 지적한 것처럼, 이렇게 두 영역의 법률을 통합할 때 정보보호 관련 법률들을 모두 포함시키기는 쉽지 않다. 따라서 「정보통신안전법」을 제정하여 정보통신재난에 관한 법률을 일원화할 때는 여기에 포섭시킬 만한 가장 적절한 법률을 선택할 필요가 있다. 이에 관한 법률로는 「정보통신기반 보호법」이 가장 적절하다는 점은 이미 언급하였다. 그러므로 만약 「정보통신안전법」을 제정한다면, 이와 함께 정보보호에 관한 법률로서 「정보통신망법」이나 「정보보호산업 진흥법」은 여전히 병존한다고 말할 수 있다.

2. 「정보통신안전법」의 기본 모델과 「재난안전법」

(1) 기본 모델로서 「재난안전법」

정보통신재난에 관한 각 영역의 법률을 통합할 수 있다면, 그 다음에는 이러한 법률에 어떤 내용을 담아야 하는지, 이를 어떻게 체계화해야 하는지 살펴보아야 한다. 앞에서 살펴본 것처럼 각 영역별로 재난 관련 법률을 체계화하고 이를 통합하면, 「정보통신안전법」이 어떤 내용을 담아야 하는지에 관해 그 윤곽이 어느 정도 잡힐 것이다. 그렇지만 특히 정보통신에 관한 물리적 재난을 규율하는 법률이 비체계적으로 산재하고 있는 이상, 이러한 법률을 물리적으로 통합하는 것만으로는 「정보통신안전법」의 내용이 충분히 갖추어지기 어렵다. 따라서 그 내용을 충분하면서도 체계적으로 담아낼 수 있도록 기본 모델이 될 수 있는 법률을 찾을 필요가 있다. 이에 관해 필자는 현행 「재난안전법」이 「정보통신안전법」의 기본 모델

---

24 이를 보여주는 오일석, 앞의 논문, 293-327쪽 참조.

이 될 수 있다고 생각한다. 그 이유는 다음과 같이 말할 수 있다. 첫째, 「정보통신안전법」 역시 정보통신재난으로부터 시민의 안전을 보장하기 위한 규제법의 일종이라는 점이다. 둘째, 시민을 재난으로부터 안전하게 보장하고 재난을 규제하는 법에 기본이 되는 법이 바로 「재난안전법」이라는 점이다. 셋째, 바로 이러한 이유에서 「재난안전법」은 재난 규제에 관해 상당히 체계적인 내용을 담고 있다는 점이다.

(2) 「재난안전법」의 주요 내용

이러한 관점에서 「재난안전법」을 분석하면 다음과 같다. 「재난안전법」은 모두 10개의 장과 부칙으로 구성된다. 제1장은 "총칙"으로서 「재난안전법」의 규범목적이나 주요 개념 등을 규정한다. 제2장은 "안전관리기구 및 기능"을 규정한다. 재난안전을 관할하는 거버넌스를 규율하고 있는 것이다. 제3장은 "안전관리계획"을 규정한다. 안전관리에 관한 행정계획을 규율하고 있는 것이다. 이른바 '목적 프로그램'(Zweckprogramm)에 바탕을 둔 행정계획은 오늘날 거의 모든 행정 영역에서 사용되고 있는데, 이러한 행정계획이 안전관리에서도 사용되고 있는 것이다.[25] 제4장은 "재난의 예방"을 규정한다. 안전관리 행정에서 중요한 것은 안전을 침해하는 위험을 사전에 예방하는 것이다. 안전관리 행정 역시 전통적인 경찰행정에 속하므로 여기에서도 위험을 사전에 예방하는 것이 중요하다. 이러한 점에서 "재난의 예방"을 규율하는 제4장은 매우 중요하다. 제5장은 "재난의 대비"를 규정한다. 이는 약간 특이한 부분이다. 왜냐하면 "재난의 예방"과 "재난의 대비"는 그 내용이 꽤 비슷하기 때문이다. 그런데도 양자를 구별한다면, 양자는 시간적 차원에서 구별할 수 있다. "재난의 예방"이 상대적으로 장기적인 차원에서 재난에 대비하는 것이라면, "재난의 대비"는 단기적인 차원에서, 이를테면 장마나 태풍과 같은 재난이 임박한 상황에서 재난에 대비하는 것이라고 볼 수 있다. 제6장은 "재난의 대응"을 규정한다. "재난의 예방"과 "재난의 대비"가 예방적인 규제수단이라면, "재난의 대응"은 현재 발생한 재난에 대응하기 위한 현재적 규제수단에 해당한다. 현재 발생한 재난을 제거하거나 억제하는 행위가 "재난의 대응"에 해당한다. 제7장은 "재난의 복구"를 규정한다. 이는 사후적인 규제수단에 해당한다. 재난이 야기한 각종 피해를

---

25 행정계획에 관해서는 오준근, "행정계획에 관한 연구: 그 동태적 의의와 구조적 특색의 규명을 중심으로", 『육사논문집』 제24집(1983. 6), 161－176쪽; 정은영, "행정계획의 의의와 법적 성질", 『법학연구』(서울대) 제8권(2001. 12), 35－61쪽 등 참조.

제거하고 피해를 입기 이전의 상태로 되돌리는 과정이 "재난의 복구"인 것이다. 제8장은 "안전문화 진흥"을 규정한다. 이는 2017년 1월 17일에 신설된 것인데, 재난관리는 결국 재난 및 안전에 관한 사회적 의식 및 소통구조를 바꾸어야만 완전하게 실현될 수 있다는 판단을 반영한 것이다. 문화야말로 이러한 사회적 의식 및 소통구조에 영향을 미치는 '의미론'(Semantik) 또는 '의미의 복합체'이기 때문이다.[26] 제9장은 "보칙"을, 제10장은 "벌칙"을 규정한다.

3. 「정보통신안전법」의 구성 내용

(1) 기본 구조

앞에서 분석한 「재난안전법」에서 이제 우리가 제정해야 할 「정보통신안전법」이 어떤 내용을 다루어야 하는지 시사점을 얻을 수 있다. 동시에 다음과 같은 통찰도 획득할 수 있다. 재난에 대비하기 위한 규제법은 기본적으로 어떤 구조를 갖추어야 하는지의 통찰이 그것이다. 「재난안전법」의 분석 내용을 토대로 보면, 재난 관련 규제법은 다음과 같은 구조를 갖추어야 한다. 규제주체, 규제대상, 규제수단 간의 구조가 그것이다. 이는 근대법이 토대로 하는 ≪주체－객체－행위 모델≫에 대응한다.[27] 규제주체는 주체, 규제대상은 객체, 규제수단은 행위에 대응하는 것이다.[28]

먼저 규제주체, 즉 거버넌스가 존재해야 한다. 이는 국가가 담당할 것이다. 더욱 구체적으로 말하면, 정부부처와 위원회가 규제주체 역할을 수행할 것이다.

다음으로 규제주체가 관할하는 규제대상이 존재해야 한다. 규제대상은 재난, 즉 정보통신재난이 될 것이다. 규제가 정확하면서도 효율적으로 이루어지기 위해서는 규제대상인 정보통신재난을 정확하고 설득력 있게 규정해야 한다.

---

26 문화를 '의미론'의 차원에서 접근하는 경우로는 니클라스 루만, 이철 (옮김), 『사회이론 입문』(이론 출판, 2015), 30쪽 참조. 문화를 '의미의 복합체'로 파악하는 경우로는 Clifford Geertz, 문옥표 (역), 『문화의 해석』(까치, 1998) 참조.

27 이를 체계이론의 견지에서 재해석하면 ≪사회적 체계－환경－소통≫이라고 말할 수 있다.

28 ≪주체－객체 모델≫에 관해서는 니클라스 루만, 앞의 책(주25), 54쪽 아래; 양천수, "탈인간중심적 법학의 가능성: 과학기술의 도전에 대한 행정법학의 대응", 『행정법연구』 제46호(2016. 8), 1－24쪽 등 참조.

나아가 규제주체가 규제대상에 투입하는 규제수단이 존재해야 한다. 이러한 규제는 시간적 차원을 기준으로 볼 때 세 가지 유형으로 구별할 수 있다. 예방적 규제, 현재적 규제, 사후적 규제가 그것이다. 그리고 형식을 기준으로 볼 때, 목적 프로그램에 기반을 둔 규제수단과 조건 프로그램에 기반을 둔 규제수단으로 구분할 수 있다.[29] 여기서 목적 프로그램에 기반을 둔 규제수단이란 ≪목적-수단≫ 형식을 취하는 규제수단을 말한다. 행정계획이 대표적인 경우에 해당한다. 이에 대해 조건 프로그램에 기반을 둔 규제수단이란 ≪조건-효과≫ 형식을 취하는 규제수단을 말한다. 전통적인 규제수단이 취하는 형식이 바로 이것이다. 나아가 수단이라는 기준으로 볼 때, 규범적 규제수단과 기술적·물리적 규제수단을 구별할 수 있다. 이때 규범적 규제수단이란 법규범이라는 수단을 사용하는 규제를 말한다. 전통적인 규제 수단이 여기에 해당한다. 이에 비해 기술적·물리적 규제수단이란 방화벽이나 암호 설정 같은 기술적·물리적 수단을 사용하는 규제를 뜻한다. 이를 달리 '아키텍처 규제'(architectural regulation)라고 부르기도 한다.[30]

(2) 구성 내용

이러한 기본 구조를 바탕으로 할 때 「정보통신안전법」은 다음과 같은 내용으로 구성되어야 한다.

1) 규범목적

「정보통신안전법」이 무엇을 규범목적으로 하는지 규정해야 한다. 이는 비교적 명확하다. 정보통신재난으로부터 시민을 안전하게 보장하는 것이 바로 「정보통신안전법」의 규범목적이 될 것이기 때문이다.

2) 정보통신재난 개념 규정

「정보통신안전법」이 규제 대상으로 삼는 정보통신재난이란 무엇인지 그 개념을 정의해야 한다. 「정보통신안전법」은 물리적 공간에서 정보통신시설에 발생하는

---

29 목적 프로그램과 조건 프로그램에 관해서는 Niklas Luhmann, *Zweckbegriff und Systemrationalität. Über die Funktion von Zwecken in sozialen Systemen* (Frankfurt/M., 1973) 참조.

30 아키텍처 규제에 관해서는 Lee Tein, "Architectural Regulation and the Evolution of Social Norms", *Yale Journal of Law and Technology* 7 (1) (2005) 및 이 책 제11장 참조.

재난과 사이버 공간에서 정보통신망에 발생하는 침해사고를 통합적으로 규율하는 법이라는 점을 고려할 때 정보통신재난은 물리적 재난과 사이버 침해를 모두 포섭하는 개념으로 규정되어야 한다. 이에 따라 정보통신재난은 현행 「방송통신발전기본법」 제35조 제1항이 규정하는 "방송통신재난"과 「전파법」 제51조가 규정하는 '우주전파재난', 「정보통신망법」 제2조 제1항 제7호가 규정하는 "침해사고"를 모두 포함하는 개념으로 설정되어야 한다. 이에 의하면, 정보통신재난은 다음과 같이 정의된다. 정보통신시설 및 서비스에 발생하는 재난으로 여기에는 방송통신재난과 우주전파재난, 사이버 침해사고가 포함된다.

3) 거버넌스 규정

정보통신재난을 규율하는 규제주체, 즉 거버넌스가 명확하게 규정되어야 한다. 이에 관해서는 크게 세 가지를 결정해야 한다. 누가 주무부처가 되어야 하는가, 정보통신정책을 수립하는 위원회를 어떻게 마련할 것인가, 대규모 정보통신재난에 즉각적으로 대응하는 대책본부를 어떻게 구성할 것인가 하는 점이 그것이다.

먼저 누가 정보통신재난을 담당하는 부처가 되어야 하는지를 결정해야 한다. 현행 「재난안전법」에 따르면, 재난 및 안전은 행정안전부장관이 주무부처가 된다. 이를테면 제6조는 "행정안전부장관은 국가 및 지방자치단체가 행하는 재난 및 안전관리 업무를 총괄·조정"한다고 규정한다. 그리고 「재난안전법」 제3조 제1호 나목은 '통신' 등과 같은 국가기반체계의 마비 역시 사회재난 개념에 포섭한다. 이렇게 보면, 정보통신재난 역시 사회재난으로 인정할 수 있고, 이에 의하여 정보통신재난에 대해서는 행정안전부장관이 주무부처가 된다고 해석할 여지도 있다. 그러나 정보통신재난이 안고 있는 고도의 과학기술적 전문성을 고려할 때 이는 과학기술정보통신부장관이 주관하는 것이 바람직하다. 「방송통신발전 기본법」 제3조가 방송통신재난관리기본계획에 관한 권한을 과학기술정보통신부장관에게 부여하고 있다는 점, 「전기통신사업법」 제92조 등이 통신설비의 안정적 구축관리에 관해 과학기술정보통신부를 감독기관으로 규정하고 있다는 점 역시 이러한 주장을 뒷받침한다.

다음으로 정보통신안전에 관한 정책을 수립하고 이를 관리하는 가칭 '정보통신안전위원회'가 설치되어야 한다. 이러한 정보통신안전위원회는 「재난안전법」 제9조가 규정하는 "중앙안전관리위원회"와 「정보통신기반 보호법」 제3조가 규정하는 "정보통신기반보호위원회"가 수행하는 기능을 통합하는 역할을 담당해야 한다.

이러한 역할로는 다음을 들 수 있다. 정보통신안전에 관한 정책 결정, 정보통신안전관리계획 수립, 주요정보통신기반시설보호대책 결정, 주요정보통신기반시설보호계획 수립 등이 그것이다.[31] 물론 실무적으로는 정보통신안전관리계획을 수립할 때 그 내용에 주요정보통신기반시설보호계획을 포함시키는 것을 고려할 수 있다.

나아가 대규모 정보통신재난이 발생하였을 경우 이에 대비하는 정보통신재난 대책본부를 마련할 필요가 있다. 이에 대한 모델은 「재난안전법」 제14조가 규정하는 "중앙재난안전대책본부"를 들 수 있다.

4) 규제 수단

정보통신재난에 대해 규제 주체가 원용할 수 있는 규제 수단을 규정해야 한다. 이러한 규제 수단으로는 다음을 언급할 수 있다.

먼저 행정계획을 들 수 있다. 사회국가원리에 따라 국가 행정이 사회의 많은 영역에 개입하는 오늘날 목적 프로그램에 기반을 둔 행정계획은 그 무엇보다 중요한 행정작용으로 사용된다.[32] 사회의 복잡성이 엄청나게 증가하고 있고, 이로 인해 사회에 개입해야 하는 행정작용은 이러한 복잡성을 적절하게 고려할 수 있어야 한다. 그렇게 하기 위해서는 조건 프로그램에 바탕을 둔 전통적인 행정행위보다는 목적 프로그램을 사용하는 행정계획이 더욱 유리하다. 이는 정보통신재난에도 마찬가지이다. 이미 「방송통신발전기본법」이나 「전파법」 등은 방송통신재난기본관리계획이나 각 분야별 재난관리계획을 규제수단으로 사용하고 있다(방송통신발전기본법 제35조 등). 이러한 맥락에서 「정보통신안전법」도 가칭 정보통신안전관리계획이나 주요정보통신기반시설보호계획 등을 규제 수단으로 수용할 필요가 있다.

다음으로 예방 수단을 들 수 있다. 정보통신재난이 현실화되지 않도록 사전에 그 위험을 예방하고 관리하는 수단이 요청되는 것이다. 이러한 규제 수단으로 「전기통신사업법」이 규정하는 통신망 관리(제61조), 「정보통신기반 보호법」이 규정하는 주요정보통신기반시설의 지정 및 지정 권고(제8조, 제8조의2), 취약점의 분석 및 평가(제9조), 보호지침 제정(제10조), 「정보통신망법」이 규정하는 정보보호 사전점검(제45조의2), 정보보호 관리체계 인증(제47조) 등을 언급할 수 있다.

---

[31] 이에 대한 모델은 「정보통신기반 보호법」 제5조-제6조를 들 수 있다.

[32] 이러한 행정계획의 중요성을 잘 분석한 문헌으로는 西谷剛, 『實定行政計劃法: プランニングと法』(有斐閣, 2003) 참조.

이어서 대응 수단을 들 수 있다. 현재 정보통신재난이 발생한 경우 이를 제거 및 완화시키는 규제 수단이 여기에 속한다. 이러한 예로서 「방송통신발전기본법」이 규정하는 이용자 고지 및 재난방송 송출(제40조), 「정보통신기반 보호법」이 규정하는 침해사고의 통지(제13조), 「정보통신망법」이 규정하는 침해사고의 대응(제48조의2) 및 신고(제48조의3) 등을 들 수 있다.

마지막으로 복구 수단을 들 수 있다. 정보통신재난으로 발생한 피해를 제거하고 피해가 발생하기 이전의 상태로 원상복구하는 데 사용되는 규제 수단을 뜻한다. 이러한 예로서 「재난안전법」이 규정하는 재난의 복구(제7장), 「방송통신발전기본법」이 규정하는 통신망 통합 운영, 이동통신 로밍, 「정보통신기반 보호법」이 규정하는 복구조치(제14조) 등을 들 수 있다.

(3) 「정보통신안전법」의 체계

지금까지 제시한 내용을 체계화하여 <표>로 정리하면 다음과 같다.

[표-2] 「정보통신안전법」의 체계

구 분		규정 내용	관련 현행법
규범 목적		「정보통신안전법」의 규범 목적 설정	「재난안전법」, 「방송통신발전기본법」, 「정보통신기반 보호법」
정보통신재난		정보통신재난 개념 규정, 방송통신재난 및 침해사고 통합	「재난안전법」, 「방송통신발전기본법」, 「정보통신망법」
거버넌스		과학기술정보통신부장관 및 가칭 정보통신안전관리위원회	「방송통신발전기본법」, 「재난안전법」, 「정보통신기반 보호법」
규제 수단	계획	정보통신안전관리계획, 주요정보통신기반시설보호계획	「재난안전법」, 「방송통신발전기본법」, 「정보통신기반 보호법」
	예방 수단	통신망 관리, 주요정보통신기반시설의 지정 및 지정 권고, 취약점의 분석 및 평가, 보호지침 제정, 정보보호 사전점검, 정보보호 관리체계 인증	「전기통신사업법」, 「정보통신기반 보호법」, 「정보통신망법」
	대응 수단	이용자 고지 및 재난방송 송출, 침해사고의 통지, 침해사고의 대응 및 신고	「방송통신발전기본법」, 「정보통신기반 보호법」, 「정보통신망법」

복구 수단	재난의 복구, 통신망 통합 운영, 이동통신 로밍, 복구조치	「재난안전법」, 「방송통신발전기본법」, 「정보통신기반 보호법」

V. 맺음말

지금까지 어떤 이유에서 「정보통신안전법」이 필요한지, 이를 제정한다면 그 내용은 어떻게 구성되어야 하는지 살펴보았다. 다만 여러 제약으로 이 책에서는 「정보통신안전법」의 기본 구상만을 개략적으로 제시하는 데 그치고 말았다. 이는 여러 측면에서 구체화되어야 하는데, 이는 앞으로 수행해야 하는 과제로 남겨두기로 한다. 한편 KT 아현국사 화재는 우리의 정보화 정책이 미흡한 제도적 토대 위에서 진행되고 있다는 점을 보여주었다. ICT에만 집중함으로써 이를 제도적으로 지지해 줄 수 있는 합리적인 법적 제도를 설계하는 데 부족했다는 점을 보여주는 것이다. 현대사회에서 법체계와 과학기술 사이에서 이루어지는 상호작용 및 영향을 고려할 때 이는 아쉬운 점에 해당한다. 이는 어쩌면 법학이라는 학문체계가 아마도 학문 간 장벽 때문에 여전히 과학기술에 많은 관심을 쏟지 못하고 있다는 점에서 그 이유를 찾을 수 있을 것이다. 그러나 제4차 산업혁명이 진행되고 있는 오늘날 급격하게 발전하고 있는 현대 과학기술은 법학에 중대한 도전이자 기회가 된다. 법학은 현대 과학기술에 적극 개입해야 한다. 이 책은 이를 위한 자그마한 참여라 할 수 있다.

사항색인

[ㄱ]

가드너   31
강제성   92
강한 인공지능   32, 159
강한 인공지능 로봇   145
개별적 프로파일링   218
객관적 법칙   229, 230
거버넌스   117, 300, 307
결정주의   213
계몽   129
공간규제   256
공동체주의   94
공동체주의 윤리   104
공리주의 윤리   101
공적 영역의 윤리   105
공학윤리   96
관계적 계약이론   52
관계적 존재   76
관계존재론   130
구별   248
구조규제   248
구태언   189
권력적 사실행위   57
권리중심적 대응방안   209
권리중심주의   224
권리침해 금지   112

권터   91
규제   173
규제 샌드박스   190
규제갈등   40
규제대상   305
규제변혁   189
규제의 역설   92, 275
규제의 이중적 성격   173
규제주체   305
근대법   91
기계학습   36
기계학습과 딥러닝의 시대   36
기능적 분화   60
기술적·물리적 규제   192

[ㄴ]

넛지 규제   192, 252
노넷   194
뇌과학   54
뉴웰   30

[ㄷ]

다중지능   31
대안정책   279
대화원칙   283
대화적인 법정책   283

데이터 마이닝　201
데카르트　69
도넬루스　71
도덕　93
도덕적 권리　224
도덕적 인간　129
도덕적 인격　138
동물권　137
디지털화　185
딥러닝　34, 37

[ㄹ]

라드브루흐　182, 227
라이덴버그　251
라투르　11
레식　247
렌너　10
로봇　34
로봇 3원칙　102
로봇윤리　96
로봇형법　159
로서의 존재　131
롤즈　181
루만　49, 80, 132, 233

[ㅁ]

마르크스　193
마쓰오 유타카　35
마이어　46, 227
마이호퍼　130
매카시　30
목적 프로그램　61, 183, 304
목적론적 자유주의　102

무연고적 자아　44, 131
물리적 인간　129
미덕　104
민사집행법　260
민스키　30
민주주의 원칙　283
밀　102

[ㅂ]

반성적 법　194, 278
배제　249
배제기술　192
배종대　66
법률행위　46, 230
법익　285
법익보호　285
법인　135
법인의 본질　136
법적 권리　225
법적 규제　250
법적 규제의 불충분성　91
법적 인격　138
법진화론　9
베버　52, 176
벡　160, 270
벤담　101
보편주의　223
보편화에 관한 정언명령　229
분할적 기본권 개념　240
불완전한 탈인간중심적 모델　142, 242
브랜다이스　72
블록체인　9
비례성 원칙　285

빅데이터　199
빅데이터 인권　211

[ㅅ]

사비니　72, 125
사실인정　154
사이먼　30
사이버 침해사고　294
사적 영역의 윤리　105
사전적 윤리　108
사죄광고　65
사후적 윤리　108
삼단계 진화모델　176
상관성　203
상징입법　277
상향식 윤리　107
상호주관적 모델　44
새로운 생명 개념　55
생태적 기본권 개념　240
설계주의　253
설득가능성　119
설명가능성　113
설명가능한 인공지능　117
셀즈닉　194
소통　51, 81
소통 참여 가능성　83
쇤베르거　205
순수법학　229
슈밥　185, 198
스마트계약　9
스펜서－브라운　233
시카고학파　274
신칸트주의　227

실재　136
실정법 위반 금지　112
실제적 조화 원칙　212
실체　136
실체적 윤리　106
실체적 존재　76
실체존재론　130
심우민　251

[ㅇ]

아리스토텔레스　182
아시모프　102
아키텍처　247
아키텍처 규제　192, 216, 249
안전사회　255, 292
알고리즘 규제　191, 192, 254
알렉시　212
알파고　29
약한 인공지능　33, 95, 153
약한 인공지능 로봇　145
양형판단　156
에를리히　187
연고적 자아　44, 131
연장　69
예측가능성　119
옐리네크　236
와가츠마 사카에　10
완전한 탈인간중심적 모델　143, 242
외부성　91, 180
웨렌　72
유체물 중심적 규제　178
윤리　93
윤리의 이중적 차원　109

응답적 법   194

의무론적 자유주의   102

의무중심적 대응방안   209

의사소통행위   52

이세돌   29

이용자의 명령 복종   113

이원적 법제   297

인간   74, 124

인간의 권리   223, 239

인간의 존엄성 존중   111

인간중심적 규제   178

인간중심적 모델   142, 242

인간중심적 법사상   43

인간중심적 생명 개념   47

인간중심적 형사사법   161

인간중심주의   223

인격   73, 124

인격권   68

인격적 기본권   241

인격체의 권리   223, 239

인공지능   30

인공지능 개발자의 윤리   99

인공지능과 인권   221

인과성   203

인권   222, 241

인륜성   104

인지주의   213

입법방식 유연화   190

잊힐 권리   216

[ㅈ]

자기 인격에 대한 권리   71

자기생산성   55

자기조종의 조종   278

자기존재   130

자기프로파일링 결정권   217

자연적 인격 개념   134

자유의지   45, 204

자유주의   93

자유주의 윤리   102

자율규제   114, 187

적합성 원칙   286

전략물자   267

전문가 시스템의 시대   36

전자인   147, 160

절차적 윤리   106

절차주의   115

절차주의적 규제   188

정당화를 요청할 권리   235

정보보안 친화적 설계   253

정보통신 규제   256

정보통신재난   292

정언명령   180

정치적 권리   224

정확한 데이터 마이닝 요청권   217

제4차 산업혁명   198

제도적 기본권   241

제도주의   274

조건 프로그램   61, 180

조종   182

조종의 트릴레마   92, 184, 275

좁은 의미의 비례성 원칙   286

죄책판단   155

주관적 권리　230
주관적 준칙　229
주체-객체 모델　44
주체-객체-행위 모델　305
주체중심주의　225
중립성　179
지능　30
지위　236
집단적 권리　59

[ㅊ]

참여자　11
창발　136
책임　114
체계　49
체계이론　80, 132
초연결사회　291
초인공지능　32
초인공지능 로봇　145
최적화요청　212
추론과 탐색의 시대　35

[ㅋ]

칸트　72, 91, 102, 129, 229
커보우키안　253
커즈와일　32
켈젠　229
코드　247
코잉　72
쿠키어　205

[ㅌ]

탈인간중심적 모델　242
탈인간중심적 법사상　47
탈인간중심적 사상　47
탈인간중심적 인격 개념　79
탈인간중심적 형사사법　162
탈인간중심주의　238
토이브너　92, 184, 194, 239, 275
통제기술　255
투명성　113
투시이론　65
투입-산출 모델　300
특이점　32

[ㅍ]

판덱텐 법학　107
포괄적 네거티브 규제　189
포괄적 프로파일링　218
포르스트　235
포스　273
포용국가　188
포함　248
포함-배제　249
프라이버시 친화적 설계　253
프라이버시 친화적 설계 요청권　215
프리드먼　274
필요성 원칙　286

[ㅎ]

하버마스　52, 283
하이데거　130
하향식 윤리　107

합리적 대화   283
해악의 원리   103
행위론 논쟁   51
행위중심적 규제   179
행위중심적 사상   46
행정계획   57, 308
행정처분   56
행정행위   56
헤데만   10
혁신성장   189

형사사법   152
형사사법판단   153
형사절차의 공정성   166
형사책임의 상징성   165
형식법   176
형식성   179
호모 사케르   223
홉스   292
홉만   72
힐겐도르프   123, 159

저자약력

양천수

고려대학교 법과대학을 졸업하고 같은 대학 대학원에서 이상돈 교수의 지도로 법학석사를 취득하였다. 독일 프랑크푸르트대학교 법과대학에서 클라우스 귄터(Klaus Günther) 교수의 지도로 법학박사를 취득하였다. 현재 영남대학교 법학전문대학원에서 기초법 전임교수로 학생들을 가르치고 있다. 가다머의 철학적 해석학, 하버마스의 대화이론 및 루만의 체계이론을 이론적 바탕으로 삼고 있다. 현대 과학기술이 우리 사회 및 법체계에 어떤 자극을 주는지, 이에 우리 사회와 법체계가 어떤 방향으로 진화하는지에 관심이 많다. 『부동산 명의신탁』, 『서브프라임 금융위기와 법』, 『법철학』(공저), 『민사법질서와 인권』, 『빅데이터와 인권』, 『법과 진화론』(공저), 『법해석학』, 『제4차 산업혁명과 법』, 『인공지능과 법』(공저), 『디지털 트랜스포메이션과 정보보호』(공저), 『공학법제』(공저), 『법의 딜레마』(공저), 『코로나 시대의 법과 철학』(공저), 『삼단논법과 법학방법』을 포함한 다수의 저서와 논문을 집필하였다.

인공지능 혁명과 법

초판발행	2021년 1월 5일
중판발행	2021년 9월 5일
지은이	양천수
펴낸이	안종만 · 안상준
편 집	김선민
기획/마케팅	이영조
표지디자인	조아라
제 작	우인도 · 고철민 · 조영환
펴낸곳	(주) **박영사**
	서울특별시 금천구 가산디지털2로 53, 210호(가산동, 한라시그마밸리)
	등록 1959. 3. 11. 제300-1959-1호(倫)
전 화	02)733-6771
f a x	02)736-4818
e-mail	pys@pybook.co.kr
homepage	www.pybook.co.kr
ISBN	979-11-303-3718-0 93360

copyright©양천수, 2021, Printed in Korea

정 가   20,000원